荷塘年鉴

2022

《荷塘年鉴》编辑委员会 编

方志出版社
Publishing House of Local Records

图书在版编目（CIP）数据

荷塘年鉴. 2022 / 《荷塘年鉴》编辑委员会编. —
北京 : 方志出版社, 2022.11
ISBN 978-7-5144-5337-9

Ⅰ. ①荷… Ⅱ. ①荷… Ⅲ. ①区(城市)－株洲－
2022－年鉴 Ⅳ. ①Z526.44

中国版本图书馆 CIP 数据核字(2022)第 242215 号

责任编辑：高孟君
责任校对：刘玉霞
责任印制：梅中英
出 版 者：方志出版社
地　　址：北京市朝阳区潘家园东里 9 号（国家方志馆 4 层）
邮　　编：100021
网　　址：http://www.zgfzcb.cn
发　　行：方志出版社图书营销中心（010-67110500）
印　　刷：湖南金太阳印刷有限公司
开　　本：889 毫米×1194 毫米　1/16
印　　张：21
字　　数：568 千字
版　　次：2022 年 11 月第 1 版
印　　次：2022 年 11 月第 1 次印刷
定　　价：268.00 元

《荷塘年鉴（2022）》编辑委员会

《荷塘年鉴（2022）》编辑部

编 辑 说 明

一、本鉴坚持以马克思列宁主义、毛泽东思想、邓小平理论、“三个代表”重要思想、科学发展观、习近平新时代中国特色社会主义思想为指导，坚持辩证唯物主义和历史唯物主义的立场、观点和方法，全面、系统、真实地记载2021年荷塘区自然、政治、经济、军事、文化和社会的基本情况和重大事件。

二、本鉴采用条目式记事体，分类编纂，基本结构为类目、分目、条目3个层次。设特载、大事记、基本区情、中共荷塘区委员会、荷塘区人民代表大会、荷塘区人民政府、政协株洲市荷塘区委员会、纪检·监察、群众团体、法治、军事、经济社会监督管理、农业·农村、科技和工业信息化、商贸·金融、财税审计、城乡建设与环境保护、产业建设、社会事务、镇·街道、人物、荣誉、附录23个部类，共计50余万字。

三、本鉴记述内容起止时间为2021年1月1日至2021年12月31日。为保持记述的完整性，个别内容在时间上限或下限上有所顺延。

四、本鉴文稿均由各部门（单位）指定专人撰写，并经撰稿部门（单位）领导审核、加盖公章，由年鉴编辑部编辑人员进行统一组稿和编辑。荷塘区新任（职务变动）区级领导简介资料，区委、区人大常委会、区政府、区政协及机关各部门（单位）负责人名单由区委组织部提供；“双管”单位，军事、金融等单位负责人名单由各所在单位提供。所收录新任（职务变动）区级领导为2021年新任或职务变动的领导；各部门（单位）负责人名单为2021年1月1日至2021年12月31日的任免名单。统计资料由区统计部门提供。

五、本鉴所收录的劳动模范和先进人物，以2021年当选或被授予为时限。囿于时间紧迫和资料收集等方面的原因，本鉴所录只为此范围内部分劳模和先进人物。“荣誉”所收录荣誉未包含企业所获荣誉。

六、本鉴照片主要由区委宣传部提供，其余由各有关单位提供。为防疏漏错误，照片一律不署作者姓名。

目　录

特　载

大事记

基本区情

中共荷塘区委员会

荷塘区人民代表大会

荷塘区人民政府

政协株洲市荷塘区委员会

纪检·监察

群众团体

法　治

军　事

经济社会监督管理

农业·农村

科技和工业信息化

商贸·金融

财税审计

城乡建设与环境保护

产业建设

社会事务

镇·街道

人　物

荣 誉

附 录

荷塘区行政区划图

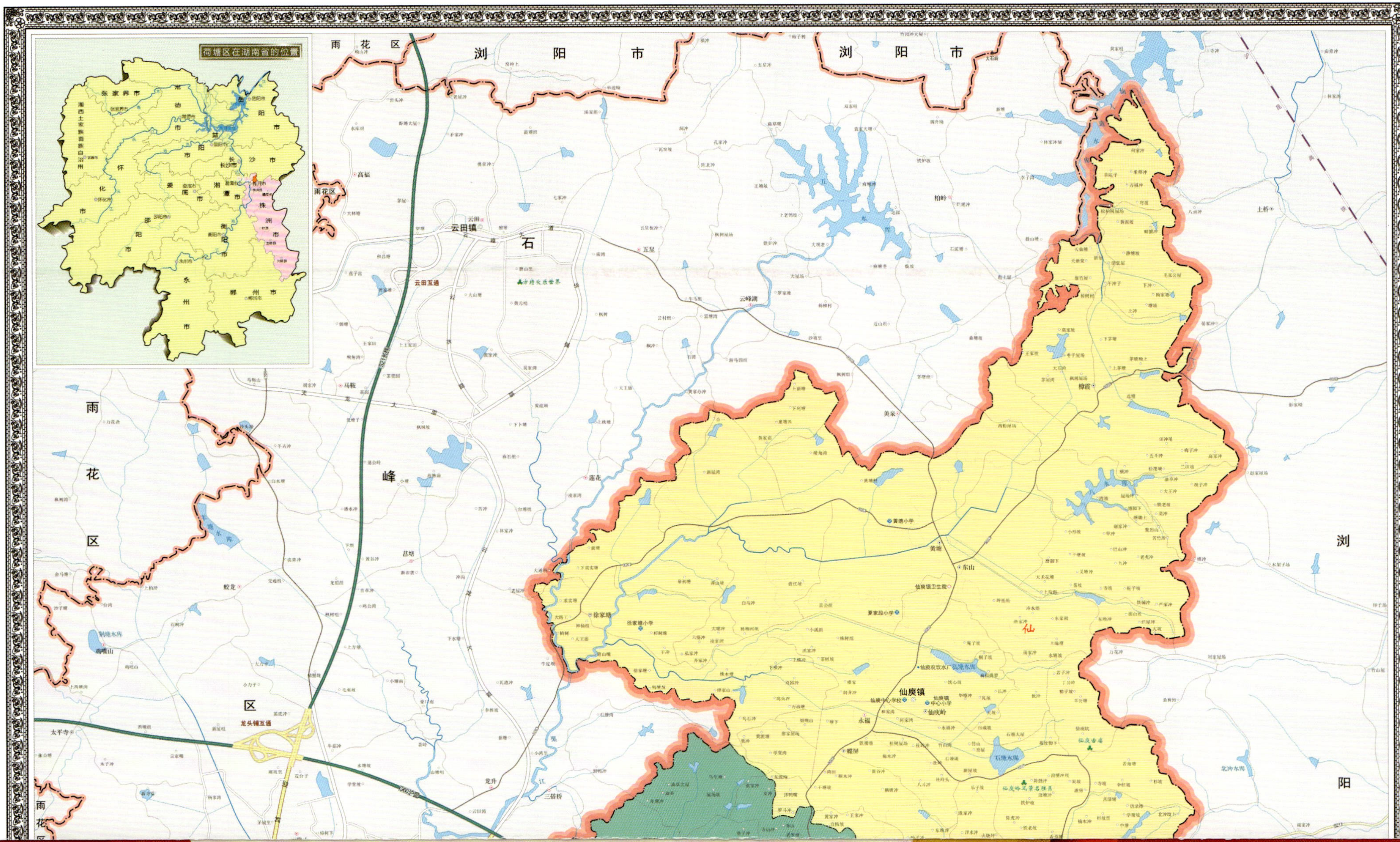

荷塘区在湖南省的位置
雨花区
浏阳市
浏阳
云田镇
石
峰
区
云田互通
龙头铺互通
高福
五星
云峰湖
美泉
黄塘
东山
仙庾镇
仙
徐家塘
永福
樟霞
蛟龙
莲花
龙升
三搭桥
柏岭
上桥
荷塘小学
徐家塘小学
黄塘小学
晏家段小学
仙庾镇卫生院
仙庾中心小学校
仙庾岭
石塘水库
仙庾古庙
仙庾岭风景名胜区
方特欢乐世界
太平寺
鹅塘山
北冲水库

◇ SHUZI HETANG ◇

数字荷塘

- ▲ 全区常住人口 34.5 万人
- ▲ 地区生产总值（GDP） 271 亿元
- ▲ 农林牧渔业总产值 7.7 亿元
- ▲ 规模以上工业同比增长 8.2%
- ▲ 固定资产投资同比增长 7.6%
- ▲ 全年社会消费品零售总额同比增长 14.3%
- ▲ 一般公共预算总收入 7.39 亿元
- ▲ 高新技术增加值 80.1 亿元
- ▲ 小学在校学生 30001 人，普通初中在校学生 15188 人
- ▲ 全区城乡（镇）居民可支配收入 55301 元

2021年1月13日，中共株洲市荷塘区委五届十次全体（扩大）会议暨区委经济工作会议召开

2021年1月27日，荷塘区五届人民政府第五次全体（扩大）会议暨疫情防控、安全生产工作会议召开

2021年2月3日，株洲市荷塘区第五届人民代表大会第六次会议第一次全体会议(开幕式)召开

2021年2月2日，政协株洲市荷塘区第五届委员会第五次会议召开

2021年6月30日，荷塘区庆祝中国共产党成立100周年暨“七一”表彰大会召开

2021年7月29日，中国共产党株洲市荷塘区第六次代表大会第一次全体会议召开

2021年7月28日，社区卫生服务中心医务人员到敬老院为行动不便的老人进行核酸采样

2021年7月29日，自然资源局工作人员在仙庾岭风景区开展疫情防控工作

2021年7月29日，疾控中心医务工作者驰援张家界

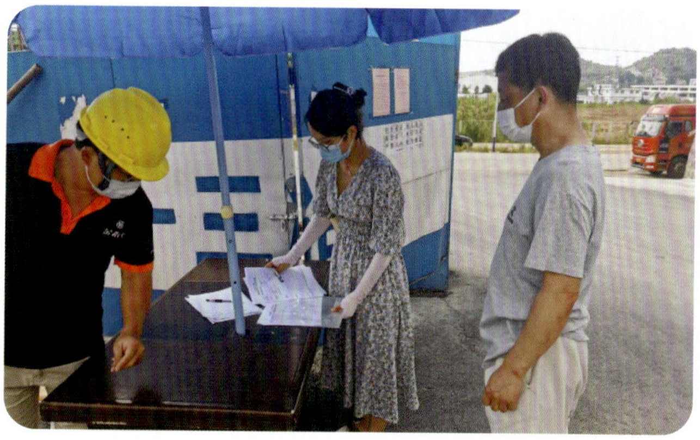

2021年7月29日，产业服务中心工作人员到嘉德工业园开展疫情防控督查工作

2021年7月29日，荷塘区新冠肺炎疫情防控会议召开

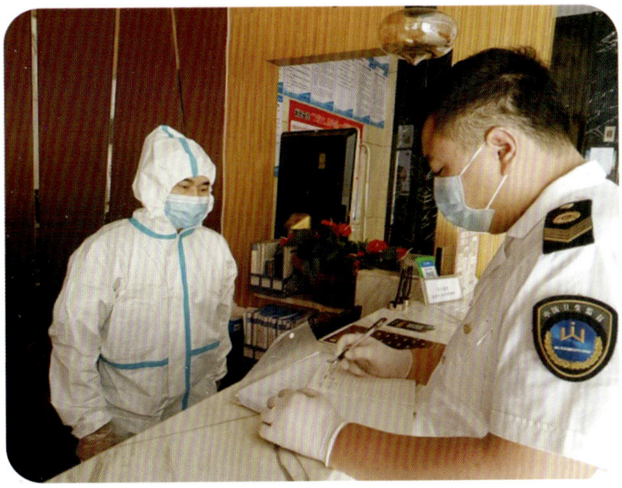

2021年8月1日，卫健执法大队工作人员到隔离宾馆开展疫情防控督查

2021年8月3日，发改局工作人员在疫情防控期间对药店开展应急价格巡查

2021年8月3日，市场监督管理局执法人员到东都步步高超市开展疫情防控督查

2021年8月4日，驰援荷塘区的医务人员在仙庾镇为村民开展核酸检测

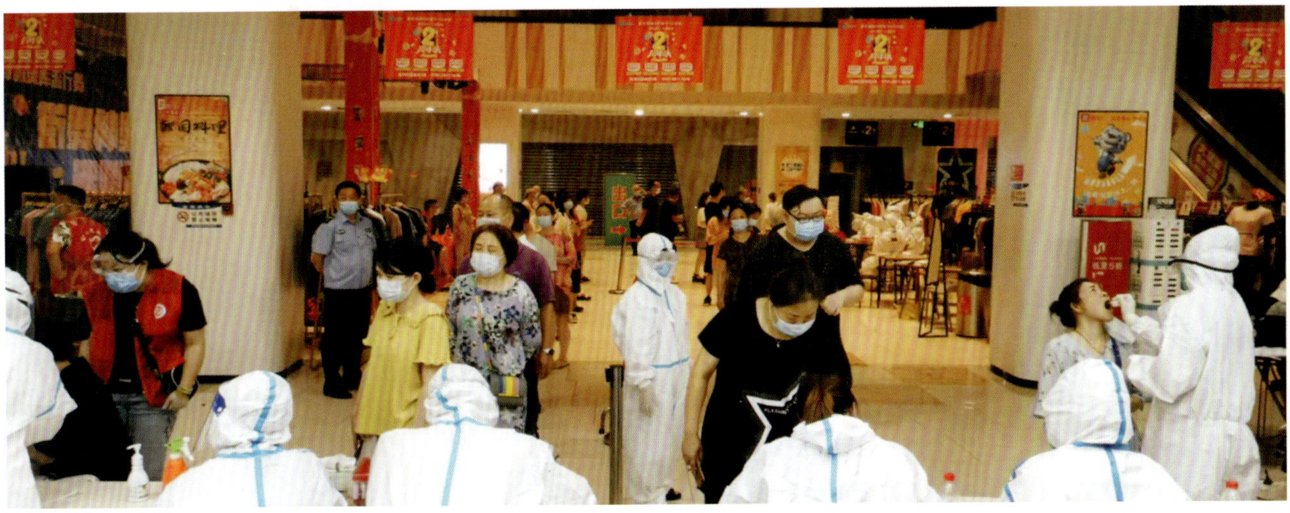

2021年7月31日，荷塘区在银泰财富广场开展核酸检测

2021年8月5日，交警大队工作人员在高速公路入口开展疫情防控工作

2021年8月5日，医务人员为隔离酒店工作人员进行现场业务培训

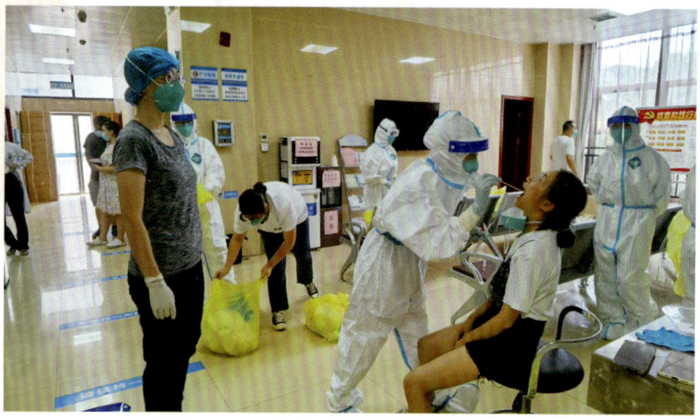

2021年8月5日，疾控中心工作人员为护士开展核酸采样培训

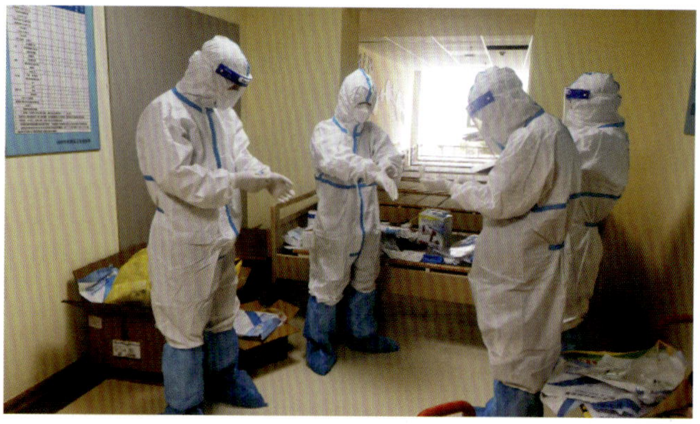

2021年8月5日，医务人员在新华都酒店准备迎接隔离人员

2021年8月6日，爱心企业为隔离点配送即食早餐

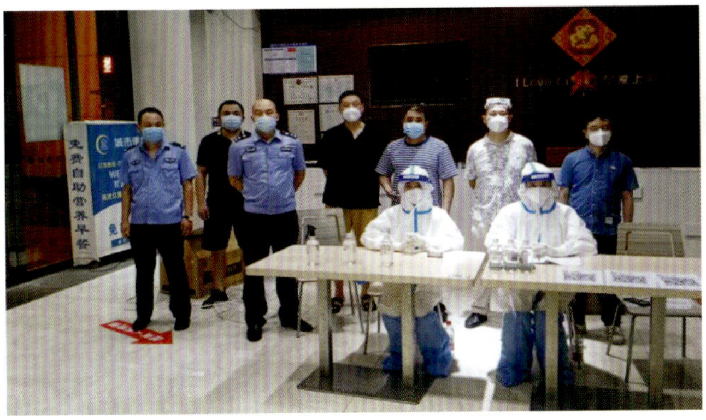

2021年8月13日，机关工作人员在隔离酒店开展疫情防控值守

2021年11月4日，社区服务中心医务人员为居民开展新冠肺炎病毒疫苗接种

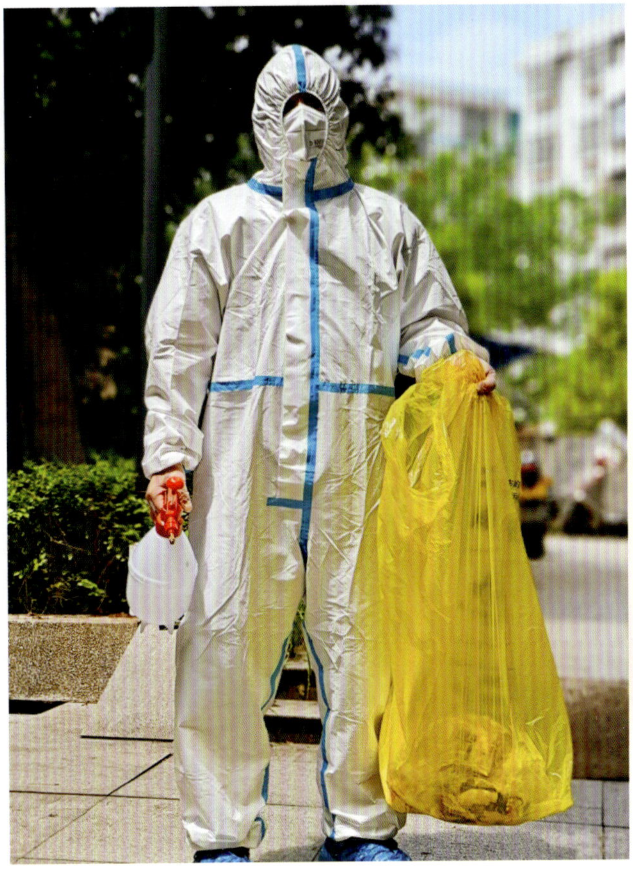

2021年8月13日，医务人员到东环新城封控小区进行消毒

2021年8月13日，荷塘区接收民主党派及社会各界的爱心捐赠

2021年2月1日，荷塘区举办2021年株洲市关爱快递员“暖蜂行动”

2021年2月24日，荷塘区举办“春风行动 点亮万家灯火”暨稳岗留工招聘会

2021年3月12日，荷塘区开展“创绿、爱绿、护绿”义务植树活动

2021年4月2日，荷塘区举办第三届“金科杯”五羽伦比羽毛球赛

2021年5月12日，荷塘区开展“5·12”防灾减灾日宣传活动

2021年4月17日，荷塘区举办第4届群众大会

2021年5月26日，荷塘区举办“百舸争流 千帆竞发”百年千题党史知识竞赛暨党纪党规知识竞赛决赛

2021年5月31日，荷塘区开展“童心向党”第九届“阳光秀”展演活动

2021年6月9日，荷塘区开展“亿都杯”篮球邀请赛

2021年7月11日，荷塘区举行第四届“幸福在荷塘”健身广场舞大赛

2021年10月28日，荷塘区举办秋冬“点亮万家灯火”残疾人就业招聘会

2021年11月1日，荷塘区开展防空袭试鸣暨疏散演练

2021年11月7日，荷塘区开展第一届“幸福邻里节”活动

2021年11月12日，荷塘区开展第六届职工健步行活动

2021年11月19日，荷塘区开展反电信诈骗宣传活动

2021年11月14日，荷塘区开展“河”我一起·守护母亲河活动

2021年12月26日，荷塘区开展全国县域足球典型交流学习活动

2021年，荷塘区仙庾岭村被评为中国美丽休闲乡村

仙庾岭村耕食小镇

仙庾岭村柏椿葡萄园

仙庾岭村紫轩小舍民宿

仙庾岭村耕食书院

2021年，荷塘区樟霞村被评为湖南省特色精品乡村

樟霞村千年古井

樟霞村茶山基地

2021年，荷塘区徐家塘村被评为湖南省美丽乡村示范村

徐家塘村千亩油菜花

亭子前村玫瑰花海

明照村青塘水库鲜花盛开

仙庾岭村荷花绽放

东山村实施道路提质改造

中材水泥厂—茶马线道路实施提质改造

霞山庄园

君乐生态园

龙洲村开展春耕生产

龙洲村稻谷丰收

特　载

践行“三高四新” 打造“一区两城”
朝着建设现代化新荷塘目标奋勇前进

——在中国共产党荷塘区第六次代表大会上的报告

中共荷塘区委书记　方　靖

2021年7月29日

各位代表、同志们：

中国共产党荷塘区第六次代表大会，是在纪念中国共产党成立100周年的重要时刻、是在迈向第二个百年奋斗目标的新起点上，召开的一次十分重要的大会。大会的主题是：坚持以习近平新时代中国特色社会主义思想为指导，总结五年奋斗历程，谋划未来发展蓝图，动员全区凝心聚力再出发，乘势而上开新局，践行“三高四新”，打造“一区两城”，为建设实力更强、环境更优、人民更幸福的现代化新荷塘而努力奋斗！

现在，我代表中国共产党荷塘区第五届委员会向大会做报告，请予审议。

攻坚克难 砥砺奋进
五年来各项事业取得显著成就

荷塘区第五次党代会以来，区委深入学习贯彻习近平新时代中国特色社会主义思想，在省委、市委的正确领导下，统筹推进“五位一体”总体布局，协调推进“四个全面”战略布局，面对复杂多变的外部环境和突如其来的新冠疫情，坚定信心、迎难而上、勠力同心、奋勇拼搏，率先全面建成了小康社会，实现了“十三五”圆满收官。回望过往奋斗路，我们深切感受到：

这五年，最难能可贵的是干事创业氛围愈发浓厚。我们坚持事业为上，让干事者有机会、有平台，激活干部干事创业的积极性和创造性；我们敢于担当作为，区各套班子分工协作、团结共事，各级领导率先垂范、靠前指挥，广大党员干部主动担当、冲锋在前；我们狠抓党风廉政建设，推动全面从严治党向纵深发展，持续巩固了风清气正的政治生态。全区上下苦干实干的作风日益彰显，务实担当的特质更加鲜明。

这五年，最值得铭记的是园区产业建设实现突破。我们坚持产业优先、项目为王，在园区和产业建设上捷报频传，引进一批行业标杆企业和产业龙头项目，重构了产业布局，工业老区焕发出新的荣光；我们致力于产城融合，完善基础配套，提升服务水平，推动园区从开发面积、产业配套到服务品质、外在形象质的蜕变。

这五年，最鼓舞人心的是社会事业活力得到激发。我们坚持问题和需求导向，沉下去调研、立起来思考、狠下心推进系列改革，激发发展活力。我们率先推行“一件事一次办”政务服务改革，服务水平全面提升；我们创设“一办两中心”企业服务体系，营商环境全面改善；我们探索乡村振兴之路，乡村建设和治理全面加强；我们回应群众期盼，“幸福荷塘”系列民生行动花繁果硕。这些改革，很多在全市、全省甚至全国，均属首创，形成了干部群众口口相传的“荷塘经验”。

这五年，最倍感欣慰的是党群干群关系更加密切。我们创造性走好网上群众路线，开创了新时期群众工作新局面；我们选派机关干部驻村，干部与村民的情感纽带越联越紧；我们开展“四谈四做”、做好联点工作、推进矛盾纠纷排查化解，切实解决群众的急难愁盼问题；我们引导群众和社会组织参与基层治理，志愿者队伍不断壮大。特别是在疫情防控中，干群广泛参与，共同筑牢了防疫战线的铜墙铁壁。多项事业呈现了党委领导、政府主导、群众参与的生动局面，党的执政基础不断巩固夯实。

时间铭记足迹，历史镌刻功勋。五年来，区委始终紧扣第五次党代会确立的奋斗目标，始终注重前瞻性思考、整体性布局、系统性推进，直面现实难题、解决突出矛盾，在困境中谋发展、于变革中求新生，各项事业取得新突破。

一是综合实力持续增强。坚定不移贯彻新发展理念，全区综合实力迈上新台阶。主要指标稳步增长。五年间，地区生产总值、固定资产投资、规模以上工业总产值、社会消费品零售总额、城乡居民收入分别实现年均增长 7.2%、13.9%、8.8%、8%、7.6%。常住人口增至 34.89 万人。园区蝶变升级。园区开发面积增长 2.1 倍达 11 平方公里，入园企业增长 3.8 倍，金龙路、荷塘大道等 34 条园区道路相继拉通；水电气及景观、学校、医院等基础配套全面完善。园区先后被认定为国家火炬计划特色产业基地、省新型工业化产业示范基地、市装配式建筑产业示范园，综合排名跃至全省前 50 名。产业发展来势强劲。深入推进“产业项目建设年”活动，五年四获全市先进。持续加强要素保障、屡次刷新征拆速度，累计完成集体土地征拆 1.3 万亩、国有土地上房屋征收 79 万平米。引进“500 强”企业 15 家、投资过 5 亿元项目 31 个，产业完成从“百亿级”向“千亿级”跃进，材料产业、现代物流产业来势喜人，新发展格局日渐清晰。

二是发展质效大幅提升。深入推进供给侧结构性改革，创新力和竞争力持续增强。市场主体活力四溢。新增宏达、飞鹿 2 家上市公司，企业“四板”挂牌 9 家、“四上”企业 253 家，企业和个体工商户分别净增 143%和 150%，规上企业、年产值过亿企业分别增至 93 家、23 家，市场主体数量和质量均大幅提升。发展后劲不断增强。固定资产投资、产业投资占比实现连年提升，制造业产值、税收比重均超 30%，投资和产业结构更趋合理。地方税收占财政收入比重连续 3 年全市第一。科技投入屡创新高、科技创新主体日趋活跃，高新技术企业数量增长 180%，成为省科技成果转移转化示范区。营商环境全面优化。将优质服务打造为发展的最大优势，构建“招商办—优化营商环境中心—产业服务中心”全流程企业服务体系，积极落实减税降费、融资贷款等惠企政策，以精准高效、有温度的服务广获企业赞誉，营商环境便利度测评连续多年名列全市前茅。“三大攻坚战”初见成效。积极防范化解债务风险，率先退出一类预警地区；严肃抓好环保督察反馈问题整改，大力推进黑臭水体治理，全力打好蓝天、碧水、净土保卫战；圆满完成对茶陵县、泸溪县结对帮扶，推深做实城乡帮困，持续巩固小康建设成果。

三是城区品质提档升级。聚焦基础设施完善和市容精细化管理，推动城区形象持续提升。路网体系日趋完善。先后拉通莲易高速、北环路C段、向阳路等18条主次干道，新建续建、改造升级道路210余公里，提质改造42条小街小巷，“五纵七横”主干路网不断完善，群众出行更加便捷。城市更新加力提速。片区建设多点开花，建成区面积突破33平方公里。大力推进城市更新改造，累计实施棚户区、老旧小区、城中村、“三供一业”改造项目136个，水竹湖、南岳岭、红旗广场等核心区域焕发新活力。城市功能显著提升。银泰财富广场等商贸综合体建成运营，持续巩固创文、创卫成果，拆除违建151万平方米，新增绿地1.5万平方米，建宁驿站全部建成运行并实现市场化管养，垃圾分类试点有序推进，明照湖、新苗公园及一批小游园顺利开园。

四是乡村振兴全面推进。紧扣乡村振兴战略总要求，围绕农村基础设施等重点，发动多方力量参与，持续推进乡村振兴。基础建设成效显著。完成茶马线提质改造，实现道路硬化“组组通”，仙庾片区自来水及污水管网从无到有，仙庾镇污水处理厂建成投入使用。休闲产业破局升级。立足区位优势，以休闲产业为主攻方向，发挥耕食小镇聚集引领作用，支持精品民宿民居、特色农家乐发展，探索建立农村产业融合发展体系，联农带农机制进一步完善，新型农业经营主体数量大幅增长。保障体系日渐完善。全面完成宅基地房地一体确权登记颁证、农村集体产权制度等改革，系统构建农资供应等十大产业保障服务体系，启动乡村善治体系试点，探索乡村治理和集体经济发展新路径，乡村治理水平不断提升。村容村貌展现新颜。持续推进农村人居环境整治、农村厕所革命、美丽乡村建设等行动，构建垃圾收费和清运体系，农村环境整体改观。推进移风易俗，新事新办，大操大办、人情债等不良风气有效遏制。

五是民生事业开创新局。贯彻以人民为中心的发展思想，紧扣群众需求，解决群众急难愁盼问题。“幸福荷塘”系列民生行动深入人心。系统推进三社联动、城乡帮困，建成全省首家综合性公益服务中心，壮大社会组织、社会工作者和志愿者队伍，探索“三榜工作法”，构建城乡帮困新模式，惠及千余家庭。建立涵盖全区90%以上家庭的微信群组，连续四年举办千人群众大会，引导群众参与基层治理。探索发展养老事业，构建多元化养老服务体系，连获省级激励表彰。开展精准就业服务，引导市场主体参与，组建本土服务队伍，弥补就业服务短板。因地制宜、分类施策引导92个无物业管理小区实现自治。做实基层公卫服务，深入开展家庭医生签约和医联体建设，让群众享受到更优质便捷的医疗服务。在全省率先建设复转军人之家，实现区、镇（街道）两级退役军人服务保障全覆盖，引导复转军人在基层治理中贡献力量。社会事业谱写新篇章。新建、改扩建美的、红旗路等学校，引进北大公学、湖师大附中合作办学，累计新增学位1.25万个，大班额全部清零，教师队伍建设切实加强，集团化办学不断深化，义务教育发展更加均衡。“民生100”工程连获全市先进，食品药品安全实现“零事故”，圆满完成经济普查、人口普查，成功创建国家公共文化服务体系示范区，各项社会事业蓬勃发展。社会大局保持和谐稳定。社会矛盾纠纷化解机制和信访工作机制逐步健全，一批积案、疑难信访件得到化解。建设“综治中心+网格化+雪亮工程”一体化综合平台，社会治理网格实现全覆盖，社会治理更加高效精准。扫黑除恶专项斗争深入推进。安全生产形势总体平稳可控。刑事发案数实现五连降，连续保持“平安县市区”称号。

六是党的建设全面加强。认真贯彻落实新时代党的建设总要求，持续涵养“和”与“正”的政治生态，全面从严治党向纵深推进。政治建设不断深化。切实加强领导班子建设，出台《区委常委领导班子带头加强政治建设的若干规定》，组织政治建设考察，推动党的政治建设落实落地。思想建设持续深入。认真学习贯彻习近平新时代中国特色社会主义思想，坚持将学习习近平总书记系列重要讲话精神作为区委常委会会议第一议题，扎实开展“三严三实”“两学一做”“不忘初心、牢记使命”和党史学习教育，持续加强思想政治武装。严格落实意识形态责任制，筑牢意识形态阵地。基层党建持续巩固。落实新时代党的组织路线，出台《区委全面加强基层党组织能力建设的实施意见》，创设“在荷塘·红色领航”党建品牌，开展“遇见你”党员志愿者评选等系列活动，推动社区专职工作者改革，增强村、社区经费保障力度，高质量完成村、社区“两委”换届，小区党建工作走在全市前列，基层党建工作有声有色。干部队伍建设成效明显。开设“一个主官的自我修养”、群众工作、乡愁等系列论坛，分批组织干部集中培训，在项目建设、巡察、驻村等实践中历练培养干部。盘活编制资源、用活引才机制，大力使用年轻干部，干部队伍结构更加优化。作风建设和纪律建设稳步推进。认真贯彻党中央关于加强全面从严治党的决策部署，强化政治监督。驰而不息纠治“四风”，深入整治基层反映强烈的问题。严肃抓好巡视、审计、巡察等反馈问题整改。实现巡察全覆盖，做好巡察整改“后半篇文章”。深化监察体制改革，实现派驻监督全覆盖，监督体系不断完善。

同时，区委加强对人大、政协的领导，支持人大、政协依法依章程履职，形成了团结协作、和衷共济的良好局面。认真贯彻党管武装制度要求，全面加强国防后备力量建设。构建大统战工作格局，各领域统战工作创新推进，爱国统一战线持续巩固壮大。工会、共青团、妇联、科协等群团组织作用进一步得到发挥。

各位代表、同志们，万事从来贵有恒，过去五年，我们坚持一张蓝图绘到底，坚持一茬接着一茬干，在高质量发展的征程上阔步前行，取得了丰硕成果。这是市委、市政府坚强领导的结果，也是历届区委带领全区上下团结实干的结果。我谨代表区委，向各位代表，并通过你们向全区广大党员干部群众，表示衷心的感谢并致以崇高的敬意！

各位代表、同志们，成绩来之不易，经验弥足珍贵。回首过去，我们深深体会到：必须始终坚持党的领导。党的坚强领导是战胜一切困难和风险的定海神针。必须全面加强党的领导，把党的建设摆在首位，把党组织建设得更加坚强有力，事业才能更加兴旺发达。必须始终坚持以人民为中心。江山就是人民、人民就是江山。必须坚持人民至上的立场和情感，践行党的初心使命、根本宗旨，始终为人民利益和幸福奋斗，根植于人民，才能获得无穷的力量。必须始终坚持实事求是。实事求是是共产党人世界观、方法论的基石。必须坚持一切从实际出发，更好地认识规律、遵循规律，讲好荷塘话，办好荷塘事。必须始终坚持务实担当。求真务实是我们党的优良传统和作风。必须要有务实的自觉、担当的本领，以“功成不必在我”的境界和“功成必定有我”的干劲，真抓实干、攻坚克难，推动事业迈上新台阶。必须始终坚持走群众路线。群众路线是我们党的生命线和根本工作路线。必须继承好、发扬好这一永葆青春活力和战斗力的传家宝，密切联系群众、广泛组织群众、凝聚各方力量，把群众的事办好办实。必须始终坚持改革创新。改革创新是发展的迫切要求、重要动力，也是开创新局、赢得未来的关键之举。必须坚持问题导向，准确识变、科学应变、主动求变，不断开创发展新局面。

各位代表、同志们，回顾五年发展历程，我们也清醒地认识到还存在着一些问题和不足，主要是：产业发展层次、质量水平还不高，与高质量发展要求相比还存在不足；城乡基础设施仍然相对薄弱，民生领域还有短板，还不能完全满足群众对美好生活的向往；全面从严治党的战略部署存在温差等，必须高度重视，采取有效措施，切实加以解决。

抢抓机遇　主动作为
奋力开启荷塘现代化建设新征程

各位代表、同志们，我们身处一个伟大的时代，第二个百年奋斗目标，在指引着我们；建设现代化新荷塘宏伟蓝图，在激励着我们；35 万荷塘人民，在期盼着我们。我们一定要坚定信心、奋发有为、不辱使命、不负重托，切实担负起建设现代化新荷塘的历史责任。从发展要求来看，实现第二个百年奋斗目标、全面建设现代化国家、不断满足人民对美好生活的向往，需要高质量发展、需要推进治理体系和治理能力现代化。我们必须主动担当、积极作为，推动产业升级、园区提质，努力探索基层社会治理的新模式、新途径。从发展基础来看，“十三五”时期，荷塘发展取得了全方位成就，材料产业、现代物流产业呈现集聚、加速发展的态势，公共服务和基础设施不断完善，探索了一系列社会治理工作方法，为高质量发展汇集了优势、积蓄了力量、奠定了基础。我们必须审时度势，乘势而上，加快发展。从发展机遇来看，随着双循环经济发展新格局的形成、制造业由东部向中部地区加速转移、“三高四新”战略的实施、“长株潭”一体化发展的推进、湘赣边区域合作示范区的建设，必将影响新一轮产业布局，带来消费升级。我们必须胸怀全局、找准定位、抢占先机，吸附更多发展要素向荷塘聚集，打造跨越发展新高地。

贯彻新发展理念，立足荷塘实际，未来五年，我们要以习近平新时代中国特色社会主义思想为指导，全面贯彻党的十九大和十九届二中、三中、四中、五中全会精神，坚决落实习近平总书记考察湖南重要讲话精神和中央、省委、市委决策部署，紧紧围绕“四个全面”战略布局，积极融入省委“三高四新”战略、“长株潭”一体化布局、湘赣边区域合作示范区建设，深入践行新发展理念，突出党建引领，坚持改革创新，办好十件大事，实施产业升级、园区提质、营商环境优化、城市更新、乡村振兴、“幸福荷塘”民生六大工程，争当基层治理先行区，建设材料科技城、现代物流城，加快建设实力更强、环境更优、人民更幸福的现代化新荷塘。

争当基层治理先行区，建设材料科技城、现代物流城，打造“一区两城”，这是我们未来发展的重点方向，也是我们共同奋斗的战略目标。

——*打造基层治理先行区*。要坚持以人民为中心，以增进人民福祉为出发点和落脚点，以加强基层党组织建设、增强基层党组织政治功能和组织力为关键，以加强基层政权建设和健全基层群众自治制度为重点，以改革创新和制度建设、能力建设为抓手，以“幸福荷塘”民生行动、城市更新、乡村振兴为切入点，不断夯实基层社会治理这个根基，建立起党委统一领导、政府依法履责、各类组织积极协同、群众广泛参与的基层社会治理体系，努力实现覆盖城乡的基层善治，不断创造基层治理的荷塘模式、荷塘经验。

——打造材料科技城。要加快壮大先进硬质材料、钢铁材料、智能建造、复合新材料等产业方面的优势，围绕材料产业上下游加快补链、延链、强链，打造特色优势产业集群，形成引领发展的第一引擎。要坚定材料科技城“4321”的发展思路：“4”即建设国家级先进硬质材料产业园、全省最大的智慧钢铁贸易和加工产业园、全市有影响力的智能建造产业园和复合新材料产业园四个“园中园”，形成产业集聚发展的核心板块；“3”即构建材料全产业链生态闭环，形成产业链上中下游、传统产业与新兴产业、新材料与其他产业三个方面相互贯通、协同发展；“2”即打通三一铁路专用线和金环大道两条交通路线；“1”即努力建设一个在全省乃至全国有影响力的千亿级材料科技城，为湖南打造国家重要先进制造业高地提供支撑。

——打造现代物流城。要立足区位交通优势和现实物流产业基础，聚焦项目招引、基础设施完善、科技创新、平台建设等重点，推动建设现代物流城。要坚定现代物流城“4321”的发展思路：“4”即优化交通枢纽与物流节点空间布局，大力推进公、铁、水、空“四位一体”交通联运体系建设，依托沪昆高速、长株高速、京广铁路等，努力建设物流快速通道，构建“大进大出、大集大散”的主体交通网络；“3”即聚焦工业、生活、冷链三大物流板块，依托主要项目，构建物流产业发展新格局；“2”即突出“线上科技平台+线下传统物流”两类平台融合发展，提升服务效率和质量；“1”即努力建设中部地区一流的现代物流城。

各位代表、同志们，宏伟目标需要靠一个个具体目标、一件件实事来支撑，更需要我们脚踏实地抓落实，全力以赴再奋斗。未来五年，我们要集中力量，办好十件大事：

1. 实现园区产业规模过千亿：支持材料、物流、先进装备制造等产业做大做强，实现园区产业规模过千亿。

2. 基本建成三一智慧钢铁贸易和加工产业园：聚焦钢铁贸易、钢铁零部件加工，依托三一集团、大明国际、大汉集团等行业龙头，加快三一智慧钢铁城建设，基本建成三一智慧钢铁贸易和加工产业园。

3. 建设先进硬质材料产业园：打通原材料、型材、刀具模具、检验检测、展示交易等全产业链条，建设在全国有影响力的先进硬质材料产业园。

4. 建成一批园区产业配套：建成星级酒店、会展中心、会议中心、配套商业等产业配套，提升园区服务能力。

5. 建成火车站综合交通枢纽东片区：依托长株潭城际铁路株洲站建设，打造现代化综合交通枢纽，带动火车站东片区开发。

6. 贯通城区主干道：拉通新塘路、铁东路 2 条城市交通动脉，建设金溪路、金桥路等片区道路，提升内联外通水平。

7. 建设红旗广场商贸中心：建设红旗广场西南角城市商业综合体，促进大润发、步步高、华润万家等商业节点连通互动，打造城市新地标。

8. 建设耕食小镇：以仙庾岭村、黄陂田村为中心，发展集农业生产、旅游休闲、教育培训、健康养老、田园社区、文创孵化于一体的全域文旅业态，带动仙庾片区发展，打造乡村振兴示范样板。

9. 建成 2 所以上优质学校：加大教育投入力度，建成水竹湖片区学校、湖师大附中荷塘学校等 2 所以上优质学校，扩大优质教育资源。

10. 建成核心城区雨污分流管网：实施污水治理提质增效行动，完成核心城区雨污分流管网建设，消除黑臭水体，提升城市防洪防涝能力。

为确保区委总体工作目标的实现，要重点实施产业升级、园区提质、营商环境优化、城市更新、乡村振兴、“幸福荷塘”民生六大工程，让荷塘经济更加繁荣、产业更加发达、园区更加兴旺、服务更加优质、城市更加靓丽、乡村更加富裕、人民更加幸福。

（一）实施产业升级工程。要主动融入“三高四新”战略，做好“聚焦、裂变、创新、升级、品牌”文章，下好破解发展难题、厚植产业优势的先手棋。强化产业项目招引。坚持产业链思维，精准梳理“两城”产业链断点堵点，依托三一集团、大明国际、大汉集团、韵达物流等行业龙头、重点项目引领产业聚集优势，招引一批产业链核心企业和上下游配套企业落户荷塘，力争培育国家级、省级先进制造业集群。提升产业链整体水平。加快推进研发、设计、检验等现代服务业与先进制造业融合发展，形成“研发—设计—制造—检测—展示交易”全产业生态链条，全方位打造具有更强创新力、更高附加值、更安全可靠的现代化产业链，支撑现代产业体系建设。加大要素保障力度。探索建立政府产业引导基金，聚集整合技术、人才、资本、土地等核心资源要素向“两城”、产业项目建设倾斜，确保项目快落地、快推进、快见效。不断补齐产业短板，壮大材料、物流产业规模和优势，在株洲打造千亿产业集群中体现荷塘担当、贡献荷塘力量。

（二）实施园区提质工程。要积极创建省级“五好”园区，推动产业层次、产值规模、综合品质再上新台阶。推动园区市场化运营。推进园区复合模式运营，推行实体化运行、市场化运作、企业化经营，实现园区可持续发展，鼓励社会资本参与三一智慧钢铁城和湖南先进硬质材料产业园两大片区项目开发建设，积极探索投资建设“园中园”新模式。推进平台公司市场化转型，加大债务化解力度，守牢风险底线。建设绿色低碳园区。强化绿色发展理念，建立健全绿色低碳循环发展经济体系，推动园区发展从追求经济总量扩张向绿色化、低碳化、安全化、循环化转型。强化“三线一单”和园区规划环评的管控要求，严格项目引进的环保准入关，推进园区环保基础设施一体化建设，确保园区各类污染物实现达标排放。促进产城融合发展。推进园区和城镇基础设施、产业发展、市场体系、基本公共服务和生态环保一体化建设，实现以产兴城、以城促产、产城相融。加快推进荷塘大道及明照湖周边的城市综合体、特色商业街、商务酒店、品牌楼盘、医院等建设，进一步完善园区配套。

（三）实施营商环境优化工程。要把优化营商环境作为提升软实力的关键来抓，树立彻底的服务理念，在打造优良环境上出实招、下真功。深化“放管服”改革。大力推动政务服务入园，打造园区行政审批闭环，为园区企业提供“一站式”“零距离”服务。融入“长株潭”营商环境一体化建设，实现“跨市通办、一网通办、掌上即办”。抓好惠企政策兑现，推动惠企政策“免申即享”。完善企业服务体系。健全“一办两中心”企业服务体系，完善“代办+带办”常态化服务机制，巩固提升企业服务效能。创新“政府主导+市场运作”的企业服务机制，引入市场专业机构，为企业提供更高效、更精准的服务。构建亲清新型政商关系。健全常态化政商沟通机制，完善领导联点、专员包片、恳谈会、政企会商等联系企业制度，畅通企业诉求渠道，真心实意为企业排忧解难，打通制约企业发展的“堵点”。引导建立企业家常态交流机制，弘扬优秀企业家精神，培育一批优秀企业家。要以优质服务擦亮营商环境“金字招牌”，让企业家更有“舒适度”“归属感”。

（四）实施城市更新工程。要完善城市功能、提升品质形象，建设更高品质的宜居城区，为“一区两城”建设夯实基础、提供支撑。优化城市路网交通。继续推动“五纵七横”路网建设，加快建设铁东路、新塘路、金桥路等道路，拉开城市框架；加快建设金溪路、金桥路、升龙路、黄泥塘路等片区路网，夯实城市发展基础；开展城区小街小巷整治提升，畅通城市交通“微循环”。完善宜居配套。加快推进红旗广场西南角片区开发，引进综合商务、金融服务、文化娱乐等业态，建设红旗广场商贸中心，打造城市新地标。积极推进中心城区企业“退城入园”，加快实现腾笼换鸟、转型升级。进一步完善东大门、中南建材、文化艺术品等专业市场配套，培育消费增长新动力。有序实施老旧小区改造，新改建一批城市公园、绿地、停车场等配套设施，提升城区品质。提升城市管理水平。加大市容环境联合执法力度，开展重点区域、重点内容专项整治，逐步推进城市垃圾分类工作，提升城市环境卫生水平。巩固文明城市、卫生城市创建成果，提升城市形象。加大“数字城市”建设力度，因地制宜推进大数据、5G、物联网等新技术应用，构建治安管理、应急管理、智慧停车、智慧城管等数字化平台，提升城市管理智能化水平。

（五）实施乡村振兴工程。要把“三农”工作作为重中之重，推出更有力的举措，汇聚更广泛的力量，全面推进乡村振兴。大力实施乡村建设行动。积极推进村庄规划编制，有序开展各项建设，创建“五好”乡镇和一批“五好”村庄。持续完善乡村基础设施，推进农村生活污水接入仙庾污水处理厂管网，实施集中居住区小微污水处理设施建设。加快推进城乡供水一体化，提升自来水接引工程的覆盖面和供水能力。创建“四好农村路”，拉通乡村产业路、旅游路，同步推进村级客运站点、文化体育、公共照明等服务设施建设。持续实施农村人居环境整治提升行动，分类推进农村厕所革命，完善农村生活垃圾收运处置体系。大力发展富民乡村产业。切实扛起粮食和经济作物安全生产政治责任，有序推进花卉苗木产业退林还耕，加快农田水利设施修复连通。以耕食小镇为引领，大力发展体验农业、观光农业、民宿经济、新型农家乐等乡村休闲产业。突出抓好家庭农场和农民合作社两类经营主体，支持农业龙头企业和农业社会化服务组织发展，壮大村级集体经济组织，建立完善联农带农利益联结机制。积极推进产业发展保障服务体系建设，强化政策供给，吸引各方参与乡村建设和发展乡村产业。加快推进乡村治理体系和治理能力建设。稳妥推进樟霞村、蝶屏村乡村治理改革试点，并逐步向全区推广。健全议事协商机制，提升群众自治能力，构建区域乡村善治体系。健全新乡贤、农村志愿服务体系，鼓励社会组织参与乡村治理，凝聚共治力量。实施道德模范引领行动，大力开展农村文明家庭、“五好”家庭等创建，广泛开展农村道德模范、致富能手等评选活动，用榜样的力量带动村民奋发向上。

（六）实施“幸福荷塘”民生工程。要围绕群众急难愁盼问题，回应群众关切，不断拓展系列民生行动覆盖面、精准度。不断巩固和拓展服务事项。聚焦精准就业、全民教育、基本医疗、养老服务、社会救助等社会民生工作，聚焦生态环境保护治理、平安荷塘建设、生产生活安全、重大疾病防控等红线底线，不断改进服务内容、调整服务标准、优化服务方式，提升服务质量。对具有普遍意义和社会价值的新增事项，要按照“走访调研定事项、试点探索明路径、逐步扩面求实效、巩固提升成体系”的工作步骤稳步推进。建立健全政策保障体系。进一步强化组织领导，有效整合资源，建立政策共同体。健全政府财政资金购买服务事项的体制机制，规范使用流程，提高使用效益。支持群团组织承担公共服务职能，鼓励党组织健全、管理规范的社会组织优先承接服务项目。不断创新工作方法。走好线上、线下群众路线，让更多的群众成为参与者、受益者。大力培育扶持基层社会组织，提升社会工作者专业化水平，壮大志愿者队伍，鼓励和引导社会力量参与基层治理。建立健全“村社区主体+社工+社会组织+社会资源+社会人才+社会捐赠”的联动机制，广泛集聚社会资源，解决好群众关心的事情。

全面落实新时代党的建设总要求
为建设现代化新荷塘提供坚强政治保证

蓝图已经绘就，奋斗正当其时！建设现代化新荷塘，关键在党、关键在干部。全区各级党组织必须贯彻落实新时代党的建设总要求，增强全面从严治党永远在路上的政治自觉，以党的政治建设为统领，继续推进新时代党的建设新的伟大工程，坚定不移推进党风廉政建设和反腐败斗争，更好发挥党的政治引领、党支部战斗堡垒、党员先锋模范作用，以高质量党建引领高质量发展，为建设现代化新荷塘提供坚强政治保证。

持续强化思想政治建设，永葆对党忠诚的政治本色。积极响应习近平总书记在“七一”重要讲话中发出的伟大号召，弘扬伟大建党精神，努力走好新时代赶考之路。着力强化理论武装，坚持以习近平新时代中国特色社会主义思想武装头脑、指导实践、推动工作，增强“四个意识”，坚定“四个自信”，做到“两个维护”。持续推动政治建设考察全覆盖、常态化，不断增强全区党员领导干部的政治判断力、政治领悟力、政治执行力。严格落实意识形态责任制、守好意识形态主阵地，弘扬主旋律、凝聚正能量，传播荷塘声音、讲好荷塘故事。

坚持夯实基层组织建设，打造坚强有力的战斗堡垒。牢固树立大抓基层的鲜明导向，推动省委全面加强基层建设“1+5”文件落地见效，加大基层经费保障力度，提升基层服务能力。不断加强村、社区“两委”能力建设，巩固城市社区专职工作者体系，加大从村、社区干部中录聘事业编干部的力度，持续推动“在荷塘·红色领航”品牌建设，全面推进城市小区党建，统筹抓好“两新”组织等各领域党建工作。大力实施党建引领乡村振兴，发挥驻村工作队、志愿帮扶队作用，切实提升农村基层党组织组织力。

着力抓好干部队伍建设，弘扬务实担当的精神品格。树立鲜明的用人导向，坚持事业为上，将身处基层、一线的专业型干部作为重点培养对象，用好用活职务职级并行等政策，激励干部担当作为。切实加大年轻干部培养使用力度，放眼各条战线、各个领域、各个行业选拔干部，发挥好各年龄段干部优势，调动起广大干部积极性。深入开展干部培训工作，注重在实践中历练培养干部，让干部练就担当作为的硬脊梁、真本事。将精干力量向园区、基层一线及项目建设倾斜，为高质量发展提供高素质人才智力支撑。

纵深推进全面从严治党，巩固风清气正的政治生态。压紧压实管党治党政治责任，强化政治监督，推动纪律、监察、巡察、派驻“四项监督”的有机贯通，提高日常监督的针对性和有效性。始终坚持“严”的主基调，聚焦工程建设、营商环境、民生事业等重点领域，加大监督执纪问责力度，严肃查处侵害群众利益的违纪违法行为。“动员千遍，不如问责一次”，要管就要动真格，做到明责要清、履责要实、追责要严。坚持有腐必反、有贪必肃，注重以案促改、警示教育，一体推进不敢腐、不能腐、不想腐。驰而不息落实中央八项规定精神，巩固省委“约法三章”成果，持续纠治“四风”问题，防止形式主义、官僚主义反弹回潮，让基层把更多时间放在抓落实上。坚持严管与激励并举，落实“三个区分开来”，旗帜鲜明为敢于担当、踏实做事、不谋私利的干部撑腰鼓劲。从严从实抓好巡视、审计、巡察等反馈问题整改工作，持续推动全面从严治党向纵深发展。

切实加强党的全面领导，凝聚团结奋进的强大合力。充分发挥区委总揽全局、协调各方的作用，广泛凝聚各方力量，形成推动经济社会发展的强大合力。要加强区委自身建设，坚持和健全民主集中制，充分发挥区委全面深化改革委、审计委等决策议事协调机构职能作用，建立健全推动高质量发展的指标体系、政策体系、考评体系，确保中央、省委、市委的决策部署全面有效落实。加强党委对人大、政府、政协工作的领导协调，支持人大及其常委会依法行使重大事项决定权、监督权、人事任免权，推动政府亲民为民、依法行政，促进人民政协有效发挥政治协商、民主监督、参政议政作用。充分发挥工会、共青团、妇联、科协等组织和人民团体的优势，更好地联系群众、组织群众、服务群众。坚持党管武装工作，加强国防教育、国防动员和后备力量建设。巩固和发展最广泛的爱国统一战线，充分发挥全区各民主党派、工商联、无党派人士和新阶层人士作用，落实宗教、侨务政策，寻求最大公约数、画出最大同心圆，汇聚起建设现代化新荷塘的磅礴力量。

各位代表、同志们，躬逢伟大时代，我们豪情满怀；踏上新的征程，我们重任在肩！置身于“两个一百年”奋斗目标的历史交汇点，梦想和现实在这里转承，奋斗和拼搏在这里接续！让我们更加紧密地团结在以习近平同志为核心的党中央周围，在省委、市委的坚强领导下，以永不懈怠的精神状态、一往无前的奋斗姿态，铆足干劲、砥砺奋进，为加快建设“一区两城”，建设现代化新荷塘而努力奋斗！

名词解释

1. 三高四新：三个高地，即着力打造国家重要先进制造业高地、具有核心竞争力的科技创新高地；内陆地区改革开放高地。四新使命，即在推动高质量发展上闯出新路子、在构建新发展格局中展现新作为、在推动中部地区崛起和长江经济带发展中彰显新担当、奋力谱写新时代坚持和发展中国特色社会主义的湖南新篇章。

2. 三榜工作法：精准识别榜、精准施策榜、精准退出榜。

3. 四谈四做：县级领导与村、社区书记，微信盟主，驻村工作组组长，企业负责人面对面开展谈心谈话，做实拆迁谈判、信访维稳、城乡帮困、帮扶困难群众四项工作。

4. 三线一单：是指生态保护红线、环境质量底线、资源利用上线和生态环境准入清单，是推进生态环境保护精细化管理、强化国土空间环境管控、推进绿色高质量发展的一项重要工作。

5. 三个区分开来：要把干部在推进改革中因缺乏经验、先行先试出现的失误和错误，同明知故犯的违纪违法行为区分开来；把上级尚无明确限制的探索性试验中的失误和错误，同上级明令禁止后依然我行我素的违纪违法行为区分开来；把为推动发展的无意过失，同为谋取私利的违纪违法行为区分开来。

6. 五好园区：规划定位好、创新平台好、产业项目好、体制机制好、发展形象好。

7. 五好乡镇（村）：产业发展好、人才活力好、乡风文明好、生态环境好、组织建设好。

株洲市荷塘区人民代表大会常务委员会工作报告

——在株洲市荷塘区第六届人民代表大会第一次会议上

株洲市荷塘区人大常委会主任　刘国梁

2021年10月26日

各位代表：

我受区第五届人民代表大会常务委员会的委托，向大会报告本届以来的工作，请予审查，并请列席会议的同志提出意见。

本届以来工作回顾

本届以来，在区委的坚强领导下，区人大常委会始终坚持以习近平新时代中国特色社会主义思想为指导，全面贯彻习近平总书记关于坚持和完善人民代表大会制度的重要思想及系列重要讲话精神，始终坚持党的领导、人民当家作主、依法治国有机统一，情系人民守初心、围绕发展担使命，认真履行宪法和法律赋予的职权，各项工作更加聚焦、更富力度、更具实效，为推进全区民主法治建设和经济社会发展做出了积极贡献。

一、对标时代发展新要求，依法履职有作为

自觉服从区委领导。牢牢把握正确的政治方向，坚持把区委的决策和主张作为确定人大工作的政治依据、行动方向和指导原则，始终把人大工作置于区委的领导之下，坚持重大问题、重要事项及时向区委请示报告，并按照区委要求和法定程序抓好贯彻落实。及时向区委常委会传达学习全国、省、市有关人大工作的重要会议及文件精神，围绕工作报告、工作要点、民生实事人大代表票决制等事项，主动向区委汇报。区委高度重视人大工作，多次召开会议专题研究人大工作，制定出台《关于进一步加强和改进人大工作的意见》等文件，组织召开区委人大工作会议、区镇两级人大换届选举工作会议等，为人大及其常委会依法履职提供了有力保障。

依法决定重大事项。善于发挥自身的政治优势，通过法定形式把区委意图转化为全区人民的共同意志。紧紧抓住事关全局的根本性、长远性问题，适时进行讨论、审议和决定，五年来，共举行常委会会议36次，主任会议60次，听取和审议“一府两院”工作报告107项，做出决议、决定96项。为加快构建产业园区管理新模式，提升产业服务水平，及时依法依程序批准设立明照街道办事处。坚持党管干部和人大依法任免的有机统一，共依法任免和决定任免有关人员及接受辞职416人次，确保了组织意图的圆满实现。

精细组织代表选举。在区委的统一部署下，区人大常委会始终坚持党的全面领导、充分发扬民主、严格依法办事、严明纪律规矩，切实强化代表选举过程中各个环节的组织、指导和监督工作，做到了换届选举和疫情防控“两手抓”“两不误”。今年

8月23日至25日，全区136个区代表选区依法选举产生180名区人大代表，28个镇代表选区同步投票选举产生镇代表58名。整个代表选举工作依法依规、平稳有序、风清气正，选民民主政治热情高涨、民主氛围浓厚，全区13.26万选民参加投票选举，参选率达93.45%，创历届新高。

积极参与中心工作。坚持在围绕中心、服务大局中找准人大定位、履行人大职能、彰显人大作为。区人大常委会领导主动牵头参与重点工程建设、产业链发展、企业服务、招商引资、征地拆迁、乡村振兴、“幸福荷塘”系列民生行动等，有力推动了各项中心工作进度。高度关注园区和产业发展，着重就三一智慧钢铁城、汉德车桥等重点项目建设情况进行视察调研，提出了抓资金准备、抓项目进度、抓要素保障、抓产业规划、抓优质服务等方面的意见建议并跟踪督办。新冠肺炎疫情期间，领导包片负责，机关全员参与，积极投身入户排查、核酸检测、驻企联络服务、隔离酒店值守等防疫工作，同时向全区各级人大代表发出倡议，据统计，代表们通过各种形式捐款捐物累计达690余万元。

二、对标转型升级新理念，监督工作有实效

深化专项评议。聚焦服务型政府建设，研究制定《株洲市荷塘区五届人大常委会专项工作评议实施方案》，按照“简要谈成绩、重点找问题”的原则，认真组织对法院执行、检察院公益诉讼、教育、民政、城市管理、农业农村等20多项工作开展专项评议，组织常委会全体组成人员和部分人大代表成立评议调查组，深入镇（街道）、村（社区）、辖区企业及服务对象进行评议调查和满意度测评，在收集各方意见建议的基础上，形成评议意见，持续督促被评单位加强整改，不断提高服务质效，专项工作评议已经成为落实区委决策、改进工作作风的有效载体。

深化财政监督。认真落实预算法和监督法的相关要求，切实加强对政府全口径预算决算的审查和监督。及时听取和审议区人民政府关于预算编制、预算执行、预算调整、财政决算、同级审及问题整改情况汇报，督促政府及相关部门紧盯问题整改落实，为全区财政资金高效、规范、安全运行提供了有力支撑。适时听取我区国有资产管理和政府性债务管理情况汇报，督促政府完善机制、规范管理，强化对国有资产全过程监管，切实提高资产管理水平，助力我区政府债务风险成功退出一类预警地区。

深化司法监督。每年定期听取和审议“公检法”三机关工作情况汇报，组织部分人大代表及法律专家32次观摩听评法院庭审，对“公检法”承办的130余件案件卷宗开展质量评查，督促三机关进一步形成工作合力，不断规范司法行为，推动司法工作与服务全区发展大局有机融合。认真组织开展“国家宪法日”法治宣传活动，尤其是新颁布的《民法典》学习宣传。同时，认真做好信访接待工作，五年来，共接待上访群众390余人次，受理、办理各类信访件230余件，积极引导群众“信法不信访”，营造全区人民自觉尊法学法守法用法的良好氛围，促进了社会和谐。

深化民生监督。坚持监督选题来自人民、监督过程依靠人民、监督结果为了人民，着力解决群众“急难愁盼”的事，使人大监督既有力度更有温度。聚焦学有所教、病有所医、弱有所扶、食有所安，重点就《义务教育法》、《食品安全法》、《反家庭暴力法》等开展执法检查13次，经常性深入辖区各中小学校、基层卫生服务中心、公益服务项目、

农贸市场及超市、药店等地视察调研，现场发现问题并督促整改，通过各种监督方式的综合运用，推动加快补齐民生领域短板。从“为民做主”向“由民做主”转变，率先探索实施民生实事人大代表票决制工作，针对人代会上票决确定的民生实事事项，成立监督和评估工作领导小组，制定监督和评估工作方案，多次组织主任会议和监督小组视察督办民生实事进展情况，各项民生实事稳步推进，真正体现民生实事“群众提出、代表选定、政府实施、人大监督”。

三、对标人民群众新期盼，代表工作有突破

增强代表活动实效。不断完善健全人大常委会组成人员联系代表、代表联系群众的“双联”工作机制，严格落实代表积分制考核和代表（联）组考核等各项制度，定期组织开展“代表接待日”活动，切实增强代表们的归属感、使命感和责任感。不断完善镇（街道）、村（社区）履职平台建设，区人大常委会领导先后多次到基层代表工作室进行现场指导，积极争取协调建设经费近50万元，代表工作室已实现村、社区全覆盖。五年来，全区各级代表通过微信群（组）、入室接待、走访选民等途径共收集和整理意见建议1530余条，帮助并协调解决了群众普遍关注的有关老旧小区改造、校园安全设施完善、公交站点增设等热点难点问题600余个，得到群众的广泛认可，荷塘区代表联系群众工作被市人大授予创新奖，并在全省进行推介。

强化代表履职成效。始终将业务培训作为提高代表素质、增强履职能力的重要抓手。分批次组织人大代表和人大工作者赴人大干部培训基地参加履职能力提升培训，累计达到630余人次。持续组织市代表在区人大常委会会议上报告履职情况并进行评议，安排区、镇两级代表在原选区向选民述职，并接受选民的满意度测评。坚持邀请代表列席常委会会议、主任会议，参加视察调研、执法检查、专项工作评议等活动，进一步强化代表对区人大及其常委会工作的有效参与，为代表更好地履职奠定了基础。

提高建议办理质效。严把代表建议“质量关”，推行“靠前准备、提前上交、及时预审”的审核机制，代表建议由“数量多”向“质量高”转变。不断完善建议交办、办理和督办工作机制，实行主任会议成员重点督办、各专门委员会对口督办、代表参与跟踪督办的工作机制，督促各承办单位不断提高代表建议办理质量和水平。五年来，代表们共提出建议、批评和意见405件，全部办结，实际解决率达到58.6%，有效解决了一批事关经济社会发展和人民群众切身利益的问题。

四、对标人大工作新形势，队伍素质有提高

始终把思想政治建设摆在首要位置。坚持把学习习近平总书记近期系列重要讲话精神列为党组会议、主任会议、常委会会议的首个议程并形成常态。强化常委会党组管党治党政治责任，加强机关党支部标准化、规范化、信息化建设，健全完善党建工作长效机制。扎实推进“两学一做”学习教育常态化制度化、深入开展“不忘初心、牢记使命”主题教育和党史学习教育，坚持问题导向，对标对表，努力确保省委巡视、区委巡察反馈问题整改工作实效。

始终把党风廉政建设摆在突出位置。认真贯彻新时代党的建设总要求，全面落实“一岗双责”，把党风廉政建设责任制与人大业务工作同部署、同落实。坚持以整风的精神认真开好专题民主生活会，打好作风建设“持久战”，严格执行中央八项规定精神及其实施细则，严格落实意识形态工作责任制，力戒形式主义、官僚主义，强化纪律意识、规矩意识和廉洁意识，在全区人大系统营造了风清气正的良好氛围。

*始终把基层人大建设摆在重要位置。*高度关注基层人大干部配备，积极争取区委支持，镇人大主席团配备了专职副主席，各街道人大工委主任均由“兼”到“专”。注重加强对镇（街道）人大工作的联系指导，并扩大活动参与范围，坚持上下联动开展专题视察、工作评议、执法检查等活动；定期召开基层人大工作例会，及时研究解决问题，总结交流经验做法，取长补短，使基层人大工作既相对独立，又步调一致，促进各项工作协同共进。

*五年辛勤耕耘，五年春华秋实。*本届以来的实践，使我们对坚持和完善人民代表大会制度，加强和改进新时代人大工作有了更加深刻的认识和体会：第一，必须始终坚持党的全面领导。要坚定不移地走中国特色社会主义政治发展道路，切实把党的路线方针政策贯穿于依法履职全过程，把党委的决策部署落实到人大工作的各个方面。第二，必须始终坚持服务发展大局。要围绕区委中心工作和政府工作重心，努力找准人大工作的切入点，不断增强人大工作的针对性、实效性和权威性。第三，必须始终坚持依法履职为民。要坚持以人民为中心，支持和保证人民通过人民代表大会行使国家权力，人民代表大会制度才能始终拥有深厚坚实的根基。第四，必须始终坚持发挥代表作用。要保持与人民群众的密切联系，就要充分发挥代表的主体作用，人大代表来自人民、植根人民，代表人民的利益和意志，是党委政府联系人民群众的重要桥梁和纽带。第五，必须始终坚持创新方式方法。要立足荷塘实际，主动顺应新形势、新任务、新要求，不断创新工作思路、方法和机制，人大工作才能更好地把握规律性、体现时代性、富有创造性。这些经验和体会，是我区人大工作的宝贵精神财富，我们要长期坚持，并不断丰富发展。

各位代表，区五届人大常委会所取得的成绩，是区委正确领导的结果，是全体人大代表、人大常委会组成人员和人大工作者共同努力的结果，也是全区人民大力支持、“一府一委两院”及各部门密切配合的结果。在此，我谨代表区人大常委会向重视、关心、支持人大工作的各级领导、全体代表、社会各界和全区人民表示衷心的感谢和崇高的敬意！

回顾过去五年的工作，我们也清醒认识到，区人大常委会工作与宪法和法律赋予的职责、与人大代表和人民群众的期望还有差距，比如监督工作力度和实效还需进一步增强、跟踪督办的问效机制还需进一步完善、发挥代表主体作用还有待进一步提高等。在今后的工作中，我们将坚持问题导向，虚心听取各方面的意见建议，切实整改存在的问题，不断加强和改进人大工作。

未来五年工作建议

各位代表，今后五年是我国开启全面建设社会主义现代化国家新征程、向第二个百年奋斗目标进军的关键时期，也是打造“一区两城”，向建设现代化新荷塘迈出坚实步伐的重要时期。为此，建议新一届区人大及其常委会以习近平新时代中国特色社会主义思想为指导，深入学习贯彻习近平总书记在中央人大工作会议上的重要讲话精神，坚持党的领导、人民当家作主、依法治国有机统一，认真履行宪法和法律赋予的各项职责，紧紧围绕区第六次党代会提出的“争当基层治理先行区，建设材料科技城、现代物流城”战略目标，突出正确监督、有效监督、依法监督，着力推动人大工作高质量发展，团结和凝聚全区人民的力量，为加快建设实力更强、环境更优、人民更幸福的现代化新荷塘做出新的更大贡献。

一、坚持党的领导，力求在服务大局上展现新作为

要自觉把深学笃用习近平新时代中国特色社会主义思想作为贯穿人大工作的主线，认真贯彻落实习近平总书记关于坚持和完善人民代表大会制度的重要思想及系列重要讲话精神，树牢“四个意识”、坚定“四个自信”、做到“两个维护”。坚定政治方向，不断提高政治判断力、政治领悟力、政治执行力，自觉服从区委对人大工作的绝对领导，坚决落实向区委请示报告制度。善于使党的主张通过法定程序成为国家意志、人民意愿，始终坚持围绕中心、服务大局，紧紧抓住经济社会发展中的重大问题和人民群众迫切需要解决的突出问题，抓住有利时机依法决定重大事项。进一步完善依法决定重大事项的规则和程序，不断提高决策的民主化和科学化水平，确保做出的各项决议、决定符合时代发展要求、符合人民意愿、符合荷塘实际。坚持党的领导和人大依法任免国家机关工作人员相结合的原则，不断完善工作程序，依法依程序进行人事任免，为经济社会发展提供有力的组织保障。

二、增强工作实效，力求在依法监督上迈出新步伐

要更加自觉地用好宪法赋予人大的监督权，实行正确监督、有效监督、依法监督，紧扣区第六次党代会确定的目标任务，聚焦人民群众所思所盼所愿，综合运用听取和审议专项工作报告、执法检查、专项评议和视察调研等多种监督方式，推动解决制约经济社会发展的突出矛盾和问题。重点围绕产业升级、园区提质、营商环境优化、城市更新、乡村振兴、“幸福荷塘”民生等方面开展监督，督促政府抓好“一区两城”和“十四五”规划的落实，推动我区经济社会高质量发展；依法做好预算决算审查、国有资产管理和政府性债务监督工作，助力重点领域风险防范化解；加大对审计查出问题整改情况跟踪监督力度，做好规范性文件备案审查和信访工作，推动中央及省市区委决策部署落地见效。进一步增强监督实效，注重审议意见的落实，健全即时交办和跟踪督办制度，真正推动“一府一委两院”解决问题、改进工作，确保监督成果转化为实实在在的工作成效。完善监督公开制度，把人大监督与群众监督、舆论监督结合起来，增强监督工作透明度。

三、强化主体意识，力求在代表工作上展示新气象

要充分发挥人大代表作用，做到民有所呼、我有所应。积极探索做好新时代代表工作新路子，进一步落实“双联”工作制度，不断丰富人大代表联系人民群众的内容和形式，更好接地气、察民情、聚民智、惠民生，努力为代表依法履职创造条件、提供服务。进一步拓宽代表知情知政渠道，围绕新时代发展需要和代表履职需求，积极开展代表履职培训，创新代表活动的形式与载体，坚持邀请代表参加区人大常委会和“一府一委两院”组织的有关活动。坚持常态化开展走访选民接待群众等活动，不断扩大代表工作室在群众中的吸引力和影响力。依法做好代表建议、批评和意见办理及督办工作，

有序公开建议办理结果，进一步推动建议办理工作提质增效。进一步强化代表服务管理，健全和完善代表管理考核评价机制，建立代表履职档案库，激发代表联系群众、助推发展、引领风尚的履职热情。

四、坚持守正创新，力求在队伍素质上实现新提升

要认真落实新发展阶段、新发展理念、新发展格局下加强自身建设的新要求，努力建设成为自觉坚持中国共产党领导的政治机关、保证人民当家作主的国家权力机关、全面担负宪法法律赋予的各项职责的工作机关、始终同人民群众保持密切联系的代表机关，创新推动人大工作与全区经济社会发展相融并进、同频共振。进一步优化常委会议事决策规则和程序，深入贯彻执行民主集中制原则，完善符合区人大常委会机关实际的长效管理机制，加强对机关干部的教育、管理、交流和培养，全面提高机关工作质量和水平。不断加强对镇（街道）人大的工作联系指导，促进规范建设、激发创新活力，联动监督履职，形成人大工作凝心聚力、协同高效的良好局面。

各位代表，荷塘发展前景灿烂、催人奋进，人大代表责任重大、使命光荣。加强和改进新时代人大工作，既是法律赋予的神圣职责，也是区委和全区人民的要求和期望。让我们更加紧密地团结在以习近平同志为核心的党中央周围，在区委的坚强领导下，围绕中心、服务大局、依法履职、担当作为，为加快打造“一区两城”，建设现代化新荷塘而努力奋斗！

政府工作报告

——在株洲市荷塘区第六届人民代表大会第一次会议上

株洲市荷塘区人民政府区长　罗鹏程

2021年10月26日

各位代表：

现在，我代表区人民政府向大会报告工作，请予审议，并请区政协委员提出意见。

砥砺五载，稳步迈入高质量发展新阶段

过去的五年，是荷塘发展进程中极不平凡、极不寻常的五年，是我们经受大考验、赢得新发展的五年。面对严峻复杂的国内外形势、艰巨繁重的改革发展稳定任务，特别是突如其来的新冠肺炎疫情影响，我们坚持以习近平新时代中国特色社会主义思想为指导，在市委、市政府和区委的坚强领导下，披荆斩棘、奋勇前行，交出了一份亮点纷呈的优异答卷。五年奋斗，我们率先建成全面小康社会，实现程度位列全省一类县区前五；五年奋斗，我们全力打赢三大攻坚战，实现“蓝天三百天、全域二类水”，圆满完成茶陵县、泸溪县结对帮扶，在全市率先退出债务风险一类预警地区；五年奋斗，我们推动园区跨越发展，金山新城从无到有，先进硬质材料、智能建造材料、复合新材料蓄势崛起，园区获批湖南省新型工业化产业示范基地；五年奋斗，我们将营商环境打造成亮丽名片，“一办两中心”企业服务体系形成经验法宝，营商环境便利度测评连续多年名列全市前茅；五年奋斗，我们按下了“幸福荷塘”系列民生行动快捷键，“荷塘模式”获全市推广，“民生100”连获市级先进。第七次人口普查，我们成为人口净流入区，充分彰显荷塘发展的活力、城区的魅力。与此同时，“十三五”规划圆满收官，主要经济指标均保持在合理区间，各项社会事业都取得了显著成效。

这五年，是发展质量全面提升的五年。园区综合实力大幅增强。园区开发面积增长2.1倍，达到11平方公里，建成标准厂房26万平方米，入园企业增长3.8倍，规模、格局均发生了质的飞跃，综合评价排名跻身全省前50名。产业招商取得重大突破。立足区位优势，成功引进三一集团、潍柴动力等“500强”企业15家、产业项目173个，其中杭萧钢构、雪宝建材等投资5亿元以上项目31个，三一智慧钢铁城成为全市最大的产业项目。开展“愚公移山”“冲锋号”等攻坚行动，完成集体土地征拆1.3万亩、国有土地上房屋征收79万平方米，竣工投产项目59个，五年四获全市“产业项目建设年”先进。产业质量发生显著变化。飞鹿高新、宏达电子成功上市，企业“四板”挂牌9家，规上企业、高新技术企业分别净增173家、50家，累计完成技改项目334项，产业投资占固定资产投资比重实现连年提升，制造业产值、税收比重均超30%，地方税收占财政收入比重连续3年全市第一。产业特色日渐鲜明。先进硬质材料、智能建造材料、复合新材料集聚上下游企业192家，产业链产值占规模工业总产值比重达56%。株洲市智慧冷链物流园、金山现代综合物流园等重点物流项目顺利推进，现代物流产业加速发展。园区获批株洲市装配式建筑产业示范园，先进硬质材料产业入选省级先进制造业集群。

这五年，是改革创新阔步前行的五年。创新创业活力迸发。高新技术企业、科技型中小企业成倍增长，总量突破100家，科技创新对经济增长的贡献率达到55%，获批全市首个省级科技成果转移转化示范区。累计申请专利3000余件，获得省级以上科技成果奖励720项，新增株硬国家级企业技术中心等一批国省创新平台，诞生高速重载缓冲器等一批科技创新成果，核心竞争力全面提升。体制机制改革纵深推进。全面完成政府系统机构改革，构建起系统完备、科学规范、运行高效的政府职能体系。稳步推进“放管服”改革，全面推行“多证合一”“证照分离”改革，企业开办实现“零成本”。破除项目推进顽瘴痼疾，探索项目建设集中攻坚模式，推动一大批重大产业项目快速落地开工。营商环境持续优化。政务服务实现线上线下融合，所有事项一窗通办，高频事项全程网办，在全市率先完成“一件事一次办”改革，荣获全省创新管理奖。建立“一办两中心”企业服务体系，实现从招商到投产“一站式”跟踪服务。持续开展温暖企业行动，解决企业困难1500余项、担保融资4.3亿元。

这五年，是城市面貌绽焕新颜的五年。外快内畅交通体系加速形成。新建主次干道35条，莲易高速、荷塘大道跨沪昆高架线、北环路C段、铁东路核心段、向阳路全线贯通，通车里程37公里，“五纵七横”交通框架更加清晰。完成育才路、新四路等背街小巷提质改造42条，内部交通更加通畅。城市品质不断提升。片区建设多点开花，建成区面积突破33平方公里。实施棚户区、老旧小区、城中村、三供一业改造项目158个，惠及群众4.3万户。拆除违建151万平方米，新增绿地1.5万平方米，建成“建宁驿站”28座，明照湖公园、新苗公园开园迎客，大润发广场、银泰财富广场、亚和家具市场等商贸综合体建成运营，城市生活更加便捷美好。生态环境持续优化。白石港、建宁港水系黑臭水体综合治理全部完成，城区雨污分流主管网实现全覆盖，金山、仙庾污水处理厂建成运营，在全市率先完成绿心地区工业企业全面退出，河长制工作全面推行，主要地表水水质达到国家二类标准。大力开展工业废气、餐饮油烟、扬尘污染治理，2020年空气质量优良天数达到320天，位居城区第一，区域生态状况得到明显改善。

这五年，是乡村振兴稳步推进的五年。发展活力全面释放。全面完成宅基地房地一体确权登记颁证、农村集体产权制度等改革，系统构建农资供应等十大产业保障服务体系，相关经验在全市推广。培育农业龙头企业11家，农村合作经济组织增至72家，新型经营主体快速发展。休闲农业经济实体增至150个，耕食小镇先导项目顺利实施，樟霞民宿合作社挂牌运行，成功获批仙庾康养服务业集聚区。基础设施不断完善。完成茶马线提质改造，农村公路硬化23公里，实现行政村双车道农村公路全覆盖。完成柘塘水库、龙江塘水库及70余处“五小”水利建设，新建、改建机耕道410公里，仙庾镇自来水厂供水并入市政管网，农业机械化率达到72%。农村环境明显改善。以农村人居环境整治为抓手，完成农村危房改造420户，整治农村黑臭水体23处，新建两个镇级垃圾中转站，构建农村清扫收运体系，市场化保洁实现全覆盖。旱厕改造1800余户，农户卫生厕所普及率达到98%。绿色村庄达到70%，仙庾岭村、樟霞村获评省级美丽乡村示范村。

这五年，是民生福祉持续增进的五年。社会保障全面提升。财政民生支出年均增长13.5%。“三社联动”、就业服务、养老服务等“幸福荷塘”系列民生行动推深做实，赢得群众广泛认可。引入市场力量，开展精准就业服务，城镇登记失业率远低于4.5%的控制指标。基本养老保险参保覆盖率提高到95%，农村五保对象基本医疗费全额减免。构建起多元化的养老服务体系，连获省级真抓实干激励表彰。社会事业不断深化。新建美的学校，改扩建荷塘小学、博雅小学等6所学校，新增学位1.25万个，中小学大班额全面清零。新增公办幼儿园25所，普惠性教育资源不断扩大。扎实推进医联体、乡村卫生一体化，完成卫生机构标准化建设，基层就诊率年均增长26.6%。在全省率先建设复转军人之家，实现区、镇（街道）两级退役军人服务保障全覆盖。建成全省首家综合性公益服务中心。城乡帮困新模式入选全省基层改革探索100例。治理能力持续拓展。连续四年举办千人群众大会，引导群众参与基层治理。92个无物业小区实现业主自治，治理经验获央视推介。建立涵盖全区90%以上家庭的微信群组，打通服务群众的“最后一公里”。三级综治中心实体化运行，一批积案、疑难信访案得到化解。深化“平安荷塘”建设，“雪亮工程”全域覆盖，扫黑除恶专项斗争深入民心，刑事案件五年连降。有效防范化解食药安全、电信诈骗、金融信贷等各类风险，连续保持省“平安县市区”称号。全面开展安全生产专项整治行动，安全生产形势持续平稳向好，连续三年获评全市优秀单位。

这五年，是自身建设全面加强的五年。坚持以党的政治建设为统领，持续加强政府系统党的建设。深入开展“两学一做”学习教育，扎实开展“不忘初心、牢记使命”主题教育，全面开展党史学习教育，把增强“四个意识”、坚定“四个自信”、做到“两个维护”落到了具体行动上。持续加强作风建设，坚决整肃庸政懒政怠政，主动为基层松绑减负，会议、文件数量进一步精简，政府治理能力和工作效能显著提升。自觉接受人大依法监督、政协民主监督和社会监督，办理人大代表建议405件、政协委员提案385件，受理市长热线交办件1.2万件，办复率100%。切实加强廉政建设，压紧压实全面从严治党主体责任，严格落实中央八项规定精神，“三公”经费较2015年减少56.7%，坚决惩处各类腐败行为，一批违纪违法案件得到严肃查处。

同时，工会、共青团、妇联、残联、红会、计生协、科协、文联等事业取得了新的成绩，国防动员、人防、双拥、民族宗教、工商联、审计、档案、地方志等工作取得了新的进步，高质量完成“三农普”“四经普”“七人普”。

各位代表！大战大考显本色，越是艰险越向前。去年，面对复杂严峻的国内外疫情，我们坚持人民至上、生命至上，筑起严防严控、群防群控的“铜墙铁壁”，取得了抗疫重大胜利。两个多月前，我市又遭遇“德尔塔”疫情，我们再次进入战时状态，广大基层干部、医护人员、社会志愿者协同作战，辖区企业、社会各界踊跃捐款捐物，同舟共济，完成全员核酸检测100多万人次，隔离密接者近5000人，不惜代价阻断了疫情扩散。与此同时，我们统筹推进疫情防控和经济社会发展，深入企业一线，抢前抓早解决企业用工、生产原料、物流运输等实际困难，率先在全市实现全面复工复产。

各位代表，奋斗充满艰辛、经验弥足珍贵。我们更加真切而深刻地感受到，推动荷塘高质量发展：必须坚持党的全面领导。推动党的建设在政府系统走深走实，才能确保政府各项工作始终沿着正确的方向前进。必须坚持发展是第一要务。坚定不移贯彻新发展理念，不断攻克制约发展的瓶颈和化解发展中的难题，才能不断增强综合实力。必须坚持人民至上。努力实现人民对美好生活的向往，才能得到人民群众的真心拥护和支持，才能汇聚加快荷塘发展的强大合力。必须坚持改革创新。敢于打破惯性思维和路径依赖，创造性的开展工作，才能确保发展更高质量、更有效率、更可持续。必须坚持务实担当。把心思用在干实事上、把精力放在抓实业上、把功夫下在求实效上，才能在前进路上无往不胜，续写新时代荷塘辉煌！

各位代表，过去五年的发展来之不易。成绩的取得，离不开上级党委、政府和区委的坚强领导，离不开历届政府班子打下的坚实基础，离不开人大、政协的监督支持，更离不开全区人民的团结奋斗。在此，我代表区人民政府，向各位人大代表、政协委员，向辛勤工作在全区各条战线上的建设者，以及所有关心、支持、参与荷塘发展建设的各界朋友，表示衷心的感谢并致以崇高的敬意！

总结成绩的同时，我们也清醒地看到，前进路上还有许多问题和挑战。传统产业向新产业新业态的裂变升级还需加快，在产业链完整性和价值链高端化上还有很多工作要做；民营经济发展还不够快，影响力还不够强；城乡建设发展还存在短板弱项，基础设施还不够完善，农村现代化步伐有待加快；教育、医疗、养老等公共服务还不能很好满足群众需求；部分干部贯彻落实新发展理念的能力，与构建新发展格局的要求还有较大差距，这些困难和挑战我们必须认真对待，切实改进。

务实担当，奋力开启现代化建设新征程

未来五年，是荷塘阔步向第二个百年奋斗目标进军的第一个五年，是实现荷塘经济更加繁荣、产业更加发达、园区更加兴旺、服务更加优质、城市更加靓丽、乡村更加富裕、人民更加幸福的关键五年。从宏观形势看，我国正在加快构建以国内大循环为主体，国内国际双循环相互促进的新发展格局，在释放内需潜力、加强自主创新的同时，全面提高对外开放水平，营造了良好发展环境，为我们持续打开广阔的市场空间带来前所未有的机遇。从政策机遇看，“三高四新”战略的实施、“长株潭”一体化发展的推进等一系列重大决策利好持续释放。市第十三次党代会擘画了“培育制造名城、建设幸福株洲”的宏伟蓝图，更加坚定了我区持之以恒抓产业、惠民生的信心和决心。从自身发展看，区第六次党代会提出了“一区两城”的战略目标，凝聚了干部群众的广泛共识，彰显了推动荷塘向更高质量、更高水平、更高层次迈进的奋斗追求。我们一定要抢抓机遇，乘势而上、克难奋进，实现发展新跨越。

未来五年政府工作的指导思想是：以习近平新时代中国特色社会主义思想为指导，全面贯彻党的十九大和十九届二中、三中、四中、五中全会精神，坚决落实习近平总书记考察湖南重要讲话精神和中央、省、市、区委决策部署，紧紧围绕“四个全面”战略布局，积极融入省委“三高四新”战略、“长株潭”一体化布局、湘赣边区域合作示范区建设，深入践行新发展理念，突出党建引领，坚持改革创新，贯彻“聚焦、裂变、创新、升级、品牌”工作思路，办好十件大事，实施产业升级、园区提质、营商环境优化、城市更新、乡村振兴、“幸福荷塘”六大工程，奋力打造“一区两城”，加快建设实力更强、环境更优、人民更幸福的现代化新荷塘。

未来五年经济社会发展的主要目标是：全区地区生产总值年均增长7.5%、规模工业增加值年均增长8.0%、社会消费品零售总额年均增长7.5%、地方一般公共预算收入年均增长6.0%、城镇调查失业率控制在5.5%以内、居民收入与GDP增长基本同步、单位GDP能耗完成上级下达任务，各项社会事业取得新的进步。

为建设“一区两城”和实现上述目标，必须紧扣“三高四新”战略，主动融入长株潭东部先进制造业发展带，打造全国领先的先进硬质材料产业园、全省领先的钢铁新材料产业园、全市领先的智能建造新材料产业园、区域领先的复合材料产业园和中部地区综合物流枢纽，培育数家上市企业、创建国家级产业集群。着重在产业升级、园区提质、优化环境上下功夫，努力建设材料科技城、现代物流城，为“制造名城”贡献荷塘力量。必须坚持以人民为中心的发展思想，建立健全党组织统一领导、政府依法履责、各类组织积极协同、群众广泛参与，自治、法治、德治相结合的基层治理体系。纵深推进“幸福荷塘”系列民生行动，推动民生保障向“幼有善育、学有优教、劳有厚得、病有良医、老有颐养、住有宜居、弱有众扶”升级。着重在增进民生福祉、提升城市品质、推进乡村振兴上下功夫，奋力争当基层治理先行区，为“幸福株洲”提供荷塘经验。要统筹推进常态化疫情防控和经济社会发展，重点抓好以下六个方面的工作。

（一）聚焦主导产业，增强发展能级。坚持产业链思维和“两城4321”整体思路，培育和壮大材料、物流产业能级，提升传统优势产业，奋力打造产业发展新高地。做大做强新材料产业。以先进硬质材料产业列入全市“3+3+2”产业体系中的高端优势产业为契机，着力打造四个“园中园”，形成国家级、省级、市级产业集群梯度发展格局。高标准建成“业态布局科学合理、功能配套完善齐全”的先进硬质材料产业园，形成全产业生态链条，争创先进硬质材料小镇。大力推进三一智慧钢铁城建设，支持三一集团、大明国际、大汉集团招引上下游企业入驻，着力发展智能制造、贸易物流、产业金融三大核心产业。支持杭萧钢构、五建筑工等智能建造企业加强核心技术研发，推进制订行业标准，撬动市场。鼓励橡胶院、飞鹿高新等企业创造更多的“隐形冠军”“单项冠军”产品，厚植复合材料发展新优势。加快发展现代物流产业。构建“水、公、铁、空”交通联运体系，发展工业物流、生活物流、冷链物流三大物流板块，建设“线上科技平台+线下传统物流”两类平台，打造中部地区一流的现代物流城。高起点规划钢贸物流园，建成三一铁路专用线及钢铁供应链平台，打造全省钢铁输送大动脉。推进韵达、顺丰、现代综合物流中心等物流项目落地建成，形成生活物流集聚区。推进中南蔬菜批发市场整体搬迁和开发，加快繁荣株洲市智慧冷链物流园和东大门农副产品大世界，打造面向长株潭的农副产品交易和冷链仓储配送物流中心。提档升级现代商贸服务业。依托荷塘产业开发区，大力发展技术研发、工业设计、检验检测认证、信息咨询、商务外包等生产性服务业，提升产业升级的支撑能力。依托红旗广场西南角城市商业综合体开发，打造城市新地标，促进世贸广场、大润发、步步高、华润万家等商业节点连通互动。依托长株潭城际铁路株洲站，打造现代化综合交通枢纽，带动火车站东片区开发，升级合泰地区商业形象。推进向阳广场商圈开发，完善水竹湖片区、太阳片区商业配套，聚集人气商气，促进生活性服务业加速发展。巩固提升传统优势产业。依托中车株洲车辆公司、汉德车桥、株洲车辆段、千金湘药等交通装备制造和生物医药健康企业，培育更多专精特新“小巨人”企业。支持宏达电子微波电子元器件、研发中心等项目建设，发展现代化电子产业，着力打造军民融合产业示范基地。推动传统企业线上线下融合发展，引导中小企业利用电商平台拓展国内外市场，促进直播电商、网红经济发展。

（二）聚焦“五好”要求，加快园区提质。创建“五好”园区，更好发挥园区在“两城”建设中的主力军、主阵地作用。到2025年，园区工业集中度达到85%以上，主特产业营业收入占比达到70%

以上，实现园区产业规模过千亿元，进入全省园区综合排名前30位。推进产城融合。拓展园区发展空间，力争新增建设用地22平方公里。大力建设三一片区和先进硬质材料产业园片区，布局并推进荷塘大道及明照湖周边的学校、医院、城市综合体、星级酒店、会展中心等配套建设，增强园区生产生活承载力。强化“三线一单”和园区规划环评管控要求，严格项目引进环保准入关，积极创建省级生态示范园、循环化改造试点园区，打造产城融合新标杆。建设创新平台。充分发挥硬质合金国家重点实验室、国家乳胶制品质检中心等创新平台优势，采取“人才共建、设备共用、资金共担、成果共有、收益共享”的方式，搭建公共服务平台、协调创新平台和技术转移服务平台。成立先进硬质材料研究所，构建一支首期3亿元规模的产业发展基金，打造有影响力和带动力的双创示范基地。健全体制机制。突出服务产业的主业主责，优化园区内部组织架构，实现市场化运作、企业化经营。大力推动政务服务入园，实现企业办事不出园。强化亩均效益评价，加强项目履约监管。探索建立异地孵化、伙伴园区等合作机制，推动园区规模、综合品质再上新台阶。

（三）聚焦改革赋能，优化营商环境。积极回应市场主体和人民群众关切，把服务当作荷塘最大的优势来打造，营造一流的营商环境，为高质量发展保驾护航。打造高效便捷的政务服务环境。深化“放管服”改革，结合“数字政府”建设，加快推进“互联网+政务服务”平台应用，增加“一网通办”事项，拓宽“网上办、掌上办、智能办”。推进审批服务资源下沉，使更多事项“一次办”“就近办”“跨域办”，加快融入“长株潭”营商环境一体化建设。构建全方位多层次的企业服务体系。完善领导联点、专员包片、政企会商等帮扶企业制度，大力推行惠企政策“免申即享、线上兑现”，巩固和发展“亲而有度、清而有为”的政商关系。创新“政府主导+市场运作”的企业服务模式，升级“一办两中心”企业服务体系，健全“带办+代办”机制，加大人才引进力度，推动企业服务向产业服务延伸，不断提升服务的精准度和实效性。维护公平公正的市场竞争秩序。创新“互联网+监管”，规范中介服务、涉企检查，杜绝违规收费行为。建立知识产权失信主体“黑名单”制度，加大对制售假冒伪劣、侵犯知识产权等违法犯罪行为的惩处力度。严厉打击行业垄断、强揽工程、强买强卖等扰乱市场秩序的违法行为。坚持“两个毫不动摇”促进民营经济发展。

（四）聚焦共建共治共享，增进民生福祉。坚持以人民为中心的发展思想，在维护社会公平正义、保障改善民生福祉、推进共同富裕上持续发力。提升社会治理能力。稳妥推进樟霞村、蝶屏村乡村善治改革实践，全域启动城乡基层治理改革，构建“自治、法治、德治”融合集成的治理体系。整合现有网上信息平台系统资源，建立以“我的幸福荷塘”为主题的全时空、广域性、多要素智慧治理集成体系，提升基层治理数字化、智能化水平。逐步扩大物业管理小区覆盖面，提升物业服务质量。加强安全生产监管，深入开展自然灾害综合风险普查工作，建立食品药品安全追溯体系，全方位防范化解重大安全风险。常态化开展扫黑除恶斗争，进一步织密基层治安防控网。提标扩面民生事业。持续加大民生投入，全力抓好民生实事人大代表票决事项，努力把每一件民生实事都办到群众的心坎上。深入开展“幸福荷塘”系列民生行动，继续实施精准就业，完善重点群体就业支持体系，新增就业人数5万人以上。实施全民参保计划，实现基本养老保险参保全覆盖。统筹完善社会救助、社会福利、慈善事业等制度，深化拓展城乡帮困项目。积极应对人口老龄化，落实国家“三孩”生育政策，加强婴幼儿照护服务，发展医养康养相结合的养老服务。加快建成湖师大附中荷塘学校、水竹湖片区学校，力争公办园位占比达55%以上，落实义务教育“双减”政策，创建教育评价综合改革试点区，促进教育优质均衡发展。加强科普宣传教育，公民具备科学素质比例达到15%以上。深化医药卫生体制改革，推行家庭医生“健康菜单”服务，提升重大疾病防控能力，常态化精准化开展疫情防控。做好“双拥”工作，推进退役军人服务保障，加强国防后备力量建设。全面理清权责边界。以群众需求为导向、以社会认可为目标，逐步把行政执法、公共服务等管理权限下放到基层。依法依规清理整治村（社区）承担的行政属性事项，严格执行村（社区）工作事项准入、变更及退出制度。严格落实基层减负正面清单和负面清单，全面清理各类“责任状”和考核评比事项。推动职能部门主导的项目、资金、资源向基层聚集，切实为基层松绑减负、放权赋能。

（五）聚焦生态宜居，提升城市品质。尊重城市发展规律，拓展城市发展空间，完善基础设施建设，深化城市精细化管理，让城区环境更优、形象更美、生态更宜居。构建便捷交通路网。加快新塘路、金环大道、铁东路北段、金桥路东西两段建设，畅通对外主干路网，建成“五纵七横”路网格局，拉开城市框架。推进金塘路、金溪路、荷塘路等11条道路建设，疏通内部交通路网。提质升级背街小巷，完善区内道路“微循环”。完善城市功能配套。全面完成2000年以前建成的老旧小区改造任务，加快“门前三小”等文体设施建设，加装既有住宅电梯300台以上。梯次推进垃圾分类基础设施建设，实现垃圾分类全覆盖。有序推进小游园建设，在重点道路、重要节点打造一批绿化精品。建设治安管理、应急管理、智慧停车、智慧城管等数字化平台，提高城市管理智能化水平。提升生态宜居环境。坚持绿水青山就是金山银山的发展理念，坚决抓好中央生态环保督察及“回头看”反馈意见整改，加强环境综合治理，持续改善生态环境质量。深入实施“蓝天碧水净土”计划，推行工业企业清洁生产和超低排放改造，确保空气优良率达到83%以上。加快建宁港流域新屋街、大坪路等水系雨污分流改造，巩固黑臭水体整治成果，进一步改善水环境质量。持续开展企业周边土壤环境监测与管理，推进土壤修复。抓好长株潭城市群绿心生态修复，倡导简约适度、绿色低碳的生活方式，打造生态宜居典范。

（六）聚焦“三农”重点，推进乡村振兴。贯彻落实乡村振兴战略“二十字”总要求，促进农业高质高效、乡村宜居宜业、农民富裕富足。到2025年，实现集体经济薄弱村全面清零，培育一批年收入20万元以上的集体经济较强村。加快基础设施建设。打造“五好”乡村，完成行政村“多规合一”村庄规划和仙庾镇国土空间规划编制，分类推进村庄建设。加快推进“四好农村路”、城乡公交一体化建设，实施石塘水库等一批中小灌溉整修项目，推动城乡供水一体化建设和天然气管网向农村覆盖，全面加强农村基础设施配套。建设美丽宜居乡村。持续推进农村人居环境“四治一改”行动，开展“小三园”建设，加快茶马线人居环境整治示范带建设，创建徐家塘村、樟霞村等一批乡村振兴示范村、精品村。到2025年，实现行政村生活垃圾分类全覆盖，整洁乡村达到95%以上。发展现代农业产业。以仙庾岭、婆仙岭资源禀赋为依托，以耕食小镇项目为引领，发展集农业生产、旅游休闲、健康养老等于一体的区域文旅业态，带动仙庾片区发展，打造长株潭都市圈农业休闲聚集地、网红打卡地。进一步挖掘和提升优质农产品价值，推动农业企业“三品一标”认证，扶持壮大兰亭食品、万合农业等龙头企业，加速推动农产品向价值链高端迈进。严守耕地红线，确保粮食播种面积和产量稳中有增。

各位代表，一分部署，九分落实。我们定了的坚决执行，说了的坚决做到，确保各项工作有人盯、有人担、有人干，努力把宏伟蓝图变成美好现实，交出一份不负时代、不负人民的满意答卷。

履职尽责，全面提升政府治理能力新水平

新时代赋予新使命，新征程要求新作为。我们必须坚持以民为本、法治为基、实干为要的理念，加快建设服务政府、法治政府、廉洁政府。

始终坚持党的领导。旗帜鲜明讲政治，坚定不移同以习近平同志为核心的党中央保持高度一致，把增强“四个意识”、坚定“四个自信”、做到“两个维护”落实到行动上、体现到效果上。坚持用习近平新时代中国特色社会主义思想武装头脑，加强政治能力训练和政治实践历练，增强政治判断力、政治领悟力和政治执行力，不断提高把握新发展阶段、贯彻新发展理念、构建新发展格局的能力和水平。

始终坚持务实担当。加强政府管理制度建设，规范工作行为，严格目标管理，将各项工作细化、量化、清单化，把各项任务落实到每个月、每一天，落实到每个单位、每个人，实行倒排时间，挂图作战。加强干部培训教育，不断提升履职尽责必备的知识体系。大力弘扬务实担当的精神品格，始终保持攻坚克难的拼劲、久久为功的韧劲，坚决贯彻落实上级决策部署。

始终坚持依法行政。深入推进法治政府建设，坚持运用法治思维、法治方式、法治手段履行职责。认真落实区人大及其常委会决议决定，认真办理区人大代表建议和政协委员提案，自觉接受人大工作监督和法律监督，政协民主监督和社会监督。深入推进政务公开，畅通政府与群众互动渠道，发挥审计监督职能作用，让权力在阳光下运行。

始终坚持廉洁从政。自觉履行“两个责任”，严格落实党风廉政建设各项规定。加强和规范党内政治生活，不断增强政府工作人员自我净化、自我完善、自我革新、自我提高的能力。加强权力运行监督，做到有权必有责、用权必担责、滥权必追责。严格控制“三公”经费，进一步压缩一般性支出，政府带头过“紧日子”，让老百姓和企业过“好日子”。加强廉政教育和道德修养，明大德、守公德、严私德，筑牢拒腐防变的思想防线。严肃查处侵害群众利益的不正之风和腐败行为，保持清正、清廉、清明的鲜明底色。

各位代表，蓝图催人奋进，扬帆正当其时。让我们在区委的坚强领导下，在区人大、区政协的监督支持下，紧紧依靠全区人民，以“功成不必在我，功成必定有我”的境界和担当，团结拼搏、开拓进取，为加快打造“一区两城”，建设现代化新荷塘而努力奋斗！

名词解释

1. 一办两中心：是指招商办、产业服务中心、优化营商环境协调事务中心。

2. 一件事一次办：是指企业、群众需办理的一个事项一次告知、一次表单、一次联办、一次办好，线上一次登录、一网通办，线下只进一扇门、最多跑一次。

3. “五小”水利：是指小水窖、小水池、小泵站、小塘坝、小水渠的总称。

4. 雪亮工程：是指以区、镇、村三级综治中心为指挥平台、以综治信息化为支撑、以网格化管理为基础、以公共安全视频监控联网应用为重点的群众性治安防控工程。

5. 一区两城：是指争当基层治理先行区，建设材料科技城、现代物流城。

6. “3+3+2”产业体系：第一个“3”是指聚焦轨道交通、航空动力、先进硬质材料等 3 个优势产业。第二个“3”是指电子信息、新能源、高分子新材料等 3 个战略产业。“2”是指“两个一批”，即升级陶瓷、服饰、烟花爆竹等一批传统产业；布局功率半导体、永磁动力、生物医药、人工智能与大数据、通用航空、新型功能玻璃、5G 应用、深海装备、北斗应用、算力基础设施等一批新兴和未来产业。

7. 门前三小：是指建在老百姓家门前的小广场、小书屋、小讲堂。

8. 乡村振兴战略“二十字”总要求：是指产业兴旺、生态宜居、乡风文明、治理有效、生活富裕。

9. “五好”乡村：是指规划建设好、绿化美化好、空气水质好、公共服务好、社会风尚好的乡村。

10. 四好农村路：是指农村公路建设要因地制宜、以人为本，与优化村镇布局、农村经济发展和广大农民安全便捷出行相适应，要进一步把农村公路建好、管好、护好、运营好。

11. 四治一改：是指治垃圾、治厕所、治污水、治村容村貌、改陋习。

12. 小三园：是指乡村花园、果园、菜园。

13. 三品一标：是指无公害农产品、绿色食品、有机农产品和农产品地理标志。

中国人民政治协商会议
株洲市荷塘区委员会常务委员会工作报告

——在政协株洲市荷塘区第六届委员会第一次会议上

政协株洲市荷塘区委员会主席 何恒仁

2021年10月25日

各位委员、同志们：

我代表政协株洲市荷塘区第五届委员会常务委员会向大会报告工作，请予审议。

过去五年工作回顾

五年来，区政协五届委员会坚定践行习近平新时代中国特色社会主义思想，在区委的坚强领导和市政协的有力指导下，团结带领广大政协委员，坚持把握团结和民主两大主题，紧扣区委中心工作，充分发挥专门协商机构作用，扎实履行政治协商、民主监督、参政议政，凝聚共识职能、凝心聚力、奋发有为，谱写了新时代荷塘政协事业发展新篇章。

过去五年，我们坚持党的领导，坚定立场，牢牢把握正确政治方向。区政协常委会坚持党建引领强化组织建设，提高政治把握能力，团结带领广大政协委员坚定不移听党话、跟党走。

坚持用党的创新理论武装头脑。区政协把理论学习作为广大政协委员的政治责任、作为加强思想政治引领的正确途径，建立健全以政协党组理论中心组学习、主席会议集体学习、常委会议专题学习、机关干部集中学习、政协云线上学习等多层面学习制度。组织政协委员深入学习贯彻落实十九大和十九届系列全会精神，习近平总书记关于新时代加强和改进人民政协工作的重要思想和考察湖南重要讲话精神，深入推进“两学一做”学习常态化制度化，开展“不忘初心，牢记使命”主题教育和党史学习教育活动，引领政协委员牢固树立“四个意识”、增强“四个自信”、做到“两个维护”，把思想统一到牢记新使命、把握新定位、明确新要求上来，把工作落实到发挥人民政协专门协商机构作用中去。

坚持区委对政协工作的全面领导。坚持和落实区政协党组工作报告制度，重大事项请示报告制度；重大协商、视察、监督活动邀请区委领导现场指导，重要履职成果及时上报区委作为决策参考。政协的工作始终得到区委的正确领导、始终得到区委的支持、始终与区委中心工作同步。

坚持发挥政协党组的领导作用。充分发挥政协党组在政协工作中把方向、管大局、保落实的领导作用。加强政协队伍党的组织建设，建立和完善了政协党组成员联系界别党员委员、界别党员联系党外委员制度，完善了界别工作组临时党支部的建设和管理，实现了政协党的组织对党员委员、党的工作对政协委员的“两个全覆盖”，确保了政协工作始终在党的坚强领导之下。

过去五年，我们坚持围绕中心，服务大局，民主协商富有成效。区政协紧紧围绕中心大局开展协商，协商形式丰富多彩，形成了全会协商、常委会议协商、主席会议协商、专委会协商、提案协商、委员工作室基层协商等多层次的协商格局，协商效果明显提升。

全会协商成果丰硕。五届政协历次全会，委员们对“一府两院”和其他报告深入协商、收集综合上报建议290条。20位政协委员围绕我区产业转型升级、乡村振兴、义务教育、公共文化服务、基本公共卫生服务等课题进行大会发言，建议得到了区委书记的批示和有关部门的办理落实。

专题协商卓有成效。区政协常委会议围绕“十四五”规划纲要编制工作、园区建设、重点项目建设、“幸福荷塘”民生系列行动等重要议题开展专题议政性协商。针对硬质合金产业发展、装配式建筑产业壮大、网格化管理、农村“四好路”建设、养老服务等课题，组织主席会议、常委会议等多种形式的协商，共提交协商专报26份，提出了有针对性的意见建议82条。

基层协商日益完善。探索推进了政协民主协商向基层延伸，在7个镇、街道建立委员工作室，在石子头社区和仙庾岭村建设协商议事室，仙庾镇委员工作室被授予“湖南省示范性委员工作室”称号。通过指导和引领政协委员参与基层民主协商，积极为基层治理建言献策。

过去五年，我们坚持创新方式，拓宽渠道，民主监督扎实推进。区政协不断探索民主监督的新形式、拓展民主监督的新领域，将监督寓于专项视察、委派监督员、重点提案督办等经常性工作中，民主监督更加扎实有力。

通过专项视察评议加强民主监督。聚焦区委中心工作、群众关注的热点难点开展专项视察，监督形式由监督部门向监督重点工作转变。对“幸福荷塘”民生系列行动、群众就业等工作开展专项民主监督，就优化经济发展环境、推行“河长制”、健康养老事业发展等工作开展视察评议活动。

通过委派监督员实施民主监督。针对公共安全、大气污染防治、黑臭水体整治、食品药品安全监管等群众关心关注的问题分别向相关单位委派了50名民主监督员。通过召开座谈会、实地视察、明察暗访等途径，收集基层群众反映的意见建议200余条，向监督单位发出了民主监督建议书，有力地推动了工作落实。积极鼓励和组织政协委员参与到区纪委、区法院、区检察院、区教育局等单位的民主监督活动中。

通过督办重点提案推进民主监督。主席会议成员每年领衔督办一件重点提案，就民营经济发展、社区（村）工作人员管理、“三供一业”移交管理等问题开展专题监督协商，有效促进了重点提案的办理落实，民主监督的实效性不断增强。

过去五年，我们坚持精心组织，注重实效，参政议政广泛深入。区政协始终围绕助推高质量发展这条主线，充分运用调研、提案、反映社情民意等方式，为我区经济社会发展聚智建言，参政议政成果丰硕。

调研成果精品迭出。政协各专委会、各界别工作组就产业链建设、重点项目建设、企业服务、新业态电商及物流发展、村集体经济发展等多个课题开展调查研究，形成调研报告64篇。其中《关于发展壮大新型村级集体经济，实现荷塘区农业农村高质量发展的思考》等17篇调研报告获一等奖；《关于加快荷塘区装配式建筑产业发展的调研与分析》等19篇调研报告获二等奖；《关于加强荷塘区基层公共卫生应急体系和能力建设的建议》等28篇调研报告获三等奖。加强政协工作理论研究和探讨，《把坚持和加强党的领导贯穿政协工作全过程》等4篇理论文章获市级一等奖，《发挥委员主体作用，提升政协履职水平》获市级二等奖。每年将履职成果汇编成《建言献策，忠诚担当》一书共五册，为区域经济社会发展提供政协方案，充分展示了政协参政议政成果。

提案质量明显提升。区政协出台了《株洲市荷塘区政协提案办理工作办法》，规范了提案办理方式、程序和保障措施，提案质量逐年有新的提升，特别是近两年来界别工作组撰写的集体提案，聚焦荷塘经济社会发展的重点难点问题，调研充分、建议可行。政协委员共提交提案551件、立案385件，办复率、满意率均为100%，其中58件提案评为优秀提案、18个部门评为提案办理先进单位。

社情民意渠道畅通。进一步完善社情民意征集、报送、跟踪督办与反馈等机制，制定了《荷塘区政协微建议试点工作实施方案》《荷塘区政协微建议工作办法》，形成了微建议工作机制。通过政协云平台，推行远程协商、微建议议政等“互联网+”新模式，助推了党委、政府各部门微建设、微服务。共收集社情民意261条、提交微建议297条，及时转交有关部门办理，促进了社会各方面的沟通、理解和服务。

过去五年，我们坚持关注民生，服务群众，政协力量得到彰显。区政协十分注重发挥人民政协大团结大联合的组织优势，努力做好服务中心、团结联谊、汇聚力量、关注民生等工作。

城乡帮困彰显民生情怀。10个界别工作组先后组成了66个和42个帮扶小组，对接镇、街道、村和社区参与“三个一”扶贫行动、“万户帮扶”行动和城乡帮困项目，开展走访慰问、就业就学就医等一系列帮扶活动。五年来帮扶区内困难户130户，累计捐助帮扶资金120多万元，对接资源帮助58人解决就业就学就医困难。

疫情防控突显政协力量。动员和组织政协委员参与抗击新冠疫情和复工复产。政协各组成单位、全体政协委员自觉带头落实防疫规定；180多名政协委员和机关干部踊跃参与到一线抗疫工作，累计捐款、捐物价值146万元，在共克时艰中突显政协力量。

凝心聚力展示使命担当。组织政协委员进驻委员工作室，走好群众路线。与基层党员、群众面对面，宣传党的政策，反映群众呼声；精心组织20场习近平总书记“七一”重要讲话精神宣讲活动；充分发挥政协文史工作存史、资政、团结、育人的积极作用，编撰发行了67万余字的《荷塘工业70年》，记载了不同历史阶段荷塘工业的发展特点，凝聚了荷塘人接续创业的力量。

过去五年，我们坚持内强素质，外树形象，自身建设不断加强。区政协坚持把加强自身建设摆在重要位置，不断树牢政协委员“一线”意识，担当“一线”使命、彰显“一线”作为，工作机制不断完善、工作作风更加务实。

认真落实全面从严治党要求。严格落实党建工作责任制，压实全面从严治党主体责任，扎实推进党风廉政建设，及时辞退政协队伍中违纪违规和不作为委员，政协队伍不断纯洁。政协党组和机关认真接受市、区两级安排的政治巡察工作，严格开展问题整改，并以此为契机推动政协工作和干部作风的持续改进。

始终坚持以人民为中心。政协党组和机关坚持落实以人民为中心的思想，坚持走群众路线，不调研不发言、不调研不提案，拒绝形式主义、官僚主义。带头深入村和社区、深入企业、深入群众。指导帮助茶陵县贫困联点村精准脱贫摘帽；指导区联点村、社区落实区委重点和中心工作；帮助对口联点企业协调解决发展中的困难；扶持困难家庭就业就医就学，带头坚持在疫情防控一线。

不断创新工作机制。用健全的制度保障政协工作，完善政协工作机制。协助区委出台了《中共株洲市荷塘区委员会关于新时代加强和改进人民政协工作实施意见》；区政协制定了《株洲市荷塘区政协民主协商建设的实施办法》《荷塘区政协委员管理办法》《界别工作组目标管理考核办法》等文件，从制度上保障和加强了政协工作、规范了民主协商建设、强化了政协委员管理。完善了各专门委员会组织机构，进一步理顺工作职责，配强专委会兼职委员力量；建立专门委员会对口联系部门的工作机制，推进专门委员会与对口联系部门的工作协商。不断夯实基层基础，基层政协工作力量得到落实和加强。界别工作组在加强委员教育、引领和管理上，发挥了重要作用，委员履职热情和主体作用得到充分调动和发挥。

各位委员、同志们，五年来的成绩，是区委的坚强领导和市政协精心指导的结果，是区人大、区政府及各部门、单位大力支持的结果，也是全体政协委员、各民主党派、工商联、各人民团体、无党派人士和社会各界人士以及区政协工作过的老同志、老领导共同努力的结果。在此，我谨代表区政协五届常委会向所有关心、支持政协工作的各级领导和各界人士，向所有为政协事业辛勤工作的各位委员、各位同志表示衷心的感谢并致以崇高的敬意！

各位委员、同志们，成绩来之不易、经验弥足珍贵。回顾过去，我们深刻体会到：必须始终坚持党的领导。人民政协是党领导的政治组织和专门协商机构，政协工作是党的工作的重要组成部分，只有政协一切重要工作在区委的领导下展开、一切重要活动围绕区委中心任务进行，政协事业才能沿着正确的政治方向前进。必须始终围绕中心大局。做好政协工作，需要将其放在党委工作大局中谋划和推进，坚持以人民为中心，紧贴群众关切。政协工作与党委工作贴得越紧、回应群众关切越及时，政协职能作用的发挥就越充分、政协的社会影响就越大。必须凝聚共识双向发力。只有坚持把实现好、维护好、发展好广大人民群众的根本利益落实到提案、社情民意、专题视察等具体政协工作中去；充分发挥政协优势，做好各界人士的联络联谊工作，提升协商议政效能，营造团结、民主、和谐的工作氛围，在建言资政和凝聚共识上双向发力，政协事业才能持续健康发展。必须充分发挥委员主体作用。只有坚持把政协工作的着力点放在激发委员履职热情上来，加强委员的培训、学习、引导、完善委员激励、约束机制，帮助委员解决实际困难，指导委员履职尽责，激发委员的荣誉感、责任感和使命感，政协工作才能生机勃勃。必须始终坚持改革创新。只有牢牢把握时代脉搏，坚持与时俱进，探索创新政协与参加单位的沟通协调机制、履行职能的运行机制、专委会与党政部门的对口协商机制、参政议政成果的反馈机制，增强政协工作的规范性、有效性和创新性，政协事业才能蒸蒸日上。

在回顾成绩的同时，我们也清醒地认识到，区政协工作还存在一些问题和不足。主要是政协委员的履职意愿和履职能力需要进一步提升；凝聚共识的工作水平有待进一步加强；调查研究成果转化有待进一步推动；民主监督的力度和活动开展的广度也有待进一步提高。这些问题，需要我们高度重视，认真研究，采取有效措施加以改进。

未来五年工作建议

今后五年，是我区大力践行“三高四新”战略，全面实施“十四五”规划的关键时期，也是人民政协大有作为的重要时期。立足新发展阶段，贯彻新发展理念，我们要以习近平新时代中国特色社会主义思想为指导，全面贯彻党的十九大和十九届二中、三中、四中、五中全会精神，深入落实习近平总书记对湖南工作系列讲话精神和中央、省委、市委政协工作会议精神，紧紧围绕区第六次党代会提出的目标任务，牢牢把握团结和民主两大主题，扎实推进专门协商机构建设，着力提升政治协商、民主监督、参政议政、凝聚共识能力，切实发挥好协调关系、汇聚力量、建言献策、服务大局的作用，为加快建设“一区两城”，建设现代化新荷塘贡献政协智慧和力量。

（一）夯实共同基础，在政治思想引领上把准正方向。要强化政治引领。新一届区政协要深入学习习近平新时代中国特色社会主义思想，深刻领会习近平总书记系列重要讲话精神，树牢“四个意识”、坚定“四个自信”、坚决做到“两个维护”，引领广大政协委员旗帜鲜明讲政治，在思想上政治上行动上同以习近平同志为核心的党中央保持高度一致。要夯实思想基础。当前和今后一个时期，全区政协组织和广大政协委员要把学习贯彻区第六次党代会精神作为一项重要政治任务，切实把思想和行动统一到区委的决策部署上来，把政协智慧和力量凝聚到新使命新任务上来，自觉做到与区委思想上同心同德、目标上同心同向、行动上同心同行。要加强学习研究。加强人民政协理论的研究，深入分析、探讨政协工作中遇到的新情况新问题，大力推行政协常委会议专题学习、专门委员会和委员界别工作组学习、机关干部集中学习交流、政协云线上学习等制度，不断提高委员的综合素质和参政议政能力，把握政协工作的内在规律，使人民政协事业永葆生机和活力。

（二）聚焦中心大局，在助推发展中彰显新作为。要不断强化中心意识和大局观念。准确把握“十四五”时期经济社会发展的主题和主线，按照区第六次党代会提出的打造“一区两城”和办好“十件大事”、实施“六大工程”的目标任务，紧紧围绕“争当基层治理先行区，建设材料科技城、现代物流城”，针对产业升级、园区提质、营商环境优化、城市更新、乡村建设、“幸福荷塘”民生系列等事关荷塘发展的重大决策、重点工作和关键环节，主动参与、深入调研，认真组织协商议政，建睿智之言、献务实之策、聚发展之力，为区委、区政府科学决策提供参考依据。

（三）坚守为民情怀，在协商民主中开创新局面。要深化“人民政协为人民”的理念。坚持将关注民生、保障民生、改善民生作为政协履职的重要内容，倡导和组织广大委员深入基层、深入群众，采取提案、反映社情民意等方式，积极建言，努力为民解忧。要坚持问计于民。探索走进群众、服务群众、帮扶群众的好方法、好载体，组织委员入基层、察民情、听民声、汇民智，使政协成为反映社情民意的“直通车”、集中群众智慧的“蓄水池”。把人民群众普遍关心的教育、医疗、就业、住房、养老、扶贫等重大民生问题作为政治协商的重点议题、民主监督的重要内容、参政议政的重要领域，积极推动以改善民生为重点的和谐社会建设。要畅通群众利益诉求表达渠道。进一步做好新形势下群众工作，使各界群众的愿望、要求和意见、建议在人民政协这个平台上反映出来，通过充分协商、集思广益、增进共识，更好地促进社会公平正义，促进民生改善，以实际行动增强人民群众的幸福感。

（四）凝聚广泛共识，在团结合作中汇聚正能量。要始终把加强团结和发扬民主贯穿于政协事业发展的全过程。发挥政协组织联系面广、包容性强的优势，开展丰富多彩的具有政协特色的凝心聚力活动，认真搞好各党派团体和各族各界人士在政协的合作共事和联系联谊。积极探索新的社会阶层人士参加政协活动的方式方法。推动发展充满活力的政党关系、民族关系、宗教关系、阶层关系，巩固和发展最广泛的爱国统一战线，引导他们爱国、敬业、守法、诚信，积极参加扶贫帮困等公益活动，自觉承担社会责任。注重发挥界别联系群众和代表群众的作用。加强公民有序参与人民政协履职的平台建设，完善与社会各界沟通、协商、交流机制，最大程度地团结一切可以团结的力量、调动一切积极因素，为我区改革发展聚集新动力、增添正能量。

（五）加强自身建设，在守正创新中展现新面貌。加强自身建设，是新时代加强和改进人民政协工作的客观要求，也是政协事业蓬勃发展的重要基础。要加强政协党的建设。充分发挥政协党组的领导核心作用，努力把政协领导班子建设成为团结民主、清正廉洁、委员信任的领导集体。要加强委员队伍建设。按照“懂政协、会协商、善议政，守纪律、讲规矩、重品行”的要求，加强委员培训和管理，全面增强委员履职能力。进一步突出界别特色、完善界别活动机制、丰富界别活动形式、搭建界别活动平台、提高界别活动的质量和成效。积极做好组织委员、关心委员、服务委员的工作，鼓励和引导广大委员在履职实践中施展才华。要加强机关规范化建设。进一步规范和创新专委会工作，完善专委会考核管理办法，使专委会调研、视察等各项工作开展得更加科学合理、高效有序；着力打造“务实、干净、担当”的机关干部队伍，大兴调查研究之风，深入基层、沉到一线，把协商议政、民主监督建立在扎实的调查研究之上，不断提升政协工作科学化水平。

各位委员、同志们，思想引领时代，奋斗成就梦想。站在“两个一百年”奋斗目标新的历史交汇点上，我们任重道远；担负新的使命和任务，我们大有可为！让我们更加紧密地团结在以习近平同志为核心的党中央周围，在区委的坚强领导下，同心同德、群策群力、开拓创新、积极作为，努力开创全区政协工作新局面，为加快建设“一区两城”、建设现代化新荷塘做出新的更大贡献！

大事记

1月

6日 区委书记邬凌云，区委副书记、区长提名人选罗鹏程分别到月塘卫生服务中心、茨菇塘卫生服务中心等地督导新冠肺炎疫苗接种和疫情防控工作。

11日 荷塘区举行“荷塘民主党派之家”揭牌活动。

▲ 荷塘区以“三榜工作法”创新城市帮困新模式入选“湖南基层改革探索100例”入选案例名单。

13日 荷塘区召开区委五届十次全体（扩大）会议暨区委经济工作会议。

15日 区委书记邬凌云到区政府机关小区调研指导垃圾分类工作。

▲ 株洲市人民政府副市长杨胜跃到景炎学校检查岁末年初安全生产工作。

22日 荷塘区召开“护网2020”网络安全攻防演习总结会，总结前期演习成果，部署下一阶段工作。

26日 株洲市人民政府副市长谭可敏一行到汽齿小区调研老旧小区改造和加装电梯工作。

▲ 市委常委、市纪委书记、市监委主任、市先进硬质材料产业链链长邓为民采取“四不两直”方式，赴荷塘区调研硬质材料产业链工作。

27日 荷塘区召开五届人民政府第五次全体（扩大）会议暨疫情防控、安全生产工作会议，讨论即将提交区第五届人民代表大会第六次会议审议的《政府工作报告（征求意见稿）》，研究部署年前疫情防控、安全生产等重点工作。

2月

2—4日 政协株洲市荷塘区第五届委员会第六次会议召开。

3日 省委常委、政法委书记李殿勋到荷塘区督查领办信访件办理工作，并召开工作座谈会。

3—4日 株洲市荷塘区第五届人民代表大会第六次会议召开。

4日 湖南千金湘江药业股份有限公司收到国家药监局颁发的阿卡波糖片、他达拉非片的药品注册证书，两个新产品获批上市销售并视同通过一致性评价。

5日 区委书记邬凌云主持召开中共株洲市荷塘区委理论学习中心组2021年第一次集中学习研讨会，就“如何学习贯彻习近平新时代中国特色社会主义思想、加强政治建设、提高政治能力”展开专题研讨，为下步召开区委常委班子民主生活会打好理论和思想基础。

8日 荷塘区新冠肺炎全员核酸检测应急演练在东湖公园举行。

9日 市委常委、政法委书记杨玉芳一行到荷塘区慰问离退休老干部、困难干警和困难党员。

18日 荷塘区举行新年升国旗仪式。上午9时28分，全场肃立致敬，伴随着庄严的国歌，旗手展旗有力，五星红旗冉冉升起、迎风飘扬。全体干部怀着无比崇敬的心情面向国旗行注目礼，表达对伟大祖国的无限敬意。区委书记邬凌云代表区委、区人大、区政府、区政协向全区干部群众问候新春。

19日 区委书记邬凌云带队到仙庾镇调研，听取农业农村工作情况汇报，研究探讨新一年工作重点方向。

23日 荷塘区举办第五期乡愁论坛。各镇（街道）“主官”、全体驻村工作队员、近两年新进干部分别围绕中央精神、人生感悟、读书体会、工作设想、发展建议等话题展开漫谈。

24日 荷塘区召开园区建设发展调度会，听取园区征地拆迁、土地报批、产业项目建设、基础设施项目建设等工作开展情况汇报。

3月

1日 2021年全省重大项目集中开工活动同步在14个市州举行，荷塘区在年产100万平方米装配式发泡轻质混凝土墙板项目现场视频连线参与，省委书记、省人大常委会主任许达哲在长沙主会场宣布项目开工，株洲市委书记、市人大常委会主任毛腾飞视频连线讲话。

5日 荷塘区开展城乡帮困“遇见你”党员志愿者授牌活动，为24名在城乡帮困项目中无私奉献的党员志愿者、10个优秀志愿团队授牌并进行先进事迹宣讲学习。

9日 省委考察调研组一行到荷塘区考察项目建设。

10日 市委常委、市纪委书记、市监委主任、市先进硬质材料产业链链长邓为民，率市交通运输局党组书记、局长徐业伟，市自然资源和规划局党组成员、总规划师曹阳一行到金山科技工业园调研智能建造材料产业园、智慧物流产业园建设发展情况。

11日 省高级人民法院二级高级法官、省政法队伍教育整顿第三指导组副组长徐远太带队到荷塘区督导政法队伍教育整顿工作。

12日 荷塘区开展“创绿、爱绿、护绿”全民义务植树活动，以实际行动践行绿色发展理念，营造全民动手参与国土绿化的良好氛围。

16日 区委副书记、区长罗鹏程在金山科技工业园调研产业服务工作。罗鹏程指出，要围绕省委“三高四新”战略、市委“一谷三区”建设，与时俱进、担当务实，聚焦“两城”建设目标任务，在实践中找准荷塘产业服务的目标。

22日 中铁二十二局集团房地产开发有限公司党委书记、董事长熊乾一行到荷塘区考察金科集团储备地块。

▲ 荷塘区举行湖南先进硬质材料产业园一期（展示交易中心）项目签约仪式。

23日 韵达湖南物流产业园项目签约仪式在荷塘区金山科技工业园举行。

25日 省人大常委会委员、省人大法制委员会主任委员王刚一行考察湖南中天杭萧钢构科技股份有限公司投资建设的科研楼项目，就《湖南省绿色建筑发展条例》开展立法调研。

26日 区委书记邬凌云到株洲市人民医院、湘运小区调研新冠疫苗接种工作。

29日 全省实施“三高四新”战略产业项目建设推进现场观摩会召开。省委书记、省人大常委会主任许达哲，省委副书记、省长毛伟明分别带队考察调研荷塘产业开发区潍柴集团汉德车桥智能化制造基地，对园区大力推进产业项目建设，全力推动经济高质量发展取得的成效给予充分肯定。

4月

1日　省委第三巡视组向中共株洲市荷塘区委反馈巡视情况。省委第三巡视组组长曾凡国指出，荷塘区党的领导和党的建设逐步加强，管党治党取得一定成效，政治生态持续净化，四大家班子较为团结，机构改革稳步推进，经济社会发展持续向好。

2日　区第五届纪律检查委员会第六次全体会议召开，审议通过郑志富代表区纪委常委会所做的《秉承务实担当，服务中心大局，为开启我区现代化建设新征程提供坚强保障》工作报告。

6日　市委党史学习教育第二巡回指导组组长陈玉明一行到荷塘区督导党史学习教育工作。陈玉明对区党史学习教育取得的良好开局给予充分肯定，对下阶段党史学习教育工作提出要求和建议。

7日　区委书记、区第一总河长邬凌云到建宁港格林水岸河段，实地查看河道水质、水域岸线管护和水污染防治等黑臭水体治理情况。

15日　副市长王卫安率队赴荷塘区实地督导中央生态环境保护督察交办信访件整改工作。

▲　为贯彻落实好省委长株潭一体化发展战略，岳麓高新区、雨湖高新区和荷塘产业开发区在荷塘区签署长株潭区域一体化园区“一体三互”先行战略合作框架协议。

16日　荷塘区召开党史学习教育市委宣讲团报告会暨区委理论学习中心组（扩大）2021年第四次集中学习会，党史学习教育市委宣讲团成员、市直机关工委常务副书记曹跃良做宣讲报告。

17日　严格按照疫情防控相关要求，荷塘区第四届群众大会在株洲市第四中学体育馆成功举办，该届群众大会的主题是走群众路线推进全面乡村振兴，以村民自治开展实效乡村建设。

19日　区委副书记、区长罗鹏程率队对区黑臭水体整治和中央生态环境保护督察交办问题整改工作进行督导，现场协调解决问题。

20日　区委副书记、区长罗鹏程到湖南铁达能源有限公司等企业开展安全生产检查工作。

21日　区委书记邬凌云带队深入建宁港沿线、合泰富家垅地区督导黑臭水体整治和中央生态环境保护督察交办问题整改工作。

22日　省药品检验研究院党委书记、院长胡斌，首席专家、药典委员李文莉一行到湖南千金湘江药业股份有限公司就省药检院的服务与双方科研项目合作进行调研。胡斌一行参观QC实验室及千金研究院，实地了解企业质量管理及科研工作。

26日　区委书记邬凌云赴区公益服务中心、月塘街道、金山街道等地调研幸福荷塘系列民生行动工作，对城乡帮困、志愿服务、就业服务、无物业小区业主自治和基层社会治理等工作推进情况和取得的实效表示肯定，并对新阶段工作提出要求。

28日　市委书记曹慧泉到荷塘区调研，市委常委、市纪委书记、市监委主任邓为民，市委常委、市委秘书长何朝晖，区领导邬凌云、罗鹏程等参加调研。曹慧泉详细了解株洲硬质合金集团有限产品开发、市场开拓、科技创新等方面的情况，充分肯定公司深耕硬质合金产业领域创新发展所取得的成绩。曹慧泉指出，公司要发挥自身优势，在服务和融入新发展格局上展现新作为，在高质量发展上迈出新步伐，以科技创新引领企业实现新发展，不断取得新突破。

5月

12日 湖南省人大监察和司法委员会副主任委员、省政法队伍教育整顿第三指导组组长袁友方带队到荷塘区开展政法队伍教育整顿督查指导。

13日 市人大常委会副主任、市总工会主席朱振湘，市总工会副主席冯辉一行到荷塘区调研指导工作，并为全国优秀工会工作者颁发奖牌、证书。

15日 全省开展新一届村（社区）两委成员第三次集中培训暨乡村振兴驻村干部培训，荷塘区62个村（社区）2370余名村（社区）“两委”班子成员、驻村工作队员、村（社区）配套组织成员、村民小组长、党员群众代表，及开展党史学习教育“微宣讲”的有关人员参加培训。

17日 市委常委、市纪委书记、市监察委主任、市先进硬质材料产业链链长邓为民到园区考察调研先进硬质材料产业链办公室、先进硬质材料产业集群促进中心，详细了解湖南先进硬质材料产业园一期（展示交易中心）项目推进情况。随后，参加两城产业发展规划暨先进硬质材料产业链工作调度会。会议就株洲先进硬质材料产业集群“五个一”实施方案及2021年先进硬质材料产业链工作要点进行研究，对荷塘区“两城”产业发展规划进行探讨。区领导邬凌云、郑志富、陈柏文、朱福兴等参会。

▲ 省工信厅发布《2021年湖南省省级工业互联网平台建设计划》名单（全省22个、全市4个），荷塘区中车株洲车辆有限公司建设的铁路货车协同制造工业互联网平台入选。

19日 中共株洲市荷塘区第五届委员会第十一次全体（扩大）会议召开，区委书记邬凌云主持会议并讲话。出席全会的区委委员应到32人、实到27人；区委候补委员应到3人、实到3人，符合规定人数。

20日 荷塘区举办“一个主官的自我修养”主题论坛，区领导邬凌云、罗鹏程、杨喜兰、田灿、余鹏、刘新华与各镇、街道“主官”、新一届驻村队员、近两年新入职干部齐聚一堂，畅所欲言。

24日 荷塘区举办“百年风华、株洲力量”党史学习教育专题演讲比赛荷塘赛区决赛，向建党100周年献礼。

25日 区委书记邬凌云到公安荷塘分局调研督导反电诈及禁毒等工作。

26日 荷塘区举办“百舸争流 千帆竞发”百年千题党史知识竞赛暨党纪党规知识竞赛决赛。庆祝中国共产党建党100周年，重温党的百年光辉历程，在广大党员干部和群众中普及党史知识，弘扬红色文化，传承红色基因，引导全区广大党员干部进一步坚定理想信念，激发爱党爱国情怀。

▲ 区委副书记、区长罗鹏程调研既有住宅电梯加装工作。罗鹏程一行首先察看荷塘香榭小区正在进行电梯加装的施工现场，详细了解电梯加装造价、结构类型、流程办理以及居民满意度等情况，并要求施工单位做到安全文明施工。随后，罗鹏程组织相关单位负责人进行座谈交流。

28日 荷塘区工商联（总商会）第六次会员代表大会在区政府12楼会议室召开。

▲ 荷塘区部署开展非法集资风险“百日大排查”专项行动。召开非法集资风险专项排查整治行动动员部署会，会议由区委常委、常务副区长刘新华主持。会上，区金融办宣读本次排查工作方案，讲解重点风险表现形式和排查表的填报，对专项排查行动进行部署。区市场监督管理局，区公安分局对重点领域、重点区域、重点行为做补充说明。

▲ 在“六一”国际儿童节即将到来之际，区委书记邬凌云，区委副书记、区长罗鹏程分别到水竹幼儿园、星河小学、金山小学、明照小学看望少

年儿童，提前为他们送上节日的祝福，并向广大教育工作者表示慰问。

30日 中共株洲市荷塘区仙庾镇第五次代表大会胜利闭幕，经104名镇党代表无记名投票，选举产生新一届镇党委委员9人、镇纪委委员5人及出席荷塘区第六次党代会代表10人。

6月

2日 区委书记邬凌云主持召开中共株洲市荷塘区第五届委员会第十二次全体（扩大）会议。会议全额定向民主推荐新一届“四大家”领导班子成员、法检“两长”、纪委副书记候选人。

4日 荷塘区与长沙县、长沙经开区签署区域一体化框架协议。双方将在推进长株潭一体化方面深化战略合作，围绕优势产业全力打造长株潭东部融城发展示范带。

5日 三一智慧钢铁城引进重大项目签约仪式举行，世界500强企业三一集团在株洲与中国500强企业大汉集团、中国制造业500强企业大明国际分别签约，强强联手，加快推动三一智慧钢铁城建设。市委书记曹慧泉，三一集团董事、三一重工总裁向文波，大汉集团董事长、总裁傅胜龙，大明国际董事会主席周克明讲话并见证签约。

▲ 市委书记曹慧泉调研三一智慧钢铁城项目建设情况，并组织召开座谈会。

19日 省委副书记、省长毛伟明到株洲硬质合金集团有限公司调研。毛伟明对公司67年来以创新为引领，深耕硬质合金领域并坚持不懈积极推动产品和技术迭代升级所取得的成绩表示肯定。希望公司认真落实湖南“三高四新”战略，发挥行业的龙头作用，进一步加大技术创新力度、加快产品转型升级，做优做强粉末和硬质合金各个板块，以更好的产品、过硬的实力参与市场竞争，不断发展壮大企业。加强产业链合作，为提升国家产业链供应链自主可控水平，保障产业链供应链安全做出积极贡献。

21日 荷塘区举办“一个主官的自我修养”主题论坛。

▲ 株洲市“产业项目建设年”第二次集中开工活动暨长株潭先进硬质材料产业园项目开工仪式在荷塘区举办。

22日 荷塘区举行2021年新党员集中宣誓暨“光荣在党50年”纪念章颁发仪式。

23日 荷塘区召开2021年土地推介会。

28—29日 区委书记邬凌云到茨菇塘街道前进社区、仙庾镇蝶屏村走访慰问老党员和困难党员。区委副书记、区长罗鹏程到仙庾镇仙庾岭村、月塘街道石子头社区走访慰问老党员和困难党员。

30日 荷塘区召开庆祝中国共产党成立100周年暨“七一”表彰大会，缅怀党的奋斗历程、弘扬党的优良传统，表彰优秀先进典型，激励全区上下进一步坚定信念、凝聚力量、激发斗志、振奋精神，为加快建设现代化新荷塘努力奋斗。

▲ 省人大常委会办公厅新闻宣传处到樟霞村设立党建工作联系点。

7月

1日 荷塘区举行D167路公交车（城乡客运线）开通仪式。

6日 市委书记曹慧泉到荷塘区现场调研新华桥拆除重建、株洲火车站改扩建项目进展及施工情况，听取项目推进及株洲智轨建设运营情况汇报。

11日 荷塘区召开全区领导干部大会。株洲市委常委、组织部部长李武宁出席会议并宣布省委、市委关于荷塘区委主要领导干部调整的决定：方靖任中共荷塘区委书记，邬凌云不再担任中共荷塘区委书记职务。

12日 区委书记方靖走访调研区人大、区政府、区政协、区人武部。

17日 区委书记方靖到金山科技工业园调研园区建设发展工作。

19日 工业和信息化部公示第三批专精特新“小巨人”企业培育名单，位于荷塘区的春华实业有限责任公司、科能新材料有限责任公司成功入选。

21日 市委常委、纪委书记、监委主任邓为民一行到荷塘区督导区领导班子换届工作，并召开调研座谈会。

22日 荷塘区召开人武部党委第一书记任职大会，军分区大校司令员张台华宣读军分区党委党内任职通知，任命中共荷塘区委书记方靖为荷塘区人民武装部委员会委员、第一书记，并颁发第一书记任职证书。

▲ 区委书记方靖先后到荷都商务酒店、株洲市人民医院、月塘街道社区卫生服务中心、区疾控中心和区卫生健康局等地调研新冠肺炎疫情常态化防控工作，详细了解疫苗接种工作推进情况。

23日 荷塘区组织开展“建党百年•遇见你”党员志愿者授牌活动，对全区107名党员志愿者进行集中授牌。

24日 中共株洲市荷塘区第五届委员会第十三次全体会议召开。区委书记方靖做讲话，区委副书记、区长罗鹏程主持会议。出席全会的区委委员应到29人、实到24人；区委候补委员应到2人、实到2人，符合规定人数。全会审议通过《中共株洲市荷塘区第五届委员会工作报告（讨论稿）》《中共株洲市荷塘区第五届纪律检查委员会工作报告（讨论稿）》《关于全区党费收缴、管理和使用情况的报告（草案）》和《关于追认中共株洲市荷塘区委员会常务委员会给予周亮平开除党籍处分的决定（草案）》，酝酿通过中共株洲市荷塘区第六届委员会委员、候补委员，区纪委委员候选人预备人选和出席株洲市第十三次党代会候选人预备人选建议名单。

29日 中国共产党株洲市荷塘区第六次代表大会开幕并举行第一次全体会议。

▲ 荷塘区新冠肺炎疫情防控会议召开，传达学习省、市近期关于新冠肺炎疫情防控工作会议精神，部署全区疫情防控工作。

30日 荷塘区召开纪委六届一次全会，审议通过《中国共产党株洲市荷塘区第六届纪律检查委员会第一次全体会议选举办法》，选举产生新一届区纪委常委和区纪委书记、副书记，并提请中国共产党株洲市荷塘区第六届委员会第一次全体会议通过。

8月

16日 荷塘区召开疫情防控工作领导小组会议，听取全区疫情防控工作情况汇报，分析当前形势和工作中存在问题，对下一步疫情防控工作进行再部署。

17日 荷塘区召开“喜迎党代会，共建新株洲”献言献智献策活动动员会暨党史学习教育工作推进会。

17—20日 荷塘区开展集中走访慰问疫情防控一线工作人员活动，区领导分别带队深入各社区（村）及各医疗机构集中走访慰问一线抗疫医务人员、社区工作人员和党员志愿者，并为他们送上慰问品。

18日 区委副书记、区长罗鹏程带队到集中隔离点看望慰问防疫工作人员。罗鹏程一行认真细致检查集中隔离点疫情防控工作，详细询问集中隔离点管理秩序、人员值班备勤、防疫物资储备、隔离人员健康状况等情况，并对坚守在一线的防疫工作人员和志愿者表示亲切慰问。

27日 荷塘区召开打击欺诈骗保套保挪用贪占医保基金集中整治工作部署会。

▲ 三一智慧钢铁城项目暨铁路专线开工仪式在荷塘区举行。

31日 湖南省工信厅公布2021年湖南省新材料企业（第九批）拟认定名单，区金信防滑钉有限公司、金泰硬质合金有限公司、金佰利硬质合金有限公司、华丰复合材料有限公司、中天杭萧钢构科技股份有限公司5家企业入围名单（全省147家企业、全市46家企业）。

9月

1日 区委书记方靖带队调研中车株洲车辆有限公司，了解企业生产经营情况。

▲ 市委常委、纪委书记、监委主任邓为民率队到荷塘区调研材料科技城、现代物流城建设工作，并召开座谈会。

6日 省委书记许达哲到株洲硬质合金集团有限公司调研。

▲ 区委书记方靖到建宁港、白石港、桂花路水系巡河并调研督导黑臭水体整治工作。

7日 团省委基建部一级调研员易志姣、四级调研员戴晴、团市委副书记高峰一行调研县域共青团改革工作。

8日 区委书记方靖主持召开园区工作会议，研究分析园区工作推进情况，部署下阶段工作。

10日 荷塘区举行庆祝第三十七个教师节活动，区领导带队走访慰问辖区学校，为教师们送去节日的祝福和诚挚的问候，并召开2021年荷塘区“园丁奖”颁奖典礼暨庆祝第37个教师节大会。

15日 工信部公示工业产品绿色设计示范企业（第三批）名单，荷塘区株洲硬质合金集团有限公司入选（全市共3家入选）。

16日 荷塘区召开基层治理先行区工作研讨会。

17日 区委书记方靖带队调研全区道路建设工作。方靖一行先后到新塘西路、新塘路四期、金山工业园一期、三一智慧钢铁城、金龙东路沿线和农批市场进行实地调研，详细了解各项目建设进展情况，听取道路设计规划、征地拆迁、施工进度等情况的汇报，并就项目推进过程中遇到的困难和问题提出具体的指导意见。

▲ 中国化工株洲橡胶研究设计院研发的“探空气球”产品圆满完成神舟十二号载人飞船返回保障任务。该公司设计研发的各类“探空气球”产品已为神舟系列飞船、“嫦娥工程”“雪龙探极”等多项国家重大任务提供保障。

18日 区委副书记、区长罗鹏程到金山科技工业园开展安全生产检查。

22日 区委书记方靖带队先后到世贸广场二期、银泰财富广场春天影院现场督查“两节一会”期间的安全生产工作。

23日 省委老干部局、市委老干部局、岳阳市委老干部局就湘华社区第四党支部创建全省示范离退休干部党支部创建工作进行实地调研。

▲ 2021年湖南省儿童服务类社会组织培训班在株洲市成功开班，该省级培训班是省民政厅第二次举办，主要选取在儿童福利工作成效明显地区举行，此次现场培训点还专程安排在荷塘区仙庾镇仙庾岭村儿童之家，全省各市州、县市区儿童服务类的社会组织负责人140余人现场参观学习。

24日 硬质合金产业链链长、株洲市纪委书记邓为民，产业链常务副链长、荷塘区委书记方靖，副链长、荷塘区委副书记、区长罗鹏程组织召开株洲先进硬质材料产业发展座谈会，与企业家进行座谈，倾听企业意见与建议。

▲ 市委常委、纪委书记、监委主任邓为民带队到宋家桥街道龙洲村村部，对基层软弱涣散党组织整顿工作进行调研摸底。

▲ 荷塘区召开促进经济高质量发展大会，表彰2020年度真抓实干促进区域经济高质量发展先进单位和先进个人，听取促进经济高质量发展工作报告。

26日 荷塘区召开“双减”工作、规范民办义务教育发展暨中小学心理健康教育工作部署会。

30日 荷塘区召开传达学习中国共产党株洲市第十三次代表大会会议精神大会。

10月

3日 市委书记曹慧泉前往园区株洲格斯特动力机械有限责任公司、中国化工株洲橡胶研究设计院有限公司、株洲市农产品智慧冷链物流园等企业/项目，考察调研专精特新“小巨人”企业培育、项目建设等工作。

13日 荷塘区召开禁毒工作调度会议，总结当前面临的形势，部署推进禁毒重点整治工作。

14日 国家技术标准创新基地（长株潭）创新中心授牌仪式在长沙举行，首个硬质合金标准创新中心落户株洲硬质合金集团有限公司。株硬集团长期以来注重技术创新，对行业的发展以及整体硬质合金产品质量的稳定，起到积极的促进作用。鉴于株硬集团在行业中的地位以及行业标准中的影响力，政府相关部门指定株硬集团牵头建立硬质合金技术标准创新中心，成员单位由9家公司构成，为全国唯一硬质合金技术标准创新中心。

18日 荷塘区第五届人民政府第七次全体（扩大）会议召开，讨论即将提交区第六届人民代表大会第一次会议审议的《政府工作报告（征求意见稿）》，并安排部署下阶段的重点工作。

▲ 省科技厅发布2021年第八批拟入库科技型中小企业名单，荷塘区湖南坤明机电有限公司、株洲安顺新材料科技有限公司、株洲正和机电科技有限公司、株洲锐利工具有限公司、湖南高精特电装备有限公司、株洲福瑞包装有限公司、株洲市七特人自动化科技有限公司、株洲润峰新材料有限公司、株洲精成硬质合金有限公司、株洲金城燃气发展有限公司、株洲中腾轨道交通装备有限公司11家企业入围。

19日 全省社区治理和服务创新实验区结项验收组省民政厅基政处二级调研员陈苏宁、基政处四级调研员刘德斌、湘西州民政局基政科长黄晶、省湘民社区治理研究中心研究员宋芳悦评估组一行到荷塘区进行省级社区治理和服务创新实验区创建工作结项评估。

21日 区委全面深化改革委员会2021年第一次会议召开，通报区委深改委人员调整情况，传达学习上级深改委会议精神，审议《中共株洲市荷塘区委全面深化改革委员会当前工作要点》。

22日 株洲·东莞两地企业投资交流暨先进硬质材料及工具产业园招商推介会在荷塘区举行。

25日 农业农村部对2021年中国美丽休闲乡村名单进行公示，荷塘区仙庾镇仙庾岭村上榜（全省共12个村）。

25—27日 政协株洲市荷塘区第六届委员会第一次会议召开。

26—27日 株洲市荷塘区第六届人民代表大会第一次会议召开。

29日 市委常委、市纪委书记、市监察委员会主任邓为民调研园区，走访中国化工株洲橡胶研究设计院有限公司和湖南先进硬质材料及工具产业园、三一智慧钢铁城等项目建设现场，督促加快推进重点项目建设。

11月

1日　市委常委、统战部长罗琼带队到荷塘区调研新的社会阶层人士统战工作。

2日　荷塘区录用公务员初任及事业单位新进人员岗前培训班开班式在株洲市委党校（行政学院）举行。

3日　荷塘区召开争当基层治理先行区工作动员大会。

6日　荷塘区举办小区“幸福邻里节”活动，市委副书记、市人民政府市长陈恢清参加活动。该次活动荷塘区共有102个小区参加，组织知识抢答赛、化学实验、舞蹈唱歌、义诊义剪等活动，倡导邻里之间互知、互敬、互帮、互信、互促，引导居民群众树立“以小区为重”“以小区为荣”“与小区共同进步”的意识，形成人人支持、互互参与、共同发展的良好局面，进一步拉进邻里关系。

9日　区委书记方靖带队开展巡河并调研水利工程发展。

10日　市委常委、市政府党组成员王庭恺到荷塘区调研，实地考察园区三一智慧钢铁城产业服务中心、湖南千金湘江药业股份有限公司、株洲市农产品智慧冷链物流园，召开外资外贸等工作调研座谈会。

11日　区委书记方靖带队先后调研铁达能源科技有限公司和春华实业有限责任公司两家专精特新“小巨人”企业。

▲　市委统战部常务副部长吴佳辉带队调研区《中国共产党统一战线工作条例》贯彻落实情况。

▲　市退役军人服务中心主任庞伟带领全市各县市区退役军人服务站站长180余人到仙庾镇退役军人服务站参观交流学习。

12日　荷塘区举办“永远跟党走”第六届职工健步行活动。

▲　市委网信办组织新华网、人民网、中国网、香港商报网、红网、华声在线等网络媒体及网络名人走进区汉德车桥（株洲）齿轮有限公司和中车株洲车辆有限公司开展“智造湘军”网络宣传活动。

▲　工业和信息化部公布工业产品绿色设计示范企业名单（第三批），全国117家企业上榜，株洲硬质合金集团有限公司入选。这是株硬集团继2019年入选国家第四批绿色制造名单，获评绿色工厂后在绿色发展领域获得的又一项国家级殊荣，也是硬质合金行业第一家获评企业。

16日　教育部公布2021年度全国足球特色幼儿园示范园试点项目立项名单，株洲市荷塘区钻石幼儿园入选（全省4家、全市唯一）。

17日　荷塘区举行加快建设现代化新荷塘智慧绿色能源互联网工作推进协议签约暨启动大会。

18日　中材株洲水泥有限责任公司与株洲稷维环保有限公司合作开展的“1200吨/天污染土壤异位热脱附及一般工业固废处理项目”的启动仪式在中材株洲水泥举行。

19日　荷塘区第二次归侨侨眷代表大会召开。

23日　湖南省重点工作督查组殷林波率队到湖南千金湘江药业股份有限公司调研考察2021年度省“100个科技创新攻关”项目实施情况。殷林波一行在千金湘江药业总经理钟林波的陪同下，先后参观展厅、高端制剂车间、智能立体仓库和千金研究院化药研究所。调研会上，钟林波介绍公司生产经营情况和工作亮点，汇报省“100个科技创新攻关”项目实施情况。

26日 湖南省司法厅律师工作处周树和处长一行到荷塘区，对“一村（社区）一法律顾问”工作进行检查指导。

28日 株洲硬质合金集团有限公司2000吨高端硬质合金棒型材生产线技术改造项目提前达标达产。

30日 区委书记方靖主持召开荷塘区传达学习中国共产党湖南省第十二次代表大会精神大会。

12月

1日 湖南省社会科学院社会学研究所副所长、研究员何绍辉带领专家团队调研荷塘区基层治理工作。

3日 荷塘区深入开展党史学习教育的相关做法，被全国党史学习教育官方网站刊载。

▲ 荷塘区举办株洲市深入推进充分就业社区建设工作现场会。省人社厅党组书记、厅长唐白玉，市委副书记、代市长陈恢清一行实地观摩金山就业驿站，并听取推进充分就业社区建设情况的介绍。

5日 省委书记张庆伟到株洲硬质合金集团有限公司调研。张庆伟对公司60多年发展所取得的成绩表示肯定，对公司现场管理、安全环保治理、自动化智能化工作给予高度评价。

8日 荷塘区举办荷你悦读·《信仰人民》阅读分享会。会议特邀株洲日报社党组书记、社长赵先辉，湖南工业大学马克思主义学院院长李正军，株洲市委党校统战理论教研部主任邓文飞，株洲日报社经济生活部主任赵云超参加活动并点评。

10日 国家统计局株洲调查队党组书记、队长倪志华，党组成员、纪检书记张建平带队到荷塘区月塘街道石塘冲社区开展劳动力调查陪访工作。

13日 市委依法治市办副主任、市司法局党组书记、局长朱胜辉一行到荷塘区调研全面依法治区及司法行政工作。

15日 荷塘区召开争当基层治理先行区示范创建暨“五大活动”工作部署会。

18日 按照株洲市委组织部、株洲市卫健局、株洲市应急局统一部署，荷塘区在6个居民小区开展以“人民至上筑防线，应急演练进小区”为主题的应急演练活动，演练模拟疫情防控、消防安全、电梯困人、燃气泄漏等突发情景。

▲ 湖南省工信厅、湖南省水利厅联合发布2021年度湖南省节水型企业名单，株硬集团以总分第一名的成绩成功入选湖南省节水型企业。这是株硬集团在绿色发展领域获得的又一项殊荣。2018—2020年连续3年公司的工业用水量降幅达10%以上。该次株硬集团以总分第一名成绩入选湖南省节水型企业，是对公司坚持走绿色低碳、节能环保、高质量发展道路成绩的肯定。

22日 省工信厅公布第二批湖南省制造业单项产品名单，荷塘区株洲宏达电子股份有限公司的钽电解质电容器、株洲科能新材料股份有限公司的高纯铟入围（全省20家、全市7家）。

（何爱辉）

基本区情

自然地理

【位置面积】 荷塘区位于北纬27°49′46″～28°00′55″，东经113°07′49″～113°17′02″，地处株洲市东北部，东与长沙市的浏阳市接壤，南与芦淞区毗邻，西、北与石峰区相连。辖区面积143平方公里，其中陆地135.5平方公里，占94.8%；水域7.2平方公里，占5%。（彭　玲）

【地形】 荷塘区属湘东山丘区，为丘陵岗地地貌。地势东北高、西南低，由东北部向西南部倾斜。城区处于湘江冲积堆积形成的一、二台阶地上，地形较平坦，地面高程39～42米；农村地区为构造侵蚀和构造溶蚀低丘地貌，切割深度60～160米。最高峰婆仙岭，位于境内东南部，海拔313.3米；最低点白石港，位于境内西南角，海拔31.4米。（谢浣淳）

【气候】 2021年，荷塘区气温偏高；降水量正常略偏少，空间分布极度不均匀，呈北少南多的空间分布；日照时数偏多；主导风向为偏北风。

气温　2021年，荷塘区气温偏高。年平均气温19.2℃，较历年偏高1.3℃；年平均最高气温为24.3℃，较历年偏高1.6℃，属于偏高年份；年平均最低气温为15.7℃，较历年偏高1.2℃，属于偏高年份。大致呈南高北低的空间分布；春季气温正常，冬、夏、秋季气温偏高，其中冬季气温异常偏高。

降水　2021年，荷塘区降水量正常略偏少，年平均降雨量1389.3毫米，较历年偏少7.8%；空间上呈明显的北少南多分布特征；年平均降水日数为151.4天，较历年偏少12.0天，属偏少年份。从各月雨日距平分布来看，4月、5月和10月的雨日较历年偏多；1月和9月的雨日较历年显著偏少，6月的雨日数较历年偏少；其余各月雨日正常。2021年株洲地区平均年暴雨日数4.2天，较历年偏多0.2天；平均年大雨日数9.6天，较历年偏少2.4天；平均年中雨日数30.8天，较历年偏少0.8天，平均年小雨日数106.8天，较历年偏少10.2天。（谢浣淳）

建置区划

【建置沿革】 荷塘区境域《湘潭县志・概述》记：战国时，今荷塘区境域属南楚，境内开始植莲，居民“饭稻羹鱼”。三国至唐初，历为建宁县著名驿铺。唐、两宋、元时代，历为湘潭县著名村落。明清时代，以驿铺逐渐聚落为集镇。明时，属湘潭县一都；清时，属三都，清末一度属株洲抚民府（又称株洲厅）；民国初属湘潭县东一区，民国末属株洲乡。1951年6月，株洲建市，划入株洲市。境内月塘（原铁路地区）、茨菇塘等地域先后辖于城市街道（后更名建宁街道、市区街道）、贺家土街道；太平桥、荷塘、龙州等农村区域辖于郊区。1952年3月设为明照乡，后相继并入宋家桥乡、郊区人民公社（后更名朱田铺人民公社）、白关人民公社。1959 年 1 月，蝶屏乡由长沙县划入株洲市郊区。1959 年 6 月，株洲市以境内晏家湾、荷塘铺、宋家桥一带为行政区域，设荷塘铺区。区人民委员会驻晏家湾。1960 年 7 月，成立荷塘铺城市人民公社，与荷塘铺区合署办公。1969 年 7 月，以原荷塘铺、田心两区和原中心区月塘办事处辖境，设立株洲市东区（县级），辖月塘、茨菇塘、宋家桥、田心 4 个街道，区政府驻晏家湾。1984 年 4 月，蝶屏、明照重新划入株洲市郊区，并恢复乡建制，同时析置荷塘铺乡。1997 年 5 月，株洲市撤东、南、北、郊 4 个区，以原东区的月塘、茨菇塘、宋家桥 3 个街道和原郊区的蝶屏、明照、荷塘铺 3 个乡为主要行政区域，始立荷塘区。是年 8 月 1 日，荷塘区正式成立。2001 年 10 月，撤蝶屏乡建仙庾镇。2005 年 2 月，撤荷塘铺乡析置桂花、金山 2 个街道。2015 年 11 月，撤明照乡，并入仙庾镇。2016 年 9 月，将仙庾镇的星星、分路口、金塘、明照、龙洲 5 个建制村划入宋家桥街道，将仙庾镇的新市、桐梓坪 2 个建制村划入金山街道。2017 年 5 月，将宋家桥街道的星星村、东园村、金塘村、明照村 4 个建制村划出，成立明照街道。2021 年年末，荷塘区辖 7 个乡级政区。

【行政区划】 2021 年年末，荷塘区辖仙庾镇 1 个镇和茨菇塘、月塘、宋家桥、金山、桂花、明照 6 个街道和 1 个省级产业开发区，下设 38 个社区、24 个建制村。

仙庾镇：永福社区 1 个社区，联星村、东山村、兴塘村、黄陂田村、徐家塘村、黄塘村、樟霞村、亭子前村、仙庾岭村、蝶屏村 10 个村。

茨菇塘街道：麻园社区、红旗村社区、前进社区、红旗路社区、上月塘社区、新月塘社区、六零一社区、长征社区、荷叶塘社区、余家冲社区、天鹅社区、黄家塘社区、汽车城社区 13 个社区。

月塘街道：野鸭冲社区、石塘冲社区、南岳岭社区、袁家湾社区、石子头社区、东环社区、水竹社区、合泰社区、文化路社区、东湖社区 10 个社区和荷塘铺村 1 个村。

宋家桥街道：芙蓉社区、四三零社区、月桂社区 3 个社区和宋家桥村、天台村、龙洲村 3 个村。

金山街道：流芳社区、湘华社区、晏家湾社区、石宋路社区 4 个社区和太阳村、金钩山村、新市村、桐梓坪村 4 个村。

桂花街道：西子社区、新荷社区、赵家冲社区、向阳社区、龙湾社区、阳光里社区 6 个社区和戴家岭村、新桂村 2 个村。

明照街道：青塘社区 1 个社区和东园村、金塘村、星星村、明照村 4 个村。

（彭　玲）

人口状况

【户籍人口】 2021 年，荷塘区共有户籍 72316 户，比 2020 年减少 634 户；户籍总人口 198954 人，比 2020 年减少 4536 人，下降 2.23%；其中户籍城镇人口 158027 人，较 2020 年减少 4256 人，户籍人口城镇化率 79.43%，较 2020 年减少 0.32%；户籍总人口中男性为 99077 人，女性为 99877 人，男女性别比为 99.2，比 2020 年度略低；全区出生登记 1077 人，出生登记数占户籍总人口的 5.413‰，全区死亡注销 3144 人，死亡注销数占户籍总人口的 15.803‰，2021 年人口自然负增长 2067 人；全区迁入人数 2128 人，迁出人数 4597 人；全区农业转移人口落户城镇人口 1162 人，比 2020 年减少 219 人；全区户籍总人口中月塘街道 32201 人、茨菇塘街道 44984 人、桂花街道 35002 人、金山街道 25907 人、宋家桥街道 21458

人、明照街道 13798 人、仙庾镇 25604 人。

【流动人口】 2021 年，全区登记流动人口 122997 人，其中月塘街道 59797 人、茨菇塘街道 21182 人、桂花街道 21338 人、金山街道 13439 人、宋家桥街道 6270 人、明照街道 595 人、仙庾镇 376 人。

（刘云庆）

国民经济和社会发展

【概况】 2021 年是“十四五”规划的开局之年，全区上下紧扣“一区两城”战略部署，坚决打赢疫情防控攻坚战，扎实做好产业发展、项目建设、社会治理等各项工作，全区经济社会保持平稳较快发展。全年地区生产总值（GDP）271.0 亿元，同比增长 8.2%。其中，第一产业增加值 5.4 亿元，第二产业增加值 140.9 亿元，第三产业增加值 124.8 亿元，分别增长 4.7%、8.8%和 7.6%。全区三次产业结构比按现价为 2.0∶52.0∶46.0。

【固定资产投资】 2021 年，荷塘区固定资产投资 244.3 亿元，同比增长 7.6%。其中，工业固定资产投资完成 161.0 亿元，增长 17.6%；基础建设投资完成 44.6 亿元，同比增长 28.7%；房地产开发投资完成 25.5 亿元，同比下降 37.4%。

【财政】 2021 年，荷塘区一般公共预算总收入完成 73918 万元，同比下降 8.57%，其中，税收收入 65812 万元，同比下降 5.94%。完成地方收入 40563 万元，同比下降 14.94%，其中，税收收入 32457 万元，同比下降 11.8%。一般公共预算支出完成 184103 万元，较 2020 年下降 8.74%。

【农业】 2021 年，荷塘区实现农林牧渔业总产值 7.7 亿元，同比增长 4.7%。其中农业总产值 5.47 亿元，同比增长 2.3%。2021 年，全区粮食播种面积 2670 公顷，粮食产量 1.78 万吨。蔬菜种植面积 3530 公顷，同比增长 1.0%，收获产量 13.94 万吨，同比增长 1.1%。全区出栏生猪 1.89 万头，出栏羊 2.51 万只，出笼家禽 31.18 万羽，牧业总产值 13141 万元，同比增长 15.6%。水产品产量 4176 吨，渔业总产值 7261 万元，同比增长 3.5%。农林牧渔服务业总产值 4113 万元，同比增长 1.6%。

【工业和建筑业】 2021 年，荷塘区规模以上工业增加值 68.1 亿元，同比增长 8.2%，其中，园区规模工业占全部规模工业比重为 96.2%。从注册登记类型来看，国有控股企业、股份制企业完成增加值分别增长 14.7%、11.3%；外商及港澳台商投资企业和其他经济类型企业分别下降 22.4%、6.3%。新增规模工业企业 17 家。全年资质以上建筑业完成总产值 82.1 亿元，同比增长 15.7%，增加值 28.1 亿元，同比增长 9.3%。建筑企业房屋施工面积 433.49 万平方米，其中 2021 年新开工面积 24.15 万平方米，房屋竣工面积 79.16 万平方米。

【国内贸易】 2021 年，荷塘区社会消费品零售总额 91.3 亿元，同比增长 14.3%。批发业和零售业分别实现商品销售额 41.8 亿元和 77.0 亿元，分别同比增长 20.8% 和 16.2%；住宿业和餐饮业营业额分别为 1.91 亿元和 8.1 亿元，分别同比增长 5.5%和 23.7%。引进内资到位 119.0 亿元，同比增长 28.9%，完成进度为 114.0%。

【对外经济】 2021 年，荷塘区共完成外贸进出口额 12.87 亿元，同比增长 17.2%。

【旅游】 2021 年，荷塘区属省级文物保护单位的文昌塔出现安全隐患，已完成修复并对外开放。在累计发现57条旅游资源的基础上，协助调查团队对仙庾岭风景区等6处旅游资源进行详查。大力宣传辖区旅游资源，充分运用微信公众号、抖音号、覆盖全区的微信群组等区级媒体平台，开展多形式、高频次、全覆盖宣传，营造浓厚宣传氛围。“在荷塘”微信公众号发布“世外桃源、醉美仙庾”作品，发布“五一”“十一”假期出行推荐；抓好三星级乡村旅游区点评定，已推荐纽菲斯成为三星级旅行社。

【教育】 2021年，荷塘区小学招生人数5162人，同比增长1.49%，小学在校学生30001人，同比增长3.44%；普通初中招生人数5229人，同比增加2.71%，普通初中在校学生15188人，同比增长1.61%。适龄儿童小学入学率100%，小学升学率100%，普通初中生升学率99.8%。一年级外来务工人员子女新生创历史新高，入学人数达到3521人，占一年级新生人数的68.21%。

【科技】 2021年，荷塘区申请专利442件，查处涉嫌假冒专利案件5件。完成高新技术增加值80.1亿元，同比增长10.5%。

【文化】 2021年，荷塘区以庆祝建党100周年为主线，结合中心工作，组织开展“我们的中国梦 湖湘文化进万家”文艺惠民活动13场次、送戏下乡公益演出9场次、免费开放公益培训31场次，近2000人参加学习。强化文化遗产保护利用，申报市级非物质文化遗产代表性项目竹雕、剪纸2个，传承人3名。参与第五次全国文化馆评估定级工作，荷塘区文化馆被评选为三级馆。全区建成10个服务点，打通文化惠民服务的“最后一公里”，将优质的文化送到老百姓的家门口。

【卫生】 2021年，荷塘区孕产妇健康系统管理率97.07%，7岁以下儿童保健管理率97.86%；5岁以下儿童死亡率1.17‰；婚前医学检查率90.07%；孕前优生检查项目目标人群覆盖率100%，高危孕产妇管理率100%，高危孕产妇住院分娩率100%，产后访视率97.67%；3岁以下儿童系统管理率96.72%；0～6岁儿童血红蛋白检测率57.71%；出生缺陷发生率77.07/万。

【体育】 2021年，荷塘区体育事业有序发展。积极开展“首批全国县域足球典型”申报工作，5月，荷塘区荣获“首批全国县域足球典型”称号，成为全国100个入选县区之一。积极参加株洲市第十四届运动会，荷塘区代表团以79枚奖牌的成绩完美收官。其中篮球、足球分别获冠亚军，羽毛球共获7枚金牌。举办2021年“我要上全运”暨湖南省第二届社区趣味运动会荷塘区排位赛和“亿都杯”篮球赛等赛事活动。申报2021年省体育总局捐赠全民健身工程项目6套，分别下拨至仙庾镇兴塘村及樟霞村、金山街道湘华社区、茨菇塘街道前进社区、桂花街道向阳社区、月塘街道野鸭冲社区。举办区三级社会指导员培训4次，约200人参加学习。

【社会保障】 2021年，荷塘区成功匹配城镇新增就业人员9980人，完成全年目标任务的113.4%；城镇登记失业率1.3%，低于4.5%的控制目标；新增农村劳动力转移就业394人，完成全年目标任务的164.1%；组织开展线上线下职业技能培训4518人，完成全年目标任务的150%；参加就业见习人数74人，完成全年目标任务的148%；举办线上线下招聘会26场。

【资源】 2021 年，荷塘区规上工业的综合能源消费量是 25.5 万吨标准煤，同比下降 6.3%；万元产值能耗系数是 0.1504，同比下降 18.2%。能源消费的种类仍以煤、电为主，其中原煤消费量为 22.2 万吨，折合标准煤为 17.45 万吨，占比为 68.4%，比重同比下降 0.7 个百分点，能源消费结构有所改善。

【环境】 2021 年，荷塘区空气优良天数为 312 天，优良率 85.5%，绝对值、改善率居城区第二。空气质量综合指数 3.80，绝对值、改善率城区排名均为第一，较 2020 年下降 2.1%，是全省少有、全市唯一的较 2020 年环境质量改善的区。空气污染物浓度指标分别为：O_3浓度 138 微克/立方米，NO_2浓度 26 微克/立方米，SO_2浓度 7 微克/立方米，CO 浓度 1 毫克/立方米，$PM_{2.5}$浓度 39 微克/立方米，PM_{10}浓度 57 微克/立方米，较 2020 年分别下降 4.2%、7.1%、30%、9.1%、5.4%、5.6%，以上 6 项指标改善率城区排名均位居前列，空气环境质量全面进位。水环境质量稳中向好，湘江白石断面继续保持II类，城市水质综合指数（CWQI）3.5547，饮用水源水质达标率 100%，辖区内 17 座水库达到水质功能区划的要求。建宁港、白石港城市黑臭水体治理成效显著，初步形成长治久清工作机制。土壤环境质量稳定达标：工业固体废物综合利用率 98%，累计安全转移危险废物 1800 吨。污染地块安全利用率和污水处理厂产生污泥无害化处置率分别达到 90%以上和 100%，污染耕地安全利用率达到 91%，88 家危险废物产废单位和 16 家核技术利用单位检查合格，土壤环境质量全面稳定达标。

【安全生产】 2021 年，荷塘区发生安全事故 2 起，死亡 3 人。

（廖　妍）

注：

1. 地区生产总值、三大产业增加值、工农业总产值和人均生产总值绝对数按现行价计算，增长速度按不变价格和可比价格两种方法计算。

2. 部分数据因四舍五入的原因，存在与各分项合计不等的情况。

（据《株洲市荷塘区 2021 年国民经济和社会发展统计公报》）

中共荷塘区委员会

综　述

【概况】　2021年，中共株洲市荷塘区委员会（以下简称“荷塘区委”）在省委、省政府坚强领导下，以习近平新时代中国特色社会主义思想为指导，全面落实“三高四新”战略定位和使命任务，贯彻省市党代会精神，全力统筹推进疫情防控和经济社会发展，为推动高质量发展奠定坚实基础。

经济运行稳中有进。坚持稳中求进工作总基调，加强经济形势研究预判，经济社会运行稳中向好。2021年，实现地区生产总值（GDP）271.0亿元，增长8.2%。固定资产投资、规模以上工业增加值、社会消费品零售总额分别完成244.3亿元、68.1亿元、91.3亿元，增长7.6%、8.2%、14.3%；城乡居民人均可支配收入达55301元，增长7.4%。

产业项目建设来势强劲。围绕“聚焦、裂变、创新、升级、品牌”要求，深入推进“产业项目建设年”“营商环境优化年”和“三比三看”大竞赛活动，结合荷塘优势产业，制定实施“材料科技城”“现代物流城”产业战略规划。引进湖南先进硬质材料产业园一期、韵达物流、三峰科技等35个重点项目，总投资86.55亿元。实现长株潭先进硬质材料产业园、钢铁供应链数字化等39个项目开工，雪宝建材二期等15个项目竣工。三一智慧钢铁展示中心投入运营。申报省以上预算内投资项目、专项债项、“三高四新”融资项目63个，到位资金6.75亿元。批回土地8.04公顷，完成28个征拆征收项目、涉征土地117.07公顷、国有房屋征收43440平方米。持续激发创新活力，专精特新“小巨人”企业、高新技术企业、科技型中小企业、“四板”挂牌企业分别达到6家、84家、73家、12家。举办株洲·东莞两地企业投资交流会、市先进硬质材料产业链论坛等，积极推动国家级先进硬质材料产业集群建设。持续优化营商环境，积极探索“竣工即办证”，实现中大机械等3个项目“拿地即开工”和三江水玻璃等2个项目“不见面审批”，产业服务云平台获评国家中小企业公共服务示范。

城乡建设协同发展。启动升龙路、新塘路四期等10条道路建设，实施24个城市更新项目，建设金山新城北部5.78公里污水管网；湖师大附中附属荷塘实验学校（小学部）正在建设，改扩建红旗路小学、第十九中学等学校，城市基础设施配套逐步完善。耕食小镇项目稳步推进，兰亭食品、万和生态农业等被评为省市龙头企业，建成香荷生态庄园、鸵鸟山庄、君乐山庄等一批省星级农庄，引进“五号山谷、大乐之野”等一批高端民宿，农业产业业态不断丰富。推进“农村四好”公路建设，启动柘塘水库等10个水利工程，农村基础更加坚实。扎实推进农村人居环境整治、垃圾分类、“三清一改”、农村“厕所革命”及“四类房”整治等工作，村容村貌得到整体改观。

创新基层治理稳步推进。以争当基层治理先行区为引领，出台实施意见，健全运行机制，明确减负清单，全面开展“大培训、大走访、大推选、大创意、大评选”活动，不断激发基层创新治理动力活力。稳妥开展乡村善治体系试点，探索乡村治理组织再造和集体经济发展新路径，提升乡村治理能力和水平。樟霞村被评为省乡村治理示范村。用好人力资源公司、培训机构以及就业服务专员、驻村队员等各方力量，开展“荷塘大就业”服务，培训4518人，新增就业9980人，经验做法在市推进会上推介。巩固城乡帮困工作成效，健全“三榜工作法”，实施项目26个、帮扶困难人员1180人，城乡帮困工作入选全省基层改革探索100案例。完善居家、日间照料、嵌入式、医养结合等多元化养老服务体系，农村“友邻帮”互助养老入围全国社会治理创新百例。以乡村振兴为主题成功举办第四届群众大会。“荷塘青春志”抖音号获赞21.8万、粉丝数8.5万，“在荷塘”累计41个月居全省政务微信公众号榜首。做实基本公卫项目，新建成7家基层标准化中医馆。持续开展污染防治攻坚，启动雨污分流改造暨中心城区污水系统综合治理。打好打赢疫情防控阻击战，认真落实常态化防控措施，新冠疫苗第一剂接种率达90.99%。

党的建设全面加强。高标准筹办庆祝建党100周年系列活动。组织开展党史学习教育，深入学习贯彻习近平总书记“七一”重要讲话、十九届六中全会精神等内容，理论宣讲、知识竞赛、“四谈四做”“我为群众办实事”实践等活动精彩纷呈。选派干部驻村、驻企，举办“基层治理漫谈会”等论坛，在乡村振兴、项目建设等方面多角度历练培养干部。高效平稳完成区镇村三级换届选举工作。有序推进社区专职工作者改革、党群服务中心“一站式”服务等基层党建工作。扎实开展政法队伍教育整顿，标准化推进整改“后半篇文章”。持续抓好省委巡视、审计、巡察等反馈问题整改，大力整治形式主义、官僚主义，开展违规吃喝问题集中整治等，推动党风政风持续好转。

【区委五届全体会议】 2021年，中共荷塘区五届区委共召开4次全体会议（第10次至第13次），主要事项有：

1月13日 荷塘区召开区委五届十次全体（扩大）会议暨区委经济工作会议，深入贯彻习近平总书记考察湖南重要讲话精神、省委十一届十二次和市委十二届十四次、十五次全会精神，认真落实中央、省委经济工作会议要求，总结2020年工作，分析当前形势，部署下一步工作，谋划“十四五”蓝图，动员全区上下立足新阶段、适应新要求，务实担当、主动作为，贯彻新发展理念，构建新发展格局，奋力开启建设现代化荷塘新征程。区委书记邬凌云出席会议并发表讲话，区委副书记、代理区长罗鹏程代表会议做工作报告并就贯彻落实全会精神做安排部署。审议通过《中共株洲市荷塘区委关于制定株洲市荷塘区国民经济和社会发展第十四个五年规划和二〇三五年远景目标的建议》。

5月19日 中共株洲市荷塘区第五届委员会第十一次全体（扩大）会议在荷塘区政府2号楼12楼会议室召开，审议通过《中国共产党株洲市荷塘区第五届委员会第十一次全体（扩大）会议关于召开中国共产党株洲市荷塘区第六次代表大会的决议（草案）》。中国共产党株洲市荷塘区第六次代表大会拟定于2021年7月下旬召开。会议由区委书记邬凌云主持，会议传达市委书记曹慧泉在县市区委书记视频会议上的讲话精神，并就做好全区新高考各项工作、换届工作、政法队伍教育整顿、党史学习教育、中央生态环保督察、产业招商等工作进行安排部署。

6 月 2 日　中共株洲市荷塘区第五届委员会第十二次全体（扩大）会议在荷塘区政府一号楼 4 楼会议室召开。会议由区委书记邬凌云主持，会议全额定向民主推荐新一届荷塘区党委、人大、政府、政协四大领导班子成员、法检“两长”、纪委副书记候选人。

7 月 24 日　中共株洲市荷塘区第五届委员会第十三次全体会议在荷塘区政府二号楼常委会议室召开。审议通过《中共株洲市荷塘区第五届委员会工作报告（讨论稿）》《中共株洲市荷塘区第五届纪律检查委员会工作报告（讨论稿）》《关于全区党费收缴、管理和使用情况的报告（草案）》和《关于追认中共株洲市荷塘区委员会常务委员会给予周亮平开除党籍处分的决定（草案）》，酝酿通过中共株洲市荷塘区第六届委员会委员、候补委员，区纪委委员候选人预备人选和出席株洲市第十三次党代会候选人预备人选建议名单。

【五届区委常委会会议】　2021 年，中共荷塘区五届区委共召开 18 次常委会会议（第 106 次至第 125 次），主要事项有：

1 月 4 日　传达学习习近平总书记考察湖南重要讲话指示精神、省委经济工作会议、市委十二届十五次全会和市委经济工作会议精神。

1 月 8 日　传达学习习近平总书记在中共中央政治局民主生活会、中共中央政治局常务委员会会议、中央农村工作会议、中欧领导人视频会晤、全国政协新年茶话会、二〇二一年新年贺词的重要讲话以及《求是》杂志上署名文章《共同构建人类命运共同体》的精神；传达学习省委经济工作会议、市委十二届十五次全会暨市委经济工作会议精神；听取关于区委五届十次全体（扩大）会议暨区委经济工作会议筹备情况的汇报；听取关于 2019 年度综治工作考核有关情况的汇报；听取区人大常委会、区人民政府、区政协、区人民法院和区人民检察院党组的工作情况汇报。明确区人大、政协“两会”暂定于 2 月 21—23 日召开；通报戴某某违纪违法有关情况。

1 月 26 日　传达学习习近平总书记在省部级主要领导干部学习贯彻中共十九届五中全会精神专题研讨班、北京 2022 年冬奥会和冬残奥会筹办工作汇报会、十九届中央纪委五次全会的重要讲话以及《求是》杂志上署名文章《正确认识和把握中长期经济社会发展重大问题》的精神。听取关于区五届人大第六次会议、区政协五届第六次会议有关事项的汇报。听取关于 2020 年区级预算调整方案，区 2020 年财政预算执行情况和 2021 年财政预算有关情况的汇报。

2 月 5 日　传达学习习近平总书记在中共中央政治局第二十七次集体学习、同党外人士共迎新春会、世界经济论坛“达沃斯议程”对话会的重要讲话以及《求是》杂志上署名文章《全面加强知识产权保护工作 激发创新活力推动构建新发展格局》的精神。听取关于 2020 年度文明建设先进集体、文明校园、文明家庭申报推荐和评比表彰工作有关事项的汇报。传达学习《湖南省生态环境保护工作责任规定》《湖南省生态环境保护督察工作实施办法》《湖南省重大生态环境问题（事件）责任追究办法》文件精神。传达学习《党政领导干部选拔任用条例》《党委（党组）讨论决定干部任免事项守则》。听取关于区公务员职级晋升有关情况的汇报。研究有关干部人事任免工作。

3 月 5 日　传达学习习近平总书记在中国一中东欧国家领导人峰会、2021 年春节团拜会、党史学习教育动员大会、会见探月工程嫦娥五号任务参研参试人员代表并参观月球样品和探月工程成果展览、全国脱贫攻坚总结表彰大会、中共中央政治局第二十八次集体学习、中央党校（国家行政学院）中青年干部培训班开班式的重要讲话以及《求是》杂志上署名文章《在河北省阜平县考察扶贫开发工作时的讲话》《坚定不移走中国特色社会主义法治道路，为全面建设社会主义现代化国家提供有力法治保障》的精神。听取关于区委常委班子2020年度民主生活会问题整改有关事项的汇报。听取关于区机关企事业单位借调工作人员管理有关工作的汇报。听取关于区机关事业单位临聘人员管理有关工作的汇报。听取关于区机关事业单位工作人员平时考核有关工作的汇报。听取关于区政法队伍教育整顿有关事项的汇报。听取关于区县级党政领导干部食品安全工作有关事项的汇报。

3月15日 研究部署当前的“两城”建设、融资化债、乡村振兴、疫情防控、党史学习教育、政法队伍整顿、换届等重点工作；会议明确各项重点工作的责任分工。

3月19日 听取关于市委组织部到荷塘区考察推荐干部有关事项的汇报。

3月26日 听取关于区纪委五届六次全会筹备工作的汇报；听取关于2020年区委书记、区长经济责任审计和自然资源审计整改工作情况的汇报；听取关于区开展党史学习教育有关事项的汇报；听取关于激励在乡村振兴工作中表现优秀的村（社区）党组织书记有关工作的汇报。

4月2日 听取关于落实省委巡视反馈意见整改有关情况的汇报。

4月9日 传达学习习近平总书记在参加内蒙古代表团审议、看望参加政协会议的医药卫生界教育界委员、参加青海代表团审议、福建考察、视察武警第二机动总队的重要讲话以及《求是》杂志上署名文章《努力成为世界主要科学中心和创新高地》《在党史学习教育动员大会上的讲话》的精神；听取关于贯彻落实省委巡视反馈意见整改有关情况的汇报；传达学习全国、全省、全市宣传部长会议精神；传达学习全国、全省、全市组织部长会议精神。传达学习全省市县乡领导班子换届工作电视电话会议精神。传达学习《中共中央办公厅、国务院办公厅印发〈关于加强新形势下重大决策社会稳定风险评估机制建设意见〉的通知》文件精神；研究关于区“产业项目建设年”“营商环境优化年”、2020年度机构编制管理、干部人事任免等有关工作。

4月27日 传达学习习近平总书记在扎实推进长三角一体化发展座谈会、经济社会领域专家座谈会、纪念中国人民抗日战争暨世界反法西斯战争胜利75周年座谈会、全国抗击新冠肺炎疫情表彰大会、中央财经委员会第八次会议、教育文化卫生体育领域专家代表座谈会、七十五届联合国大会一般性辩论、中央第三次新疆工作座谈会、中央第七次西藏工作座谈会、联合国生物多样性峰会、中央党校（国家行政学院）中青年干部培训班开班式的重要讲话精神。传达学习《中国共产党地方委员会工作条例》；传达市委常委会2021年第18次会议关于部分市州防范化解债务风险工作集体约谈会议精神；传达学习省委常委、省人民政府常务副省长谢建辉在全省政府债务暨财政运行管理工作电视电话会议上的讲话精神；传达学习全市县乡领导班子换届工作会议精神；听取关于区换届工作有关情况的汇报。

5月16日 传达学习习近平总书记在深圳经济特区建立40周年庆祝大会、视察海军陆战队、向中国人民警察队伍授旗、中共中央政治局会议、中央全面深化改革委员会第十五次会议、科学家座谈会、中央政治局第二十三次集体学习、湖南考察时的重要讲话精神以及杜家毫同志在领导干部会议上的讲话精神、中共湖南省委《关于深入学习贯彻习近平总书记考察湖南重要讲话精神 奋力谱写新时代坚持和发展中国特色社会主义湖南新篇章的决定》；传达学习《中共中央关于加强对“一把手”和领导班子监督的意见》；听取关于区巡视专项检查整改工作的汇报；听取关于区巡视整改专题民主生活会有关情况的汇报；传达学习全省县乡两级人大换届选举工作部署会议精神；听取关于区县乡领导班子换届工作有关情况的汇报；研究有关干部人事任免工作。

5 月 22 日 传达学习习近平总书记在清华大学考察、博鳌亚洲论坛 2021 年年会开幕式、“领导人气候峰会”、广西考察、中共中央政治局会议、中共中央政治局第二十九次集体学习、推进南水北调后续工程高质量发展座谈会的重要讲话以及《求是》杂志上署名文章《在庆祝中国共产党成立 95 周年大会上的讲话》《把握新发展阶段，贯彻新发展理念，构建新发展格局》《用好红色资源，传承好红色基因，把红色江山世世代代传下去》的精神；集中观看《叩问初心》警示教育片第二集《贪欲之害》；听取关于省委第三巡视组巡视区交办问题线索初步处理情况的汇报。传达学习《中国共产党统一战线工作条例》、全国全省全市统战部长会议精神；听取关于区侨联、工商联换届有关情况的汇报。传达学习《中共湖南省委、湖南省人民政府关于全面推进乡村振兴加快农业农村现代化的实施意见》（湘发〔2021〕1 号）；听取关于激励区在乡村振兴工作中表现优秀的村（社区）党组织书记有关情况的汇报；听取关于区 2021 年政府投资项目有关情况的汇报；听取关于区 2020 年高质量发展激励有关情况的汇报；听取关于区专业技术类公务员职级晋升有关情况的汇报；听取关于株洲旭钰房地产开发有限公司股权转让有关情况的汇报；听取关于区义务教育教师工资待遇有关情况的汇报。

6 月 4 日 听取关于株洲金城投资控股集团有限公司党总支原书记、原董事长违纪违法案件处理结果有关情况的汇报；听取关于公安荷塘分局经侦大队原大队长案件处理结果的通报。

6 月 20 日 传达学习《中共株洲市委总值班室〈关于节假日值班抽查和领导干部外出请示报告情况的通报〉》《中共株洲市荷塘区委办公室 株洲市荷塘区人民政府办公室〈关于进一步严格执行请销假、领导干部外出请示报告等有关制度的通知〉》；听取关于区教育局原党委书记、原局长赵文喜违纪违法案件处理结果有关情况的汇报；听取关于区领导班子换届工作有关情况的汇报；听取关于统计工作有关情况的汇报。听取关于区庆祝建党 100 周年暨“两优一先”表彰大会有关事项的汇报；听取关于区、镇两级人大换届选举工作有关事项的汇报。听取关于区人大代表、政协委员提名推荐工作有关情况的汇报；听取关于区安全生产和消防安全形势有关情况的汇报。

7 月 11 日 传达学习习近平总书记在庆祝中国共产党成立 100 周年大会上的讲话，习近平总书记在全球健康峰会，中央全面深化改革委员会第十九次会议，在中国科学院第二十次院士大会、中国工程院第十五次院士大会、中国科协第十次全国代表大会，中共中央政治局会议，中共中央政治局第三十次集体学习，青海考察，中共中央政治局第三十一次集体学习，“七一勋章”颁授仪式，中国共产党与世界政党领导人峰会上的重要讲话，对湖北省十堰市张湾区艳湖社区集贸市场燃气爆炸事故的重要指示，以及《求是》杂志上发表重要文章《学好“四史”，永葆初心、永担使命》《以史为镜、以史明志，知史爱党、知史爱国》《学史明理、学史增信、学史崇德、学史力行》等讲话指示文章精神。

传达学习《中共中央 国务院关于新时代加强和改进思想政治工作的意见》；传达学习《中国共产党机要密码工作条例》。

7 月 15 日 通报市委酝酿及研究的荷塘区换届人事安排方案，审议通过区党委、人大、政府、政协领导班子成员（不含省管干部）候选人建议人选。

7 月 24 日 听取关于召开五届区委第十三次全体会议相关事宜；听取区第六次党代会筹备工作有关情况；传达学习中共湖南省纪委《全省纪检监察机关加强“一把手”监督“十必严”》文件精神；听取五届区委巡察工作有关情况；研究有关干部人事、机构改革人员转隶、公务员职级晋升等工作。

【六届区委常委会会议】 2021 年，中共荷塘区六届区委共召开 12 次常委会议（第 1 次至第 12 次），主要事项有：

8 月 3 日 研究关于网传“荷塘区一名医护人员感染新冠肺炎”信息处置有关工作。

8 月 7 日 研究区第六届人大代表初步候选人建议人选。

8 月 16 日 研究《关于进一步加强对疫情防控一线干部关怀激励的方案（送审稿）》有关工作；研究关于排查整顿农村发展党员违规违纪问题工作有关工作；研究《2021 年荷塘区集中走访慰问疫情防控一线工作人员方案（建议稿）》有关工作；研究《区委常委领导班子分工（建议稿）》；研究区镇两级人大换届选举有关工作。

9 月 4 日 传达学习习近平总书记在中央全面深化改革委员会第二十次会议、中国共产党成立 100 周年庆祝活动总结会议、亚太经合组织领导人非正式会议、党外人士座谈会、中共中央政治局分析研究经济工作会议、中央财经委员会第十次会议、中央民族工作会议、中央全面深化改革委员会第二十一次会议、中共中央政治局会议、中央党校（国家行政学院）中青年干部培训班开班式、2021 年中国国际贸易交易会全球服务贸易峰会上，在西藏考察时、河北承德考察时、中共中央政治局第三十二次集体学习，《党的伟大精神永远是党和国家的宝贵精神财富》的重要指示精神；传达学习《中共湖南省委关于深入学习贯彻习近平总书记在庆祝中国共产党成立 100 周年大会上的重要讲话精神 奋力谱写新时代坚持和发展中国特色社会主义湖南新篇章的决定》；传达学习市委新冠肺炎疫情防控工作领导小组工作讲评暨推进会精神；传达学习《中共中央关于加强新时代检察机关法律监督工作的意见》；研究区成立水环境综合整治工作领导小组及开展雨污分流排查工作；听取关于水竹湖片区土地招商工作有关情况的汇报；研究有关干部人事任免工作；传达学习《中国共产党党徽党旗条例》；研究关于进一步规范区党组（党委）设立有关工作；研究关于区出席湖南省第十二次党代表大会代表候选人推荐人选有关工作。

9 月 30 日 传达学习习近平总书记在中央人才工作会议上、在第六届东方经济论坛全会开幕式上、在金砖国家领导人第十三次会晤上、在上海合作组织成员国元首理事会第二十一次会议上、在第七十六届联合国大会一般性辩论上、在陕西榆林考察时、在视察驻陕西部队某基地时、出席上海合作组织和集体安全条约组织成员国领导人阿富汗问题联合峰会时、向第 32 届国际航空科学大会重要文章讲话精神等；传达学习市委、市政府《关于打造“三个高地”促进株洲高质量发展的实施方案》文件精神；传达学习习近平总书记近期关于粮食安全的重要讲话指示精神及《粮食流通管理条例》文件精神；传达学习《国家统计局关于 2021 年上半年 13 起重大统计违法案件的通报》文件精神；传达学习全省“双减”和规范民办义务教育发展工作推进会、中小学生心理健康教育工作会议有关精神。传达学习全省政法工作有关会议精神；听取关于基层团组织改革综合试点工作有关情况汇报；听取关于召开荷塘区第六届人民代表大会第一次会议有关事项的情况汇报；研究关于召开政协株洲市荷塘区第六届委员会第一次会议有关情况及政协株洲市荷塘区第六届委员会委员提名人选有关工作。

10 月 11 日　传达学习习近平总书记在主持十九届中共中央政治局第三十三次集体学习时、在纪念辛亥革命 110 周年大会上、在《求是》杂志发表的《用好红色资源、赓续红色血脉，努力创造无愧于历史和人民的新业绩》重要文章讲话精神等；听取关于《株洲市荷塘区人民代表大会常务委员会工作报告（征求意见稿）》起草情况及株洲市荷塘区第六届人民代表大会第一次会议有关事项汇报；听取关于《政协株洲市荷塘区委员会常务委员会工作报告（征求意见稿）》《政协株洲市荷塘区第六届委员会第一次会议筹备工作情况报告》起草情况及政协株洲市荷塘区第六届委员会第一次会议有关事项汇报；听取关于《荷塘区人民政府工作报告（征求意见稿）》起草情况汇报；听取关于 2020 年度绩效评估工作有关情况汇报。

10 月 30 日　传达学习习近平总书记在中央人大工作会议、中共中央政治局会议、中华人民共和国恢复联合国合法席位 50 周年纪念会议、深入推动黄河流域生态保护和高质量发展座谈会、《生物多样性公约》第十五次缔约方大会领导人峰会、第二届联合国全球可持续交通大会开幕式上，参观国家“十三五”科技创新成就展、中共中央政治局第三十四次集体学习，对老龄工作、全军装备工作会议做出的重要批示以及《求是》杂志上署名文章《扎实推动共同富裕》的重要指示精神；听取关于区 2021 年意识形态工作有关情况汇报；传达学习市委书记曹慧泉 2021 年第 329 号批示件《“企业倍增”激活县域经济发展“一池春水”》的文件精神；研究关于区基层治理工作有关工作；研究关于召开区第二次归侨侨眷代表大会有关工作；听取关于区公务员职级晋升方案有关情况的汇报；听取关于 2020 年度区管领导班子及区管领导干部年度考核有关情况的汇报；听取关于进一步加强对基层一线干部关怀激励的若干具体措施有关情况的汇报；研究有关干部人事任免工作。

11 月 17 日　传达学习中国共产党第十九届中央委员会第六次全体会议精神，习近平总书记在二十国集团领导人第十六次峰会第一阶段会议、亚太经合组织第二十八次领导人非正式会议、亚太经合组织工商领导人峰会、第四届中国国际进口博览会开幕式、党外人士座谈会、参加北京市区人大代表换届选举投票重要讲话指示精神及《求是》杂志发表的《坚定理想信念　补足精神之钙》《坚持用马克思主义及其中国化创新理论武装全党》的重要文章精神；听取关于全面推行林长制工作有关情况汇报；听取关于 2021 年荷塘区生态环境保护工作情况汇报；听取当前新冠肺炎疫情防控工作有关情况的汇报；听取关于荷塘区 2021 年绩效评估实施方案起草有关情况的汇报。

12 月 3 日　传达学习习近平总书记在第三次“一带一路”建设座谈会上、中央军委人才工作会议上、中国—东盟建立对话关系 30 周年纪念峰会上、中非合作论坛第八届部长级会议开幕式上、主持召开中央全面深化改革委员会第二十二次会议时、11 月 18 日中共中央政治局会议、对全军后勤工作会议、《求是》杂志发表的《关于〈中共中央关于党的百年奋斗重大成就和历史经验的决议〉的说明》重要文章讲话指示精神；听取关于六届区委巡察规划和第一轮巡察有关情况的汇报。

12月17日 传达学习习近平总书记在党外人士座谈会上、全国宗教工作会议上、中国文联十一大中国作协十大开幕式上、中共中央政治局第三十五次集体学习时、12月6日中共中央政治局会议、中央经济工作会议、《求是》杂志发表的《深入实施新时代人才强国战略 加快建设世界重要人才中心和创新高地》重要文章讲话指示精神；听取关于《株洲市创建全国市域社会治理现代化试点合格城市工作荷塘区推进方案》有关情况汇报；听取关于《荷塘区计划生育协会改革方案》有关情况汇报；听取关于市委涉粮问题专项巡察反馈问题整改工作情况汇报；听取关于全国加强换届风气监督工作电视电话会议精神有关情况汇报；研究有关干部人事任免工作。

12月23日 研究有关干部人事工作。

12月28日 传达学习习近平总书记在中央农村工作会议上、中央全面深化改革委员会第二十三次会议上以及对党内法规工作、全国老干部工作、党史学习教育作出的重要讲话指示精神；听取关于2021年度文明建设先进集体、文明校园和文明家庭申报推荐和评选表彰工作有关情况汇报；听取关于中共株洲市荷塘区人大常委会党组工作情况汇报；听取关于中共株洲市荷塘区人民政府党组工作情况汇报；听取关于中共株洲市荷塘区政协党组工作情况汇报；听取关于中共株洲市荷塘区人民法院党组工作情况汇报；听取关于中共株洲市荷塘区人民检察院党组工作情况汇报。

【领导到荷塘区督导调研】 2021年2月3日，省委常委、政法委书记李殿勋到荷塘区督查领办信访件办理工作，并召开工作座谈会。

3月9日，省委考察调研组一行到荷塘区考察项目建设，省委常委会议秘书薛原、省发改委工业处处长李越等参加考察。

3月10日，市委常委、市纪委书记、市监察委主任、市先进硬质材料产业链链长邓为民，率市交通运输局党组书记、局长徐业伟，市自然资源和规划局党组成员、总规划师曹阳一行到金山科技工业园调研智能建造材料产业园、智慧物流产业园建设发展情况。

3月11日，省高级人民法院二级高级法官、省政法队伍教育整顿第三指导组副组长徐远太带队到荷塘区督导政法队伍教育整顿工作。

3月29日，全省实施“三高四新”战略产业项目建设推进现场观摩会召开。省委书记、省人大常委会主任许达哲，省委副书记、省长毛伟明分别带队到位于荷塘的潍柴集团汉德车桥智能化制作基地考察调研。

4月28日，市委书记曹慧泉到株洲硬质合金集团有限公司调研。

6月5日，市委书记曹慧泉调研三一智慧钢铁城项目建设情况，并组织召开座谈会。

6月19日，省委副书记、省长毛伟明到株洲硬质合金集团有限公司调研。

9月1日，市委常委、市纪委书记、市监察委主任邓为民率队到荷塘区调研材料科技城、现代物流城建设工作，并召开座谈会。

9月6日，省委书记许达哲到株洲硬质合金集团有限公司调研。

9月7日，团省委基建部一级调研员易志姣、四级调研员戴晴、团市委副书记高峰一行到荷塘区调研县域共青团改革工作。区委副书记、政法委书记杨喜兰参加调研。

9月16日，省政务服务检查组到荷塘区检查交流，检查组一行通过实地考察、查看资料、座谈交流等方式，对荷塘区社会投资工业项目政务“帮代办”服务工作情况和政务服务大厅运行管理情况进行详细检查。

10月3日，市委书记曹慧泉前往园区株洲格斯特动力机械有限责任公司、中国化工株洲橡胶研究设计院有限公司、株洲市农产品智慧冷链物流园等企业/项目，考察调研专精特新“小巨人”企业培育、项目建设等工作。

10月19日，全省社区治理和服务创新实验区结项验收组省民政厅基政处二级调研员陈苏宁、基政处四级调研员刘德斌、湘西州民政局基政科长黄晶、省湘民社区治理研究中心研究员宋芳悦评估组一行到荷塘区进行省级社区治理和服务创新实验区创建工作结项评估。

10月29日，市委常委、市纪委书记、市监察委主任邓为民调研荷塘产业开发区。

11月10日，市委常委、市政府党组成员王庭恺到荷塘区调研。

11月26日，湖南省司法厅律师工作处周树和处长一行到荷塘区，对“一村（社区）一法律顾问”工作进行检查指导。

12月5日，省委书记张庆伟到株洲硬质合金集团有限公司调研。

12月10日，国家统计局株洲调查队党组书记、队长倪志华，党组成员、纪检书记张建平带队到荷塘区月塘街道石塘冲社区开展劳动力调查陪访工作。

【庆祝中国共产党成立100周年暨“七一”表彰大会】 2021年6月30日，荷塘区召开庆祝中国共产党成立100周年暨“七一”表彰大会，缅怀党的奋斗历程，弘扬党的优良传统，表彰优秀先进典型，激励全区上下进一步坚定信念、凝聚力量、激发斗志、振奋精神，为加快建设现代化新荷塘努力奋斗。会议在雄壮的国歌声中拉开序幕，区委副书记杨喜兰宣读《中共株洲市荷塘区委员会关于表彰全区“优秀共产党员、优秀党务工作者、先进基层党组织”的决定》文件，对58名优秀共产党员、32名优秀党务工作者、19个先进基层党组织进行表彰。区委书记邬凌云代表区委，向受到表彰的先进集体和个人表示祝贺，向全区各级党组织和广大党员致以节日的问候。

【召开区第六次党代会】 2021年7月29日，中国共产党株洲市荷塘区第六次代表大会开幕并举行第一次全体会议在荷塘区一号楼4楼会议室召开。会议由区委副书记、区长罗鹏程主持，区委书记方靖代表中国共产党株洲市荷塘区第五届委员会做题为《践行“三高四新” 打造“一区两城” 朝着建设现代化新荷塘目标奋勇前进》的工作报告。

【举办第四届群众大会】 2021年4月17日，严格按照疫情防控相关要求，荷塘区第四届群众大会在株洲市第四中学体育馆成功举办，该届群众大会的主题是走群众路线推进全面乡村振兴，以村民自治开展实效乡村建设。会上，《遇见你》宣传片向大会人员展示荷塘区乡村志愿帮扶的点点滴滴，24支农村志愿帮扶队、荷塘区新一届支村“两委”成员和驻村工作队员依次登台亮相。活动对9支优秀志愿帮扶队、24名优秀志愿者、8支优秀驻村工作队和10名优秀驻村队员进行表彰。省农业农村厅农村合作经济指导处处长周立华，省农业农村厅农村合作经济指导处副处长张志兵，市委农办主任、市农业农村局党组书记张智敏，市民政局党组成员、副局长王璟，市委宣传部四级调研员阳曼生，全体在家县级领导，区直部门、市直驻区分支机构主要负责人，镇、街道党政班子成员，村两委班子成员，各村志愿帮扶队成员、微信盟主，城乡帮困项目负责人以及第二、三批区驻村工作队员参加活动。

【全面深化改革】 2021年，荷塘区全面深化改革工作按照“聚焦、裂变、创新、升级、品牌”工作思路，深入践行新发展理念，编印6期区委深改委学习资料，组织46个部门（单位）对市级7个领域26个方面的132项具体改革任务进行逐一梳理，全力推进各项改革任务的落实。通过“友邻帮”农村养老服务新模式，共计服务11392单、服务金额21.74万元。发动群众开展“大推选”“我选楼栋长”，精准组织“大创意”“大评选”活动。率先在仙庾镇蝶屏村、樟霞村开展乡村善治试点，发动村民参与治理，实现良好开局。开展“荷塘大就业”服务，累计培训4518人、新增就业9980人，经验做法在市推进会上推介。实施城乡帮困项目49个、帮扶1180余人，“三榜工作法”入选湖南基层改革探索100例。推进基层智慧治理创新，提升基层治理数字化智能化水平，采取“线上为主、线下辅助”的方式，在区政务服务中心设立“跨域通办”和“跨省通办”窗口，实现48个高频服务事项跨市域通办、45个事项跨省通办。产业项目建设高质量发展，实现线上平台交易额8亿元、缴纳税金1.08亿元。荷塘产业开发区通过理顺机制、整合资源，大园区经营管理模式初步形成，有效推动园区各项工作的开展，加快片区整体开发。大力推进行政审批制度改革。进驻事项491项，梳理“一件事一次办”清单296项，梳理两批中介服务事项29项，事项引用率和发布率均达到100%。率先在城区实施“身后事‘一件事一次办’”改革试点，2021年全区累计办件量10万余件。积极推进效能监管和政务服务队伍建设，累计提供帮办服务9000余人次。先后组织窗口人员、首席代表开展49次业务培训活动，发现问题督办20次，促进政务服务队伍管理标准化、规范化。扎实推进企业服务体系建设，累计为24个重点项目提供行政审批帮代（带）办服务，完成立项、环评、规划报建等各类审批服务手续50余个，区产业服务中心获评“2021年度国家中小企业公共服务示范平台”。

【学习贯彻习近平总书记在湖南考察时的重要讲话精神】 2021年5月16日，区委常委会召开会议，专题传达学习习近平总书记在在湖南考察时的重要讲话精神。会议强调：要深刻领会习近平总书记考察湖南重要讲话的丰富内涵和精神实质，以贯彻落实的实际行动践行“四个意识”“两个维护”；要在大力实施“三高四新”战略中找准荷塘定位，体现荷塘作为，以“两城”建设为抓手，推动全区经济高质量发展；要始终坚持以人民为中心的根本立场，推深做实“幸福荷塘”系列民生行动，不断增强人民群众获得感、幸福感、安全感。

【学习贯彻十九届六中全会精神】 2021年11月17日，召开区委常委会会议，专题传达学习中国共产党第十九届中央委员会第六次全体会议精神。会议认为：《中共中央关于党的百年奋斗重大成就和历史经验的决议》是一篇闪耀着马克思主义真理光芒的重要文献，全面总结党领导人民创造的“四个伟大成就”，深刻阐述党百年奋斗的“五大历史意义”，高度概括“十个坚持”宝贵经验，是以史为鉴、开创未来、实现中华民族伟大复兴的时代动员令。会议强调：全区上下务必要把学习贯彻落实十九届六中全会精神，作为全区上下当前和今后一个时期的首要政治任务，高度重视，周密部署，精心组织，做到广泛宣传学、丰富形式学、结合实际学，迅速掀起学习贯彻的热潮；要把学习贯彻中共十九届六中全会精神与习近平总书记视察湖南重要讲话指示精神以及省委“三高四新”战略部署、市第十三次党代会精神、区第六次党代会精神结合起来，引导全区广大党员干部把握新发展阶段、贯彻新发展理念、融入新发展格局，凝聚干事创业的强大合力；要以学习贯彻全会精神为动力，以只争朝夕的精神扎实做好当前各项工作，一鼓作气完成全年目标任务、一马当先抓好绩效评估、一以贯之抓好疫情常态化防控、一心一意保障安全稳定，以优异成绩迎接党的二十大胜利召开。

【学习湖南省第十二次代表大会会议精神】 2021年11月30日，区委书记方靖主持召开荷塘区传达学习中国共产党湖南省第十二次代表大会会议精神大会，动员全区上下凝心聚力、真抓实干，以发愤图强、重振雄风的坚定决心和务实行动，不断开创各项工作新局面，努力在实现省第十二次党代会确定的各项目标任务中、在助力全面建设现代化新株洲的征程中，充分展现荷塘担当、贡献荷塘力量。会议还传达学习省纪委工作报告的主要精神及省委书记张庆伟参加株洲市代表团讨论时的讲话和在闭幕会上的讲话精神。

【党史学习教育】 2021年，区委深入推进全区党史学习教育全面开展。创新开展“学百年党史，做学习达人”月度党史知识竞赛活动，相关做法被《湖南新闻联播》报道，在全市“百舸争流 千帆竞发”百年千题党史知识竞赛中获三等奖和优秀组织奖；创新打造“红领巾宣讲团”“银发宣讲团”“退役军人宣讲团”等特色宣讲团，推进党史学习教育宣讲进机关、进学校、进基层，开展宣讲100余场，有4.6万余名干部群众和学生参加宣讲活动，其中胡开元主讲的《长征，信仰的力量》受到广泛好评，入选市级精品课程；全区42名县级领导下沉到村（社区）、群众、企业、项目中去为民服务，开展惠民服务269人次，推动解决群众最关心、最直接、最现实的利益问题177件。全区各单位实行清单管理、挂图作战，为老百姓解决2600项实际问题，达到“学用结合、知行合一”的学习教育成效；制作、发表24期党史学习教育微视频，学习强国平台上稿15篇，省级媒体（新湖南、红网）10篇，市级媒体上稿37篇，荷塘区推进党史学习教育的经验做法，《奏响党史学习教育“三部曲”》被全国党史学习教育官方网站刊载。

2021年6月10日，荷塘区举行红领巾讲解员风采大赛暨红领巾宣讲团成立仪式

【召开争当基层治理先行区工作动员大会】 2021年11月3日，荷塘区争当基层治理先行区工作动员大会在区政府一号楼4楼会议室召开，区委副书记、政法委书记杨喜兰就基层治理工作做动员报告。报告从中央有要求、荷塘有基础、群众有期盼、现实有需要四个方面诠释荷塘区为什么要提出争当基层治理先行区这一概念。区委副书记、政法委书记杨喜兰从“一个共识、两个文件、三个误区”着手，围绕工作目标、工作理念、工作内容、工作方法、工作误区等方面，详细解读如何做好荷塘区基层治理工作，并号召全区上下统一思想，凝聚共识，在争当基层治理先行区的创新实践中务实担当、奋发作为。区委书记方靖强调，要搭建全区基层治理平

台，明确主体单位，进一步激发基层治理活力，全区各级党组织、各部门（单位）和各级社会组织要发动广大群众参与，着力推进基层社会治理工作；要明确工作目标，细化工作任务，建立健全工作评估机制，及时检验工作成效，推动基层社会治理工作走深走实；要确保工作有实效，各部门（单位）要进一步上下联动、齐抓共管，形成合力，打造荷塘区基层治理鲜明品牌，形成百花齐放的社会治理新格局。

【颁发“光荣在党50年”纪念章】 2021年6月22日，荷塘区举行2021年新党员集中宣誓暨“光荣在党50年”纪念章颁发仪式，动员全区党员干部赓续精神血脉，筑牢信仰之基、补足精神之钙、把稳思想之舵，为荷塘区高质量发展再建新功、再展风采，以优异成绩向建党100周年献礼。区委书记邬凌云出席仪式并讲话，仪式由区委副书记、区长罗鹏程主持。活动中，区领导向“光荣在党50年”纪念章获得者代表颁发纪念章，并向全体获颁纪念章的老同志致以崇高敬意，向辛勤奋斗的老党员、老干部和广大党员干部表示诚挚问候。同时，举行新党员代表集中入党宣誓，全市优秀共产党员田颖领誓。

【举办小区“幸福邻里节”活动】 2021年11月6日，荷塘区举办小区“幸福邻里节”活动，拉近邻里间的距离，促小区新风形成，构建和谐、幸福小区。活动主会场设置在茨菇塘街道前进村小区，市委副书记、市人民政府代市长陈恢清，市政府秘书长刘会才，区领导方靖、罗鹏程、杨喜兰、余鹏、王冬、王伟胜、刘定光、言清出席活动启动仪式。区委书记方靖在致辞中表示，近年来，荷塘区坚持以人民为中心，接续推开“幸福荷塘”系列民生行动，切实解决一批群众的“急难愁盼”问题，有效回应群众关切、增进民生福祉，举办荷塘区小区“幸福邻里节”，是推动市第十三次党代会精神落实落地，共建“幸福株洲”的重要举措。该次活动荷塘区共有102个小区参加，组织知识抢答赛、化学实验、舞蹈唱歌、义诊义剪等丰富多彩的活动，倡导邻里之间互知、互敬、互帮、互信、互促，引导居民群众树立“以小区为重”“以小区为荣”“与小区共同进步”的意识，形成人人支持、户户参与、共同发展的良好局面，进一步拉进邻里关系。

（何爱辉）

2021年中共荷塘区委发文一览表

表1

序号	文号	文件标题
1	株荷发〔2021〕1号	关于2020年度征地拆迁和房屋征收工作考核结果的通报
2	株荷发〔2021〕5号	关于成立全区县乡换届工作领导小组的通知
3	株荷发〔2021〕6号	关于印发《省委第三巡视组反馈荷塘区委巡察工作专项检查情况的整改方案》的通知

续表 1

序号	文号	文件标题
4	株荷发〔2021〕10 号	关于中国共产党株洲市荷塘区第六次代表大会代表选举工作的通知
5	株荷发〔2021〕13 号	关于表彰荷塘区优秀共产党员、优秀党务工作者、先进基层党组织的决定
6	株荷发〔2021〕14 号	关于成立株洲市荷塘区人大、政协换届选举领导小组的通知
7	株荷发〔2021〕15 号	印发《关于〈新时代公民道德建设实施纲要〉的贯彻落实意见》《关于〈新时代爱国主义教育实施纲要〉的贯彻落实意见》的通知
8	株荷发〔2021〕16 号	关于表彰 2020 年度促进区域经济高质量发展先进单位和先进个人的通报
9	株荷发〔2021〕17 号	关于加强基层治理体系和治理能力现代化建设 争当基层治理先行区的实施意见

（马志豪）

区委办公室工作

【概况】 中共株洲市荷塘区委办公室（以下简称“区委办”）为中共荷塘区委内设办事机构。2021 年，区委办贯彻“五个坚持”和“三服务”工作要求，认真履行职能，提升服务水平，为全区高质量发展贡献党办力量。2021 年，获评“株洲市档案工作先进单位”“株洲市办公室工作先进单位”。

【督查督办】 2021 年，区委办办结市级及以上督办件 62 件。其中，中央和省委重大决策部署 5 件，市委常委会重要事项 10 件，书记、市长批示 22 件，市委领导重要批示 8 件。区委书记、区长批示件均按时办理、及时反馈。办结网络问政件 243 件，办结率 100%，满意率 95.9%。创新督查方式，围绕省、市绩效评估和区委、区政府重点任务及中心工作科学确定考核指标，有力地推动督查落实。一是通过联合督查抓重点。完善党委督促检查工作分级负责机制，构建党委统一领导、党委督查部门牵头协调、有关部门共同参与的督促检查工作格局。二是通过定期督查抓难点。将疫情防控、信访维稳、征地拆迁等难点工作纳入全区各级党委、政府重大事项督查范围。三是通过随机抽查抓热点。采取“四不两直”方式，随机抽查 2021 年度保障农民工工资支付工作、两站两员等热点工作和区委主要领导批示要求落实情况。

【办文办会】 2021 年，区委办按照中央八项规定，落实中央、省“基层减负”要求，全力整治“文山会海”，在公文处理方面，严控发文数量，规范收文管理，所有文件均实现规范办理、收发、传阅、报备审查、存档管理。年内，共发文 38 件，数量与上年度相比基本持平；报备规范性文件 6 件，同比增加 50%。会务工作做到组织协调严谨细致，会场布置井然有序，承办全市深入推进充分就业社区建设工作现场会、中国共产党株洲市荷塘区第六次代表大会、第四届群众大会、区“两会”等大型会议约 170 余次。

【党委信息】 2021 年，为做好党委信息工作，保持政令畅通、密切联系群众、把握社情民意以及更好地服务领导决策，充分发挥办公室参谋助手作用，组织编发《荷塘工作》44 期，在市级以上刊物、媒体发表文章 72 篇，向省市党办报送信息 230 条，信息工作大幅度提升。

【综合调研】 2021 年，区委办统筹全局为区委定目标、排方案、抓落实积极参政设谋。统筹协调全省产业项目建设现场观摩会等活动会议 170 多项；围绕产业项目建设、市场主体培育、营商环境优化等工作深入调研，在文稿、信息等服务中精益求精，组织形成调研报告 40 余篇。

2021 年 7 月 5 日，区委常委、区委办主任王伟胜（右）到中良电气设备有限公司走访调研

【人才队伍建设】 2021 年，区委办坚持多点发力、综合施策，打造过硬队伍，激发整体活力。开办“荷你一起学”办公室系统培训班，将收集的干部提升需求汇总分类，针对性邀请省市专家、业务骨干开展文稿写作、党委信息、办文办会等专题授课 12 堂。在区委办开展一轮政策梳理、一套业务规范、一次体会分享、一批社会见闻、一个提升计划、一份运动打卡“六个一”活动，全面提升综合素养。强化“大办公室”理念，通过以设置 AB 岗、不定期轮岗的形式，提升办公室干部岗位适应度、工作熟悉度，培养“多面手”。选派干部到疫情防控、小区党建、项目攻坚等急难险重工作一线，锤炼成事的真本领。加强政治关怀、组织关心、生活关爱，营造和谐氛围。坚持“快进快出、高进高出”，促进办公室干部良性流动。提拔交流重用办公室干部，有效激发队伍活力。

【档案管理】 2021 年，区委办全面贯彻落实新修订的《中华人民共和国档案法》，继续将档案工作纳入区绩效考核，制定《荷塘区档案工作“十四五”规划编制》，组织档案管理工作人员到区直部门开展档案综合检查 1 次；对区直部门开展档案执法检查 1 次。对辖区内档案中介服务机构进行监督管理及备案审查，并将审查情况在荷塘区政府门户网站进行公示。开展“两类”（脱贫攻坚、疫情防控）档案目录报送工作，共计报送疫情防控专题档案目录共 1567 条，报送脱贫攻坚专题档案目录 729 条。组织辖区区直部门档案管理员进行业务培训，邀请市档案馆业务科长对归档文件的收集与整理进行讲解，发放档案业务培训资料汇编 100 余份。

【机要保密】 2021 年，区委办定期开展安全保密专项检查。同时，与各部门签订保密责任书，进一步提升机要保密工作质量。在保密工作中严格落实领导干部保密工作责任制，对涉密载体进行严格管理，组织领导干部、涉密人员开展保密培训，有效增强涉密人员的保密能力并提高管理水平，做到文件管理严格规范，持续保持无泄密纪录。

【应急值班】 2021 年，区委办严格按照市委办公室和市委总值班室要求，进一步细化值班的工作职能，加强制度化、规范化建设，规范紧急重大信息的报送流程，完善横向到边、纵向到底的值班应急管理体制。发布各类信息通知2300余条次，接转群众来电300余次，及时上报突发事件信息10余次，确保信息渠道畅通。

（何爱辉）

2021年中共荷塘区委办公室发文一览表

表2

序号	文号	文件标题
1	株荷办发〔2021〕3号	关于做好2021年春节前后有关工作的通知
2	株荷办发〔2021〕5号	关于2019年度综治工作考核情况的通报
3	株荷办发〔2021〕7号	关于印发《中共株洲市荷塘区人大常委会党组2021年工作要点》的通知
4	株荷办发〔2021〕8号	关于印发《荷塘区关于激励在乡村振兴工作中表现优秀的村（社区）党组织书记的工作方案》的通知
5	株荷办发〔2021〕9号	关于印发《荷塘区机关事业单位工作人员平时考核实施方案（试行）》的通知
6	株荷办发〔2021〕10号	关于印发《荷塘区机关企事业单位借调工作人员管理暂行办法》的通知
7	株荷办发〔2021〕11号	关于印发《荷塘区机关事业单位临聘人员管理办法（试行）》的通知
8	株荷办发〔2021〕13号	关于印发《中共株洲市荷塘区政协党组2021年工作要点》的通知
9	株荷办发〔2021〕14号	关于印发《株洲市荷塘区配合第二轮中央生态环境保护督察协调联络工作方案》的通知
10	株荷办发〔2021〕15号	关于2020年荷塘区乡村振兴工作优秀志愿帮扶队、志愿者、驻村工作组、驻村队员的通报
11	株荷办发〔2021〕16号	关于荷塘区2020年“产业项目建设年”活动考核结果的通报
12	株荷办发〔2021〕17号	关于印发《荷塘区2021年“产业项目建设年”活动实施方案》的通知
13	株荷办发〔2021〕18号	关于印发《株洲市荷塘区2021年“营商环境优化年”活动实施方案》的通知
14	株荷办发〔2021〕19号	关于荷塘区议事协调机构清理结果的通报

续表 2

序号	文号	文件标题
15	株荷办发〔2021〕20 号	关于印发《荷塘区高质量发展激励办法》的通知
16	株荷办发〔2021〕22 号	关于印发《株洲市荷塘区打击治理电信网络新型违法犯罪工作实施方案》的通知
17	株荷办发〔2021〕23 号	关于成立中国共产党株洲市荷塘区第六次代表大会筹备工作领导小组的通知
18	株荷办发〔2021〕24 号	关于印发《荷塘区党政领导干部防范和惩治统计造假、弄虚作假责任制和问责制实施办法》的通知
19	株荷办发〔2021〕26 号	关于印发《荷塘区 2021 年省、市“民生 100”工程实施方案》的通知
20	株荷办发〔2021〕27 号	关于设立株洲市荷塘区区镇两级人大换届选举工作联席会议的通知
21	株荷办发〔2021〕29 号	关于印发《株洲市荷塘区县级党政领导干部食品安全工作责任清单》的通知
22	株荷办发〔2021〕30 号	关于印发《荷塘区进一步加强对疫情防控一线干部关怀激励方案》的通知
23	株荷办发〔2021〕32 号	关于印发《荷塘区进一步深化共青团基层组织改革若干措施》的通知
24	株荷办发〔2021〕33 号	关于印发《荷塘区粮食监督检查工作联动及信息共享机制工作方案》的通知
25	株荷办发〔2021〕35 号	关于 2020 年度全区绩效评估结果的通报
26	株荷办发〔2021〕36 号	关于印发《荷塘区 2021 年绩效评估实施方案》的通知
27	株荷办发〔2021〕37 号	关于印发《荷塘区全面推行林长制实施方案》的通知
28	株荷办发〔2021〕38 号	关于印发《荷塘区改革完善社会救助制度 21 条措施》的通知
29	株荷办发〔2021〕39 号	关于印发《荷塘区数字乡村发展行动计划（2021—2023 年）》的通知

（马志豪）

巡察工作

【概况】 株洲市荷塘区委巡察工作领导小组办公室（以下简称“区委巡察办”）为荷塘区委正科级工作机构，2020 年 12 月，成立股级二级机构荷塘区巡察事务中心。区委和区委巡察工作领导小组高度重视巡察工作，年内共召开区委常委会会议 2 次、

“书记专题会”1次、巡察工作领导小组会6次，传达学习中央、省委、市委巡视巡察有关精神，听取巡察情况汇报、研究部署巡察工作。

【完成五届区委巡察全覆盖】 2021年，五届区委共完成12轮巡察，派出32个巡察组（次）对60个单位党组织开展常规巡察，完成一届任期内巡察全覆盖任务。其间，派出3个巡察组赴炎陵开展扶贫领域专项巡察；派出8个巡察组开展交叉、上下联动巡察；组建2个巡察组开展“扫黑除恶”和“违规征订教辅材料”专项巡察；开展2次巡察整改“回头看”；接受省委第三巡视组对区委巡察工作的专项检查，同时，按照巡视组上下联动、指导督导要求，组建4个巡察组（其中1组派驻芦淞区），分别对金城公司党总支、金科公司党总支、明照街道党工委、国有商业房产租赁情况开展专项巡察。共发现各类问题1003个，整改到位1003个，整改完成率达100%；下发立行立改问题322个，全部整改到位；向被巡察党组织和相关职能部门提出意见建议250条；移交问题线索125条，办结117条，正在办理8条，立案26人，党纪政务处分24人，组织处理27人。

【常规巡察】 2021年12月6日，六届区委启动第一轮巡察。共派出3个巡察组分别对区教育局、区农业农村局、区人力资源和社会保障局等4个单位党组织开展常规巡察。

【专项巡察】 2021年，区委巡察办按照省、市委巡视巡察上下联动工作要求，积极配合省、市委开展专项巡察，发挥上借下力、下借上势的优势。5月17日，选派1名巡察组长参加株洲市委对市驻京联络处和市驻外招商引资工作质效专项巡察，以干代训；9月16日，派出1个巡察组到石峰区参加市委“涉粮”问题提级交叉专项巡察，同时，为渌口区委提级交叉巡察组进驻荷塘区开展“涉粮”问题专项巡察提供服务保障。区委巡察办统筹协调参与上下联动，一体推进精准发现问题，促进破解熟人社会、人情干扰等监督难题，持续推动巡察工作向纵深发展。

【四方联审】 2021年，出台《荷塘区巡察整改监督工作暂行办法》，明确建立巡察整改四方联审机制，由区纪委监委牵头组织区委组织部、区委宣传部、区委巡察组对被巡察单位的巡察整改相关资料进行四方联审。7月，在省委巡视集中整改结束后，组织对明照街道党工委、金科公司党总支、金城集团党总支3单位党组织的巡察整改资料进行四方联审，及时将审核意见反馈到被巡察单位党组织，压紧压实被巡察党组织巡察整改主体责任，落实纪检监察、组织部门巡察整改日常监督责任，以巡促改、以巡促建、以巡促治，扎实做好巡察整改“后半篇文章”。

【规范巡察制度】 2021年，积极建立《荷塘区巡察整改监督暂行办法》《关于加强巡察抽调干部管理的暂行办法》《巡察发现问题线索分类处理意见》等9项巡察工作制度。制定《2022年度荷塘区委巡察干部抽调计划》，提前谋划2022年抽调干部工作，“双量”（质量、数量）保障巡察工作队伍。编制《荷塘区巡察工作手册》，进一步规范巡察工作流程，为巡察工作的有序开展提供有力指导。

【巡查信息化建设】 2021年，为进一步提升区委巡察信息化建设水平，根据市委部署和工作要求，区委巡察办从人员配备、设备添置、技能培训等方面着手，落实区委巡察信息化建设工作。派出1名业务骨干参加市委金纪三期巡视巡察信息系统使用操作专题培训，熟练掌握巡视巡察单机系统和工作网络平台操作流程。12月2日，对20名办、组及巡察抽调干部进行巡察进驻前的培训，通过现场讲解、分组讨论、模拟操作等方式开展巡察单机系统、巡察工作网络平台操作实训。同时，在巡察中督促指导各组同步使用好巡察单机系统。

（梁　丰）

组织工作

【概况】 中共株洲市荷塘区委组织部（以下简称“区委组织部”）是主管全区组织工作、干部人才和老干部工作的区委工作机构。2021年，区委组织部紧扣中心工作，恪守公道正派之本，坚守勤勉务实之要，努力展现组织担当，全力彰显组织作为。2021年，区委组织部认真落实省委加强基层建设“1+5”文件精神，以换届为契机，全面夯实基层基础。强化政治引领，注重选举成效，实现第六届区委和区纪委、六届人大、六届政协以及出席市十三次党代会代表和出席市十六届人代会代表，候选人均高票或满票当选，实现人民民主和组织意图的高度统一。2021年，获评“全省关心下一代工作先进集体”。

【基层党建工作】 2021年，区委组织部召开建党100周年表彰大会，对19个先进基层党组织、58名优秀共产党员和32名优秀党务工作者予以表彰。2021年，区委组织部以市委“动力党建·活力家园”为总领，朝着“一区两城”建设目标不断迈进，做好城市基层党建引领基层治理工作，建成小区党组织149个，覆盖244个城市居民小区，实现每个小区党组织都有活动阵地。5个小区党支部获评株洲市五星小区党支部，在各县市区中排名第一。围绕“月月有活动，每月一主题”，开展小区“幸福邻里节”、应急演练等活动，市委副书记、市人民政府市长陈恢清到茨菇塘街道前进村小区参加“幸福邻里节”活动。持续为小区党支部赋能，从区直机关、街道分3批次向小区选派108名第一书记、222名驻小区工作队员，从区直机关、两新企业组织中向小区选派89个援建单位，助力小区党建工作。稳妥完成城市社区专职工作者改革，面向城市社区专职工作者人才库成员新招录20名城市社区专职工作者，从社区专职工作者、优秀村（社区）书记、大学生村官中公开招聘2人进入街道事业单位工作，畅通城市社区专职工作者成长成才的渠道。激励党员志愿者作用发挥，以城乡帮困、建党百年为主题，分2批次对130名“遇见你”党员志愿者进行授牌，增强党员志愿者荣誉感、归属感。

【“两新”组织建设】 2021年，区委组织部贯彻落实省委两新工委“党建引领、助力千企”活动要求，对荷塘区重点企业进行走访，收集问题建议16条，建立台账，研究解决。规范“两新”党组织管理，全区成立党组织的非公企业和社会组织共109个，管理党员1276名，选派党建指导员87名。创建标杆党组织，恺德医院党委被省委“两新”工委评选为“先进基层党组织”，景弘中学党委被评为全省“标杆党支部”。

【人才引进】 2021年，区委组织部引进本科以上学历各类人才300余名。成立人才工作专班，明确责任，每2个月调度一次人才工作，积极宣传人才政策，将省、市、区三级人才政策落到实处，探索在产业服务中心设立人才服务专员，做好人才服务工作。修订完善荷塘区人才政策，注重人才成果转化激励，优化人才服务措施。加大科技创新人才引进力度，引进市级科技创新人才30名。继续发挥科技专家服务团作用，2021年，科技专家服务团中各类专家学者共计87人，其中工业科技专家56人，联系工业企业19家，累计服务企业152次；农业科技（技术）专家31人，联系农业企业23家，累计服务企业139次。

【干部选拔任用】 2021年，区委组织部结合换届选举和公务员职务职级并行等重要工作，认真开展干部选拔任用，累计调整干部174人次，一大批在急难险重任务中表现突出的优秀年轻干部得到提拔重用，干部队伍结构进一步优化，为全区经济社会发展提供坚强的组织保障。

【老干部工作】 2021年，老干部服务中心积极探索离退休干部党支部新模式，以建立离退休干部功能型党支部为切入点，积极探索社区、原单位相结合的离退休干部党建工作新模式。强化保障离退休干部生活待遇，用好离退休干部特殊困难帮扶专项资金，对区本级和接管的原市属改制破产企业离休干部，始终坚持“五必访”制度。打造“美在金秋”老党员之家助力基层党建工作，继续在茨菇塘街道、桂花街道西子社区、宋家桥街道月桂社区、月塘街道袁家湾社区以及仙庾镇樟霞村建设5所标准化“美在金秋”老党员之家，新建的5所老党员之家均发挥良好的功能作用。

【关心下一代工作】 2021年，荷塘区关心下一代工作委员会成立“五老讲师团”，加强党史、新中国史、改革开放史宣传力度，发动“五老”志愿者在荷塘小学举办“学党史 听党话 跟党走 做红色少年”党史宣讲活动，对下一代加强爱国主义、集体主义、社会主义教育。荷塘区关心下一代工作委员会获评“2021年全省关心下一代工作先进集体”。

【党校教育】 2021年，区委党校联合组织部相关组室举办“村（社区）工作人员集中培训班”、“党员发展对象培训班”（共3批）、“意识形态专题培训班”“乡村振兴培训班”“录用公务员初任及事业单位新进人员岗前培训班”“优秀青年干部培训班”，培训人数共计1100余人；引进硕士研究生1名、选调人员1名；在仙庾耕食记挂牌建立“区委党校教研基地”；文章《守得云开见月明》获中共湖南省委党校（湖南行政学院）建校七十周年“我与党校”主题征文活动三等奖。

（文　乾）

宣传工作

【概况】 中共株洲市荷塘区委宣传部（以下简称“区委宣传部”）主要负责部署全区宣传思想文化工作，研究和指导全区的意识形态工作，对全区各级党（工）委（党组）中心组理论学习进行部署、检查和指导。负责组织开展新闻宣传工作，管理、指导全区精神产品的生产。承担研究制定并组织实施全区精神文明建设活动规划，指导、协调、督促全区的创建工作，完成区委、区政府和上级宣传部门交办的其他任务等。对外加挂区新闻出版局（区版权局）、区精神文明建设指导委员会办公室牌子，下设荷塘区融媒体中心1个全额拨款副科级事业单位；归口领导区文旅体局，管理区文联，对区委网信办进行业务指导。在全市“百舸争流 千帆竞发”百年千题党史知识竞赛中获全市三等奖和优秀组织奖；在全市第二、第三季度创文模拟测评工作中分别取得第二、第一名的成绩；在市委“献言党代会 共建新株洲”献智献策活动中积极行动，被市委评为优秀组织单位。

【中心组学习】 2021 年，荷塘区委理论中心组始终把学习贯彻落实习近平新时代中国特色社会主义思想作为重中之重，区委理论学习中心组始终坚持每个月至少组织开展一次高规格、严要求的学习活动。2021 年，结合党史学习教育开展集中学习研讨 14 次，邀请 4 名专家、领导授课。

【学习宣讲】 2021 年，区委宣传部在全区组织开展学习宣传贯彻中共十九届六中全会精神宣讲工作，按照“贴近实际、贴近生活、贴近群众”的原则，依托新时代文明实践中心（所、站）深入基层开展充满生活气息和情感温度的宣传宣讲，让党的创新理论在基层热起来、强起来、实起来。

【意识形态工作】 2021 年，区委宣传部坚持区委常委会定期研讨意识形态工作机制，区委常委会共召开 3 次专题研究部署意识形态工作会议；完善区委意识形态工作联席会议制度，召开 2 次意识形态工作联席会议暨形势分析研判专题会议，认真研判分析荷塘区可能存在的意识形态风险隐患，并制定防范措施。2021 年，重点对 30 余个部门（单位）党（工）委（党组）意识形态工作情况进行 2 次督查，并下发督查通报。

【新闻宣传】 2021 年，荷塘区在市级及以上主流媒体先后上稿 1600 余条（次），“在荷塘”微信公众号更新 270 余期，在“学习强国”学习平台上稿 81 篇，区政府门户网发布政务类信息报道 1500 余条，有力地宣传推介全区经济社会发展成效，传播正能量。“在荷塘”微信公众号 42 个月居全省县级政务微信排行榜首位。疫情防控期间，在中央、省市媒体共发布信息报道 246 篇次，为打赢疫情防控阻击战凝聚起强大精神力量。其中，10 篇作品登上中国网、党建网等央媒国家级媒体，“学习强国”学习平台上稿 10 篇（含“百灵”1 篇），原创现象级视频作品《荷塘月色：夜空中最闪亮的星》《自律荷塘别样景》在各新媒体平台浏览量均超过百万次。

【建言献策】 2021 年，区委宣传部积极响应湖南省委“迎接党代会 谱写新篇章”建言献策活动、株洲市委“献言党代会 共建新株洲”献智献策活动号召，一个月内收集意见建议 2651 条，整理上报省活动办高质量建言 141 条，被采用 30 条，约占全市被采纳总数量 94 条的 1/3，有 3 人提交的建议被省委建言献策活动办采用；上报市活动办高质量意见建议 685 条，有 7 篇建言被市委献智献策活动办采纳，采用量居各县市区第一，被市委评为优秀组织单位。

【“两中心一平台”建设】 2021 年，区委宣传部融媒体中心以满足广大民众需求为出发点，不断提升报道的引导力、吸引力，更好引导群众，服务群众；在全区建立 116 支文明实践志愿服务队伍，招募 2850 名骨干志愿者，在城区分类策划文明实践项目 32 个、在农村按村分片实施文明实践项目 24 个，受益群众达到 3000 余人，在全区营造较为浓厚的志愿服务氛围。结合区情实际探索建设“荷塘志愿”App 管理系统，制定荷塘区志愿系统建设计划，明确在“智慧荷塘”App 开发“荷塘志愿”服务板块以及在微信开发“荷塘志愿”小程序；在“学习强国”平台建设推广上，每月定期组织开展“学百年党史，做学习达人”党史知识竞赛活动，共开展 9

期，超过 70 个单位的 3 万余名党员群众参与，相关做法被《湖南新闻联播》报道。全区党员注册率、每日活跃度及人均积分均稳居全市前列。

【文明城市建设】 2021 年，区委宣传部深化全国文明城市创建。积极开展争创全国文明典范城市工作，坚持每月调度，对标对表，查漏补缺，对当前创文工作存在的问题和薄弱环节及时进行整改；将 115 个实地考察点全部明确责任领导和“包点责任人”，真正将责任落到实处，做到创建精细化、管理常态化。在 2021 年全国文明典范城市创建中，荷塘区各实地考察点和入户调查均取得高分，为推动株洲由“全国文明城市”向“全国文明典范城市”迈进做出突出贡献。

【精神文明建设】 2021 年，区委宣传部在荷塘区广泛开展“道德模范”“中国好人”“湖南好人”“新时代好少年”等申报推荐评选工作，年内，共推选 3 名省道德模范候选人、1 名“中国好人”候选人、13 名“湖南好人”候选人、3 名“新时代好少年”候选人。获评“湖南好人”3 名；11 月，获评市“新时代好少年”2 名；荣获第二批湖南省岗位学雷锋标兵单位称号 1 个；获评第二批湖南省学雷锋活动示范点 1 个；荣获株洲市最佳志愿服务组织称号 1 个；荣获株洲市最美志愿服务社区称号 2 个；荣获株洲市最美志愿者称号 2 个。

（颜医姣）

统战工作

【概况】 2021 年，中共株洲市荷塘区委统一战线工作部（以下简称”区委统战部”）以习近平新时代中国特色社会主义思想为指导，以学习宣传贯彻《中国共产党统一战线工作条例》为重点，着力加强思想政治引领、服务中心大局、做好有关换届工作、加强风险防范、提升统战工作能力素质，不断推动新时代统战工作高质量发展，为加快建设现代化新荷塘中继续贡献智慧和力量。2021 年，区委统战部高标准建设的“荷塘党派之家”投入使用，仙庾镇兴塘村获评全市“同心美丽乡村”、金山街道流芳社区获评全市“同心社区”、株洲市退役军人创业园获评全市“新的社会阶层人士实践创新基地”等称号；统战理论政策研究课题获市重点课题二等奖。

【同心抗疫】 2021 年，区委统战部通过网络广泛动员，与发动本市（区）统一战线成员凝心聚力，共计 150 余家党派、企业及个人，筹集爱心物资折合人民币近 200 万元，累计 13 篇对爱心单位及个人的宣传报道在省、市、区级信息平台发布，并邀请区领导颁奖授牌。

【多党合作】 2021年，区委统战部深刻领会习近平关于“新型政党制度”的新思想新论断，组织全区统一战线成员认真学习全国“两会”精神、习近平总书记在企业家座谈会上的重要讲话精神等文件精神并交流讨论。深入开展“不忘合作初心，携手继续前进”专题教育系列活动。有效保障党派调研、日常工作等经费，高质量建设党派活动阵地“荷塘党派之家”，各党派每月在阵地开展各项会议及学习活动2次以上；组织全区党外代表到彭德怀、刘少奇故居和炎陵烈士陵园参观学习；紧扣中国共产党成立100周年，充分利用抖音视频、微信群等新媒体，拍摄新时代统战短视频和宣传片，进一步展现新时代统战工作风采和力量；协助各党派做好换届工作；建立党外代表人士资源库，并摸排全区党外干部，人大、政协和司法机关的党外干部配备到位，人大代表、政协委员安排符合比例要求。组织民主党派、工商联协商区委全会报告、政府报告，每半年召开一次政情通报会；协助区委制定《2021年政党协商计划》；组织各民主党派、工商联、侨联、新联会围绕荷塘的改革发展、社会事业、经济建设等工作召开座谈会，共提出意见和建议62条、采纳18条。在“三献”活动中积极建言献策，上报成熟建议共计20余条，其中3条入选区级书刊。

【“荷塘民主党派之家”揭牌】 2021年1月11日，“荷塘民主党派之家”揭牌活动举行。区委书记邬凌云，区委常委、统战部部长王顺安，区委常委、区委办主任王伟胜参加活动并揭牌。邬凌云对区委统战部及各党派、新联会、知联会所做的工作表示肯定，鼓励大家要积极建言献策，为荷塘区经济社会建设发展做出更大贡献。2021年，区委统战部统筹辖区内7个党派、新联会、知联会的力量建设“荷塘民主党派之家”，该阵地根据党派特色进行设计布置，设施齐全，是荷塘区民主党派基层组织、统战团体资源共享的活动场所。

【经济统战】 2021年，区委统战部继续将经济统战工作融入产业项目建设年建设，为统战工作注入活力，赢得主动权。贯彻落实《关于加强新时代民营经济统战工作的意见》及实施意见，加强与常德商会、东湖物流协会、江西商会等常态化联系服务强化思想政治引领。开展“百会千企大走访”和“企业家看企业”活动。2021年，区委统战部共走访百余家企业，切实帮助各民营企业解决“急难愁盼”问题，加快推进营商环境优化升级，并且持续开展民营市场主体评价营商环境活动。制定关于加强新时代民营经济人士理想信念教育的实施方案，并开展系列活动：年初，到企业送温暖、送春联；组织工商联成员赴炎陵县烈士陵园开展党史学习教育；组织企业家们观看庆祝中国共产党成立100周年大会直播、参加市工商联羽毛球比赛等。指导区工商联换届，选优配强工商联领导班子。

【“四同”创建】 2021年，区委统战部持续将“四同”（同心项目、同心园区、同心社区、同心乡村）创建作为基层统战工作重要抓手深入推进，重点围绕统一战线服务乡村振兴主题，深入开展同心创建工作。按照“成熟一个、发展一个”的原则，在全区择优选择金山街道流芳社区、仙庾镇兴塘村开展“同心社区”“同心美丽乡村”创建工作，区委统战部全力引导党外代表人士在乡村振兴战略中献策出力，先后组织党外代表慰问困难群众27户，让120余名村民享受免费医疗服务，积极组织党外代表参加育秧、揭秧、抛秧等农忙劳作，帮助联点村募集农忙防暑慰问物资，助力荷塘区D167路公交车（城乡客运线）开通，缓解沿途5个村的万余名村民出行难的问题，在实践中提升能力，彰显统一战线力量，取得良好成效。

【民族宗教】 2021年，区委统战部认真贯彻落实党中央和省市委关于意识形态工作的决策部署，调整统战工作领导小组，完善《关于贯彻落实中央统一战线工作领导小组〈关于正确开展涉宗教意识形态工作的意见〉的责任分工方案》等工作机制；将意识形态工作责任制纳入分管战线年度述职评议的重要内容，定期听取汇报，加强意识形态阵地建设和管理。区民宗局定期督查走访辖区内宗教场所防疫工作，加强宗教场所、少数民族门店的安全生产服务，确保宗教领域阵地安全稳定。以各镇（街道）为主体，每季度开展民族宗教政策法规的学习宣传活动，组织举办全区民族宗教法规政策培训会，为新任330余名村（社区）干部上好民族宗教政策法规“第一课”，上报信息被国家宗教局、省民宗委采用。贯彻落实全区普通高校招生民族优惠政策，主动对接市教育局，扎实做好全区少数民族考生审核，确保全区少数民族考生享受民族优惠政策。联合市、区相关部门协调解决纠纷矛盾，并进行调研、协调。加大宗教领域建设力度，开展宗教活动场所“五进五好”活动，组织辖区5个宗教场所负责人学习全国“两会”精神，推动宗教场所规范化管理，实现宗教、民族领域阵地和谐安全稳定。2021年，荷塘区民族工作卓有成效，宗教领域和谐稳定。

【归侨侨眷服务】 2021年，区委统战部向区委常委会专题汇报全市对台工作会议精神，并指导区侨联做好相关工作。全区全面铺开侨情调查工作；召开荷塘区第二次归侨侨眷代表大会，会议共有54名代表参加，选举出侨联兼职主席1名、副主席2名、秘书长1名、常委9名、委员25名；在端午节、中秋节、教师节等节日对荷塘区21名老归侨进行慰问，并安排侨眷进行体检；慰问环卫工人90余人；摸排全区3所高中“三侨生”、侨眷人数，落实高考加分政策。2021年，累计受理侨界群众来信来访及法律政策咨询8余人件（次），帮助归侨侨眷和海外侨胞解决实际问题5件。

【基层建设】 2021年，区委统战部进一步明确统战工作的主体是各级党组织，并重点发挥镇（街道、管委会）和社区（村）在县级统战工作中的主体作用。各镇（街道、管委会）明确统战委员、明晰统战标识，规范档案整理，开展同心工作。定期到各镇（街道）走访调研基层统战工作，并召开座谈会，组织开展乡镇统战干部队伍业务培训，真正做到重视发挥基层统战干部作用、关心基层统战干部成长。加强党外干部特别是党外科级干部队伍建设，联合区委组织部、区人社局，对全区科级及一般党外干部名单进行梳理，做好党外干部梯队培养使用。

（焦薇薇）

机构编制

【概况】 中共株洲市荷塘区委机构编制委员会办公室（以下简称“区委编办”）为中共株洲市荷塘区委机构编制委员会的办事机构，承担委员会日常工作。作为区委工作机关，对外使用株洲市荷塘区事业单位登记管理局名称，归口中共株洲市荷塘区委组织部管理。下设荷塘区机构编制事务中心，为副科级公益一类事业单位。2021年，区委编办采取多种措施，加强机构编制队伍建设，努力提高全体干部的政治业务素质。完善制度，提升执行能力。从理顺管理体制、健全工作机制入手，修改完善日常管理、业务规范等规章制度，建立以制度约权、用制度理事、靠制度管人的工作机制，使各项工作井然有序、有章可循，将机构编制工作纳入制度的轨道中来，推动各项工作任务有效落实。

【机构编制管理】 2021年，区委编办在坚持编制总量不突破的基础上，坚持统一调配、动态管理、适时周转，有效优化机构编制资源配置，不断增强机构编制资源使用效益。统一调配机构编制资源。根据各部门职能职责运行及实有人员情况，严格按照相关政策要求对全区编制资源进行统筹安排、统一调配，核增荷塘产业开发区管理委员会、荷塘区教研中心等单位事业编制。动态管理机构编制资源。始终结合当前工作实际和各单位履职需求对编制资源进行动态管理，强化卫健系统编制保障，根据工作任务轻重对相应的基层医疗机构增减编制；强化教育系统编制保障，根据学生数变化及时调整各公办中小学编制，切实将编制资源细化，确保每一名编制都“各尽其能”。适时周转机构编制资源。针对全区空编单位和超编单位并存这一现象，将有限的编制存量作为周转编制进行集中管理，结合实际，分时段、分节点用于不同单位。给住建局、财政局、农业农村局等职能职责任务重的单位核增相应的周转编制，待各单位阶段性重点工作完成、职能职责理清，再将周转编制予以收回，切实将有限的编制资源用“活”。

【体制机制改革】 2021年，区委编办开展园区体制改革。对园区机构编制调研摸底，结合实际，严格按照上级文件精神，研究制定《荷塘区清理规范开发区管理机构方案》，明确阶段任务和责任分工；株洲金山科技工业园管理委员会更名为荷塘产业开发区管理委员会；《中共荷塘产业开发区工作委员会 荷塘产业开发区管理委员会职能配置、内设机构和人员编制规定》印发。完成行政复议体制改革。严格按照《关于市县两级行政复议体制改革所涉机构编制调整工作指导意见的通知》（湘编办发〔2021〕8号）文件精神，明确区司法局为荷塘区政府行政复议机构，按照要求设置相关内设机构配备相应的政法专项编制，行政复议体制改革全面完成。进一步理顺乡镇（街道）机制体制。建立《荷塘区镇（街道）职责准入制度》，并严格遵照执行，有效减少各区直部门随意下放职能职责到各镇（街道），加强基层组织建设；开展“理顺区、镇（街道）权责关系促进镇（街道）依法履职”工作，构建权责清晰的基层运行体制。调整优化部分单位职能职责。将市住房和城乡建设局下放部分物业管理行政职责明确由区住房和城乡建设局承接，以确保全区有序承接和履职各项物业管理行政职责；调整市城管局下放的餐饮服务业油烟污染行政处罚权职责至区城管局；调整区科工信局和区发展局的职能职责，将工业能源利用和协助电力执法职责从区科工信局划转至区发改局。

【机构编制自查自纠】 2021年，区委编办开展超审批权限设置机构等问题工作，经过自查全区无擅自设置或升格机构、无自行设置领导职务名称等问题；开展机构编制条条干预问题自查自纠工作，发现区本级问题1条，已整改。严格按照相应权限，对机构编制工作规定贯彻落实情况进行监督检查，纠正违纪违法行为，并按照有关规定向本级党委提出问责建议；建立机构编制核查制度，在本级党委一届任期内至少组织1次管理范围内的机构编制核查。及时整改机构编制问题。无擅自设置或升格机构、自行设置领导职务名称等违规问题；严格按照《条例》及配套法规制度，落实机构编制管理和监督主体责任，对机构编制违规违纪违法问题及时进行查处、追责和整改。

【招聘社区工作者】 2021年，区委编办针对荷塘区现状和存在的问题，在行政编制紧缺的情况下，致力于用活基层事业编制资源，建立荷塘区城市社区专职工作者人才库，以吸收学历高、能力强、品质优的高素质人员参与到社会管理工作中来。截至2021年，荷塘区城市社区专职工作者人才库人员共计455名，入库时间达到3个月的共计432名。建立城市社区专职工作者招聘工作机制，从荷塘区城市社区专职工作者人才库中甄选出一批服务意识强、服务水平高、服务能力好的社会服务能手。甄选出20名社区专职工作者参与到18个社区的基层治理工作中。从镇（街道）专项事业编制中调剂出

6名事业编制，计划连续3年每年2名，坚持“重能力、重经验、重实绩”的原则，采取资格审查、笔试、面试、工作实际考核等形式，面向城市社区专职工作者招聘事业单位工作人员，遴选出能力素质高、经验积累多、工作实绩优的社会管理精英。从城市社区专职工作者中招录2名事业单位工作人员。

【事业单位登记管理】 2021年，区委编办严格按照《事业单位登记管理暂行条例》《事业单位登记管理暂行条例实施细则》要求，建立全区事业单位登记管理台账，详细记录设立、变更、注销、年度报告等事项办理进展情况；制定《荷塘区事业单位登记管理事项办理流程》，完善和规范各事项的办理流程。办理事业单位设立登记1个、变更登记27个、注销2个，完成75个事业单位年度报告工作。同时，规范档案管理，做到材料齐全、内容完整、方便查阅。

【统一社会信用代码赋码工作】 2021年，区委编办根据中央、省、市文件相关要求，配备专门工作人员做好宣传指导和信息公开，根据人事调整，及时完成全区党政机关、人大机关、政协机关、行政机关、各民主党派机关和机构编制部门直接管理机构编制的群众团体统一社会信用代码赋码、变更和发放证书工作。

【机构编制问题整改】 2021年，自省委巡视组反馈荷塘区机构编制问题以来，荷塘区第一时间严要求、快部署、明分工，压实巡视问题整改责任。一是编委会议专题研究，提高政治站位。二是专项会议严格部署，明确责任分工。三是党委会议专题落实，确保责任到人。“实”字为先抓整改。一是坚持分类整改。根据整改内容、难度及完成时限，将涉及机构编制的问题分为解释说明、立行立改和持续整改三类，坚持分类有序推进。二是坚持台账管理。建立台账管理机制，每一个巡视整改问题建立一本台账，按照相关政策研究制定专项整改计划和措施，确保整改工作有序推进。三是坚持标本兼治。“深”字托底促长效。一是建章立制出成效。二是联动监管谋实效。三是破立并举促长效。通过巡视整改工作，进一步提升机构编制工作的业务能力和管理水平，在优化职能配置、理顺职责关系、落实机构编制法治化要求等方面狠下工夫，努力将整改压力转化为工作动力，打开机构编制工作新局面。

【网上名称管理】 2021年，区委编办及时对接上级主管部门进行网络域名管理系统的维护，对新设立、变更、注销单位的域名及时更新。

【政务内网管理】 2021年，荷塘区按照省委办公厅的相关要求，进行政务内网管理，有序运行使用。

【全国第二次机构编制核查工作】 2021年，为深入贯彻《中国共产党机构编制工作条例》，进一步规范机构编制管理，完善机构编制数据信息，完成第二次机构编制核查，荷塘区委编办立足高站位、高质量、高标准，扎实做好核查工作，确保全区机构编制核查数据填报的真实性、准确性、完整性和规范性。全国第二次机构编制核查工作基本完成。严格按照“机构清、编制清、领导职数清、实有人员清”的要求，有序开展单位自查、群众监督、实地核实、数据更新、数据对比等工作，共对64个党政群机构及141家事业单位的单位信息、人员信息、编外人员信息进行全面核查，共计修正人员信息2928人次、单位信息50余项。

（冯晓倩）

网信工作

【概况】 中共株洲市荷塘区委网络安全和信息化委员会办公室（以下简称“区委网信办”）为中共株洲市荷塘区委网络安全和信息化委员会（以下简称“区委网信委”）的办事机构，区委正科级工作机关，成立于2019年3月。主要负责网络意识形态、网络安全、网络舆情管理、网络综合治理、信息化发展和网上群众路线等工作的开展和推进。

2021年，区委网信办认真落实区委和区委网信委各项任务部署，为全区改革发展稳定提供良好网络舆论环境、可靠网络安全保障和有力信息化支撑。2021年，区委网信办在全市网上群众路线工作年度考评中荣获第一名。在荷塘区开展“实施‘一区两城’战略共建现代化新荷塘”集中调研活动中，区委网信办的调研报告《以党建引领打造共建共治共享的网上群众路线工作生态链》荣获优秀调研报告三等奖。

【网络安全防护】 2021年，区委网信办加强网络安全风险隐患排查，在区委网信委第三次会议上审议通过《荷塘区网络安全突发事件应急预案》，完善网络安全应急工作机制。组建2支攻击团队模拟黑客对辖区28家机关、企事业单位网站和系统开展实战网络攻防演习，共发现网络安全漏洞17个，已全部整改完毕。同时，督促全区各部门开展网络安全工作的自查自纠，区教育局组织技术人员对局网络中心和校园网进行专项检查，公安分局对辖区35家政府机关、企事业单位进行检查。区委网信办协同第三方专业检测机构，对区财政局、区市场监督管理局、区行政审批局3个部门开展专项检查和督促整改，深入排查网络安全风险。

【网络安全宣传】 2021年10月11—17日为国家网络安全宣传周。活动期间，区委网信办召开2021年国家网络安全宣传周工作部署会并开展形式多样的宣传活动，共推送宣传视频3条、宣传稿件1篇和电信诈骗案例警情通报131期，通过“微联盟”网上群众路线微信群广泛转发网络安全宣传知识链接3084次；制作宣传展板、海报、横幅共384张，通过电子显示屏播放宣传视频、标语1435频次；召开主题研讨会、学习会53场（次），开展宣讲30场（次），摆台宣传17次，现场解答1400余人次；入户宣传10120户，派发宣传手册2万份，统筹区教育局、区总工会、团区委、区妇联等部门开展校园日、青少年日、个人信息保护日等主题活动，广泛普及网络安全知识，营造“网络安全为人民、网络安全靠人民”全社会共筑网络安全防线的浓厚氛围。

2021年9月27日，区委网信办组织召开国家网络安全宣传周活动部署会

【网络综合治理】 2021年，区委网信办继续推进网络综合治理，维护清朗网络空间。成立荷塘区网络综合治理工作协调小组，制定网络综合治理体系的实施办法，提高网络综合治理能力。加强新媒体账号监管，登记备案新媒体平台（账号）49家，对管理运营不规范的4家单位15个微信公众号下达整

改通知，已整改完成。规范网络传播秩序，举报违法违规信息139条；联合公安分局开展“清朗”“净网”等专项整治行动，行政处罚6家涉网企事业单位，破获电信诈骗案件86起。

【信息化发展】 2021年，区委网信办加强统筹协调推进，充分发挥信息化的驱动引领作用。以智能化提升政务服务效能，在荷塘区网上政务大厅能直接办理39个事项，缴纳16所学校学费；“荷企福”微信小程序优化升级，能为企业提供政策资讯、资源交换等服务，让指尖政务更便捷。以数字化驱动乡村发展，研究制定《荷塘区数字乡村发展行动计划（2021—2023）》，为数字乡村发展奠定基础。推动信息化项目申报，宏达电子获评全省“两化融合”（新型工业化与信息化融合）试点企业；飞鹿被评为全省“上云上平台”标杆企业。推进5G基站建设，累计完成306个5G基站建设，基本实现城区重点区域以及工业园区5G网络覆盖。

【网上群众路线】 2021年，区委网信办坚持共建共治共享，加强线上线下联动，网上群众路线基础得到进一步巩固，全区有居民微信群组648个、入群居民11.52万人、入群户数8.2万户。区委网信办组织全区微信群主、盟主、微信网格员通过全区层层覆盖的微信群推送政策宣传、警示教育类信息40余万次，不断壮大主流舆论的传播力和影响力。2021年，通过微信收集群众诉求2709件，解决诉求2698件，解决率99.59%。微信盟主、群主加入就业服务专员队伍，累计帮扶3.2万余人实现就业，微联盟积极参与城乡帮困项目，通过“微义工”“小茨微盟”等志愿者服务中心持续帮扶困难群众。疫情防控期间，“微联盟”实时转发疫情防控资讯动态16277条次，发布志愿者招募令招募1938名志愿者参与疫情防控工作。村（社区）通过微信群公示村务财务党务等信息3423条，打造“指尖上的监督”。广泛发动盟主、群主、群众积极参与“三献”活动，共收集网友“三献”意见建议172条，为株洲未来发展献言献策。

（刘晶晶）

网格化管理

【概况】 荷塘区网格化管理服务中心（以下简称“区网格化中心）于2019年3月设立（属机构改革调整单位，2012年2月至2019年2月为社会管理工作办公室），是区委直属全额拨款正科级公益一类事业单位。2020年12月，归口区委政法委管理。2021年，区网格化中心加强创新基层社会治理及社会组织的培育扶持、推动社会工作人才队伍建设；完善网格化管理平台，建立健全网格化长效工作机制；指导社区规范化建设，完善社区信息服务平台，持续推进社区减负增效工作落到实处；负责城乡帮困领域相关志愿者队伍建设，进一步健全完善城乡社区服务体系等工作。

【城乡帮困】 2021年，区网格化中心稳步推进2020年度相对贫困人员精准帮扶项目，帮扶重点个案总数1180人。制定《2020年度城乡帮困项目考评奖励办法》，完成项目中期、末期评估，兑现奖补，确保项目有效实施。在此基础上，策划实施2021年度城乡帮困项目26个，总投入237.79万元，覆盖老、弱、病、残、计生特扶家庭等群体，帮扶重点个案总数1000余人，受益群众达3000余人。线上线下组织开展社会救助政策、社会组织内部治理与风险管理等各类培训课程11场。建立全区督导人才库，从人才库中聘请首批6名社工督导，采用“师徒帮带”的方式，“一对一”督导6家本土社会组织，提升全区社会工作专业服务水平。设立幸福荷塘V联盟志愿者积分线下兑换服务站点——“荷塘区幸福商店”，开展210人次的线下积分兑换活动，兑换总积分5400余分、兑换商品达30余种。全区累计注册核心志愿者2600余人、爱心组织60个，发布志愿服务活动41个、发布并实现微心愿44个，积分达84500余分、积分时长达84500余小时。

【网格化管理】 2021年，区网格化中心以网格为服务管理基本单位，上报处理各类事件16502件，结案率达到99.6%。出台《荷塘区网格化服务管理工作实施方案（试行）》和《荷塘区网格员管理办法（试行）》，进一步优化网格结构、规范网格员管理。实施对网格员的绩效考核，兑现奖惩，进一步激发工作积极性，提升工作效率。

【基层治理】 2021年，区网格化中心按照六届区委提出的“争当基层治理先行区”战略目标，成立以区委书记为组长的争当基层治理先行区工作领导小组，先后制定出台实施意见、减负清单等系列制度方案，明确目标方向，理顺工作要点。全区以“五大活动”（大培训、大走访、大推选、大创意、大评选）为契机，分类别、分层次开展150余场“大培训”，分3批次选派94名第一书记、196名驻小区工作队员和89家援建单位资源下沉到小区开展“大走访”，广泛发动群众“大推选”，25个示范小区推选386名楼栋长。

（刘　婷）

经济研究

【概况】 2021年，荷塘区经济研究中心（以下简称“区经研中心”）充分发挥参谋助手作用，认真结合文稿写作、调查研究、参谋服务等职能，坚决落实区委、区政府的决策部署，全面完成各项目标任务。

【文稿工作】 2021年，区经研中心紧紧围绕文稿写作、调研等主责主业，坚持深入钻研、精心打磨，不断提高文字材料的质量和水平，起草完成区委第六次党代会、区委全会等报告和主要领导讲话材料40余篇，有效发挥“智囊”的作用。

【调研工作】 2021年，区经研中心始终坚持调查研究服从、服务于区委、区政府的中心工作，坚持深入部门、深入基层，紧扣“一区两城”目标，聚焦产业项目建设、营商环境优化、基层治理创新、民生保障等工作开展调研，积极参加省、市、区“三献”活动，形成“两城”建设、乡村治理改革等调研报告10余篇，为区委、区政府决策部署提供智力支撑。

（肖利荣）

档案·史志

【概况】 株洲市荷塘区档案馆（以下简称“区档案馆”）主要负责档案接收与利用、史志编纂工作。2021年，区档案馆深入贯彻习近平总书记关于档案工作重要批示精神，围绕区委、区政府中心工作，以史志档案资源建设为抓手，以服务民生为己任，开拓创新，狠抓各项工作落实，有效保证档案馆的高效运转和工作的全面开展。2021年，荣获“株洲市党史工作先进单位”称号。

【档案法律法规宣传】 2021年，区档案馆在“6·9”国际档案日以“档案话百年”为主题，讲述百年党史及档案事业在党的领导下发展进步的故事，在区政府办公楼一楼摆放宣传板报，在银泰广场设置宣传点，并向市民发放宣传资料 1000 余份；同时，积极开展主题征文活动，撰写以“档案话百年”为主题的文章 11 篇。

【档案接收与利用】 2021 年，区档案馆共接收档案 14421 卷（件、张），其中文书档案 12001 件，科技档案 85 卷，专业档案 1751 卷，音像档案 5 张，实物档案 6 件，照片档案 573 张。截至 2021 年 12 月 31 日，区档案馆馆藏档案 182081 卷（件、册、张、盘），其中文书档案 112297 卷（件）、科技档案 1059 卷、专业档案 39555 卷、寄存档案 22818 卷、实物档案 1205 件、照片档案 1435 张、音像档案 237 件（盘）、图书资料 3475 册。2021 年，区档案馆规范服务流程，扎实做好民生、财务及文书档案的查询工作，共计接待查阅档案 1020 余人次，调阅档案 1550 余卷，复印有效材料近 0.65 万页，查阅利用率达 100%。

【档案安全管理】 2021 年，区档案馆加强对档案实体的安全管理，确保档案完整，定期请区消防技术人员对灭火器材进行检查更换；对新接收的档案进行严格消毒再上架；认真做好档案巡查，并做好记录，发现问题及时处理；加强梅雨季节档案的管理力度定期对库房温湿度进行监测，坚持每季度对库房档案进行一次检查，认真做好《档案检查记录》《档案交接记录》等统计台账。6 月 24 日，区档案馆组织档案工作人员参加“消防安全知识普及专题讲座”，进一步强化全体干部职工的消防安全意识，增强基本消防知识和技能，取得良好效果。

【档案信息化建设】 2021 年，区档案馆按照省、市档案工作信息化工作要求，外包服务推进档案工作信息化，完成馆内民生档案扫描任务 14 万余页，同时，对新接收进馆的档案全部要求进行扫描后再接收。2021 年，共计接收进馆扫描档案 9.95 万页，为群众及各部门提供更方便快捷的档案查询利用服务。

【党史工作】 2021 年，株洲市委党史研究室（市地方志编纂室）联合区档案馆（区志和党史研究室）开展《袁德生传》的编纂工作，于 12 月完成初稿。2021 年，区档案馆严格按市委党史研究室要求，按时按质完成《走在前列——县市区振兴篇》和《株洲党委纪事》的组稿任务，完成《湘潮》征订任务 320 份。

【《荷塘年鉴（2021）》出版发行】 2021 年 12 月，《荷塘年鉴（2021）》由方志出版社出版发行。《荷塘年鉴（2021）》收录彩版 37 面、文字 59.8 万字，印数 800 册。截至 2021 年，《荷塘年鉴》连续 5 年公开出版，为荷塘区经济建设提供翔实的第一手资料。

（贺　钰）

荷塘区人民代表大会

综 述

【概况】 2021年，株洲市荷塘区人民代表大会常务委员会（以下简称“区人大常委会”）坚持以习近平新时代中国特色社会主义思想为指导，始终坚持以人民为中心的发展思想，紧紧依靠全体人大代表，围绕中心、服务大局，认真履行宪法和法律赋予的各项职责。组织召开常委会会议9次、主任会议14次，听取和审议“一府两院”工作报告24项，做出决议、决定18项，依法选举、任免和决定任免有关人员及接受辞职等共计66人次，完成各项目标任务，为“十四五”开好局、起好步，推进全区高质量发展、促进民主法治建设、实现人民对美好生活向往做出积极贡献。

【融入中心工作】 2021年，区人大常委会领导主动牵头或参与重点工程、产业链布局、征地拆迁、“幸福荷塘”系列民生行动等各项中心工作，有力推动项目进度。面对反复出现的新冠肺炎疫情，严格按照区委的统一部署，班子成员第一时间分赴各联点镇（街道）、村（社区）、隔离酒店督促指导疫情防控工作，组织动员人大机关干部参与入户排查、核酸检测等防疫工作，同时向全区各级人大代表发出倡议，代表们积极响应，通过捐赠物资、组织爱心餐车等形式，捐款捐物累计达90余万元。坚持党管干部和人大依法行使任免权相统一的原则，及时依法依程序做好新一届“一府一委两院”班子、政府工作部门主要负责人及“两院”相关人员的任免工作，为推动工作提供强有力的组织保障。

【代表换届选举】 2021年，区人大常委会在区镇两级人大代表换届选举过程中，始终坚持党的全面领导，充分发扬民主，严格依法办事，严明纪律规矩，切实强化代表选举过程中各个环节的组织、指导和监督工作，整个代表选举工作依法依规、平稳有序、风清气正，选民民主政治热情高涨，民主氛围浓厚，全区13.26万名选民参加投票选举，参选率达93.45%，创历届新高。

【财政监督】 2021年，区人大常委会及时听取和审议区人民政府关于预算编制、预算执行、预算调整、财政决算、同级审计及问题整改情况汇报，督促政府及相关部门紧盯问题整改落实，为全区财政资金高效、规范、安全运行提供有力支撑。适时听取区国有资产管理和政府性债务管理情况汇报，督促政府完善机制，规范管理，强化对国有资产全过程监管，切实提高资产管理水平。

【民生监督】 2021年，区人大常委会以保障和改善民生作为工作出发点，视察并听取区城乡帮困工作、食品药品安全监管工作、农村改厕、黑臭水体整治、社区矫正法贯彻实施情况汇报，督促各职能部门树立以人民为中心的发展思想，针对发现的问题，切实加以整改，回应群众关切。从“为民作主”向“由民作主”转变，率先探索实施民生实事人大代表票决制工作，针对人代会上票决确定的民生实事事项，成立专门领导小组，制定监督和评估工作方案，多次组织主任会议成员和监督小组视察督办民生实事进展情况，并在人大常委会会议上对完成情况进行评估和满意度测评，各项民生实事全面完成，成效明显。

【司法监督】 2021年，区人大常委会组织部分人大代表及法律专家30余人次观摩检察宣告、听评法院庭审。同时，主任会议对“公检法”承办的45件案件卷宗开展质量评查，督促“公检法”三机关积极整改，加强业务培训，提高办案水平，严格督查考核，不断规范司法行为。对《株洲市荷塘区城市生活垃圾分类工作实施方案》等规范性文件进行备案审查，同时就近5年来“一府两院”规范性文件备案审查工作向人大常委会会议作专题汇报。认真做好信访接待工作，共接待来信来访20余件30余人次，对每一个信访件都进行认真的回复、转办，督促解决群众关注的一些实际困难和问题，有效化解社会矛盾，促进社会和谐。

【平台建设】 2021年，区人大常委会建立健全人大常委会组成人员联系代表、代表联系群众的“双联”工作机制，不断完善镇（街道）、村（社区）代表履职平台建设，班子成员多次到基层代表工作室进行现场指导，并从人大机关工作经费中支出10万元用于金山街道代表工作室示范建设和提质升级。全年通过微信群（组）、入室接待、走访选民等途径，共收集和整理意见建议395条，帮助并协调解决群众普遍关注的有关老旧小区改造、校园安全设施完善等热点难点问题80余个。

【履职培训】 2021年，区人大常委会始终将业务培训作为提高代表素质、增强履职能力的重要抓手，组织新一届代表开展，分批次组织常委会组成人员、部分人大代表和人大工作者赴陕西省、内蒙古自治区等省区人大干部培训基地参加履职能力提升培训。坚持邀请代表列席常委会会议、主任会议，参加视察调研、执法检查、专项工作评议等活动，进一步强化代表对区人大及其常委会工作的有效参与，为代表更好地履职奠定基础。

【建议办理】 2021年，区人大常委会不断完善建议交办、办理和督办工作机制，通过主任会议成员重点督办、各专门委员会对口督办、代表参与跟踪督办，督促各承办单位不断提高代表建议办理质量和水平。区五届人大六次会议及闭会期间共收到代表建议、批评和意见66件，已全部办结，实际解决率达到56.3%。不断丰富小组活动形式，全年组织驻区市代表联组、部分区代表围绕园区产业发展、株洲火车站改扩建工程、新文化路建设等主题开展视察和调研，积极为全区经济社会发展建言献策，并形成高质量的视察、调研报告，与市委、区委中心工作高度契合，有的作为闭会期间代表建议提出，得到市、区两级政府的高度重视，有效促进相关问题的解决。

（贺　梦）

人民代表大会及其常委会会议

【区第五届人民代表大会第六次会议】 2月3—4日，株洲市荷塘区第五届人民代表大会第六次会议召开。会议应到代表161人、实到代表152人、邀请列席人员139人。共举行3次全体会议、3次主席团会议。会议听取和审查区人民政府、区人大常委会、区人民法院、区人民检察院工作报告；审查和批准荷塘区国民经济和社会发展第十四个五年规划和二〇三五年远景目标纲要；审查和批准荷塘区2020年国民经济和社会发展计划执行情况与2021年计划草案的报告，批准荷塘区2021年国民经济和社会发展计划；审查和批准荷塘区2020年财政预算执行情况和2021年财政预算草案的报告，批准荷塘区2021年区级财政预算；书面审查荷塘区2020年环境状况和环境保护目标完成情况及2021年环境保护目标的报告；补选罗鹏程为株洲市荷塘区第五届人民政府区长、谭光明为株洲市荷塘区第五届人民代表大会常务委员会副主任；表决通过区人大常委会工作报告、区人民政府工作报告、“十四五”规划和二〇三五年远景目标纲要、计划报告、财政报告、区人民法院工作报告、区人民检察院工作报告决议（草案）；票决确定2021年荷塘区十项民生实事事项：城镇老旧小区改造、精准就业服务保居民就业、病险水库山塘除险改造、提升基层医疗机构应急处置能力、无物业管理小区业主自治、合泰及富家垅地区消防安全专项整治、农村“四好”公路建设、公办中小学校及幼儿园安装智慧用电安全隐患监管系统建设、推进示范性社区居家养老（日间照料）中心建设、流通领域食用农产品快检；会议期间共收集代表建议、批评和意见65件，全部予以受理。圆满完成大会各项任务。

【区第六届人民代表大会第一次会议】 10月25—27日，株洲市荷塘区第六届人民代表大会第一次会议召开。会议应到代表180人，实到代表175人，邀请列席人员140人。共举行3次全体会议，3次主席团会议。会议听取和审查区人民政府、区人民代表大会常务委员会工作报告，书面审查区人民法院、区人民检察院工作报告。经全体与会代表投票选举，刘国梁当选为株洲市荷塘区第六届人民代表大会常务委员会主任；罗鹏程当选为株洲市荷塘区第六届人民政府区长；李小冬当选为株洲市荷塘区监察委员会主任；徐达江当选为株洲市荷塘区人民法院院长；选举株洲市荷塘区人民检察院检察长；丁国祥、朱福兴、周湘雄、蔡世华、谭光明当选为株洲市荷塘区第六届人民代表大会常务委员会副主任；王昆、向前进、刘定光、言清、张璐、陈佳敏、陈柏文、罗曼当选为株洲市荷塘区第六届人民政府副区长；龙丽娜、田畅、刘勇、刘翔、李全、杨思维、何斌、汪俊、宋红娆、张敏、陈志、陈翊、周新平、赵虎、赵威策、袁夕辉、晏毅、倪小飞、郭义和、唐倩、黄克忠、彭栋、谭件美、黎伟当选为株洲市荷塘区第六届人民代表大会常务委员会委员；邓为民、姜玉泉、李智、邹展晖、文中东、宋慧玲、龙凤志、习招平、方靖、邓波、左齐团、叶美雄、朱聃、庄启宁、刘勇、刘国梁、李双、李育云、何海云、陈卫武、罗鹏程、金标、周湘雄、赵科峰、姜强俊、秦素辉、郭珂好、章卫国、谢康德、谢鹏飞、颜艳芳当选为株洲市第十六届人民代表大会代表。表决通过株洲市荷塘区第六届人民代表大会监察和司法委员会、财政经济委员会、教育科学文化卫生委员会、环境与资源保护委员会、农业与农村委员会、社会建设委员会组成人员，其中区人大监察和司法委员会主任委员为谭件美，委员为王晓龙（兼）、向爱民（兼）、周海均（兼）；区人大财政经济委员会主任委员为黄克忠，副主任委员为席卫国；委员为陆丹（兼）、汪俊（兼）、胡浩（兼）；区人大教育科学文化卫生委员会主任委员为唐倩，委员为刘敏（兼）、许又平（兼）、晏云（兼）；区人大环境与资源保护委员会主任委员为彭栋，委员为习招平（兼）、易友良（兼）、颜雯（兼）；区人大农业与农村委员会主任委员为龙丽娜，委员为杨思维（兼）、罗峰（兼）、周占民（兼）；区人大社会建设委员会委员为刘慧（兼）、周永（兼）、倪小飞（兼）。表决通过政府工作报告决议（草案）、区人大常委会工作报告决议（草案）、区人民法院工作报告决议（草案）、区人民检察院工作报告决议（草案）。圆满完成大会各项任务。

2021 年 10 月 26 日，株洲市荷塘区六届人大代表合影

【区第五届人大常委会会议】 2021 年，荷塘区第五届人大共召开 8 次常委会会议（第 29 次至第 36 次）。

1 月 12 日 区五届人大常委会举行第二十九次会议。审议区人大常委会代表资格审查委员会关于补选代表的代表资格审查报告，会议确认罗鹏程、谭光明、周松青的荷塘区第五届人民代表大会代表资格有效。审议通过区人大常委会关于民生实事人大代表票决制工作监督办法。审议通过 2020 年度区人大常委会有关表彰事项。会议决定接受晏首先辞去株洲市第十五届人民代表大会代表职务；决定接受王利波辞去株洲市荷塘区人民政府区长职务，报下一次人民代表大会备案；决定任命罗鹏程为株洲市荷塘区人民政府副区长；决定罗鹏程副区长为株洲市荷塘区人民政府代理区长。

1 月 27 日 区五届人大常委会举行第三十次会议。初审提请荷塘区第五届人民代表大会第六次会议审查的区人大常委会工作报告（征求意见稿）、政府工作报告（征求意见稿）、区国民经济和社会发展第十四个五年规划和二〇三五年远景目标纲要（征求意见稿）、区人民法院工作报告（征求意见稿）、区人民检察院工作报告（征求意见稿）、区 2020 年国民经济和社会发展计划执行情况及 2021 年计划草案的报告（征求意见稿）、区 2020 年财政预算执行情况和 2021 年财政预算草案的报告（征求意见稿）、区 2020 年环境状况和环境保护目标完成情况及 2021 年环境保护目标的报告（征求意见稿），会议对各项报告提出修改意见，并原则同意提交大会审查。听取和审查《关于 2020 年区级预算调整方案（草案）的报告》和《关于 2020 年区级预算调整方案（草案）的审查报告》，批准 2020 年区级预算调整方案。听取《关于荷塘区 2021 年民生实事人大代表票决制备选事项情况的汇报》，审议荷塘区 2021 年民生实事票决办法，原则同意提交大会审查。同意区代表资格审查委员会关于补选代表资格的审查报告，确认万景的荷塘区第五届人民代表大会代表资格有效。审议通过关于召开荷塘区第五届人民代表大会第六次会议有关事项。会议决定荷塘区第五届人民代表大会第六次会议于 2021 年 2 月 3—4 日召开，并通过列席人员建议名单；提出会议议程（草案）、会议日程（草案）、主席团成员等有关人员建议名单。

3 月 30 日 区五届人大常委会举行第三十一次会议。审议通过《株洲市荷塘区人大常委会 2021 年工作要点》。部署 2021 年民生实事监督和评估工作。交办区五届人大六次会议期间代表建议，区人民政府常务副区长刘新华代表区人民政府承接区人大常委会交办的代表建议共 65 件。

5 月 31 日 区五届人大常委会举行第三十二次会议。传达学习全省县乡两级人大换届选举工作部署会议精神和省人大常委会关于组织五级人大代表开展“联系群众办实事”主题活动的通知精神。听取和审议《关于荷塘区 2020 年度国有资产管理工作的情况汇报》和《关于荷塘区国有资产管理情况的调查报告》。听取和审议《关于荷塘区贯彻实施〈中华人民共和国社区矫正法〉情况汇报》和《关于荷塘区贯彻实施〈中华人民共和国社区矫正法〉情况的调查报告》。同意召开荷塘区仙庾镇第四届人民代表大会第十次会议。会议决定接受周波辞去株洲市荷塘区第五届人民代表大会代表职务。会议决定免去赵文喜的株洲市荷塘区教育局局长职务，冯晓的株洲市荷塘区民政局局长职务，黄国初的株洲市荷塘区卫生健康局局长职务。会议决定任命冯晓为株洲市荷塘区卫生健康局局长，周波为株洲市荷塘区教育局局长，刘骞晖为株洲市荷塘区民政局局长。

6 月 24 日　区五届人大常委会举行第三十三次会议。审议通过《株洲市荷塘区区镇两级人大换届选举工作实施方案》；会议决定成立株洲市荷塘区选举委员会和仙庾镇选举委员会；会议确定区镇两级人大代表选举日为 2021 年 8 月 23 日。

7 月 27 日　区五届人大常委会举行第三十四次会议。听取《关于 2020 年财政决算草案和 2021 年上半年预算执行情况的报告》和《关于 2020 年度区本级预算执行和其他财政收支的审计工作报告》，并进行认真审查，会议同意区人大财政经济委员会提出的《关于 2020 年度财政决算和 2021 年上半年预算执行情况的审查报告》，决定批准 2020 年区级财政决算。书面审查 2021 年上半年国民经济和社会发展计划执行情况和“两院”上半年工作情况汇报。决定免去刘新华的株洲市荷塘区人民政府副区长职务。

9 月 17 日　区五届人大常委会举行第三十五次会议。会议决定任命陈翊为株洲市荷塘区人大常委会选举任免联络工作委员会主任，谭爱平为株洲市荷塘区明照街道人大工作委员会主任，陈静为株洲市荷塘区人大常委会选举任免联络工作委员会副主任；决定免去彭栋的株洲市荷塘区人大常委会选举任免联络工作委员会主任职务，杨艳红的株洲市荷塘区明照街道人大工作委员会主任职务，陈翊的株洲市荷塘区人大常委会选举任免联络工作委员会副主任职务；决定免去黄团结的株洲市荷塘区人民政府副区长职务，刘必林的株洲市荷塘区人民政府副区长职务，王虎的株洲市荷塘区审计局局长职务。听取区《关于荷塘区第六届人民代表大会代表资格的审查报告》，经过认真审查，会议同意此报告，并确认选举的 180 名代表资格有效。听取和审议《关于区五届人大六次会议及闭会期间代表建议办理情况的报告》和《关于区五届人大六次会议及闭会期间代表建议、批评和意见和督办情况的报告》。听取《关于 2020 年度区本级预算执行和其他财政收支审计查出问题整改落实情况的报告》及 10 家审计整改责任单位整改落实情况报告，并进行认真审查，会议同意《关于 2020 年度区本级预算执行和其他财政收支审计查出问题整改情况的调查报告》。

10 月 11 日　区五届人大常委会举行第三十六次会议。审议通过关于召开荷塘区第六届人民代表大会第一次会议有关事项。会议决定株洲市荷塘区第六届人民代表大会第一次会议于 2021 年 10 月 25—27 日召开，并通过列席人员建议名单；提出会议议程（草案）、会议日程（草案）、主席团成员等有关人员建议名单。初审提请荷塘区第六届人民代表大会第一次会议审查的区人大常委会工作报告（征求意见稿）、政府工作报告（征求意见稿）、区人民法院工作报告（征求意见稿）、区人民检察院工作报告（征求意见稿），会议对各项报告提出意见建议，并原则同意提交大会审查。

【区六届人大常委会会议】　12 月 27 日，区六届人大常委会举行第一次会议。先后视察金山就业驿站、馨香小区老旧小区改造现场，听取《2021 年度区人大代表票决民生实事事项情况汇报》和《2021年度区人大代表票决的民生实事项目实事情况评估报告》，并由区人大常委会组成人员通过无记名投票方式进行满意度测评，测评分为满意、基本满意和不满意三个层次，其中“公办中小学校、幼儿园安装智慧用电安全隐患监管系统建设”满意率96.5%，“流通领域食用农产品快检”满意率96.5%，“无物业管理小区业主自治”满意率96.5%，“城镇老旧小区改造”满意率93%，“精准就业服务保居民就业”满意率100%，“合泰、富家垅地区消防安全专项整治项目”满意率75.8%，“提升基层医疗机构应急处置能力”满意率89.6%，“农村‘四好’公路建设”满意率96.5%，“病险水库山塘除险改造”满意率79.3%，“推进示范性社区居家养老（日间照料）中心建设”满意率82.8%。听取《株洲市荷塘区规范性文件备案审查工作情况汇报》和补充汇报。听取《荷塘区2021年预算调整方案（草案）的报告》，并进行认真审查，会议同意《荷塘区2021年预算调整方案（草案）的审查报告》，决定批准2021年区级预算调整方案。会议决定任命：王洪连为株洲市荷塘区宋家桥街道人大工作委员会主任；廖结文为株洲市荷塘区茨菇塘街道人大工作委员会主任。决定免去：田畅的株洲市荷塘区宋家桥街道人大工作委员会主任职务；赵虎的株洲市荷塘区茨菇塘街道人大工作委员会主任职务。决定任命：唐坚为株洲市荷塘区人民政府办公室主任；唐斌为株洲市荷塘区发展和改革局局长；周波为株洲市荷塘区教育局局长；曾健为株洲市荷塘区科技和信息化局局长；刘骞晖为株洲市荷塘区民政局局长；易东为株洲市荷塘区司法局局长；苏智为株洲市荷塘区财政局局长；黄大平为株洲市荷塘区人力资源和社会保障局局长；熊昕为株洲市荷塘区自然资源局（株洲市荷塘区林业局）局长；刘胜贤为株洲市荷塘区住房和城乡建设局（株洲市荷塘区人民防空办公室）局长（主任）；魏星为株洲市荷塘区交通运输局局长；谭洪勇为株洲市荷塘区农业农村局局长；李挺美为株洲市荷塘区商务和粮食局局长；周兴为株洲市荷塘区文化旅游体育局局长；冯晓为株洲市荷塘区卫生健康局局长；廖敏为株洲市荷塘区审计局局长；陈靖为株洲市荷塘区退役军人事务局局长；赵冰为株洲市荷塘区应急管理局局长；罗炽威为株洲市荷塘区市场监督管理局局长；旷世平为株洲市荷塘区统计局局长；彭小龙为株洲市荷塘区政府金融工作办公室主任；汤思源为株洲市荷塘区城市管理和综合执法局局长；龚大力为株洲市荷塘区信访局局长；宋周伟为株洲市荷塘区医疗保障局局长；文丽为株洲市荷塘区行政审批服务局局长。任命：汤灿为株洲市荷塘区监察委员会副主任；肖煊为株洲市荷塘区监察委员会副主任；欧阳妤为株洲市荷塘区监察委员会委员；罗向阳为株洲市荷塘区监察委员会委员；孙续艳为株洲市荷塘区监察委员会委员。免去：蒋国荣的株洲市荷塘区监察委员会副主任职务；郭运明的株洲市荷塘区监察委员会副主任职务；王洪连的株洲市荷塘区监察委员会委员职务；成兰的株洲市荷塘区监察委员会委员职务。免去：谭政频的株洲市荷塘区人民检察院检察委员会委员、检察员职务。审议通过《株洲市荷塘区第六届人民代表大会常务委员会代表资格审查委员会成员建议名单》。

（贺　梦）

荷塘区人民政府

综　述

【概况】　2021年，荷塘区人民政府坚持以习近平新时代中国特色社会主义思想为指导，认真贯彻落实党的十九大和十九届历次全会精神，坚定不移贯彻新发展观念，统筹做好疫情防控、产业发展、项目建设、改革创新、乡村振兴、城市建设、环境优化、改善民生等各项工作，较好地完成全年既定工作任务，全区经济持续健康发展、社会大局和谐稳定，实现“十四五”良好开局。地区生产总值（GDP）增长8.2%，固定资产投资增长7.6%，规模工业增加值增长8.2%、社会消费品零售总额增长14.3%，城乡居民收入增长7.4%。全年规模工业企业突破110家，新增国、省“小巨人”企业3家。高新技术企业突破80家，科技型中小企业突破70家。全社会研发经费占比2.98%，获省以上科技成果奖励40项。新增义务教育学位600余个、公办园位1500余个。新增城镇就业9980人，城镇调查失业率低于全市水平。新增省示范农民专业合作社2家、市级龙头企业2家。集体经济“薄弱村”全部清零。徐家塘村、蝶屏村获评省级乡村振兴示范村，仙庾岭村获评“中国美丽休闲乡村”。

【五届人民政府第五次全体（扩大）会议】　2021年1月27日，荷塘区在区政府二号楼会议室召开五届人民政府第五次全体（扩大）会议暨疫情防控、安全生产工作会议，会议讨论即将提交区第五届人民代表大会第六次会议审议的《政府工作报告（征求意见稿）》，研究部署春节前疫情防控、安全生产等重点工作。会议听取《政府工作报告（征求意见稿）》起草情况说明。会议由区委副书记、区长罗鹏程主持，并就安全生产工作和疫情防控工作进行再强调、再部署。

【区政府常务会议】　2021年，荷塘区人民政府共召开常务会议16次。

1月13日　会议传达学习习近平总书记在中央农村工作会议上的讲话精神。通报1月4日和8日区委常委会会议精神。研究关于新冠疫苗和核酸检测经费相关工作；听取区卫生健康局关于月塘街道社区卫生服务中心房屋搬迁工作和第二批抗疫国债资金分配的情况汇报；听取金山科技工业园关于三一智慧钢铁城二次招商政策的情况汇报；听取区人社局关于国有企业退休人员社会化管理服务补助资金和2020年荷塘区稳就业抗疫特别国债资金分配方案的情况汇报；听取区财政局关于2020年财政预算执行情况及2021年财政预算草案的情况汇报；听取区征地协调中心关于征地拆迁和房屋征收工作的情况汇报。

1月25日　传达学习中央全面依法治国工作会议精神、《法治中国建设规划（2020—2025年）》、全国安全生产电视电话会议精神和军委国防动员部《关于深化民兵调整改革检查考评情况通报》。听取区政府办关于《政府工作报告（征求意见稿）》《株洲市荷塘区2020年国民经济和社会发展计划执行情况与2021年计划草案的报告（征求意见稿）》和荷塘区2021年重点建设项目计划编制的情况汇报；听取区发展改革局关于《株洲市荷塘区国民经济和社会发展第十四个五年规划和二〇三五年远景目标纲要（送审稿）》的情况汇报；听取区财政局关于《株洲市荷塘区2020年财政预算执行情况和2021年财政预算（草案）》的情况汇报；听取生态环境荷塘分局关于《荷塘区2020年环境状况和环境保护目标完成情况及2021年环境保护目标报告（征求意见稿）》的情况汇报；听取区人力资源社会保障局关于荷塘区2021年民生实事人大代表票决事项征集工作的情况汇报。

2月9日 传达学习《湖南省生态环境保护工作责任规定》《湖南省生态环境保护督查工作实施办法》《湖南省重大生态环境问题（事件）责任追究办法》文件精神。通报1月26日和2月5日区委常委会会议精神。听取区优化营商环境协调事务中心关于优化营商环境协调事务中心绩效考核工作的情况汇报；听取区委组织部关于《荷塘区机关事业单位临聘人员管理办法》的情况汇报；听取金山科技工业园关于更新项目入园协议、合作合同标书标准模板和长远智造生产制造基地、风电配套设备生产制造基地、口腔医治材料生产链项目入园协议的情况汇报；听取区市场监管局关于食品安全工作的情况汇报。

3月5日 传达学习全国“两会”安全防范工作视频会议精神、2021年株洲市实施“三高四新”战略“产业项目建设年”活动暨“优化营商环境攻坚年”活动动员大会精神、株洲市财政工作和发改工作会议精神、市委农村工作会议精神。通报2020年度省真抓实干激励表彰及2020年省食品安全工作评议考核的情况。听取区财政局关于化债工作的情况汇报；听取金山科技工业园关于韵达湖南物流产业园、湖南先进硬质材料产业园一期（展示中心）项目入园的情况汇报；听取区发展改革局关于荷塘区2021年“产业项目建设年”工作及2020年“产业项目建设年”表彰工作的情况汇报；听取区优化营商环境中心关于2021年“营商环境优化年”活动的情况汇报；听取区人力资源社会保障局关于2021年荷塘区人大代表票决的民生实事事项工作的情况汇报；听取区政府办关于2021年市政府工作报告涉及荷塘区重点工作任务分解相关工作的情况汇报；听取区财政局关于综合治税和争资引项等工作的情况汇报。

3月25日 通报3月5日、15日和19日区委常委会会议精神。听取区政府办关于《邬凌云任中共株洲市荷塘区委书记、王利波任株洲市荷塘区人民政府区长期间经济责任审计报告》和《邬凌云任中共株洲市荷塘区委书记、王利波任株洲市荷塘区人民政府区长期间自然资源资产离任（任中）审计意见》审计整改相关工作的情况汇报；听取区政府办关于荷塘区高质量发展奖励办法相关事宜的情况汇报；听取区财政局关于荷塘铺医疗地块相关事宜的情况汇报；听取区交通运输局关于申报“全省城乡客运一体化示范县（区）”创建相关事宜的情况汇报。

4月13日 传达学习全市统计工作会议精神。通报3月26日和4月2日区委常委会会议精神。听取区自然资源局关于荷塘区已注销矿山生态修复工作的情况汇报；听取区住房城乡建设局关于2021年荷塘区黑臭水体整治任务分解工作的情况汇报；听取区政府办关于《株洲市荷塘区2021年政府投资项目计划（建议稿）》和荷塘区高质量发展激励事项的情况汇报；听取金城集团关于招商中心项目相关事宜。

4月19日 听取区政府办关于全区禁毒工作的情况汇报；听取区应急局关于迎接国务院安委会对湖南省安全生产和消防工作考核巡查、荷塘区防汛抗旱工作的情况汇报；听取区卫生健康局关于国家卫生城市提升工作的情况汇报；听取生态环境荷塘分局关于配合中央环保督查相关情况汇报；研究省委巡视组巡视反馈问题整改相关工作。

5月14日 传达学习习近平总书记关于统计工作重要讲话精神、国务院《政府督查工作条例》。听取区统计局关于荷塘区统计工作情况汇报；听取区人力资源社会保障局关于荷塘区2021年省、市“民生100”工程工作的情况汇报；听取区政府办关于人大建议和政协提案办理工作的情况汇报；听取区消防救援大队关于荷塘区罗家冲消防救援站建设的情况汇报；听取区农业农村局关于申报2021年省级乡村振兴示范创建村的情况汇报；听取区教育局关于义务教育教师工资待遇相关事宜的情况汇报；听取金科集团关于株洲旭钰房地产开发有限公司股权转让相关事宜的情况汇报。

5月25日 传达学习《湖南省安全生产和消防工作考核办法》。通报4月27日和5月16日区委常委会会议精神。听取区网格化服务中心关于追加网格化工作经费的情况汇报；听取区金融办关于荷塘区涉众型非法经营活动风险的情况汇报；听取月塘街道办事处关于开展合泰、富家垅片区消防安全专项整治工作的情况汇报；听取区政府办关于《落实省政府2021年真抓实干督查激励措施任务》责任分解工作的情况汇报；听取区信访局关于荷塘区信访积案化解“百日攻坚”工作进展的情况汇报；听取金山科技工业园关于好媳妇日用品家居智能制造、中美医院二期、中联新材荷塘工厂项目相关事宜的情况汇报；听取区财政局关于暂付款消化计划相关事宜的情况汇报；听取公安荷塘分局关于2021年上半年荷塘区反恐怖工作相关事宜的情况汇报。

6月22日 传达学习中央全面深化改革委员会第十九次会议精神、《洞庭湖保护条例》、2021年省总河长会议精神及许达哲书记在2021年省总河长会议上讲话精神。通报5月22日区委常委会会议精神。听取金城集团关于设立新材料基金工作的情况汇报；听取区商务粮食局关于荷塘区2020年晚稻超标粮处置的情况汇报；听取区自然资源局关于荷塘区森林白蚁危害综合治理工作的情况汇报；听取区教育局关于水竹湖片区学校合作办学工作的情况汇报。

7月27日 传达学习习近平总书记在中共中央政治局第三十一次集体学习时重要讲话精神、习近平总书记关于防汛救灾工作重要指示精神。听取区农业农村局关于农村改厕工作的情况汇报；听取区住房城乡建设局关于水环境综合整治工作的情况汇报；听取区教育局关于2021年举办公办幼儿园工作的情况汇报；听取区财政局关于2020年度财政决算（草案）和2021年上半年预算执行情况汇报。

8月27日 传达学习中共中央政治局会议精神、《湖南省中央生态环境保护督察报告》和许达哲同志讲话精神。听取区政府办关于《政府工作报告》半年工作完成情况汇报；听取区住房城乡建设局关于荷塘区城乡房屋建筑及市政排水设施普查工作的情况汇报；听取区优化营商环境协调事务中心关于荷塘区2021年《湖南省优化营商环境攻坚行动方案》任务分解工作的情况汇报；听取区卫生健康局关于健康荷塘行动工作的情况汇报；听取区城管局关于荷塘区居民小区生活垃圾分类工作的情况汇报；听取公安荷塘分局关于荷塘区乡镇、建制村“雪亮工程”建设工作的情况汇报。

9月3日　听取金科集团关于水竹湖片区土地招商工作的情况汇报。

10月9日　传达学习习近平总书记在中央人才工作会议上的重要讲话精神、株洲市第十三次党代会精神。听取区政府办关于《政府工作报告（征求意见稿）》的情况汇报；听取区教育局关于荷塘区“双减”工作、规范民办义务教育发展、中小学心理健康教育工作情况汇报；听取区教育局关于美的学校扩建教学楼的情况汇报；听取区文旅体局关于组团参加株洲市第十四届运动会工作的情况汇报；听取区商务粮食局关于粮食工作的情况汇报。

11月5日　传达学习习近平总书记在参观国家“十三五”科技创新成就展时的重要讲话精神，省委副书记、省长毛伟明在市州长视频会议上的讲话精神，近期市政府常务会议精神和区委常委会会议精神。通报荷塘区2021年1—10月“民生100”项目进度及人大代表票决制民生实事办理情况。听取生态环境荷塘分局关于荷塘区生态环境保护工作情况的汇报；听取区自然资源局关于《荷塘区全面推行林长制实施方案》制定情况和荷塘区耕地保护工作情况的汇报；听取区政府办关于荷塘区禁毒工作情况的汇报；听取公安荷塘分局关于反恐怖工作情况的汇报；听取区改制办关于株洲市轻工供销公司水仙路地块处置相关工作情况的汇报；听取人力资源社会保障局关于2020年度机关事业单位工作人员年度考核等次情况的汇报；听取区商务粮食局关于粮食安全省长责任制、粮食安全省长责任制考核工作和“粮食安全党政同责”以及《2021年度荷塘区落实粮食安全省长责任制考核工作实施方案》（审议稿）有关情况的汇报；听取区城管局关于区园林绿化中心、区环卫服务中心由差额拨款单位转为全额拨款单位情况的汇报。

12月3日　传达学习《法治中国建设规划（2020—2025年）》。听取荷塘消防救援大队教导员丁行生关于荷塘区消防救援工作情况的汇报；听取金城集团常务副总经理龙良文关于株洲三一智慧钢铁城片区综合开发项目相关情况的汇报。

【疫情防控】　2021年7月底，荷塘区干部、医务工作者精锐出战，居民群众、志愿者轮番上阵，集中一切力量，精准科学防控。仅用6天时间，完成3轮100多万人次全员核酸检测。开展流调，筛查隔离密接、次密接近8000人，迅速切断传播链条。6名确诊患者全部治愈，未出现二代病例，无重症和死亡病例以及医务人员感染事件。

【基层治理】　2021年，荷塘区积极探索社会治理新路径，迈出基层善治先行先试的坚实步伐。召开争当基层治理先行区工作动员大会，制定出台实施方案和评估机制，搭建全区基层治理平台。开展“大培训、大走访、大推选、大创意、大评选”活动，构建城乡治理新格局。在全市率先开展乡村治理改革试点，完成“组织再造、人员重组、清产核资”等关键程序，樟霞村获评省级乡村治理示范村。启动25个居民小区善治试点，激发居民自我管理与服务的热情。持续深化“幸福荷塘”系列民生行动，以扎实举措推动“善育、优教、良医、颐养、宜居、众扶”目标。

【“两城”建设】　2021年，荷塘区“两城”（材料科技城、现代物流城）建设全面铺开。实施省市项目57个，中良电气、启茂新材料等39个项目开工建设，好媳妇日用品家居智能制造一期、汉德车桥株洲制造基地二期等15个项目竣工，钢铁供应链数字化平台、长远智造等一批项目加速推进，完成年度投资140亿余元，产业投资占比较2020年增长

6.9个百分点。引进三峰科技等项目40个，总投资98亿元。三一标厂二次招商签约企业20家。举办株洲·东莞两地企业交流暨招商推介会，探寻合作推动先进硬质材料产业升级。园区入驻企业突破300家、技工贸收入突破200亿元，获评省新型工业化产业示范基地。全力推进金塘大道等基础建设，教育、医疗、商业等生活配套进展顺利。2021年，完成交地128.9公顷，征收国有房屋4.3万平方米，新建标厂10.9万平方米。与长沙岳麓高新区、湘潭雨湖高新区达成“一体三互”战略合作，长株潭一体化“产业同兴”不断推进。

【三一智慧钢铁城项目暨铁路专线开工】 2021年8月27日，三一智慧钢铁城项目暨铁路专线开工仪式在荷塘区举行，区委副书记、区长罗鹏程宣布项目开工，区人大常委会党组书记、主任刘国梁，区委常委、常务副区长陈柏文参加开工仪式。三一智慧钢铁城一期规划面积201.2公顷，总投资100亿元，将打造国内领先的智能制造产业链园区、中部最大的钢铁供应综合枢纽、湖南工业互联网示范园区。铁路专用线项目，总投资约10亿元，新建铁路线3000余米，并对现有430铁路线和道口进行提质改造。整体项目落成后，将实现从钢材原材料输入到高附加值的智能制造零部件输出全过程高效、便捷、一站式，让周边500公里内企业通过线上平台下单，即可直接拿到低价、优质的零部件半成品；让园区的钢材贸易、加工、物流、金融服务企业搭上模式转型和技术升级的快车。

【优化营商环境】 2021年，荷塘区深入开展“营商环境优化年”活动，在全市率先实现企业开办“一网通办、一窗通办”（“一网通办”指通过互联网信息技术，把政务数据归集到一个综合服务平台，将面向企业和群众的线上线下服务事项，实现一网受理、一网办理；“一窗通办”指企业和群众到任意一级政务服务中心的综合窗口，都可以办理多个部门的多个事项），企业诉求解决、惠企政策推送满意度位居全市前列。实现中大机械等重点项目“拿地即开工”“建成即交付”，跑出审批服务新速度。全年为企业减税1.7亿元，争取各类补贴3200万元，兑现区级奖励650万元。帮助企业获得金融机构授信9.4亿元。产业服务中心入选国家中小企业公共服务示范平台。

【城市功能改造】 2021年，荷塘区不断完善路网建设，升龙路二期等18条道路推进，向阳北路等5处交通堵点完成改造。火车站东广场一期基本完工，新华桥拆除重建加速推进，西湖排水渠改造竣工，城市承载力不断增强。深入推进棚户区、老旧小区改造，惠及群众2000余人，获省住建厅“为民办实事”表彰。城市管理日益精细，开展门店诚信等级评价，创新构建精细化示范街管理平台，相关经验在全市推广。持续推进垃圾分类工作，金山、桂花街道垃圾分类设施实现全覆盖，城区首座垃圾直运站建成运营。深入开展“三微”服务，建成小游园等一批公共服务设施。

【乡村振兴】 2021年，荷塘区新增省示范农民专业合作社2家、市级龙头企业2家。兰亭食品获省农博会金奖。深入治理耕地抛荒，完成种植结构调整，粮食生产任务全面达标。仙庾自来水厂实现拓网运行，水利、道路等基础设施不断完善。大力开展“小三园”建设，完成农村厕所新（改）建1100余户，创建生活垃圾分类示范村3个。耕食小镇农禅文化园开工建设。集体经济“薄弱村”全部清零，徐家塘村、蝶屏村获评省级乡村振兴示范村。仙庾岭村获评“中国美丽休闲乡村”。统筹推进农村三变、宅基地、供销合作社等改革，宅基地联审联办工作走在全市前列。

【民生实事】 2021年，全面完成重点民生实事，财政民生支出占比达85.4%。新增义务教育学位600余个、公办园位1500余个。取缔校外培训机构14家，优化升级“三点半”课堂，“双减”政策全面落实。建成基层标准化中医馆7家，完成明照卫生服务中心、仙庾卫生院改扩建，区疾控中心规范化建设达标验收。获评全国科技活动周先进单位、首批“全国县域足球典型”。新增城镇就业9980人，城镇调查失业率低于全市水平，承办全市充分就业社区建设工作大会，精准就业服务得到省市肯定。深入排查社保基金管理风险，城乡居民养老待遇稳步提升，社保中心获评全国人社系统优质服务窗口。实施城乡帮困项目26个，受益群众3000余人。新建示范性社区日间照料中心4家、新增养老床位874张，“友邻帮”农村互助养老服务模式入围全国创新社会治理典型案例。圆满举办第四届群众大会，成功举办第一届“幸福邻里节”等活动。构建快速响应的“1+13”防控体系，开展广泛联动的实战操练，有序推进新冠疫苗全民接种，坚决守牢疫情防控底线。社会大局安全稳定。率先成立县级反电诈中心，止付被骗资金1.6亿元。持续开展安全生产、交通问题顽瘴痼疾集中整治行动。2021年，食品药品安全“零事故”。全力推进禁毒人民战争。常态化开展扫黑除恶斗争，实现刑事发案6年连降，连续15年获评“湖南省平安县（市）区”。

【D167路公交车（城乡客运线）开通】 2021年7月1日，荷塘区举行D167路公交车（城乡客运线）开通仪式。市交通运输局党组副书记、副局长江余生一行参加仪式，仪式由市交通运输局二级调研员谢跃飞主持，区委常委、统战部部长王顺安出席仪式并讲话。仪式上，王顺安指出，D167路公交的开通是荷塘区交通发展史上的一件大喜事。他强调，该趟公交车的开通既是贯彻落实《中共中央国务院关于全面推进乡村振兴加快农业农村现代化的意见》精神的具体举措，又是践行“学史力行、为群众办实事”的具体表现。

（王梓菁）

2021年荷塘区人民政府发文一览表

表3

序号	文号	文件标题
1	株荷政发〔2021〕1号	关于印发《促进三一智慧钢铁城产业聚集的相关政策》的通知
2	株荷政发〔2021〕3号	关于印发《株洲市荷塘区2020—2025年度松材线虫病疫情防控5年预防保护方案》的通知
3	株荷政发〔2021〕4号	关于印发《株洲市荷塘区2021年度政府投资建设项目计划》的通知
4	株荷政发〔2021〕5号	关于支持具有国有资产的民办幼儿园及小区配套幼儿园举办公办幼儿园的实施方案

续表 3

序号	文号	文件标题
5	株荷政发〔2021〕6 号	关于印发《关于行政复议体制改革的实施意见》的通知
6	株荷政发〔2021〕7 号	关于印发《荷塘区低收入家庭救助帮扶措施试点工作实施方案》的通知
7	株荷政发〔2021〕8 号	关于成立株洲市荷塘区农村土地承包仲裁委员会的通知
8	株荷政发〔2021〕9 号	关于 10 • 30 坍塌事故调查报告的批复

（王梓菁）

区人民政府办公室工作

【概况】 株洲市荷塘区人民政府办公室（以下简称“区政府办”）是区政府工作部门，为正科级单位。所属事业单位有区委、区政府接待服务中心，区民兵武器装备仓库。2021 年，区政府办充分发挥综合协调作用，积极贯彻落实区委、区政府各项决策部署，就疫情防控、产业项目建设、园区发展、城市建设、乡村振兴、防范化解重大风险等重点工作主动做好协调服务工作，加强与上级部门的联系，强化与区直各部门和镇、街道基层的沟通合作，使各方面工作相互衔接，推动政府工作高效有序运转，确保全区各项工作顺利开展。

【参谋辅政】 2021 年，区政府办围绕全区各项重点工作，以及企业、群众密切关注的重要问题，主动深入基层开展调查研究，形成《三一片区综合开发模式分析调研报告》等高质量调研成果，为领导科学决策提供有效依据。不断提升文稿质量，完成政府工作报告等各类综合材料 200 余篇，较好地完成重大会议、重要活动材料筹备工作，较为高效地实现以文辅政。同时，扎实做好政务信息工作，结合上级政策部署和社会热点，及时准确反映相关重点工作的新进展、新成就、新问题。2021 年，报送政务信息 200 余条，政务信息工作在全市排名第三。

【政务督查】 2021 年，区政府办紧紧围绕省、市、区重大决策部署，严格组织开展督促检查，及时掌握重点项目建设的推进节点和民生实事的办理进度，有效推动政府工作快速落地落实。就疫情防控、生态环境、政府工作报告落实等方面工作开展专题督查，认真做好省政府大督查迎检工作，省、市 61 项“民生 100”工程指标全部高质量完成。全面督导整治交通顽瘴痼疾，针对东环线绿化带护栏隐患问题，投入资金近 30 万元，1700 米护栏完成安装、施工、验收，得到省整治办领导高度肯定。密切关注校车安全，组织开展部门联合行动 15 次，检查校车 200 台，开展校车驾驶员培训 30 次，约谈驾驶员 32 次，下发整改通知单 10 份。

【办文办会】 2021 年，区政府办在办文上严把质量、高效规范。及时收文、即时传阅，加快公文流转速度，并严格遵守相关保密规定，共计收文1284份。着力提升公文拟制水平，精简文件数量，共计发文238份。在办会上合理安排、讲求实效。认真筹备组织区政府全体会议、常务会议、党组会议等日常会议，协调参与区党代会、区“两会”、经济工作会议等各类大型会议。在接待上热情周到、勤俭节约。严格遵照各项接待规定，做好接待细节，优质完成各项接待任务。

【依法行政】 2021年，区政府办共办理人大代表建议66件、政协委员提案55件，满意率和办结率均为100%。受理市长热线交办件7252件，办结率100%。协助开展行政执法乱象专项整治活动，查处一批机械性、选择性执法问题。积极协调参与重大矛盾纠纷的化解工作，排查化解各类纠纷1000余件。

【禁毒工作】 2021年，先后出台《毒品预防教育宣传专项行动方案》《区直部门到各社区（村）联点开展禁毒宣传活动工作方案》，举办“健康人生·绿色无毒·幸福荷塘”——“禁毒知识趣味一条龙”等毒品预防教育宣传专项活动，组织开展集中宣传118场、禁毒知识教育讲座20场，发放宣传资料16万余份，开展两批次公职人员毛发检测，检测率达99%以上。

（王梓菁）

2021年荷塘区人民政府办公室发文一览表

表4

序号	文号	文件标题
1	株荷政办发〔2021〕1号	关于印发《荷塘区农村公路建设实施方案》的通知
2	株荷政办发〔2021〕2号	关于印发《株洲市荷塘区2021年春运工作实施方案》的通知
3	株荷政办发〔2021〕3号	关于印发《荷塘区切实保护耕地坚决制止耕地“非农化”问题的自查整改方案》的通知
4	株荷政办发〔2021〕4号	关于印发《荷塘区耕地保护责任目标考核办法》的通知
5	株荷政办发〔2021〕5号	关于印发《株洲市荷塘区国资委监管企业重大事项管理规则》的通知
6	株荷政办发〔2021〕6号	关于印发2021年《政府工作报告》重点工作任务分解表的通知
7	株荷政办发〔2021〕7号	关于印发《2021年荷塘区人大代表票决的民生实事事项实施方案》的通知
8	株荷政办发〔2021〕8号	关于调整征地拆迁和房屋征收工作职责的通知

续表 4

序号	文号	文件标题
9	株荷政办发〔2021〕9 号	关于印发《株洲市荷塘区城市生活垃圾分类工作实施方案》的通知
10	株荷政办发〔2021〕10 号	关于印发《株洲市荷塘区 2021 年度地质灾害防治方案》的通知
11	株荷政办发〔2021〕11 号	关于印发落实省政府真抓实干激励措施任务分解的通知
12	株荷政办发〔2021〕12 号	关于成立荷塘区月清“三地两矿”工作领导小组的通知
13	株荷政办发〔2021〕13 号	关于印发《株洲市荷塘区加强和规范事中事后监管实施方案》的通知
14	株荷政办发〔2021〕14 号	关于印发《荷塘区“大棚房”问题专项清理整治行动“回头看”方案》的通知
15	株荷政办发〔2021〕15 号	关于印发《荷塘区稳妥审慎推进不规范地名整治方案》的通知
16	株荷政办发〔2021〕16 号	关于印发《株洲市荷塘区城乡房屋建筑及市政排水设施普查实施方案》的通知
17	株荷政办发〔2021〕17 号	关于印发《健康荷塘行动实施方案》的通知
18	株荷政办发〔2021〕18 号	关于整合相关专项资金发展粮食生产、加强水利建设的通知
19	株荷政办发〔2021〕19 号	印发《关于进一步加强农村地区“两站两员”建设的指导意见》的通知
20	株荷政办发〔2021〕20 号	关于印发《荷塘区农田水利设施建设以奖代补实施办法》的通知
21	株荷政办发〔2021〕21 号	关于印发《2021 年度根治欠薪冬季专项行动工作方案》的通知
22	株荷政办发〔2021〕22 号	关于加快推进省委巡视督办项目问题整改工作的通知
23	株荷政办发〔2021〕23 号	关于调整荷塘区行政审批制度改革工作领导小组的通知

（王梓菁）

信访工作

【概况】 株洲市荷塘区信访局（以下简称“区信访局”）前身是区信访办，归口区人民政府办公室管理。2005年更名为信访局，为区政府正科级工作部门。主要负责接待和处理群众来信来访，承担上级机关和区委、区政府领导交办、转办的信访事项，检查指导、督察督办、参与协调处理突出信访问题。

2021年，荷塘区信访工作以深入贯彻落实习近平总书记关于加强和改进人民信访工作的重要思想，做好中国共产党成立100周年信访工作为主线，以规范信访业务为基础，突出推进专项治理工作，化解信访突出问题，促进社会和谐稳定。接待群众到区上访137批411人次，同比批次下降35.38%；到市上访168批1231人次，同比批次上升51.35%；赴省上访53批381人次，同比批次上升82.76%。办理网上信访（含网上投诉、来访、来信）915件。

【领导接访】 2021年，区信访联席办对重点问题（群体）和重点人员等突出矛盾问题进行摸排，甄别摸排信访积案60件（其中包含省级交办1件、市级交办24件），并印发《关于建立荷塘区领导包案化解责任制方案》，对每件信访积案全部实行区级领导包案，通过实行“五个一”工作机制，切实做到“一个积案、一名领导、一套班子、一个方案、一包到底”。60件信访积案全部按照“三到位一处理”原则办结，办结率100%。

【矛盾纠纷排查】 2021年，区信访局按照“控增量、减存量、防变量”的要求，注重源头治理，定期排查矛盾纠纷。对可能引发信访问题和影响社会和谐稳定的矛盾纠纷、苗头隐患，或群众反映比较强烈，带有群体性、普遍性的事项开展大排查，定期召开信访工作联席会议，对疑难复杂问题进行分析研判，按照“三到位一处理”的原则。

【积案化解】 2021年，区信访局按照国家、省、市相关要求开展“去存量、控增量、防变量”信访积案化解专项行动，办理、上报上级交办重复信访事项58件，其中第一批44件，第二批14件，上报率100%，审核化解率100%。

【“三无”创建】 2021年，区信访局继续以“三无”创建活动为抓手，在全区范围内大力开展矛盾纠纷源头化解工作。对化解不力的进行催办、督办、限期办结，提高积案化解效率。建立信访问题分层处理机制，村（社区）、镇（街道）、区三级联动，及时发现、掌握、化解新问题。加大督查力度，每案一档，切实推进，确保“案结事了”。全区7个镇（街道）参与全市的“三无”创建考核，其中“三无”达标镇（街道）4个，达标率为57.14%；进步镇（街道）1个。

【信访法治宣传】 2021年5月，区信访局联合各镇（街道）及区直相关单位开展“信访法治宣传月”活动，共发放宣传资料3200余份、展出展板16块、悬挂横幅8条、接受群众咨询600余人次，使广大群众进一步熟悉和掌握《信访条例》。通过举办信访法治讲座，进一步提高信访干部依法办事的能力，自觉运用法治思维和法治方式解决信访问题，推动信访工作高质量发展。

【信访事项回访核实】 2021年，区信访局继续按照省、市相关文件要求，在全区全面开展信访回访核实工作，对于纳入满意度评价的初件和上级督办、交办件做到 100%回访核实，形成回访核实材料。

（杜　钰）

行政审批服务

【概况】 株洲市荷塘区行政审批局（以下简称“区行政审批局”）成立于 2019 年 3 月。为区政府正科工作部门，下设事业单位区政务服务中心。区行政审批局位于株洲市荷塘区新华东路 218 号金科大厦，面积 2000 平方米。区行政审批局主要职责是贯彻落实国家、省、市有关方针政策、法律法规和决策部署；负责推进“一件事一次办”改革工作；负责全区电子政务的发展应用、“互联网+政务服务”有关政策、制度和工作计划的制定、组织实施、监督和考核工作；负责全区政府数据资源工作，组织建立数据资源管理沟通协调机制；负责自然人、法人和其他组织区级审批事项的全程审批、综合协调、监督考核工作；负责公共服务综合信息平台等行政审批、社区管理电子网络一体化项目、智慧荷塘 App 规划建设、应用推广、管理维护以及与市级平台对接、数据互通工作。

2021 年，区行政审批局以深化“一件事一次办”改革为主抓手，围绕打造廉洁高效营商环境、服务助推基层社会治理目标，坚持刀刃向内、自我加压，通过做好监督管理、简政放权、高效服务，推动“规范、便民、廉洁、高效”的服务理念，不断提升营商环境服务水平，共受理业务 11 万余件。获评“荷塘区委员先进基层党组织”。

【政务服务“一网通办”】 2021 年，区行政审批局以“数字赋能、政务瘦身”为目标，迭代升级“智慧荷塘”App、网上政务服务大厅，推动部门信息系统对接整合、数据互联共享、业务协同办理，让群众办事更便捷、让政务服务更智慧。荷塘区共有 39 项服务事项和 27 所公办学校教育缴费实现全程网办。在中心设立 24 小时“不打烊”自助区，在居民小区试点设立 24 小时自助服务站点，让企业群众可以随时自助办理业务。采取“线上为主、线下辅助”的方式，在中心设立“跨域通办”和“跨省通办”窗口，选取部分高频服务事项与长沙雨花区、浏阳市、兰州城关区对接，实现 48 个服务事项异地可办、跨省通办，让企业群众办事不再受地域限制，就近办、随处办，像“网购”一样方便快捷。

2021 年 4 月 13 日，荷塘—浏阳政务服务“跨域通办”签约仪式

【政务服务改革】 2021 年，区行政审批局围绕高效“一次办”，进驻事项 516 项，梳理“一件事一次办”清单 296 项，梳理发布涉企经营许可告知承诺事项 10 项，梳理公布园区赋权事项 18 项，梳理三批中介服务事项 37 项，并积极对接市局，协同产业服务中心解决企业“成长烦恼”，降低企业成本，打造优质营商环境；率先在城区实施“身后事‘一件事一次办’”改革试点，将原先 77 个工作日才能办完的业务缩减至 26 个工作日办结，破解逝者身后事办理手续多、材料多、多处跑、程序繁等问题；推进政务服务事项下沉，累计下放 100 个服务事项到镇、街道，81 个服务事项到村（社区），个体工

商户设立登记等一大批事项实现“即办”“秒办”，即办率达到70%以上。

【政务服务能力】 2021年，区行政审批局围绕构建15分钟政务便民服务圈，打造统一基层便民服务平台，全区设有便民服务中心69个，实现便民服务立体化全覆盖；同时，在区级政务大厅新设公证和法律服务窗口、税务窗口、“六稳”“六保”政策兑现窗口、“一件事一次办”跨域通办（跨省通办）窗口、企业开办“一窗办”专窗、公交业务等窗口，让企业群众“凭一张证、进一扇门、在一个窗、办众家事”。强化基层便民服务队伍，选优配强基层班子，配备素质高、业务精、能力强、服务优的工作人员，确保群众“办事不找人、办成事不求人”。推出免费办理健康证、免费邮寄、免费自助照相、新开办企业免费刻制印章、午间延时办等便民服务，有效降低企业群众办事成本，进一步激发市场活力。打破空间、行业限制，将城乡帮困志愿服务队、小区党员志愿服务队等基层的志愿组织融入基层便民服务中心，提供免费帮办代办、健康义诊、政策宣传等服务，实现群众“办事不出村，服务零距离”，截至2021年，累计提供帮办服务9000余人次。

【助力疫情防控】 2021年，区行政审批局大力推行“不见面审批”“预约办理”等非接触式服务，开设4个对外服务咨询热线，全面增强线上咨询服务力量。疫情期间，荷塘区各政务大厅办理各类业务2800余件，其中通过电话、网上渠道办理各类紧急业务811件。积极响应区委组织部号召，派出一支由支部党员及爱心志愿者组成的17人疫情防控志愿服务队夜以继日参与基层疫情防控工作，派出14名工作人员协助开展电话流调工作。领导干部下沉一线、主动作为，并发挥党派优势助力疫情防控。积极链接爱心企业捐赠口罩、手套等防护、食品物资，主动对接民革株洲市委，联系爱心房车、爱心饮品，用实际行动为抗击疫情贡献政务人的力量。充分发挥新媒体优势，通过红网、新闻株洲、《株洲日报》、“智慧荷塘”App、抖音号等新媒体平台发布权威疫情信息及报道40余篇。

（赵朝霞）

优化营商环境

【概况】 株洲市荷塘区优化营商环境协调事务中心（以下简称“区优化营商环境中心”）组建于2019年5月，为区政府直属全额拨款正科级公益一类事业单位。主要负责统筹协调全区项目建设（原项目办职能），组织协调各职能部门、业主单位解决项目建设中问题和困难，提高项目建设的效率和效能，定期交办、督办、调度项目进度按时间节点推进；负责贯彻落实中央、省、市、区委政府关于优化营商环境工作的方针政策和决策部署；组织对全区优化营商环境提升优化相关政策的宣传，对政策落实情况开展评价。

2021年，区优化营商环境中心组织深入开展“营商环境优化年”活动，着力解决区营商环境的痛点、堵点、难点，加速项目顺利推进，加快营商环境优化升级，全省营商环境第三方评价取得第二名。

【优化营商服务】 2021年，区优化营商环境中心立足区情，充分发掘部门优势和特点，荷塘区税务局率先推行“非接触式”办税，完成214项涉税业务网上办理，覆盖纳税人征管业务事项的90%以上。荷塘区率先实现491个事项服务线上查询，办事流程随时随地查看，41个服务事项实现全程网办，零跑腿，区政务中心成为全市的“网红店”。荷塘区率先推行“一件事一次办”改革，4 家企业通过“指定代办”，享受无偿委托服务。打造专员驻企服务周、智慧碰撞开放大讲堂等系列服务品牌，获评“国家级中小企业公共服务示范平台”。

【为企业纾困解难】 2021 年，强化纾困解难、拓宽社会监督、畅通政企桥梁。大力开展“优化营商环境大走访大调研大整改”活动，走访企业 80 余家、收集问题 60 余条，着力解决各类企业主体的“急难愁盼”问题。聘请 10 个商协会担任营商环境监督测评站、15 位监督测评员，收集和反映本企业、本行业在发展过程遇到的困难和问题，对各级机关及工作人员“不作为、慢作为、乱作为、不会为”等行为进行实时监测。推行区领导对口联系重点企业，选派多名驻企联络员，及时收集解决企业发展中的问题。

【攻坚省评指标】 2021 年，区优化营商环境中心通过夯实基础，预先掌握评价标准，提前部署评价工作，强化沟通协调服务，压实责任强化培训等。2021 年，全省营商环境第三方评价指标在开办企业、获得信贷、获得用水、用电、用气、建筑许可、纳税等，共被抽中 43 家企业，因提前逐户上门宣讲，耐心解释获得理解，与企业保持信息畅通，在评价调查中获企业的大力支持，与市级同获全省营商环境评价第二名。

【助推项目建设】 2021 年，区优化营商中心全面着力服务园区，重点推进园区产业项目建设，协调解决项目建设中存在的问题和困难，助推项目建设提速提效。飞山奇项目 7 个工作日内完成 11 项行政审批手续，创株洲市首例“拿地即开工”。中良电气、东裕美耐两个项目从土地摘牌到取得建筑工程施工许可证仅用 5 个工作日，成为市本级首宗工业用地“交地即交证”标杆案例。

【落实惠企政策】 2021 年，区优化营商环境中心加大推进包容普惠创新，通过区中小企业公共服务平台、“荷企福”微信小程序和明道云线上平台，大力落实惠企政策，累计帮助 50 余家企业申报各项奖补政策 60 余项，获得奖补资金约 3200 万元。2021 年，共奖励 246 万元，其中，奖励标厂租金返还 161 万元、企业入驻奖 14 万元、招商引资中介人 64 万元、三一集团项目高端人才个人所得税奖励 7 万元。

（周　渼）

机关事务

【概况】 株洲市荷塘区机关事务服务中心（以下简称“区机关事务中心”）是区政府直属全额拨款正科级事业单位。主要负责机关大院和机关宿舍的公共设施维修、设备维护、治安秩序、园林绿化、会议服务、环境卫生、公务用车使用管理、立体停车场和机关食堂管理及院内报刊征订收发等工作。2021 年，推进全区 53 个党政机关的创建工作，节能降耗成效明显。公务用车平台运行成本从 2017 年的预算 200 万元下降到 2021 年的 130 万元，节约 70 万元。节电节水降耗等运行成本从 2016 年的预算 262 万元降到 2021 年的 180 万元，节约 82 万元。2021 年，荣获“全省节约型机关建设先进集体”称号。

【日常管理】 2021 年，区机关事务中心联合区食药局对机关食堂进行专业检查，提质改造区政府老干楼五楼公共会议室，为区“四大家”换届选举提供高效有力的后勤保障。定期清洗 3 个二次供水水箱和食堂油烟。

【公务用车管理】 2021年，区机关事务中心公车平台有运行车辆43台，委托管理车辆16台（机关部门、园区、街道），聘用司勤人员19名。公务出行全部采用电脑或手机App在区公务用车信息化管理平台申请审批派遣机制，科学、合理调配车辆。坚持“谁审批谁负责”，严格按照区委办、区政府办《关于进一步规范公务用车使用管理的通知》（株荷办发〔2020〕7号）适用范围管理使用。车辆日常维护管理实行五个定点（即定点停放、定点加油、定点维修、定点洗车、定点保险）。2021年，平台完成出车任务3361次，维修费用49万元，加油金额26.1万元，行驶里程28.16万公里，车辆保险7.4万元。平台严格按照《荷塘区司勤人员和车辆管理制度（修订）》和《荷塘区司勤人员安全绩效考核及优秀班组评比办法（修订）》对人员和车辆进行管理。

【助力疫情防控】 2021年，区机关事务中心在疫情期间对机关食堂实施有序分餐制。严格排查食堂工作人员健康状况，落实人员体温晨检和巡查。对餐具、食堂厨房、储存室、餐厅等进行全面消杀。8月，为18个隔离点的隔离人员、医护人员、工作人员制作盒饭，高峰期多达每天3300份。新冠肺炎疫情期间，启动应急预案，严格门岗查验，组织院内核酸一日一检，为58个区直机关部门、单位采购配送口罩90650个、酒精500公斤、84消毒液500公斤。组建应急抢修小分队支援隔离点的应急抢修任务，主要是水电、监控设备应急保障，为隔离点党校1、3号楼等5个点应急抢装监控设备，华地宾馆抢修电力故障，泰华酒店应急改造等。抽调年轻干部曹思佳到社区一线抗疫，为联点新月塘社区、黄陂田村抗疫捐赠口罩、酒精、84消毒液、方便面、牛奶等物资。

（彭超群）

政协株洲市荷塘区委员会

综　述

【概况】 2021年，政协株洲市荷塘区第五届委员会（以下简称“区政协”）有委员155名。区政协机关设置办事机构1个：办公室，为正科级；设置专门委员会5个均为正科级。提案和委员学习联络委员会下设股级公益一类事业单位委员联络服务中心。委员按界别构成分成经济、城建、教育、农村、医卫、科技、法制、文体艺术、群团、联络联谊10个界别工作组。2021年10月换届后，政协株洲市荷塘区第六届委员会有委员156名。委员按界别构成分成经济、城建城管、教育、农业农村、医卫、科技、法制、文体艺术、群团、工商联10个界别工作组。

2021年，区政协围绕中心、服务大局、主动担当、有效作为。召开全体委员会议2次、常务委员会议4次、主席会议7次。围绕区委中心工作，举办常委会议协商、主席会议协商、提案协商4次，扎实开展课题调研和民主监督，成果丰硕，收集基层干部、群众反映的意见建议90余条，征集提案93件，立案65件，微建议43条，社情民意7条，较好地发挥人民政协作为专门协商机构的作用。

【专题调研】 2021年，区政协各界别工作组组织开展关于区硬质材料产业集群发展、推动荷塘区养老业高质量发展的调查与思考、发展荷塘区休闲农业、深入实施“三高四新”战略、加快推进荷塘区装配式钢结构建筑产业发展等10项专题调研，其中《关于荷塘区硬质材料产业集群发展的调研报告》获评省政协优秀调研报告三等奖、市政协优秀调研报告一等奖。《关于我区硬质材料产业集群发展的调研报告》和《推动荷塘养老业高质量发展的调查与思考》2篇调研报告被评为区政协调研报告一等奖。

【视察评议】 2021年，区政协主席会议先后围绕提升网格化管理工作、先进硬质材料产业发展情况、耕地保护和利用情况、“四好农村路”情况和基础公共卫生服务等工作开展视察评议。视察网格化工作，参观区网格化管理平台，听取区网格化管理中心的汇报，结合视察和座谈情况，提出加强网格化管理的保障、强化网格员队伍建设、完善网格化管理运行机制和提高居民参与度、培育社区自治力量4条建议。视察先进硬质材料产业发展建设情况，实地考察嘉德一期硬质合金产业园、金城国投新材料产业园、装配式建筑产业园并召开座谈会，提出理清工作思路、提升产业效益、培育经营主体、强化要素保障等4条建议。视察耕地保护和利用情况，实地考察仙庾镇蝶屏村、亭子前村、龙洲村并召开座谈会，提出4条合理化建议。视察评议区“四好农村路”工作情况，实地考察走访黄陂田、奎园等地并召开座谈会，提出4条合理化建议。视察评议区基础公共卫生服务工作，实地考察金山街道卫生服务中心、仙庾镇卫生院并召开座谈会，提出3点合理化建议。

【提案工作】 2021年，区政协收到各类提案93件、立案65件、转社情民意7件，办复率为100%。由主席会议成员领衔督办重点提案，分别就加强村（社区）工作人员管理、推进民营经济发展、加强农村法治建设、完善托育公共服务、规范“三供一业”资产移交管理和巩固黑臭水体整治成果等6个提案围绕区委、区政府中心工作，反映经济和社会发展的重点问题，群众普遍关心的热点难点问题的提案作为重点提案，加大督办力度，由区委、区政府分管领导和区政协主席会议成员领衔督办。所有立案提案办复率100%，其中《关于发展壮大新型村级集体经济，实现荷塘区农业农村高质量发展》《关于推进民营经济发展的建议》《关于规范“三供一业”资产移交管理的建议》《关于进一步加强利用短视频平台塑造和提升荷塘区城市形象的提议》等10件提案被评为年度优秀提案。2021年，区政协评选株洲市荷塘区委组织部、株洲市荷塘区民政局、株洲市荷塘区住房城乡建设局、株洲市荷塘区农业农村局、株洲市荷塘区城市管理和综合执法局、株洲市公安局交通警察支队荷塘大队6个单位为提案办理工作先进单位。

【委员驻室工作】 2021年，区政协把委员工作室作为推动政协工作向基层延伸，服务基层群众的重要抓手。全区建成委员工作室10个，实现镇（街道）委员工作室建设、政协委员进驻工作室、线上线下委员工作室联动“三个全覆盖”。积极组织委员参与基层协商议事、万户帮扶等活动，对42户困难家庭开展结对帮扶。

【履职成果汇编】 2021年，区政协组织编写《建言献策 忠诚担当——政协株洲市荷塘区委员会2021年履职成果汇编》。全书分为协商专报、调研报告、优秀提案3个部分，共9万余字。

（王　丹）

重要会议

【区政协五届六次全会】 2021年2月2—3日，政协株洲市荷塘区第五届委员会第六次会议在荷塘区机关举行。会议听取并审议通过政协株洲市荷塘区委员会主席何恒仁代表区政协常委会所做的工作报告和政协株洲市荷塘区委员会副主席张苏龙所做的提案工作报告；协商并讨论区人民政府工作报告、区人民法院工作报告、区人民检察院工作报告及其他有关报告，通过政协株洲市荷塘区第五届委员会第六次会议有关决议。

【区政协常委会会议】 2021年，荷塘区五届政协共召开4次常委会会议（第21次至24次）。

1月26日 区政协五届二十一次常委会议召开。会议审议通过区政协五届六次会议相关事项，协商通过常务委员会工作报告（草案）和关于五届五次会议以来提案工作情况报告（草案）。

2月3日 区政协五届二十二次常委（扩大）会议召开。会议协商审议提案审查情况报告（草案），协商审议区政协五届六次会议关于常务委员会工作报告的决议（草案），协商审议区政协五届六次会议政治决议（草案）。

6月8日 区政协五届二十三次常委（扩大）会议召开。会议学习“全省市县乡领导班子换届工作电视电话会议”精神，研究通过任免情况，协商通过委员辞免情况。

10月13日 区政协五届二十四次常委会议召

开。协商通过各专委会和办公室负责人任免名单，审议通过关于召开六届一次会议的决议（草案），审议通过六届一次会议日程安排（草案），审议通过六届一次会议有关组织人事事项，秘书处机构负责人名单，审议通过政协荷塘区第六届提案审查委员会名单。

【区政协六届一次会议】 2021年9—10月，政协株洲市荷塘区第六届委员会委员经各界推荐提名协商产生。本届委员计划安排委员157名，留出1名委员名额待今后工作需要时增补，实际协商产生委员156名。其中连任委员58名，占37%；中共党员62名，占40%；民主党派和无党派人士94名，占60%；少数民族委员8名，占总数5.1%；妇女委员58名，占总数的37.2%；非公经济人士28名，占18%。政协株洲市荷塘区第六届委员会委员共设20个界别，分别为中共、民革民盟民建、民进农工致公九三、无党派、工会、共青团、妇女、工商、残联、侨联、科协、科技、教育、医卫、经济、农林、文体艺术、宗教、少数民族、社会福利。10月25—26日，政协株洲市荷塘区第六届委员会第一次会议在荷塘区机关召开，受政协党组书记、主席何恒仁委托，政协党组副书记、副主席方芳代表政协株洲市荷塘区第五届委员会常务委员会向大会做工作报告。汤小红当选为政协株洲市荷塘区第六届委员会主席，方芳、冯晓、张苏龙、龚新胜、杨能华当选为政协株洲市荷塘区第六届委员会副主席，陈乐红当选为政协株洲市荷塘区第六届委员会秘书长，王华、方芳、石宏、帅清民、冯晓、刘伟、刘天成、刘志峰、汤小红、杨能华、吴琼、张苏龙、陈捷、陈乐红、陈志雄、欧阳春华、罗干、罗智玲、周文洁、周悫昱、袁宏伟、曹姜君、龚新胜、蔡群英、管婧、谭鑫、谭东山、黎婷、瞿逢时当选为政协株洲市荷塘区第六届委员会常务委员。

2021年10月25日，荷塘区政协六届委员会班子成员合影

（王　丹）

民主监督

【专项民主监督】 2021年，区政协对基本公共卫生服务、耕地保护与利用等工作开展视察监督评议。组织委员参与对区人民法院、区人民检察院、区城管执法局等单位工作的民主监督。2021年，开展各类协商监督20余场次。

【微建议和社情民意监督】 2021年，区政协利用政协云和提案系统，组织委员积极开展微建议和社情民意报送工作。收到43条微建议，交由相关职能部门办理，帮助人民群众解决微困难、微需求，有效对接区委、区政府微建设、微服务；在收集的各类社情民意信息中，选取群众反映强烈、意见集中的7条社情民意信息进行集中上报，为区委、区政府体察民情、关注民生架起桥梁。2021年，区政协评选陈小伟、何艳艳、沈华为、田颖4人为微建议先进个人。

（王　丹）

纪检·监察

纪律检查

【概况】 2021年，中共株洲市荷塘区纪律检查委员会、株洲市荷塘区监察委员会（以下简称“区纪委监委”）坚持以习近平新时代中国特色社会主义思想为指引，坚决扛起管党治党政治责任，贯彻落实中央和省、市纪委全会精神，坚持稳中求进总基调，在市纪委监委和区委的坚强领导下，坚定不移立足职责定位，主动担当作为，推动纪检监察工作高质量发展。全区纪检监察机关坚持高质量发展主题主线，持续深入正风肃纪反腐，切实发挥监督保障执行、促进完善发展作用，为“十四五”开好局提供坚强保障。

【召开区纪委六届一次全会】 2021年7月30日，荷塘区召开纪委六届一次全会，审议通过《中国共产党株洲市荷塘区第六届纪律检查委员会第一次全体会议选举办法》，选举产生新一届区纪委常委和区纪委书记、副书记，并提请中国共产党株洲市荷塘区第六届委员会第一次全体会议通过。

【巡视巡察】 2021年4月8日，区委召开第十轮巡察工作动员部署会。区委常委、区纪委书记、区委巡察工作领导小组组长郑志富做动员讲话，区委常委、组织部部长、区委巡察工作领导小组副组长余鹏主持会议并宣读《关于五届区委第十轮巡察授权的通知》。2021年，区纪委监委准确把握政治巡察定位，不断提升巡察工作质量。高质量完成巡察全覆盖。五届区委12轮巡察，派出32个巡察组（次）对60个单位党组织开展常规巡察，发现各类问题1003个、提出意见建议250条、移交问题线索127条、立案26人、党纪政务处分24人、组织处理27人，完成一届任期内巡察全覆盖任务。深入开展专项巡察。围绕落实上级决策部署和解决群众反映强烈的突出问题，针对信访集中、处理问题不力、软弱涣散的村（社区）党组织开展专项巡察，发现问题47个、移交问题线索5条、立案3人、组织处理1人；对平台公司、国有商业房产租赁情况等开展专项巡察，发现问题30个、移交问题线索15条、立案1人、组织处理4人；开展涉粮问题专项巡察，发现问题10个、移交问题线索1条。出台《荷塘区巡察整改监督工作暂行办法》，将巡察整改完成情况纳入年度重点考核内容，推动整章建制63项。建立巡察整改“四方联审”机制（由区纪委监委牵头区委组织部、区委宣传部和巡察组对巡察整改有关材料进行联审，有效杜绝整改不到位等形式主义和官僚主义问题），不断完善巡察整改监督链条，形成监督合力，切实提升巡察整改质效。

（温　馨）

全面从严治党

【监督检查】 2021年，区纪委监委坚决扛起“两个维护”重大政治责任，以常态化、具体化的政治监督确保政令畅通。开展疫情防控监督检查。部署“六个一”（召开一次专题会议、下发一个加强疫情防控措施的通知、成立一个督导问责组、成立一个暗访组、组建一支志愿者队伍、成立一支驻村服务工作队）行动，印发“十严禁”（《荷塘区集中隔离医学观察点工作“十严禁”》）严明工作纪律，累计派出纪检监察干部240余人次、开展监督检查16轮次、发出督查通报16期、收集并提出工作建议50余条、督促整改问题52个、组织处理3人。开展“洞庭清波”专项整治行动。对4个方面13项内容问题整改清单持续跟进落实，推动解决问题10余个，查处形式主义、官僚主义问题1起，组织处理3人。做好省委巡视整改工作。监督推动省委第三巡视组巡视荷塘反馈意见整改工作，43个反馈问题意见中，已完成整改21个，基本完成整改22个，整改完成率100%。围绕选人用人强化监督。从严从实抓好换届风气监督，出具暂缓或否定性意见9人次。2021年，回复党风廉政意见124批次，共3713人次，出具暂缓或否定性意见14人次，严把选人用人政治关、廉洁关。

【案件查处】 2021年，区纪委监委坚持标本兼治、综合治理的工作方针，以“零容忍”的态度惩治腐败，一体推进“三不”（习近平总书记在十九届中央纪委三次全会上提出一体推进不敢腐、不能腐、不想腐的明确要求）。2021年，荷塘区纪检监察机关共受理检举控告143件，处置问题线索85件，同比增加63.5%；立案42人，同比增加75%；其中警告处分12人、严重警告处分9人、留党察看4人、开除党籍8人，政务开除2人、撤职6人，移送检察院审查起诉1人，收缴违纪违法资金716万余元。协同开展政法队伍教育整顿，准确把握“自查从宽、被查从严”政策，充分发挥反腐败协调领导小组作用，加大问题线索核查处置力度。坚持行贿受贿一起查，积极推进行贿人信息库建设，共梳理出行贿人8人。深化以案促改、以案促治，下发纪检监察建议书10份，有效实现政治效果、纪法效果和社会效果的统一。

【整治腐败】 2021年，区纪委监委坚持以人民为中心，着力解决群众身边“急难愁盼”问题。查处发生在群众身边的腐败问题3起、党纪政务处分3人。对全区政府投资工程项目超概算问题开展专项清查，开展领导干部插手干预工程建设项目案件所涉问题线索大起底，党纪立案1人、组织处理1人、追缴资金1.1万元。开展行政执法乱象突出问题专项整治，政务立案1人、组织处理3人。开展惠民惠农资金突出问题专项整治，开展信访积案“清零行动”，不断提升群众的获得感和满意度。

（温　馨）

廉政教育

【廉政教育】 2021年，区纪委监委严格落实中央八项规定及其实施细则精神，常态化开展正风肃纪，坚持越往后执纪越严，干部作风呈现新气象。持之以恒落实中央八项规定精神，查处违反中央八项规定精神等作风问题9起，批评教育帮助和处理10人。深入开展“四风”问题专项整治，党纪立案1人、组织处理3人、下达监察建议书6份。整合财政监督资源，对职能部门开展专项督查4次，督促整改问题10余个。着力优化营商环境，牵头组建“制造名城”监督与服务企业微信群，为企业发展提供服务。全区共建群137个，服务10556人。

【监督效能】 2021年，区纪委监委强化系统集成，注重协同高效，不断提升科技化应用水平，提升监督治理效能。探索建立“室组”联动监督、“室组地”联合办案机制，推动形成监督合力。高质量推进检举举报平台建设，将平台延伸至派驻纪检监察组、镇（街道）纪（工）委，实现信访举报件线上、线下同步运行，处置子平台签收率、处置率均达100%。持续深化幸福株洲服务与监督荷塘微信群平台的实践与运用，增加公示公开小程序、融合“监督一点通”平台新功能，建群254个，受理工单332条，公示村（社区）级财务、事务等信息3000余条，为群众进行政策解答、诉求回应8000余件。优化“互联网+监督”平台，“大数据”助力“一卡通”等问题专项治理，发现问题3起、组织处理2人、追回资金2.88万元。深化运用“四种形态”。运用“四种形态”处理143人次，其中第一、第二种形态占比88.11%，第三种形态9人次，第四种形态8人次。

（温　馨）

群众团体

荷塘区总工会

【概况】 株洲市荷塘区总工会（以下简称“区总工会”）为群团组织正科级单位，下设区困难职工帮扶中心，为区总工会所属股级公益一类事业单位。

2021 年，区总工会按照“党建带工建，工建促党建”的工作要求，围绕建党百年庆和党史学习教育活动，突出工会主责主业，积极投身疫情防控，全力服务广大职工群众，为推动荷塘区现代化建设贡献应有的力量。获“2021 年全市企业民主管理微视频大赛优秀组织奖”。“芙蓉情缘”全年目标 200 人，完成 300 人，完成率 150%；帮扶救助困难职工全年目标 300 人，完成 374 人，其中物资慰问困难职工 283 人，资金慰问困难职工 91 人，完成率 124.66%；职工医疗互助全年目标 6000 人，完成 9403 人，其中医疗互助 6085 人，女职工特殊疾病参加人数 3318 人，完成率 156.71%。

【组织建设】 2021 年，区总工会进一步转变思想，健全完善工会服务体系，提高服务意识和服务水平，积极打造“服务型”工会，让用人单位和职工切实感受到建立工会组织对促进企业发展、维护职工权益、提高职工素质的作用，使“要我建会”变成“我要建会”，“要我入会”变成“我要入会”，积极推动区域内工会组建。规范全区 7 个镇、街道共计 61 个村、社区建立规范化的基层工会组织，将“小三级”工会组织架构理清、理顺，并持续开展货车司机、快递员、家政服务员等新型业态组织建会入会。辖区工会组织共 358 个，会员达到 40000 余人。

【助力疫情防控】 2021 年，区总工会全体干部职工第一时间响应区委号召，报名参加志愿者，积极参与荷塘区疫情防控工作。8 月 19 日，区总工会在省总工会下拨 60000 元专项补助资金的基础上配套 23754 元，合计 83754 元，用于开展抗疫医务人员及一线工作者“送清凉”慰问活动，将 940 份“清凉包”送到抗疫一线的医护人员、社区工作者、志愿者、社区民警手上，以实际行动助力疫情防控。

【关爱职工】 2021 年，区总工会为解决群众就业难和企业招工难的问题，利用春节后企业招工需求多的有利时机，让返乡农民和农村富余劳动力就近就地就业。4 月，荷塘区举办 2021 年“点亮万家灯火精准就业服务”株洲市荷塘区企业用工专场招聘会，来自辖区的 40 家企业参加该次招聘会，招聘会提供 1100 余个岗位，初步达成就业意向 200 余人。6 月，区总工会深入开展“工会进万家”活动，调研走访慰问全国劳动模范和省部级劳模等共 28 人，为他们每人送去价值 300 元的慰问物资。7 月，组织开展 2021 年夏季“送清凉”活动，对全区高温场所工作的一线企业员工、城市管理一线高温作业环卫工人等 2000 余人进行慰问，发放 14 万余元的白糖、绿豆等防暑降温物资。同时，区总工会在红旗广场和向阳广场为一线环卫工人、城管队员、执勤交警等户外劳动者提供便利温馨服务，为他们营造一个舒适温暖的休息港湾。11月，举办“青春同行·遇‘建’你”单身青年职工交流活动，现场共有8对男女嘉宾牵手成功。12月，举办“一麓有你”2021年长株潭大型优秀单身青年联谊活动，最终幸福牵手12对；举办“工会进万家·新就业形态劳动者温暖行动”服务月启动仪式，为新就业形态劳动者提供多样化暖心服务，把党和政府的关怀、工会组织的温暖送到新就业形态劳动者的心坎上。

2021年11月11日，荷塘区开展“青春同行·遇‘建’你”单身青年职工交流活动

【提高职工素质】 2021年，区总工会加快推进“一户一产业工人”培养工程，以提高劳动者技能素质、促进创业就业、增加劳动者收入为出发点，荷塘区总工会积极对接市场需求、企业需求、困难群体需求，精选符合多方需求的电工、计算机操作、家政服务、烹饪、茶艺等技能培训，举办培训班45期，参加培训人数达1600余人。积极组织工会干部参加省、市总工会举办的各类培训班，有效地带动工会干部队伍建设，提升基层工会干部的整体素质。年内，区总工会推选,3名基层工会干部荣获“株洲市职工最可信赖娘家人”称号。

【职工帮扶服务】 2021年春节期间，区总工会对荷塘区462名职工进行物资慰问，合计14万余元，其中包家庭困难职工283人、劳模61名、艰苦岗位上的一线职工118名。对91名困难职工提供8万元的资金慰问。2月，区总工会承办的2021年株洲市关爱快递员“暖蜂行动”在荷塘区金山科技工业园申通快递公司举行，让快递员感受到更多关爱和温暖。开展第八期职工医疗互助活动，有效缓解职工因病致困的问题。全区有143家单位参加，总参加人数为9403人，共缴纳互助金额519980元。其中，6085人参加职工医疗互助活动，缴费金额486800元；有3318人参加女职工女性特殊疾病保障活动，缴费金额33180元。

【职工文化活动】 2021年，区总工会组织荷塘区各乡镇街道、系统行业工会联合会、机关、事业单位基层工会36支队伍，共近400名运动员参加羽毛球赛；组织17支企业代表队参与2021株洲市荷塘区“亿都杯”篮球邀请赛；开展“永远跟党走”——荷塘区第六届职工健步行活动，通过组织各项工会活动，引导全区干部职工以健康向上、团结合作、积极进取的风貌，努力开创荷塘高质量发展新局面。

【工会经费管理】 2021年，区总工会进一步规范工会经费收缴管理，加强工会财务经审，聘请第三方专业机构建业会计事务所进行全区工会的审计工作。在工会经费的收、管、用3个环节上设立3道关口，通过审查监督，促进提高收缴率，促进工会财务规范管理。在2020年对下级工会组织审计的基础上，2021年共对本级所属18家基层工会中的15家基层工会2018—2020年的工会财务进行审计。

（谭　琦）

共青团荷塘区委员会

【概况】 共青团株洲市荷塘区委员会（以下简称“团区委”）成立于1997年4月，2001年设立专职书记。核定全额拨款行政编制2名。

2021年，团区委聚焦于提升团的组织力、引领力、服务力和大局贡献度的目标，引领凝聚青年、组织动员青年、联系服务青年，团结带领全区广大青年为建设现代化新荷塘贡献青春力量。2021年，团区委获评“株洲市共青团工作分类定级一类单位”“株洲市五四红旗团委”“株洲市共青团宣传工作先进单位”。区青志协获评“省级志愿服务示范团队”。区茨菇塘街道幸福办、区产业服务中心、区检察院3家单位获评“市青年文明号”称号。

【思想引领】 2021年，团区委抓住庆祝中国共产党成立100周年契机，不断深化青少年思想政治引领。广泛开展“学党史、强信念、跟党走”学习教育。采取组织化学习、实践体验活动等做法带动党史学习教育走深走实。在全区各中小学开展“党的故事我来讲——争做红领巾讲解员”主题实践活动，组建“红领巾宣讲团”，深入学校、社区、烈士纪念园等地开展党史主题宣讲15场，24个“红领巾讲解员”宣讲视频登上“学习强国”平台。举办“百年风华·荷塘力量”演讲比赛、“百年正青春”征文比赛等活动，在青年干部中掀起学习热潮。常态化开展仪式教育，实现活动育人、实践育人，在“清明”“五四”“六一”等时间节点，举办“红领巾心向党”株洲市少先队清明祭英烈示范性活动、“青春向党·奋斗强国”离队入团活动、“红领巾心向党”入队仪式、“请党放心、强国有我”建队日主题队会等活动90余场次，覆盖青少年近5万人。发动“青年大学习”“红领巾爱学习”，用习近平新时代中国特色社会主义思想铸魂育人。发动各领域团员青年集中学习，“青年大学习”网络主题团课参与人数超过4.1万人次，“红领巾爱学习”主题队会覆盖率达100%。区检察院等3家单位创建“市青年文明号”，并开展“号声嘹亮·青年文明号向祖国报到”活动。推荐欧旦等4名优秀青年获评株洲市“向上向善好青年”。

【基层组织改革】 2021年，团区委始终围绕强“三性”（政治性、先进性、群众性）、去“四化”（机关化、行政化、贵族化、娱乐化）的改革目标，聚焦主责主业。扎实做好县域共青团基层组织改革工作。作为县域共青团基层组织改革省级试点单位，对标中央、省市要求，明确任务、突出重点、有序推进。在团的工作力量选用方面，在团区委增加1名兼职副书记；镇（街道）团（工）委书记由党政班子成员兼任。在组织设置和运行方面，在团员发展和教育管理方面，出台《荷塘区初中学校积分入团工作方案（试行）》，全面落实推优入团、积分入团、评议入团。在党的领导和支持保障方面，区委常委会会议审议并通过改革措施；联合区委组织部出台推优入党实施方案。持续推进新时代少先队改革创新。将少先队工作纳入全区共青团“三力一度”工作格局，重点围绕完善团教协作机制、巩固拓展少先队组织体系、构建少先队员阶梯式成长激励体系三大方面做深做实。密切团教协作，明确将少先队重点工作纳入教育系统中小学党建、督导任务清单和考核范畴，制定成立学校少工委的工作指引等，实现全区28所中小学100%成立校级少工委，并规范召开少代会。以“红领巾奖章”为核心，进一步增强少先队员光荣感及归属感。

【青少年志愿服务】 2021年，团区委围绕中心服务大局，提升共青团助力现代化新荷塘建设的贡献度。在疫情防控中，组建14支青年突击队、10支志愿服务队，发动1300余名青年志愿者，在设卡测温、核酸检测、秩序维护、小区值守等工作中彰显荷塘青年的责任与担当。在新湖南、《株洲日报》、红网等主流媒体发布青年参与疫情防控报道、组图18篇，总阅读量超过24万次。创新基层治理，重点实施社区青春行动。围绕打造青春阵地、汇聚青春力量、推进青春项目三个维度，打造小区“青年之家”，组建“1+N”志愿服务队伍（1个小区青年志愿服务队+N个参与志愿服务组织），推出“幸福邻里”志愿服务项目，探索出一条青年参与基层社会治理的荷塘途径。11月，在全省“七彩假期”总结会上的经验分享，区青志协获评省级志愿服务示范团队。围绕生态文明建设，常态化组织开展“我是河小青”志愿服务，以实际行动保护母亲河、助力河长制。该项目入选2021年“湖南河小青·建功新征程”项目，并获评优秀。围绕乡村振兴、小区党建、社区青春行动，组织青年志愿者进乡村、进小区开展公益墙绘。

【关爱青少年】 2021年，团区委持续推进“情暖童心”共青团关爱困境青少年行动。构建“1+N”（“1”即建立“共青团+青年社会组织+社会爱心力量”的关爱服务机制，“N”即重点实施“团团希望小屋”“七彩假期”公益课堂、“七彩图书角”、点亮微心愿等项目）困境青少年关爱服务体系，从物质帮扶和精神关怀两个层面发力，精准服务困境青少年健康成长。其中，建成“团团希望小屋”1家、“七彩图书角”15个，圆梦微心愿96个，开展心理团辅活动4场，发放“一元捐”助学金、各类奖学金11.5万元。《湖南：困境儿童住进“希望小屋”》《新春，来看一场名为“希望”的改造！》等系列荷塘“团团希望小屋”新闻、视频在新华社等新闻媒体上稿。为青年排忧解难。利用官方微信公众号定期发布青年就业招聘岗位信息、就业创业政策解读。联合区人社局持续实施青年就业见习计划，有10家青年就业创业见习基地为153名大学生提供见习机会，其中见习期内87人、稳岗66人。做实“青春恋爱季”品牌，将“青春恋爱季”作为“我为青年办实事”的精品工程，立足新时代青年的多元需求和兴趣点，以轰趴、烧烤、篝火晚会、剧本杀等形式组织开展“青春恋爱季”系列联谊活动6场，服务青年近400人。维护青少年合法权益。持续关注青少年心理健康，围绕中考、寒暑假等特殊时点开展心理健康教育宣讲12场，帮助学生科学减压、轻松备考。暑假期间，重点围绕防溺水开展自护教育，制作并发放防溺水宣传手册、手扇16000余份，开展“青春自护·暑期安全”主题活动10余场。

2021年7月15日，荷塘区开展关爱青少年自护教育活动

【共青团组织建设】 2021年，团区委始终落实“全团大抓基层”“全团抓学校”的工作要求，着力扩大组织覆盖、创新运行机制、夯实基层基础，不断提升团的组织力、凝聚力。加强团的基层组织建设。常态化开展基础团务管理、团内信息统计、团的组织生活等基本工作，实现团支部对标定级完成率100%，学社衔接率达99%。在全市率先实现中学团

校全覆盖，并编写《荷塘区中学团校建设指导手册》，推动团校“五好”标准建设。2021年新发展的730名团员均严格按“十步骤”规范发展，系统录入率100%。扩大团的组织覆盖面。持续推动“一站两联”工作，深化“青年之家”建设。大力推进对非公经济组织、社会组织和快递小哥、街舞青年等新兴青年群体的工作覆盖，2021年，全区新增非公企业团组织25个、社会组织领域团组织42个。着力加强自身建设。组织镇（街道）、学校领域团队干部培训，开展村（社区）新任团干部培训，提高团干部履职能力。严格落实团干部协管制度，完善团干部管理激励机制。

（王思静）

荷塘区妇女联合会

【概况】 2021年，株洲市荷塘区妇女联合会（以下简称“区妇联”）坚持“强三性、去四化”，找准改革痛点、深化改革破难，做好做实“联”字文章，有力提升妇联组织运转效能，基层妇联组织动力更强、合力更强、活力更强。

【妇联组织建设】 2021年，区妇联联动各级妇联组织，以换届、执委大走访为契机抓好组织建设和执委队伍建设。高位推动基层妇联换届，坚持党建引领，严把人选关，坚持纵向到底、横向到边，强化对执委政治意识、责任意识、能力意识的联审把关，圆满完成镇（街道）、村（社区）妇联换届。分层举办妇联执委培训，分区、镇（街道）、村（社区）三级开展妇联执委培训，全面提升妇联执委的履职能力，实现执委培训全覆盖。结合党史学习教育·我为群众办实事等工作，扎实开展妇联执委大走访，实现基层妇联执委大走访全覆盖。创建示范妇联组织2家，并链接资源支持，建立执委积分制，通过积分兑换实行正向激励，进一步为基层妇联组织赋能，全面激活妇联组织建设。

【困境妇女帮扶】 2021年，区妇联有困境妇女儿童帮扶项目5个，帮扶重点个案154人，惠及近500人。落实省市妇联工作要求，扎实推进“出手吧姐姐 温暖2021”关爱困境母亲公益项目，发动各级妇联组织、部门、爱心企业捐赠，募集爱心资金50929.68元，市妇联支持资金10070.32元，项目资金共计61000元，用于慰问辖区困境母亲。向市妇联申请2021年度低收入妇女“两癌”救助专项基金（中央专项彩票公益金），使7名救助对象每人获得1万元救助金。开展农村适龄妇女和城镇低保适龄妇女“两癌”免费检查，该项工作纳入省重点民生实事项目，全区农村和城镇低保适龄妇女“两癌”免费检查共完成2547人，指标完成率101.88%，在全市率先完成项目任务。

【“最美庭院”创建】 2021年，区妇联持续推进“展巾帼风采·创最美庭院”工作，制定实施方案，召开工作部署会，层层压实责任。利用“荷塘爱莲萌”微信公众号，持续多角度开展宣传，在公共场所制作相关宣传标语30余处，发放宣传资料2.5万余份。全区妇联上下联动，妇联执委、农村巾帼志愿者、普通妇女积极行动，广大妇女积极投身创建工作。开展2021年荷塘区最美庭院先进个人、示范户评选活动，评选最美庭院先进个人10人、示范户60户。创建市级最美庭院4户、市级示范片区1个，创建区级最美庭院4989户，创建比例达58.4%。

【“湘妹子能量家园”平台试点】 2021年，区妇联在仙庾镇仙庾岭村开展“湘妹子能量家园”平台试点，以家庭为切入点、App 为载体、积分制为手段、大数据为支撑，引领妇女群众参与到基层社会治理中来，形成共建共治共享的乡村治理新格局。启动以来，仙庾岭村共有 3630 名村民注册参与“湘妹子能量家园”App，注册参与率达 90%，组织开展活动 12 次，累计积分达 3 万多分。

【农村大龄青年“鹊桥”工程】 2021 年，区妇联农村大龄青年“鹊桥”工程为市“民生 100”工程，区妇联聚焦乡村振兴和产业发展，打造“鹊桥”品牌。建立农村大龄青年数据库、社会单身青年数据库、产业发展单身人才库三大数据库，开通 13 条红娘热线，组建近 150 人的红娘队伍，开展 9 场形式各样、深受青年欢迎的相亲活动，印发大龄青年恋爱指导手册 1 万册，启动婚恋指导服务，进行常态化的精准配对，促成 46 对单身青年牵手，其中 3 对领证结婚。

【妇女工作宣传】 2021 年，区妇联聚焦媒体融合，打造妇联宣传品牌。联动各级妇联，把好声音推广到群众中，制作的《乘风破浪吧荷塘小姐姐》宣传片登上《学习强国》，《新女性心力量》困境女性成长记录片获 2 万人次观看。区妇联微信公众号“荷塘爱莲萌”多次登上湘妹子排行榜，并获 756 名区内干部关注。共有 10 余条工作信息登上省、市媒体，各级妇联执委撰写宣传信息 218 篇，荣登 2021 年全国妇联宣传阵地建设光荣榜。

【妇女维权工作】 2021 年，区妇联深入开展普法宣传教育，开展“反家暴宣传月”活动，发放《中华人民共和国家庭教育促进法》5000 册，进一步增强广大妇女的法律意识。联合公检法等部门，联动各级妇联，建立 66 个维权站点，区人民法院立案庭特设妇女维权专岗，为需要法律咨询的妇女儿童第一时间提供帮助。共受理来信来电来访 98 次，服务满意度大幅提升。

【庆祝“三八”国际妇女节主题活动】 2021 年是建党 100 周年，也是“十四五”规划的开局之年。为引领全区广大妇女进一步坚定听党话、跟党走的信念信心，区妇联在“三八”节开展“巾帼心向党 奋进新时代”主题系列活动，开展三八系列评选表彰活动，对 2020 年度荷塘区三八红旗手（集体）、荷塘区巾帼文明岗、荷塘区妇女儿童工作先进个人（集体）进行评选表彰；举办“乘风破浪吧荷塘小姐姐”女性沙龙；对全区 100 余名困境妇女进行慰问，为城乡帮困项目的困境妇女赠送湘女关爱保，为表彰对象赠送拍摄套餐，组织表彰对象及城乡帮困项目困境妇女观影。

（罗央拉姆）

荷塘区归国华侨联合会

【概况】 荷塘区归国华侨联合会（以下简称“区侨联”）成立于 2017 年 12 月 25 日。2021 年，区侨联始终围绕全区中心工作，牢牢把握为侨服务的宗旨，紧密团结全区归侨侨眷，认真履行工作职能，在凝聚侨心、汇聚侨智、发挥侨力、维护侨益上做工作；在全区全面铺开侨情调查工作，初步掌握侨情的第一手资料。邀请侨界代表参与区委、区政府征求党外人士意见建议座谈会；区侨联充分发挥区侨联作为党和政府联系广大归侨侨眷和海外侨胞的桥梁和纽带作用，为荷塘区经济社会发展凝心聚力。

【归侨侨眷联络联谊】 2021 年，区侨联通过座谈、慰问等方式，加强与荷塘区定居归侨侨眷的联系，倡议他们经常联系、问候海外亲人，做好宣传推介本乡本土工作。利用春节、端午等传统节日，会同区委统战部代表区委、区政府走访慰问重点归侨、侨眷，2021 年，带领区内 1 名侨眷开展健康检查，并对区内 7 名困难归侨侨眷进行看望和慰问，发放慰问金和物资共计 5500 元。全面完成“民生 100”实事中的慰问困难归侨侨眷工作。重点走访在侨界有影响力、号召力、凝聚力的多名侨界代表人士特别是其中的青年一代，建立良好联系互动。

【发挥侨力维护侨益】 2021 年，区侨联在发挥侨力、助推经济发展方面，建立招商引资信息数据库，搭建海外侨商投资咨询平台。主动邀请市侨商会到荷塘区进行商务考察，为区经济社会建设发展助力。积极通过在区归侨侨眷向广大海外侨胞宣传荷塘、推荐荷塘，邀请他们回乡考察投资，为他们提供政策咨询等。2021 年，摸排全区 3 所高中“三侨生”、侨眷人数，落实高考加分政策；累计受理侨界群众来信来访及法律政策咨询 8 件次，帮助归侨侨眷和海外侨胞解决实际问题 5 件。

【侨情调查】 2021 年，区侨联为掌握家底，摸清侨情，继续在全区全面铺开侨情调查工作，分类建立老归侨、侨眷、侨企侨商、海外留学归国人员、海外华侨华人侨情数据库，加强对侨工作的宣传力度，调动广大归侨侨眷、海外华侨华人的积极性，更好凝聚侨心、汇集侨智、发挥侨力。

【召开侨代会】 2021 年 7 月，区侨联开展区侨联代表、常委、委员推荐和资格审查工作；11 月，召开荷塘区第二次归侨侨眷代表大会。大会听取荷塘区侨联第一届委员会工作报告，选举产生 25 名株洲市荷塘区侨联第二届委员会委员，9 名代表当选为株洲市荷塘区侨联第二届委员会常务委员，谭裔当选为株洲市荷塘区侨联第二届委员会兼职主席。

（焦薇薇）

荷塘区科学技术协会

【概况】 2021 年，株洲市荷塘区科学技术协会（以下简称“区科协”）严格落实省、市科协的工作部署，凝聚科协力量，展现科协担当，在全市率先完成各项绩效考核指标任务，为打造“一区两城”，全面建设现代化新荷塘做出积极贡献。区科协被中国科协办公厅评为“2021 年科普中国信息员队伍建设优秀组织单位”；荷塘区“智慧气象”科普活动被中国科协办公厅评为“2021 年全国科普日优秀活动”；区科协被省科协评为“2021 年湖南省全国科普日优秀组织单位”。

【科学知识普及】 2021 年，区科协着眼科普工作社会化、精准化、信息化，整合社会资源，深入开展系列科普活动。截至 12 月，荷塘区注册科普中国信息员人数 25071 人，注册科技志愿者 4793 人，传播科普文章 770660 次，开展科技志愿活动 12 场次。广泛发动参加湖南省第五届科学素质网络大赛，印发参赛宣传资料 4.5 万份，参赛人员超过 5 万人次。精心组织开展“科技活动周”“防灾减灾日”等系列活动共计制作宣传板报 10 块、发放科普宣传资料 1.5 万余份。区科协与区科工信局、区教育局等部门联合，在文化路小学举办 2021 年荷塘区“科技活动周”暨首届中小学生科技嘉年华活动，2000 余名青少年参与体验活动。

【“智慧气象”科普活动获全国科普日优秀活动】

2021年，区科协紧紧围绕“百年再出发，迈向高水平科技自立自强”主题，联合株洲市气象局、睿启机器人培训学校开展“智慧气象”科普系列活动3场次，210余人次参加。通过参观地面气象观测站、天气现象智能观测仪、综合气象观测信息化平台、通信网络运行状态监控平台等“零距离”接触，对“智慧气象”所需的仪器设备及工作原理有直观感知。科技工作者结合株洲近期持续晴热高温天气特点，讲解暴雨、山洪、地质灾害、雷电、高温等气象灾害预警信号发布及防护避险常识，并发放《气象知识》《气象灾害防御与安全手册》《气象灾害避险指南》等科普资料，把气象知识与日常生活结合起来，提高防灾减灾意识和避险自救能力。并准备风向标手工制作、气象站模型拼装环节，让家长和孩子们一起动手、动脑、合作，在互动体验中增进亲子之间的情感交流，提升科普趣味性。2021年，区科协“智慧气象”科普活动获全国科普日优秀活动。

【主题科普活动】 2021年，区科协组织开展“垃圾分类，从我做起”科普活动，编发《核酸检测科普知识》《城市垃圾分类科普知识》等科普资料2万余份。联合月塘街道科协，开展以“合理用膳食，营养惠万家”为主题的营养科普讲座，为社区居民讲解日常当中合理搭配饮食的方法和营养知识。广泛动员各镇、街道、村、社区、企业、学校等深入开展科普活动200余场次，参与人次达15万人次。

【青少年科普】 2021年，区科协为“助力三高四新战略，托起未来科技之星”，联合团区委、睿启机器人培训学校，在银泰广场一楼对荷塘区荣获第十三届湖南省青少年机器人竞赛暨第三届湖南省青少年创意编程与智能设计竞赛的获奖者进行集中颁奖，以此激励获奖青少年永葆对科学的兴趣和科技创新的热情，带动更多青少年讲科学、爱科学、学科学、用科学，努力成长为祖国的栋梁之材。

【创建科普示范点】 2021年，区科协指导推荐株洲市荷塘区文利成种养殖专业合作社、荷塘区肖秀家庭农场科普示范基地入选株洲市“基层科普行动计划”项目，争取项目奖补资金10万元；指导推荐株洲市荷塘区文利成种养殖专业合作社为株洲市先进农村专业技术协会；指导推荐市气象学会、睿启机器人培训学校有限公司、杨家寨农业科技股份有限公司、柏春水果种植农民专业合作社4家单位为市级科普教育（示范）基地。

【树立先进典型】 2021年，区科协推荐株洲飞鹿高新材料技术股份有限公司总裁范国栋、中国化工株洲橡胶研究设计院有限公司党组书记、总经理孙建华入选市科协“献礼建党100周年”科技人物画册人选；推荐株洲飞鹿高新材料技术股份有限公司研究院院长黄立志参加湖南省第十一届青年科技奖评选；严格按照推选程序，推荐杨能华为省科协第十一次全代表大会代表候选人。区科协联合区科工信局、区教育局、区卫生健康局开展2021年荷塘区“最美科技工作者”“最美科技志愿者”评选活动。通过广泛发动、民主推荐和组织评审，共评出“最美科技工作者”10名、“最美科技志愿者”17名，于5月28日进行集中表彰奖励。在省科协组织的评选中，杨能华荣获湖南省科协系统“最美科学传播者”称号；罗蒙丽荣获湖南省科协系统“最美基层科协工作者”称号；钟灿荣获湖南省科协系统“最美基层科协工作者”提名奖。

【科技助力乡村振兴】 2021年，为推进株洲市食用菌产业高质量发展，助力乡村振兴战略，区科协邀请省农科院核农学与航天育种研究所、省食用菌研究所专家组一行到荷塘区开展食用菌新品种、新技术推广应用，助推食用菌产业提质增效。组织万合生态农业科技有限公司、杨家寨生态山庄联合开展“万合农业柑橘管理培训班”，邀请柑橘种植技术专家、病虫害防治专家进行授课，50余名群众参加培训和现场观摩。为推广农技知识，提升农民群众科学素养，在仙庾镇耕食记开展“永远跟党走，奋进新征程”庆祝建党100周年科普宣传活动，发放农技推广、卫生保健、慢病防治等科普读物2万余册。

【建言献策及调查研究】 2021年，区科协围绕“十四五”规划等经济社会发展建言献策。提出把“提升全民科学素质”列入“十四五”规划的建议，并积极与区发改局对接，将公民具备科学素质比例的目标建议纳入区“十四五”规划之中。区科协组织广大科技工作者积极参加省、市党代会建言献策活动，向省党代会上报5篇、市党代会上报16篇。其中《关于弘扬工匠精神，推进株洲制造业高质量发展的建议》被市委献智献策活动办公室采用，荣获二等奖；4篇被区委献智献策活动办公室采用。落实市、区党代会精神，组织科技工作者深入基层进行调研，并赴浙江温岭、丽水等地学习考察，形成《关于荷塘区硬质材料产业集群发展的调研报告》《关于新形势下科协工作的思考和建议》，为党委政府科学决策提供参考。

（游　隽）

荷塘区残疾人联合会

【概况】 株洲市荷塘区残疾人联合会（以下简称“区残联”）成立于2004年4月，是归口区政府管理的群众团体（参照公务员法管理），为正科级单位。主要工作职责是负责残疾人组织建设、教育就业、康复维权、宣传文体、社会保障、帮扶解困等工作；负责全区残疾人证的管理和发放工作；负责残疾人就业保障金审核工作；负责宣传贯彻残疾人工作相关法律法规。

2021年，区残联坚持以习近平新时代中国特色社会主义思想为指导，深入贯彻习近平总书记关于加强残疾人工作的重要论述，认真落实市、区党代会精神，团结拼搏，开拓创新，在庆祝建党100周年之际、“十四五”规划开局之年圆满完成残联各项工作。

【基层组织建设】 2021年，区残联以村（社区）“两委”换届为契机，制定出台《关于加强和推进村（社区）残疾人协会工作的实施意见》（株荷残字〔2021〕1号）文件，指导各街道（镇）残联同步健全完善村（社区）残疾人协会组织，全区62个村（社区）残疾人协会完成换届工作，筑强全区残疾人事业的战斗堡垒。区残联组织新任村（社区）残疾人协会工作人员开展业务培训，进一步提高残疾人协会工作人员的专业水平。

【残疾人教育及就业】 2021年，区残联全面开展未入学残疾儿童筛查、核实工作，协同区教育部门落实适龄残疾儿童入学问题；组织开展残疾人高中生、大学生及贫困残疾人家庭子女的教育资助工作，为41名残疾学生和贫困残疾人家庭子女发放助学金9.12万元；做好就业保障金征收年审工作，全区57家单位通过残疾人就业保障金征收年审，安排残疾人就业达362人；积极配合区民政部门做好残疾人两项补贴审核工作，审核困难残疾人生活补助99

人，重度残疾人护理补贴 193 人；帮助 38 户农村困难残疾人家庭均实现“家庭式”就业与项目增收，发放生产扶持资料 7.6 万元；开展创业培训，扶持 7 名城乡残疾人发展创业，发放创业补贴资金 7 万元；组织开展“点亮万家灯火”托底帮扶残疾人就业专场招聘会；组织开展“联村联户、四帮四促”帮扶行动，落实仙庾镇东山村 86 户残疾人家庭困难需求问题，做好政策宣传与措施帮扶工作；举办农村实用技术、中式面点、创业扶持等专题培训 3 期，培训人次 75 人；完成 187 名精神、智力及重度肢体残疾人日间照料、寄宿制托养及居家托养服务；为 648 名低保重度残疾人免费购买商业意外险，筑牢荷塘区残疾人社会保障安全网。

【残疾人康复及维权】 2021 年，荷塘区以实现“人人享有基本康复服务”为奋斗目标，抓实举措，精准行动，实现有需求的残疾儿童和持证残疾人接受基本康复服务率达 95%以上。组织开展辅具需求调查，免费发放轮椅、助行器、助视器等辅助器具 270 件；区残联坚持“应救尽救”原则，实施残疾儿童康复救助项目，投入康复资金 102.6 万元，为 80 名残疾儿童提供康复训练总时长 684 个月；投入资金 17 万元，为 333 名贫困精神病患者提供免费服药补贴；广泛开展《中华人民共和国残疾人保障法》、惠残政策、残疾预防知识宣传教育等活动宣传；投入资金 15 万元，为 20 户困难残疾人家庭实施无障碍环境设施改造；为 179 名肢体残疾人发放残疾人机动轮椅车燃油补贴 4.654 万元；处理来信来访 10 起、市长热线 3 起，均妥善处理和回复，办复率 100%，满意率 100%；办理残疾人免费公交爱心卡 141 张。

【残疾人证办理】 2021 年，区残联开展残疾人证到期换证动态核查，摸排“应办未办”人员，多措并举展开“残疾人证”过期清零工作，持续推进第三代（智能化）残疾人证换发工作；区残联联合株洲市人民医院开展上门评残服务，为辖区 69 名瘫痪在床的重度残疾人及行动不便人群提供“零距离”服务，为他们办理残疾人证提供便利，有效解决残疾人出行不便办证难的实际困难。发放残疾人证 2521 本；完成 4885 名持证残疾人入户走访工作，发放政策读本 5000 份，调查入户率达 97%以上。

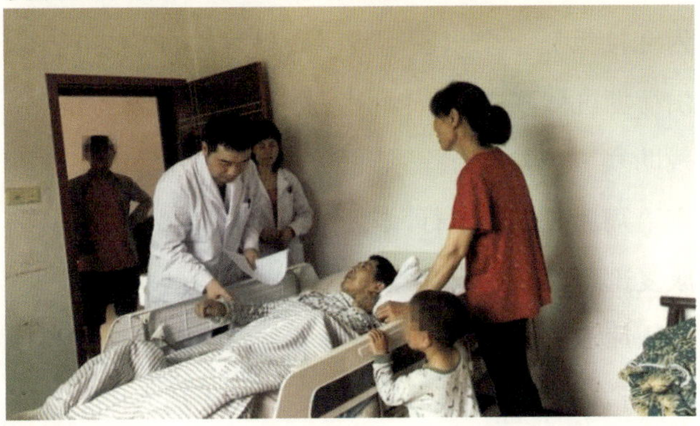

2021 年 5 月 10 日，区残联联合株洲市人民医院开展上门评残服务

【爱心助残】 2021 年，区残联联合蒲公英社会工作服务中心，链接长沙市出租车汽车服务有限公司、湖南北汽银建巴士两家爱心企业，为荷塘区 50 户重度残疾家庭开展“我为群众办实事——爱心助残情暖中秋”爱心慰问活动。爱心企业向残疾朋友捐赠米、油、月饼等中秋节日慰问物资，表示将长期为辖区有出行需求的残疾朋友提供外出无偿服务。

【残疾人招聘会】 2021 年 10 月 29 日，区残联联合荷塘工委、区政务服务中心、区工商联等单位共同举办 2021 年秋冬“点亮万家灯火”残疾人专场招聘会，株洲市残联副理事长彭红宇、民革株洲市委专职副主委汪迎伟、荷塘区人大常委会副主任、民革荷塘区工委主委谭光明等领导到现场指导。该次活动邀请了株洲市第十三中学、市铁城健康产业有限公司、市忠艺牙科器材有限公司、市瑞美包装公司等10家爱心企业积极参与，为残疾人提供各类普工、按摩技师、文员、保育员、幼师等49个就业岗位，吸引50余名残疾人进场求职，现场达成求职意向18人。同步有效衔接省残联组织开展的线上招聘活动，帮助有就业需求的残疾人通过网站注册、投递简历的方式实现就业。

【举办“国际残疾人日”活动】 2021年，区残联为迎接第三十个“国际残疾人日”，11月30日，由荷塘区残联主办、株洲市语翔康复学校承办的“扶残助残·与爱同行”系列爱心助残扶残活动在株洲市语翔康复学校举行，株洲市残联副理事长黄晓燕、康复部部长汪媚，荷塘区残联党组书记、理事长蔡灵敏应邀出席活动。活动现场，爱尔眼科、欢笑口腔、匠人发型定制等10家爱心企业现场为孩子及家长们提供视力筛查、口腔义诊、发型设计等暖心服务，并赠送爱心物资与助听设配，为表示感谢，株洲市语翔康复学校的师生们共同表演手语舞《感恩的心》。

（蔡灵敏、曾海燕）

荷塘区工商业联合会

【概况】 株洲市荷塘区工商业联合会（以下简称“区工商联”）是区委领导的以非公经济人士和非公企业为主体的，具有统战性、经济性、民间性的人民团体和商会组织。2021年，区工商联围绕“两个健康”（非公有制经济健康发展和非公有制经济人士健康成长）主题，把握“统战性、经济性和民间性”有机统一的立会建会的主脉络，努力在政治引领、推动发展、抗击疫情、关注公益、服务会员、商会服务6个方面下功夫，为推动区域民营经济高质量发展做出新贡献。2021年，荣获全国“五好”县级工商联。

【区工商联（总商会）第六次会员代表大会】 2021年5月28日，荷塘区工商联（总商会）第六次会员代表大会在区政府12楼会议室召开。会议由区工商联党组书记刘志勇主持。会议听取荷塘区工商业联合会（总商会）第五届执行委员会工作报告。黎婷当选为区工商联主席（会长）；刘志勇当选为区工商联常务副主席；胡跃玲当选为区工商联专职副主席；庄启宁、汤六明、宋丁瑜、曾运发4人当选为区工商联兼职副主席；刘平、李育云、周杨艳、罗志超、姜开维5人当选为区工商联兼职副会长候选人；刘凯当选为区工商联秘书长；刘敏、汤志容、郭义和、潘燎原、殷亮、南素雨、张桓玮7人当选为区工商联常委。

【会员服务】 2021年，区工商联先后组织55名企业家参加株洲市民营经济人士理想信念教育专题研讨班；开展送春联到企业的温暖活动；鼓励企业家参与“年轻一代湘商申报”；推荐企业参与“三湘民营企业百强榜”“新湖南贡献奖”评选；积极推选企业家参与株洲市民营企业50强申报；组织企业家赴炎陵学习；组织企业家认真观看庆祝中国共产党成立100周年大会直播；利用市工商联羽毛球比赛的契机，组织企业家到阳光羽毛球场训练；组织开展企业家活动日。

【企业服务】 2021年，区工商联、区金融办、区产业服务中心联合辖区10家银行金融机构，为333家企业提供授信9.42亿元，为326家企业放款共计6.38亿元，为163家小微企业办理贷款展期或无还本续贷2.3亿元。对企业兑现区本级制定的人才16

条、中小微工业企业贷款担保费补贴、瞪羚企业贷款利息补贴等政策资金100余万元。全力帮助企业申报上级项目资金，累计申报上报资金3000余万元。为企业对接用工服务1.04万余人，减免企业税收、社保、租金、电费等2.5亿元；指导商协会进入平台注册并参与线上培训。探索建立“法律帮帮团”，优化营商法治环境。联合公检法司多部门现场办公、答疑，邀请律师授课，开展“送法入企、与企同行”活动3场。积极推动国家科技型中小企业评价系统入库培育，新增科技型中小企业73家。

【组织企业支持疫情防控】 2021年，面对新冠肺炎疫情的再次发生，区工商联组织广大企业家发挥自身优势，为疫情防控做贡献。捐赠防疫物资40余种，折合人民币共计200万元左右。

【荣获全国“五好”县级工商联】 2021年，区工商联鼓励非公企业负责人以发展企业、回馈社会、造福人民的实际行动，积极推介，真正做到凝聚民营经济力量，助力“三高四新”战略。开展“百会千企大走访”和“民营经济人士看企业”活动，共走访50余家企业。组织开展优化营商环境大走访、大调研、大整改、优化营商环境网上评价工作等活动。以多形式、从多角度深入了解荷塘区营商环境的痛点、堵点、难点，切实帮助各民营企业解决“急难愁盼”问题，进一步“锻长板、补短板”，优化沟通设计、聚焦对话主题、强化跟踪服务，让政企沟通更具实效。联合多部门开展“送法入企、与企同行”活动，邀请知名律师面对面授课答疑。同时，以此为契机探索建立“法律帮帮团”，不断优化营商法治环境，护航全区非公经济社会高质量发展。2021年，荣获全国“五好”县级工商联。

（余 婷）

荷塘区红十字会

【概况】 株洲市荷塘区红十字会（以下简称“区红十字会”）前身为株洲市东区红十字会，成立于1988年8月，1997年8月随区划调整更名为株洲市荷塘区红十字会。为社会救助团体，主要宗旨是保护人的生命和健康，发扬人道主义精神，促进社会和平发展。2021年，区红十字会将宣传工作作为全年工作重点，结合建设高水平文明城市、“三救三献”（应急救援、应急救护、人道救助、献血液、献造血干细胞、献人体器官组织）等工作，组织上门入户宣传，积极开展主题宣传活动，持续推动红十字示范社区建设。

【宣传工作】 2021年，区红十字会将宣传工作作为全年工作重点，结合建设高水平文明城市、“三救三献”等工作，组织上门入户宣传。“5·8”世界红十字日宣传活动中，展出大型板报1块，发放宣传资料1000余份，联合文化路小学组织开展应急疏散演练活动，向学生讲授防灾避险、疏散安置和健康卫生等知识，通过主题班会提高学生对应急救护、防灾避险知识的重要性的认识，组织开展红十字主题手抄报评比，普及宣传红十字救护知识。在5月12日防灾减灾日活动中，设置应急救护知识宣传展板1块，发放宣传资料1000余份。在9月世界急救日宣传活动中，组织8个示范社区向居民宣传讲解“三救三献”等知识。11月，在戴家岭小学组织开展红十字手抄报评比、红十字知识竞赛、红十字精神主题演讲比赛系列活动。

【“三救三献”工作】 2021年，区红十字会积极做好“三救”（应急救援、应急救护、人道救助）

及“三献”工作。春节期间，组织开展“红十字博爱送万家”慰问活动，向87户困难家庭每户发放1袋大米和1瓶油，共计1万余元；向22名特困群众发放慰问金，共计1.1万元。向省红十字会争取价值4.7万元的婴幼儿奶粉，惠及72户困难家庭。为全区困难居民申请省红十字会大病救助7例，小天使基金救助1例，市红十字会大病救助2例。积极响应市红十字会号召，开展“光明行动在株洲”活动，组织各镇（办）开展贫困家庭白内障患者摸底工作，为28名白内障患者争取到手术补助。通过广泛宣传发动，先后有1550人踊跃参加无偿献血，献血量465000毫升；有2名群众登记自愿捐献遗体和器官。

2021年2月9日，荷塘区副区长、区红十字会会长罗曼（右三）开展春节“博爱送万家”活动，走访慰问湘华社区居民

【红十字示范社区建设】 2021年，区红十字会持续推动红十字示范社区建设。石子头、荷叶塘、601、野鸭冲、文化路、湘华、430、向阳8个示范社区常态化开展应急救护、救助等志愿服务项目，为群众服务。社区按照要求，积极摸排辖区困难居民，帮助他们申请大病救助、白内障手术补助。结合博爱周、世界急救日等宣传活动，邀请省直中医院、市三医院、市人民医院等医疗机构，定期开展义诊，向居民普及应急救护等知识，提升居民自救互救能力。10月，区红十字会向湘华社区60名抗疫先锋、无偿献血志愿者颁发证书，发放纪念品，营造人人关注志愿者、人人尊重志愿者、人人争做志愿者的良好氛围。

【爱心救助】 2021年，区红十字会在中秋节为仙庾镇颐和宁养护中心36名五保户老人送去节日问候和礼物。开展“童心向党，以爱育爱”关爱少年儿童系列活动，为仙庾中心学校链接爱心图书250余册，向66名留守困境儿童每人发放500元助学金，共计3.3万元。

（魏　然）

荷塘区文学艺术界联合会

【概况】 2021年，株洲市荷塘区文学艺术界联合会（以下简称“区文联”）带领区9个专业协会，坚持以习近平新时代中国特色社会主义思想为指导，切实履行团结引导、联络协调、服务管理、自律维权的工作职能，统筹动员广大文艺工作者积极投身抗击新冠肺炎疫情文艺创作，紧扣庆祝中国共产党成立100周年和党史学习教育等重大主题，扎实开展文艺活动，唱响主旋律、弘扬正能量、展现新作为，荣获“2020年度湖南省文联系统先进单位”“株洲市2020年度文明单位”等荣誉。

【文艺活动】 2021年，区文联围绕庆祝中国共产党成立100周年、党史学习教育、抗击新冠肺炎等重大节庆与重大事件、项目，主动作为，深度策划创作，先后组织开展多项大型文艺活动。组织开展展览展演、采风创作、诗词文稿征选、参展参赛活动近20场。通过区文联及下属各协会建立的“荷塘区文联”“荷塘文学”“荷塘清韵”微信公众号，先后推介创作水平突出的文艺家和拔尖中青年人才近50人，主办高质量文艺人才专栏、网络作品展示等线上活动近 60 场，展示作品近 450 幅。联合荷塘区人民检察院主办以“公正执法 · 为政清廉”为主题的荷塘检察廉政文化书画展，组织荷塘区书法家协会、荷塘区美术家协会 24 名书画艺术家创作并展出检察廉政书画作品 70 余件。主办庆祝中国共产党成立 100 周年“欢乐潇湘 · 幸福荷塘”荷塘区美术书法摄影活动，评选出优秀组织单位 4 个、优秀协会（文艺团队）8 个、荷塘区专场优秀美术、书法、摄影作品共计 54 幅，编印优秀作品集，在“荷塘区文联”微信公众号编发相关活动链接 6 期，由荷塘区选送的作品经省、市选拔，在全省展览。主办庆祝中国共产党成立 100 周年“印象荷塘 · 铭刻初心”荷塘区篆刻艺术作品微展，展出荷塘区书法家协会 9 位中青年作者的 45 幅主题篆刻作品。主办庆祝中国共产党成立 100 周年“诗吟党史辉煌 词诵伟大时代”诗词吟诵会，以诗词为名，重温红色经典，共抒爱党情怀。主办“妙笔颂党恩 · 墨彩绘新城”——庆祝中国共产党成立一百周年暨庆祝株洲建市七十周年书画作品展，特邀株洲市知名文艺家的书画精品近 30 幅，汇聚株洲市夕阳红书画苑 30 位 55～70 岁的中老年书画爱好者创作的国画、书法作品 30 余幅。

2021 年 7 月 1 日，荷塘区开展庆祝中国共产党成立一百周年书画作品展

【文艺志愿服务】 2021 年，区文联带领文艺志愿小分队深入文艺志愿者服务站点及基层一线，共同融入火热的文艺惠民活动中。组织区书画家近 20 人分别走进湖南省蓝马车业集团、南岳岭社区、芙蓉社区、宋家桥村等地开展 12 场“幸福荷塘迎新春 ·吉祥春联送万家”文化惠民活动，让群众感受到党和政府带来的温暖与关怀。组织开设唐先华美术公益课堂，摄影、书法、音乐惠民课堂，“星期三大讲堂”公益美术讲座，累计上课 100 余次，惠及群众 1000 余人次。组织荷塘区舞蹈家协会免费为中老年排练舞蹈，帮助残障人士和贫困生进行艺术指导。邀请湖南省书法名家近 20 人走进荷塘区宋家桥村，开展“学党史 · 我为群众办实事”湖南省书法名家文化惠民进荷塘基层活动。荷塘区戏剧家协会的下属剧团株洲红楼越剧文化传播有限公司历时 2 年排演的越剧经典大戏《孟丽君》，于 2021 年 11 月 28 日在株洲市戏剧传承中心开启公益惠民首演。疫情防控中，招募 18 名荷塘区文艺志愿者下沉到部分社区、卡点进行轮班值守。发动区属协会、文艺志愿者爱心捐款捐物，链接 5 名爱心企业家、政协委员积极筹措防疫物资，为 25 个抗疫基层网点捐赠价值近 3 万元的急需防疫物资。组织创作一批战“疫”主题的诗词、书画、歌曲、沙画、舞蹈、短视频近 110 件（幅），选发部分作品编发“荷塘区文联”微信公众号链接 8 期，“荷塘青春志”抖音号报道 1 期，“新湖南”公众号、《株洲日报》上稿区文联抗疫优秀事迹 2 篇。

（唐　杜、刘天文）

荷塘区计划生育协会

【概况】 株洲市荷塘区计划生育协会（以下简称“区计生协会”）是荷塘区列入参照《中华人民共和国公务员法》管理的 9 个全区性人民团体和群众团体之一。2021 年，区计生协会为辖区 510 人购买计划生育特殊家庭综合保险，为 501 人购买护理津贴保险，共投入资金13.29万元。根据省计生协会出台的相关申报标准，区计生协成功申报2021年全市计划生育三结合项目，仙庾镇仙庾岭村柏春水果种植农民专业合作社申报2021年全省计划生育三结合项目。

【会员活动日】 2021年5月29日是中国计生协会成立41周年，也是全国计生协第23个“会员活动日”。区计生协会开展以“永远跟党走·奋进新征程——庆祝建党100周年”为主题的“5·29”会员活动月，在仙庾镇耕食书院开展主题活动，在活动月期间开展计生协会工作先进单位、计生协会重点工作优秀单位等评比活动；活动现场举行趣味演讲，共有14名计生协会会员讲述“永远跟党走·奋进新征程——庆祝建党100周年”的协会故事，并为评选出的计生协会工作先进单位、计生协会重点工作优秀单位、计生协会优秀老会长、计生协会优秀老秘书长、计生协会优秀会员、协会故事趣味演讲者进行现场颁奖。

【计生项目建设】 2021年，区计生协会大力推广计生系列保险项目，赔付计生系列保险案件156人（件），赔付金额26.6万元，极大地增强群众的抗险化灾能力，深得群众好评。狠抓生育关怀项目，筹资5万元，对全区计生特殊困难家庭、计生困难家庭等30名对象进行走访和慰问；为辖区小学50名学生赠送书包、文具、体育用品等物资。落实计生特殊家庭重病大病住院护理补贴项目。年内，辖区有59人次享受计生特殊家庭重病大病住院护理津贴补助，金额11.06万元，切实解决其生活实际困难。

【会员之家建设】 2021年，区计生协会以“一倡二学三化四全面”为发展主线，全速推进会员之家建设，全区有36个村社区、2个街道卫生服务中心和1个卫生院完成会员之家建设。

【家庭健康促进学校】 2021年，区计生协会紧紧围绕“服务家庭、服务生命全周期”的工作思路，最大程度地惠及计生群众。6月，成立有体系、有职责、有教师库、有学员库、有教学计划的荷塘区计生协家庭健康促进学校，邀请专家每月开展两次健康讲座，共计13期健康讲座。

（陈　敏）

法 治

政法委及综治

【概况】 2021年，中共株洲市荷塘区委政法委员会（以下简称“区委政法委”）认真贯彻中共十九大和中共十九届历次全会精神以及习近平新时代中国特色社会主义思想，紧紧围绕中央、省委、市委和区委的决策部署，坚持以人民为中心、忠诚履职、锐意进取，圆满完成战疫情、保稳定、促平安、护发展各项工作，为荷塘高质量发展创造安全的政治环境、稳定的社会环境、公正的法治环境和优质的服务环境。

【推进社会治理创新】 2021年，区委政法委将社会治理工作和“我为群众办实事”实践活动相结合，以市局社会治理合格城市创建工作为抓手，创新基层治理，紧密联系区情区况，着力防范化解“五大”风险，全力维护区泰民安。组建小区党组织139个，覆盖244个小区，覆盖率达100%，统筹选好党支部书记、楼栋长2500余人担任小区网格员，不断充实基层力量，巩固基层基础。开展巡回审判进小区，组织法院开展巡回审判27场次。组织112名政法干警进小区兼任支部委员，广泛开展上户走访、法治宣传、风险防范和矛盾化解等工作，解决群众急难愁盼问题1485件，依法化解涉法涉诉信访件98件，涉法涉诉信访件同比减少44%。探索多元矛盾化解案例积分制，积极推行矛盾化解与志愿服务积分兑换回馈工作，分类摸排小区物业、邻里、环境、家事等4大类43项矛盾纠纷。完善社会治安防控体系，完成“雪亮工程”探头安装，协助公安机关破获偷窃案2起、汽车刮损案2起，真正实现治安防控全覆盖、无死角。加强网格化服务管理，制定《荷塘区网格员管理办法（试行）》，进一步推动网格员队伍制度化、规范化、专业化建设。创新矛盾纠纷调解机制，邀请8家调解组织和45名人民调解员入驻法院在线调解平台，在7个镇（街道）设立诉源工作治理站，建立法官联系点，指导人民调解，开展巡回审判。坚持诉前、诉中、诉后调解“三调联动”，民商事案件调撤率为41.86%，诉源调解工作取得新进展。

【维护社会稳定】 2021年，区委政法委实施区级领导牵头包案、责任部门和责任乡镇（街道）具体负责的维稳化解制度，对全区42件群访和18件个访问题实行一案一策，有效化解6件群访诉求。成功通过情报信息预警及分析研判，提前妥善处置湖南工业大学科技学院转设涉稳事件。深入开展信访积案“百日攻坚”行动，协调化解矛盾纠纷问题18个。加强稳控摸排工作，强化严重精神障碍患者服务管理，加强与市三医院协作救治，近年来共收治7人，确保肇事肇祸案事件“零发生”。社区戒毒及康复人员管控率实现100%，得到全省维稳检查考核组的肯定。加强在册165名社区矫正对象的日常监管，实现脱管失控、重新犯罪案事件零发生，在市平安建设考核中排名第一。做好重点特护期维稳工作，接访劝返群众700余人，调处非正常死亡事件11起，确保建党一百周年、全国两会、“两节一会”等21个重要特护期平安稳定。积极开展专项整治行动，共排查各类安全隐患20处，新增安全防护栏2处，摸排铁路沿线精神异常人员6人、吸毒人员3人，确保社会平安稳定。开展校园周边环境整治4次，共整治成人用品店1家、棋牌室4家、体彩店1家，处理违规行为为36起，处理各类问题120件，确保校园周边清净安宁。严厉打击毒品突出犯罪、涉企犯罪、涉众型经济犯罪等群众热切关心的重大敏感性事件，刑事立案数同比下降19.8%，实现连续六年下降。加大违法犯罪打击力度，依法训诫6人，维护全区信访秩序。打击整治电信网络诈骗犯罪位居全市前列，打掉团伙26个、止付被骗资金2.15亿元，打击量、止付量、挽损数均位居全市前列。10月，公开举行“我为群众办实事”暨追赃挽损大会，现场向受害群众集中返还总价值约200万元的财物，切实挽回受骗群众的经济损失。

2021年10月18日，荷塘区举行“我为群众办实事”暨追赃挽损大会

【促进公平正义】 2021年，区委政法委帮扶救助困难群体，简化法律援助受理审查程序，为弱势群体开通公共法律服务“绿色通道”，共提供法律咨询3000余人次，办理法律援助案件219件。坚持以人民为中心，切实做好司法救助工作，经办案机关书面提请，共救助13人40万元。持续开展执行攻坚，执结各类案件3430件，执行到位2.45亿元，维护法律的公平正义和群众的合法权益，让老百姓真正感受到司法的公平正义。区人民检察院完善信访接待工作机制，设立律师接访室，律师驻院值班62次，参与信访接待6人次，化解矛盾纠纷3起，接受群众法律咨询服务11起。区司法局通过了解、疏导、释法说理等方式，成功调解纠纷421件，成功调解率为99.29%。区人民法院持续开展执行攻坚，切实解决执行难题，执结各类案件3079件，执行到位金额1.09亿元，获得群众的点赞。

【扫黑除恶专项斗争】 2021年，区委政法委推动扫黑除恶常态化开展，深挖彻查问题线索，倒查涉黑涉恶案件56件（次），发现其他地区问题线索3条，均已移送相关单位；全面梳理近4年以来受理的141条涉黑涉恶线索，筛选出“三必查”（倒查全国、省级扫黑办督办案件和中央督导组交办线索；“有黑无伞”“黑大伞小”涉黑涉恶案件；集中、反复举报同一对象并查否的涉黑涉恶线索）案件（线索）3件。扎实开展信息网络、自然资源、交通运输、工程建设四大行业整治，排查重点建设项目50余个。

【优化营商环境】 2021年，区委政法委认真贯彻中央“六稳”“六保”（“六稳”指稳就业、稳金融、稳外贸、稳外资、稳投资、稳预期；“六保”指保居民就业、保基本民生、保市场主体、保粮食能源安全、保产业链供应链稳定、保基层运转）要求，制定《依法服务保障重点项目征地拆迁工作的指导意见》，出台服务保障营商环境措施8条，为涉企纠纷案件开通“绿色通道”，快立、快审、快执，办案天数缩短13.2天。主动走访企业，上门提供司法服务，多次召开企业家座谈会，收集企业在生产经营中遇到的困难和问题，帮助民营企业解决问题 10 个、执结各类案件 3079 件、执行到位金额 1.09 亿元。面对涉企违法犯罪，以“零容忍”的态度，持续保持高压严打态势，重点打击侵犯知识产权犯罪，为全区经济社会发展保驾护航。

【舆论宣传】 2021 年，区委政法委加大法律宣传力度，不断提高企业和人民群众的法律意识，有效防范风险隐患。区司法局联合律师事务所深入村（社区）开展公共法律服务，免费、高效地为需要帮助的妇女、农民工等弱势群体提供法律帮助，共发放法律法规宣传册 2 万余份，为群众和企业提供法律咨询 3000 余人次。区人民检察院积极开展以案释法及法律政策宣传等活动，帮助企业家防范经营风险，妥善处理一批有影响力的案例，该项工作获得省、市的广泛推介。区委政法委撰写的《念好“三字经”打造全面过硬的政法铁军》《争当“平安卫士”，走好新时代“赶考之路”》《牢记忠诚务实担当 践行新时代政法使命》在《株洲日报》刊登，《强化督办落实 敢于动真碰硬》在《法制周报》上刊登，形成良好的宣传效果。

（李 慧）

公 安

【概况】 2021 年，株洲市公安局荷塘分局（以下简称“公安荷塘分局”）坚持以“全省前茅，全国一流，争当公安火车头”为总目标，全力以赴战疫情、防风险、保安全、护稳定、促发展，为全区人民群众安居乐业营造安全稳定的政治社会环境。公安荷塘分局获评全国依法治理创建活动先进单位、全省执法质量考评先进单位、全市政法工作先进集体、全市公安机关绩效评估优秀单位、全市公安机关平安建设优秀单位、全市公安机关专项工作大竞赛优胜单位、全市公安机关创先争优大竞赛优胜单位、全市扫黑除恶专项斗争、侦破命案、图像侦查工作成绩突出单位以及反扒专项行动先进优胜单位等一系列荣誉，被推荐参评全国优秀公安局、全国公安机关执法示范单位、平安湖南建设先进集体。

【维护社会稳定】 2021 年，公安荷塘分局创新信访维稳机制，会同区委政法委、信访局等部门联合制定《荷塘区信访维稳工作应急处置实施办法》和《荷塘区领导包案化解责任方案》，实施区级领导牵头包案、责任部门和责任街道（乡镇）具体负责的维稳化解制度。加强情报信息搜集研判，妥善处置重大涉稳风险。按照省厅统一部署，分局迅速选址布点，新建董家冲、樟霞两个警务检查站，加强社会面清查力度，圆满完成建党 100 周年、中共十九届六中全会、省、市党代会等 30 个重要节点安保维稳任务。

【打击违法犯罪】 2021 年，公安荷塘分局常态化开展扫黑除恶斗争，打掉 2 个恶势力犯罪集团。八类严重暴力案件实现 100%全破案。刑事拘留 611 人、强戒 82 人、移诉 627 人，同比上升 36.3%、22.9%、8%，刑事发案 2073 起，同比下降 19.8%，实现 6 年连降。缉毒执法工作，战果全市排名第一。打击整治电信网络诈骗犯罪位居全市前列，打掉电诈团伙 26 个、止付资金 2.15 亿元。仅用 5 小时侦破新生儿被偷案，被新华社、湖南卫视等多家媒体报道，获得千万网友点赞。集中警力办专案，侦破“小妲己”“龙盈国际”等重大案件，打击网络犯罪和跨境赌博取得新突破。

【基层基础建设】 2021年，公安荷塘分局对分局电视电话会议室、局务会议室进行提质改造，新桂花派出所建设基本完工，明照派出所搬迁工作有序推进，月塘派出所执法办案区建设即将完成，基层基础建设正逐步得到实质性进展。全力推进辅警改革和正规化管理，成立辅警办和辅警工会，辅警层级管理全面完成。开展“护校安园”行动，严格落实“护学岗”和“高峰勤务”制度，为师生筑牢安全屏障。加强对各类企业安全整治，对人员密集场所开展定期清查，为全区公共安全打下坚实基础。

【护航经济发展】 2021年，公安荷塘分局依托在园区和企业建立多个警企矛调工作室，开展涉企矛盾纠纷化解、反诈宣传、反恐演练等安全检查教育工作。参与检查企业1200余家次，为企业办理各类实事100余件，整改安全隐患200余处，化解涉企矛盾纠纷100余起。强化涉企犯罪打击，对危害企业发展、侵害企业知识产权等涉企案件，做到快受理、快侦办、快移诉，侦破的部督“10·28”特大假冒注册商标案，打击犯罪嫌疑人30人，涉案金额1.4亿余元，打掉一个长期侵蚀长株潭水泥市场的黑灰产业链，营造更加优质的法治化营商环境。

【坚守防疫一线】 2021年疫情防控期间，公安荷塘分局闻令而动，全警上阵，迅速成立抗疫党员突击队，严打涉疫犯罪，依法对黄某竹以涉嫌妨害传染病防治罪立案侦查，并完成全区65个全员核酸检测点、19个集中隔离酒店、10余个封闭小区全时值守任务，为全区实现“六个没有一例”目标做出应有贡献。分局成立“流行病学调查”小组，组织180余名精干警力开展“流调”工作。对6481名相关人员进行情况调查，提交流调报告32份，筑牢疫情防控屏障。

【举行桂花派出所业务技术用房开工仪式】 2021年1月11日，公安荷塘分局隆重举行桂花派出所业务技术用房开工仪式。市公安局党委委员、副局长贺建初，荷塘区委常委、区委政法委书记王冬，荷塘区副区长、公安分局党委书记、局长黄团结，市公安局警保部主任杨忆，桂花街道党工委书记邓思思，桂花街道党工委副书记、桂花街道办事处主任王佳佳，湖南联合城市建设集团有限公司总经理简湘峰，以及公安荷塘分局全体局领导，各所队室主要负责人，桂花派出所部分民辅警，设计、监事、施工等单位部分员工参加仪式。

【举行公开退赃挽损大会】 2021年10月18日，公安荷塘分局在东方时代广场前坪举行“我为群众办实事”暨公开退赃挽损大会，向受害群众集中返还追缴的150万元现金、10辆摩托车以及手表等物品，总价值约200万元。

【成立侦审指导办公室】 2021年11月18日，株洲市公安局荷塘分局、株洲市荷塘区人民检察院侦审指导办公室正式揭牌成立。荷塘区副区长、公安分局局长言清、荷塘区人民检察院党组书记、检察长陈卫华，以及公、检两家主管副职和相关民警代表参加揭牌仪式。

【快速破获一起袭警案】 2021年，公安荷塘分局刑侦大队快速查处一起袭警案，犯罪嫌疑人钟某（男，28岁，株洲醴陵人）在酒驾整治行动中暴力逃逸致民警受伤，被依法刑事拘留。3月11日23时，市交警支队一行在荷塘区茨菇塘路段设卡进行酒驾整治，犯罪嫌疑人钟某驾驶宝马车在酒精测试棒亮红灯的情况下，突然加速闯关，导致民警谭某被撞倒，送至医院确诊为左肱骨骨折，多处软组织挫伤。分局刑侦大队立刻展开调查，调取固定相关证据，赶赴醴陵对犯罪嫌疑人钟某进行抓捕，在警方的强大攻势下，犯罪嫌疑人钟某于3月12日14时许主动到公安机关投案自首。

（刘云庆）

交　警

【概况】　2021年，株洲市公安局交警支队荷塘大队（以下简称“荷塘交警大队”）坚持以建党100周年交通安保为中心，围绕“降事故、保畅通、优服务、重科信、强基础、树形象”的工作主线，大力推进队伍教育整顿、党史学习教育、交通事故“减量控大”“戴帽工程”等各项工作，总体成效较好，先后荣获市局“先进基层党支部”、省厅“全省公安交警系统成绩突出交警大队”、公安部全国一百个“成绩突出交警大队”表彰。

【交通事故处置】　2021年，荷塘交警大队共接处辖区警情1.7万余起，其中交通秩序类警情4000余起、交通事故类警情1.3万余起；刑事立案82起（交通肇事3起、危险驾驶79起）；交通事故死亡17人，较前一年下降22.7%。辖区内未发生较大以上交通事故。

【优化道路交通】　2021年，荷塘交警大队以治堵保畅为中心，严格落实勤务制度，强化现场道路疏导措施，在荷塘区辖区范围内设置1个一级值守岗、3个二级值守岗、10个四级值守岗，4个巡逻组，8个中小学护学岗，按照“高峰守点、平峰巡逻”模式，保证高峰期60余名警力值守，平峰期4个巡逻组、40余名警力巡逻，中心城区通行效率明显提升，在新华桥封闭施工和智轨运行调试条件下，主次干道未发生因管理不到位而造成的严重交通拥堵，确保城区道路有序畅通，主干道高峰时段平均车速明显提升，路口阻塞率小于2%。

【交通专项行动】　2021年，荷塘交警大队按照株洲市交警支队交管重点工作安排部署，先后开展“春运”交通安保、交通问题顽瘴痼疾集中整治、城市交通秩序整治行动、农村交通安全守护、交通事故“减量控大”“一盔一带”治理、建党百年庆典交通安保维稳等大项工作和整治任务，有力震慑各类交通违法行为，提升城乡道路通行环境。

【交通违法查处】　2021年，荷塘交警大队查处交通违法近12.9万余起，其中非现场执法8.5万起、现场执法4.4万起。查处严重违法行为酒驾466起、醉驾82起、严重超载（100%以上）98起，保证辖区交通畅通有序。

【事故隐患排查】　2021年，荷塘交警大队强化重点企业源头管控，督促落实安全主体责任。走访、检查企业70余家，推动企业落实主体责任。开展农村安全守护行动，着力提升农村地区交通参与者安全意识，在乡镇开展多种形式安全宣传活动20余场次，悬挂交通安全宣传横幅百余条，发放交通安全宣传资料万余份。大力开展顽瘴痼疾集中整治，区内隐患路段、高风险路段，全部“清零销账”整改完毕，达到报废条件重点车辆的报废率100%。

【交通安全宣传】　2021年，荷塘交警大队通过开展“文明出行”“中小学安全教育日”、警医联动演练等活动，深入开展各种形式的交通安全宣传。

开展“七进”交通安全宣传50余场次，开展校车交通安全专题讲课4场次。持续巩固传统媒体和互联网媒体宣传工作，通过传统媒体和微博、微信、抖音等新媒体工作平台，发布各类信息报道240余条，被国家级、省部级以上媒体转发50余条，实现警民双向良性互动，增进群众的安全意识和守法自觉。

（邹湘艳）

检　察

【概况】　2021年，株洲市荷塘区人民检察院（以下简称“区检察院”）以“稳进、落实、提升”为检察工作总基调，坚持以人民为中心的发展理念，深耕法律监督主责主业，各项工作取得新的进步。坚持做优刑事检察，共受理各类刑事案件审查批捕635人、审查起诉934人，其中不批捕225人、不起诉206人，认罪认罚从宽适用820人，适用率达93.08%。监督立案、撤案23件，监督追捕、追诉27人，监督脱管、漏管18人次，发出检察建议书13份、纠正违法通知书41份。推动量刑建议精准化，提出确定型量刑建议763份，采纳率98.56%。2021年，荣获“全省检察机关扫黑除恶专项斗争先进集体”“全省检察机关信息工作表现突出集体”“全市政法工作先进集体”“全市先进基层检察院”“全市五四红旗团支部”“市级青年文明号”“区政法工作先进集体”“区巾帼文明岗”等荣誉称号，干警60余人次被省、市、区记功、嘉奖或评为先进个人。

【服务发展大局】　2021年，区检察院积极开展企业合规改革试点，对涉企刑事案件决定不捕、不诉30余人。做好重点项目建设保护，打击工地盗窃57起，办理向某某等16人结伙盗窃长株潭地区35个建筑工地扣件案。开展涉民营企业刑事诉讼“挂案”专项清理，清理挂案5件，为涉案区35个建筑工地扣件企业追赃挽损500余万元。加强企业联系走访，妥善处理某企业遗留近30年的合同纠纷。组织全体干警参加政法干警进小区亮身份办实事活动，5名干警兼任小区党支部书记。积极为村支“两委”及人大代表等换届选举工作提供法律监督保障，做好辖区4527名候选人资格联审工作。对非法占用耕地开展专项监督，重拳打击非法占用、破坏基本农田犯罪2件4人；对荷塘区耕地现状的调查及建议案被市检察院评为优秀公益诉讼案件。办理生态环境和资源保护领域公益诉讼案件13件；联合区农业农村局开展河湖林突出问题专项督查，对持续做好沿河环境资源保护提出意见并督促落实。

【参与平安建设】　2021年，区检察院发动10余名志愿者加入抗疫一线，干警100余人次协助执勤、卡点及疫苗接种宣传服务，从严从快办理彭某某疫情期间违法销售没有检疫证明的进口鸡爪案，严密做好窗口部门防疫管理及出入人员管控，全力构筑疫情防控严密防线。打击刑事犯罪，受理审查逮捕635人、审查起诉934人。惩治毒品犯罪，依法严惩毒品犯罪，批捕121人、起诉129人，依法追捕的毒贩陈某某，被株洲市中级人民法院判处无期徒刑。维护司法权威，对10件涉虚假诉讼案件提请市检察院抗诉，快捕快诉袭警犯罪5件。落实“群众信访件件有回复”制度，妥善处理群众来信来访126人次。深入开展普法宣传“六进”活动30余次，开展公开听证72场次，通过对情节轻微的危险驾驶案实行“4+2”工作机制，让更多群众自觉抵制酒驾行为。认真落实“一号检察建议”，纵深开展“护蕾”行动，严厉打击侵害未成年人犯罪18件30

人，开展涉性侵未成年女性权益司法保护行动，对被害人进行专项救助。选派多名员额检察官担任辖区中小学法治副校长，通过常态化法制教育进校园，强化未成年人自我保护意识及法治意识，1名干警获评“湖南省儿童权益保护公益讲师”。

【优化法律监督】 2021年，区检察院监督立案、撤案23件，监督追捕、追诉27人，监督脱管、漏管18人次，发出检察建议书13份、纠正违法通知书41份。监督立案、撤案率、纠正漏捕漏诉率等指标均排名全市前列。针对重大、疑难案件，积极引导公安机关侦查取证，提前介入案件36件。推动量刑建议精准化，提出确定刑量刑建议763份，采纳率98.56%，排名全市第一。建立完善诉前沟通等工作机制，办理诉前程序案件68件，发出诉前检察建议66份，回复整改率100%。推动认罪认罚从宽，对主动悔罪或经过教育感化后认罪认罚的嫌疑人从轻从宽处理，办理认罪认罚案件535件820人，适用率94.2%。积极推动降低审前羁押率，对初犯、偶犯等轻微刑事案件决定不批捕148人、不起诉153人，强化羁押必要性审查，建议变更强制措施17人。深入展开司法救助，办理司法救助案件7件。落实“案—件比”指标评价体系，出台制度压减不必要的办案环节，“案—件比”降至1∶1.16，排名全省前列。心系群众急难愁盼，办理公益诉讼案件10件。办好群众身边小案，办理民事、行政监督案件33件。率先在全市探索建立检律会商机制，律师参与信访接待126人次，参与签订认罪认罚具结书662份。联合株洲市公安局荷塘分局，成立侦查监督与协作配合办公室，进一步加强检察机关与公安机关在刑事诉讼活动中的协作配合与监督制约。完善对辖区200余名中小学及幼儿园负责人集体约谈培训机制，开展校园及周边食品、药品、玩具及校外培训机构专项检察，立案37件，发出检察建议37份，对5起涉食品、药品安全的刑事犯罪向法院提起刑事附带民事公益诉讼。

（刘丽华）

法 院

【概况】 2021年，株洲市荷塘区人民法院（以下简称“区法院”）受理各类案件8474件（同比增长26.23%）、审（执）结8343件（同比增长25.7%），一线员额法官人均办案302件，结案率98.45%，获评“株洲市先进法院”“湖南省优秀法院”“湖南省文明单位”。

【扫黑除恶】 2021年，区法院审结各类刑事案件500件（同比增长16%），被判处十年以上有期徒刑14人（同比降低64%），三年以上十年以下有期徒刑132人（同比增长0.32%），三年以下有期徒刑652人（同比增长26.36%）。积极开展打击毒品犯罪、电信网络诈骗、性侵未成年人犯罪三项专项行动，依法惩处毒品犯罪案件72件129人、电信网络诈骗案件61件138人、性侵未成年人案件4件4人，重拳整治护安宁。常态化开展扫黑除恶，制发司法建议13份，堵塞行业漏洞。深入开展“黑财清底”专项行动，执毕案款820万元，全力维护辖区安定有序。

【民事审判】 2021年，区法院充分发挥司法裁判的导向作用，审结各类民事案件4314件（同比增长26.35%），其中劳动争议、人事争议189件，与公司、证券、保险、票据等有关的民事纠纷80件，人格权纠纷61件，物权纠纷90件，婚姻家庭、继承纠纷类335件，侵权责任纠纷280件，合同、准合同纠纷3256件，其他类纠纷23件，审好小案子维护大民生。

【执行攻坚】 2021年，区法院开展“春雷行动”“夏日风暴”“秋之利剑”“冬日暖心”等系列执行行动21次，执结各类案件3430件（同比增长22.59%）、执行到位金额2.86亿元（同比增长11.28%）。发起银行存款理财、不动产、公积金等各类财产线索查询4.9万次，查封、扣押、冻结房产445处、车辆610辆。先后发起网络司法拍卖125场次、成交31处房产、金额3718万元，基本实现对被执行人主要财产的“一网打尽”。加强信用联合惩戒，累计限制高消费、出入境4472人，纳入失信被执行人名单1441人次，失信被执行人“一处失信、处处受限”。开展终本案件集中评查、超标的查封、执行案款管理专项整治行动2次，规范执行行为，净化执法环境。

【诉源治理】 2021年，区法院全力化解矛盾纠纷。8家调解组织45名人民调解员入驻法院在线调解平台，化解纠纷652件次。在辖区7个镇（街道）设立诉源治理工作站，化解矛盾纠纷661件、跟进司法确认453件，从源头上减少诉讼增量。依法化解涉法涉诉信访，开展重要时间节点风险隐患排查化解工作，办结信访案件98件（同比降低44.3%）。有效协调处置某房地产企业涉诉、执行案件，维护社会稳定。

【“一站式”服务体系建设】 2021年，区法院深化“一站式”多元解纷和诉讼服务体系建设，健全诉讼服务网、手机移动终端、“12368”诉讼服务热线等线上平台建设，互联网线上立案1242件、跨域立案98件，手机“移动微法院平台”自助立案242件。推进信息技术与审判工作的深度融合，法律文书线上电子送达12801次、诉讼证据线上交换659件（次）、终本约谈127件（次），让人民群众切身感受“指尖诉讼”的便利。

【服务中心工作】 2021年，区法院护航幸福荷塘建设，依法执结非诉审查保全案件28件，涉重点工程征地拆迁、房屋征收等非诉执行案件4件。开展保护母亲河“春雷行动”、环保审判三湘行等专项活动13场次，制发司法建议书6份，发挥环资审判的警示作用，共护绿水青山之美。着力优化营商环境，坚持审慎、善意司法，审结借款、票据、融资纠纷等案件1453件，开展“打逃债、护民企”专项行动，帮助企业回笼资金1046万元，开展巡回审判27场次，化解涉企纠纷23件。加大司法救助力度，为236名符合条件的当事人缓、减、免诉讼费153万元，为确有经济困难的当事人提供司法救助金24万元，传递司法温暖。

【普法宣传】 2021年，区法院落实“谁执法谁普法”责任制，以民法典、刑法修正案等法律法规为重点内容开展“送法进校园”，先后赴荷塘小学、新文化路小学、云龙示范区职教大学城组织开展“院长法治公开课、庭长普法公开庭”活动29次，举行公众开放日活动7次，召开新闻发布会1次。抓好以纸媒、电视、移动互联网为主的新闻传播舆论阵地建设，推送各类稿件322篇（次）。

【阳光司法】 2021年，区法院坚持开门纳谏，邀请省、市、区人大代表、政协委员、律师代表、社区工作者召开座谈6场次。贯彻中央人大工作会议精神，自觉接受区人大及其常委会监督，邀请人大代表参加法院各项活动187人次，办结人大代表建议1件。积极接受政协民主监督，定期向政协通报工作。依法接受检察机关法律监督，邀请检察长列席审判委员会5次，办结检察建议24条（件）。广泛接受社会各界和新闻舆论监督，主动回应社会关切。依托审判流程、裁判文书、庭审直播、执行信息公开四大平台，网上公布裁判文书6018份，直播庭审2273次。落实《中华人民共和国人民陪审员法》，一审普通程序案件陪审率99.64%。

【队伍教育整顿】 2021年，区法院高标准开展政法队伍教育整顿，围绕“四项任务”，突出“两个维护”抓政治教育，用好负面典型抓警示教育，弘扬“春梅事迹”抓英模教育。聚焦影响公正司法的堵点、难点，开展违反“三个规定”、违规办理减刑、假释等专项整治。狠抓建章立制，制定防范惩治诉讼掮客、整治案件审理周期过长问题、大力推进诉前鉴定、完善繁简分流机制等制度，实现常治长效。队伍教育整顿工作得到省委第三指导组的充分肯定。

【司法改革】 2021年，区法院制定《案件质量评查暨“四类案件”监督管理实施细则》，通过常规评查、专项评查和重点评查等方式完成对14500余件案件的“回头看”。推广政法机关一体化办案系统深度应用，刑事案件协同率达99.3%，促推审判质效的稳步提升。准确适用认罪认罚从宽制度，对472件728名认罪认罚、自首及立功的被告人依法从宽处理，彰显司法人文关怀。以司法责任制为抓手，健全审判运行机制，落实随机分案为主、指定分案为辅的案件分配机制，从源头杜绝关系案、人情案。以规范化为导向，提升审判管理效能以“审判质量、效率和公信力深化年”活动为契机，健全审判团队自律管理、院、庭长主责管理、审管部门专责管理的多层级监管格局。

（张雅涛）

司法行政

【概况】 2021年，株洲市荷塘区司法局（以下简称“区司法局”）以法治荷塘建设为主线，以法治惠民为落脚点，聚力服务全区中心工作，全力维护社会稳定。着力保障民生改善和落实治党管党责任，不断推进司法行政工作再上新台阶，着力开展法治政府、法治宣传、公共法律服务、社区矫正等工作，积极为全区经济建设和构建和谐社会营造良好的法治氛围。2021年，荷塘区司法局桂花司法所荣获“全国模范司法所”称号；荷塘区司法局社区矫正和安置帮教工作成效获“全省突出单位”称号；荷塘区推深做实一村一法律顾问工作获得省司法厅、市司法局肯定。

【依法治区】 2021年，区司法局紧紧围绕中心工作、重大项目、重大事项开展各类文件、合同审查工作，共50余份，出具各类法律意见40余份，为政府依法行政、依法决策把好法律关。对规范性文件合法性审查1件，并及时向区人大和市政府备案。全面推进行政执法“三项制度”（公示制度、记录制度、审核制度）的落实，严格规范公正文明执法，以开展行政执法乱象专项整治为契机，深入开展行政执法乱象专项整治工作，共查纠整改选择性执法问题14件、随意性执法问题16件、机械性执法问题15件、逐利性执法问题1件、回应群众诉求方面2件、自主接受线索8件、办结6件。加强与区纪委监委的沟通和联系，对专项整治中发现的问题及时进行研究和评议，提出处置意见，做到通报一批、限期整改一批、问责追责一批。

【法律服务】 2021年，区司法局全面落实证明事项和涉企经营许可事项告知承诺制，编制证明告知承诺制清单，并在网上公示，清理不符合要求的政府规章、规范性文件，确保内容精准、完善。2021年，共受理法律援助案件238件，全年任务数是215件，完成全年任务的111%，律师办案占比100%。组织开展助力农民工、关爱残疾人等为民办实事活动22场次，结合政法队伍教育整顿，开展行业突出问题整治活动。选派法律顾问派驻村（社区），积极为村（社区）治理提供法律意见，为基层群众提供“三员”（法治宣传员、人民调解员、工作参谋员）服务，在服务新农村建设、满足基层群众法律服务需求、畅通化解基层矛盾纠纷渠道、增强农村干部群众法制意识、维护社会和谐稳定等方面发挥积极的作用。

【行政复议与诉讼】 2021年，区司法局新收行政复议案件4件，受理2件（因超过申请复议期限不予受理2件），其中，当事人主动撤回申请1件、未审结1件；区政府为被告的行政诉讼23件（上期结转0件），一审已结案22件、未结案1件。

【法治宣传】 2021年，区司法局以宪法学习宣传教育活动为统领，以法治文化阵地建设为抓手，加快建立普法责任清单，推动“谁执法谁普法、谁主管谁普法”责任制落实。全区干部学法用法考试参考率达100%，合格率达99%，在全市考核中名列前茅。认真开展青少年法治宣传教育周活动。通过观看法治宣传片、印发宣传单、法治副校长讲课等方式提高青少年学法守法意识，预防青少年违法犯罪。积极开展法治宣传进万家活动，送法进社区（村），通过大力创新法治宣传形式和载体，弘扬法治精神引导公民自觉守法，为建设全面小康和推进法治荷塘建设营造浓厚的社会氛围。

2021年5月21日，荷塘区开展新《未成年人保护法》宣讲暨《儿童防溺水安全教育》讲座。

【人民调解】 2021年，区司法局配齐配强社区（镇）、街道（村）调解员队伍，全区有调委会76个，人民调解员总数为404名。在公共法律服务体系建设中，不断完善矛盾纠纷化解机制创新基层治理工作方法。辖区各司法所、调解委员会排查化解各类纠纷共1111件，全部完成调解，调处率为100%，其中成功调解1061件，调解成功率为95.5%。

【社区矫正】 2021年，区司法局加强现有在册165名社区矫正对象日常监管，对165名社区矫正对象进行手机定位App打卡刷脸签到，严格抓实社区矫正对象的监督管理。年内，没有发生社区矫正对象脱管失控、重新犯罪、重大恶性等案件，荷塘区司法局社区矫正非平安建设考核工作获得全市第一的成绩。

（刘国萍）

军 事

人民武装

【概况】 株洲市荷塘区人民武装部（以下简称“区人武部”）的前身是1960年3月成立的株洲市荷塘铺区人民武装部。1970年10月，成立株洲市东区人民武装部，隶属中国人民解放军建制。1986年5月，由军队编制改为地方建制，更名为湖南省株洲市东区人民武装部。1996年4月，由地方建制改归军队编制，更名为中国人民解放军湖南省株洲市东区人民武装部。1997年7月，株洲市行政区划调整后，更名为中国人民解放军湖南省株洲市荷塘区人民武装部。

2021年，区人武部着眼庆祝中国共产党成立100周年，坚持以习近平新时代中国特色社会主义思想为指导，深入贯彻习近平强军思想，以深化军事斗争国防动员准备为牵引，坚定举旗铸魂，聚焦备战打赢，注重固强补弱，加强过程管控，较好完成各项工作任务，全区国防动员和国防后备力量建设取得新进步。

【党管武装】 2021年，区人武部结合区委、区政府主要领导职务调整，协调组织召开区人武部党委第一书记任职大会。及时向区委区政府传达上级重要会议和文件精神，定期报告武装工作。将党管武装工作持续纳入对镇（街道）和区直机关部门年度绩效考核范围，组织各镇（街道）党（工）委书记进行党管武装工作述职，进一步推动党管武装各项工作和制度落实。

【思想政治建设】 2021年，区人武部牢牢把握政治建军原则，深入贯彻全军思想政治工作会议精神，坚持把思想政治工作摆在各项工作的首位，落实规定要求，创新方式方法，不断打牢官兵思想基础。按照“课题牵引、上下同步、专题推进、实践转化”要求，围绕学理论、学著作、学典型，中心组学习抓规范、党员干部抓自学、普通职工抓灌输，定期编印下发习近平主席最新重要讲话精神，落实每月2天集中学习制度，不断拓展理论学习深度维度。利用营区宣传橱窗，及时展出全国“两会”、中共十九届六中全会等党和国家重大会议精神，经常性开展学习体会交流，浓厚学习氛围。利用每周四教育日和专武干部、民兵集训时机，采取集中授课、参观见学、交流讨论、微课推送等多种方式，大力加强听党指挥、战备形势、争先创优等内容的教育，官兵思想根基更加牢固、练兵热情更加高涨。扭住政治能力建设不放松，深化政治整训，突出抓好《党的建设条例》《政治工作条例》《军队委员会（支部）工作规定》学习贯彻，认真贯彻民主集中制，高标准召开党委民主生活会，严密组织巡视巡察反馈问题整改，组织生活严肃规范，党员干部政治判断力、政治领悟力、政治执行力明显增强。

【国防后备力量建设】 2021年，区人武部按照民兵建设“军地齐抓、合力推进，任务牵引、科学编组，精编实用、确保质量”的思路，认真贯彻上级相关规定要求，军地先后3次联合召开会议、4次联合发文部署、2次联合督导检查，推动各项工作按照职责清单逐项抓好落实，特别是在6月迎接省军区检查准备期间，组织区民兵应急连开展为期3天的强化训练，部领导各负责1个排，重点练基础、强专业、抓作风，点验情况和训练考核成绩受到省军区工作组充分肯定和好评。严密组织各期民兵训练，落实民兵体检政考、政治教育、预建党组织、装备预征等各项基础性经常性工作，大力开展群众性练兵比武活动，全面提升民兵分队遂行任务的能力和水平。

【国防动员和兵役征集】 2021年，区人武部根据人员变化情况及时协调调整区国动委组成机构，牵头高标准开展国防动员潜力统计调查工作，进一步完善国防动员预案方案以及相关物资器材准备。着眼全国首次实行“一年两季征兵”，按照“宣传发动是关键，落实政策是保障，压实责任是根本”的思路，坚持突出“一个重点”（即大学毕业生）、调动“两个积极性”（即应征青年和工作人员）、做到“三个确保”（确保完成任务、确保兵员质量，确保廉洁征兵），用足用好各级制定的优惠政策，完成年度义务兵征集任务。

【正规化建设】 2021年，区人武部克服部本级用房矛盾突出的不利因素，按照先保战备训练、后保工作生活的思路，重新调整各类用房，完成作战室、值班室、战备图库、资料室、荣誉室等场所升级改造，补充急需战备物资器材。对照上级下发的正规化建设检查考评标准及要求，进一步规范各项日常工作，完善各类软件和台账资料，部队硬件建设和正规化管理水平得到新提高。

【乡镇、街道武装部星级达标建设】 2021年，区人武部按照“落实党管武装原则、全员争当建设标兵、以点带面统筹推进”的抓建思路，积极运用《株洲市基层人民武装部星级达标过程管控系统》，定期组织调度考评，坚持有升有降，注重从严把关，指导辖区各乡镇、街道武装部对照考评标准要求，做好问题整改和资料准备。2021年，荷塘区1个镇、6个街道武装部，被上级评为五星级和四星级的各3个，剩余1个为三星级，基层武装部全面建设总体水平位于全市前列。

【全民国防教育】 2021年，区人武部会同区全民国防教育委员会结合全民国防教育日等时机，组织开展国防教育知识展板进学校巡展活动，编印并发放千余份国防教育宣传手册；结合征兵宣传，在辖区各高职院校开展国防教育进校园活动，组织学生体验仿真武器，邀请老兵进行战斗故事宣讲，激发广大应征青年参军报国热情；结合征兵宣传、“八一”等时机，利用“在荷塘”等平台定期开展国防教育宣传，全民国防氛围不断浓厚。

【部队管理】 2021年，区人武部树牢底线思维，坚持依法从严治军，不断夯实部队安全管理基础。守住政治纪律底线，突出抓好意识形态教育和涉军网络环境整治，认真落实政治考核等工作，确保官兵纯洁巩固。守好作风建设底线。落实领导干部上纪律党课制度，狠抓党委主体责任、纪委监督责任和行业部门主管责任落地落实，未发生任何违规违纪问题。按照上级决策部署，开展资产大清查、枪支弹药大清查、家底经费清理上交、枪支弹药调整存储等工作。把牢安全稳定底线。持续开展保密工作专项清查、安全工作自查、“百日安全”等各项活动，未发生安全事故或重大安全隐患。

【双拥共建】 2021年，区人武部会同区退役军人事务局等部门持续开展立功送喜报和悬挂“光荣之家”牌匾等工作，定期看望慰问老功臣、军烈家属及困难退役军人，有效增强军人的荣誉感。区退役军人事务局按上级通知和计划，完成年度退役军人安置工作；进一步完善各级复转军人之家（站）建设，积极落实各项优抚优待政策。区人武部积极号召和发动专武干部、民兵支援驻地经济社会发展和疫情防控工作，组织民兵参与扶贫帮困、创文创卫等活动，军政军民团结不断巩固。

（杨　泽）

人民防空

【概况】 2021年，区住建局人防办主要负责全区人民防空指挥、通信和警报设施的建设、使用、维护和管理工作，保障全区人民防空通信警报畅通，协同组织并参与本市区范围内的应急救援工作，配合市人防办管理人民防空工程（含结合民用建筑修建的防空地下室）建设、拆除审批和城市地下空间开发利用中兼顾人民防空要求的工程审批；承担指导本区域内人民防空工程维护管理、平战功能转换计划和平时期开发利用工作，会同有关部门开展人民防空宣传教育。2021年，区住建局人防办被评为湖南省人民防空先进集体。

【人防宣传教育】 2021年，区住建局人防办利用“5·12”防灾减灾日、“全民国防教育日”“11·1”防空警报试鸣日等重要宣传节点，开展人防知识进学校、进企业、进社区、进机关、进媒体“五进活动”，增强广大人民群众的国防观念、防空防灾意识，提高大家应对突发事件自救互救的能力。2021年，区住建局人防办共计发放人防知识宣传图册10000余份、防空防灾安全手册2000余本，制作宣传展板26块，设置咨询台12个，进行人防知识培训4场，接受宣传教育人数近5万余人，取得了较好的宣传效果。

【人防工程维护管理】 2021年，区住建局人防办联合区消防救援大队对防空地下室进行全面检查，发现问题及时下发督办函，要求责任单位及时整改。4—8月汛期期间，区住建局人防办对早期人防工事进行现场走访、检查，现场排除积水、线路老化、通道不畅等问题，消除安全隐患，确保广大人民群众生命财产安全。2021年，区住建局人防办投入2万元对人防地下指挥所进行维护、维修，杜绝安全隐患。

【人防指挥通信】 2021年，区住建局人防办坚持月重点检查和季度普查相结合工作制度，采取“四定措施”（定人管理、定期检查、定期维护、定期汇报）加强对警报设施的维护管理工作，使其始终处于良好使用状态，不定期组织警报维护管理人员进行技术培训和技术指导，提高大家的操作水平和业务知识。11月1日，区住建局人防办在株洲北大公学和天鹅湖学校开展防空警报试鸣及人员疏散演练活动，进一步增强广大人民群众的国防观念，熟知应急避险的常识和技巧，提升应对紧急突发事件的能力。

（倪得利）

经济社会监督管理

发展和改革

【概况】 2021年，株洲市荷塘区发展和改革局（以下简称“区发改局”）始终以习近平新时代中国特色社会主义思想为指导，全面贯彻落实中共中央重大决策部署和省、市、区委要求，统筹推进疫情防控和经济社会发展，扎实开展“党史学习”主题教育、“我为群众办实事”和意识形态等工作。2021年，荷塘区经济持续恢复，地区生产总值增长8.2%；固定资产投资增长7.6%；规模以上工业增加值增长8.2%；社会消费品零售总额增长14.3%左右；地方一般公共预算收入增长0.22%；实现城乡居民人均可支配收入增长7.4%；万元GDP能耗下降3%，总体呈现稳中有进、稳步向好的发展态势，实现“十四五”发展和建设现代化新荷塘的良好开局。

【固定资产投资】 2021年，荷塘区完成固定资产投资244.3亿元，增长7.6%。其中，投资项目完成218.8亿元，增长17.4%，房地产投资完成25.5亿元，下降37.4%。其中，产业投资完成162.5亿元，增长17.3%，技改项目完成119.3亿元，技改投资占产业投资比73.4%，高技项目完成52.2亿元，高技投资占产业比32.1%。

【产业项目建设】 2021年，荷塘区重点项目完成投资157.51亿元，占年度投资计划的109.6%。省“五个100”方面。完成重大产业项目2个、重大科技创新项目2个、重大产品创新项目1个，分别完成投资44.44亿元、0.68亿元、0.75亿元，完成率分别为年计划的115.4%、113.33%、119.4%。市“五个一批”（株洲市重点推进重点产业项目、重点科技创新项目、重点产品创新项目、重点招商引资项目、引进科技创新人才）方面。完成重点产业项目27个、重点科技创新项目10个、重点产品创新项目7个、重点招商引资项目40个、引进科技创新人才30人，完成率分别为年计划的112.5%、100.08%、113.86%、100%、150%。重点项目开竣工方面。年计划开工项目39个，实际开工51个。年计划竣工15个，实际竣工18个。征地拆迁方面。完成集体土地征拆128.83公顷，占年度计划的60%；完成国有土地上房屋征收4.3440万平方米，完成年计划的100%。

【争资引项】 2021年，荷塘区共申报中央、省预算内投资项目75个，总投资22.8亿元，申报补助资金6亿元，已获批到位资金7547万元。申报地方政府专项债券项目19个，总投资156.6亿元，申请专项债额度61.1亿元，到位专项债额度5.95亿元。区发改局始终坚持“抓政策、争资金、利民生、促发展”，重点围绕“三高四新”“一区两城”建设发展目标，精心谋划储备2022年中央预算内、省预算内投资项目49个，总投资14.8亿元，拟申请补助资金4.4亿元。储备2022年地方政府专项债券项目 7 个，总投资 61.2 亿元，申请专项债券资金 20.98 亿元。申报“三高四新”融资项目 6 个，总投资 21.9 亿元，申报融资 12.2 亿元。

【项目审批】 2021 年，荷塘区共办理政府类投资项目审批 111 个，总投资 11.50 亿元，其中，上亿元项目 3 个、400 万以上项目 25 个；办理企业投资项目备案 72 个，总投资 7.75 亿元，总投 5000 万元以上项目 13 个。申报“135”工程升级版省级补助项目 8 个，到位资金 460.5 万元，补助标准厂房面积 13.13 万平方米。

【长株潭一体化】 2021 年，荷塘区聚焦落实《长株潭区域一体化五年行动计划》，长株潭先进硬质合金产业园项目营销中心沙盘安装中，施工图设计修改完毕，已进件送审；韵达物流、现代物流业项目纳入长株潭一体化项目计划；长沙市优质品牌学校在荷塘区布局分校或合作办学，湖南师范大学附属株洲荷塘实验学校小学部相关工程正在进行预算对比和设计变更的审批流程。初中部正同步进行前期工作，相关工程处于前期阶段。抓好美丽乡村建设。加大省市乡村振兴示范创建工作，仙庾岭村入选 2021 年中国美丽休闲乡村，为湖南 12 个入选村之一。长沙五号山谷项目（民宿）预计 2022 年一季度开工，国庆节前开始营业。

【“双碳”电网建设】 2021 年，荷塘区加强组织领导，为确保《加快建设现代化新株洲智慧绿色能源互联网三年行动计划（2022—2024 年）》（以下简称“三年行动计划”）高效实施，成立荷塘区“双碳”（碳达峰与碳中和）电网建设工作领导小组，明确电网建设工作职责。建立“每年一会商”“每月一调度”“每周一推进”“专项协调调度”机制，及时有效解决突发问题。签订建设智慧绿色能源互联网工作推进协议。积极协调相关部门，以高度负责的态度抓紧抓实抓好 5 个交办问题，推进项目建设。

【“十四五”规划编制】 2021 年，荷塘区“十四五”规划顺利通过。组织编制好《荷塘区“十四五”规划纲要（草案）》，提请区政府常务会议审议和区委常委会审议，2 月 3 日，提请区五届人大六次会议审议通过，荷塘区“十四五”规划项目库在库项目 170 个。

【价格鉴定】 2021 年，区发改局共办理价格认定业务 84 宗，认定金额 72 万余元，办结率 100%，无复核案件。

【“两型”社会建设】 2021 年，区发改局完成中央环保督察组反馈的突出生态环境问题整改工作。完成 2021 年区绿心地区绿心监测系统疑似违法违规行为现场勘查、认定及整改工作，加大对绿心地区违法违规行为的日常巡查和整治力度，实施区、镇、村三级生态绿心保护责任制，齐抓共管保护好生态绿心，促进绿心地区保护良性发展。严格管控项目准入，完成樟霞村绿心村民健身广场和樟霞村油茶服务及社区综合服务设施 2 个项目准入工作。完成荷塘区 2021 年绿心地区生态补偿资金项目申报、审核工作；完成 2020 年市级生态绿心保护补偿资金预算支出绩效评价工作；完成 2017—2020 年绿心地区省级专项资金预算支出绩效评价工作。

（范玉婷）

人力资源和社会保障

【概况】 株洲市荷塘区人力资源和社会保障局（以

下简称“区人社局”）主要负责贯彻执行国家、省、市有关人力资源和社会保障工作的法律法规和方针政策；结合全区实际，制定相应政策，并组织实施；对全区人力资源和社会保障工作进行宏观规划、综合管理、监督指导、协调服务；拟定全区人力资源规划、开发工作、劳动行政管理与监察、劳动人事争议调解仲裁、就业创业；统筹建立覆盖全区城乡的社会保障体系；牵头区政府落实省市“为民办实事”考核等工作。2021年，荷塘区社会保险服务中心获评“全国人力资源社会保障系统优质服务窗口”；荷塘区人资源和社会保障局获评“全市禁毒工作先进集体；荷塘区社会保险服务中心“三心”优质服务窗口获评“全省人社系统2021年度服务品牌”。

【精准就业服务】 2021年，区人社局“精准就业服务助推充分就业社区创建工作”经验，得到省人社厅、市委市政府主要领导的高度肯定，全市深入推进充分就业社区建设工作现场会在荷塘区召开，全市总结推广荷塘精准就业服务“一二三四五”工作法，其中一是强化领导，作为一把手工程“抓就业”。明确充分就业社区（村）建设工作为各级党组织“一把手”工程，区、镇（街道）、社区（村）三级书记为就业服务工作的第一责任人。二是创新机制，发挥政府和市场两种力量“促就业”。通过政府主导，购买服务方式，公开招标引进专业公司，推动就业服务专业化。三是夯实基础，打造区、街道、社区三级服务平台“畅就业”。四是网格管理，打造四支服务队伍“帮就业”。组建“区就业服务政府雇员+城乡就业服务专员+农村驻村工作队+城乡志愿帮扶队”4支就业服务队伍从事“精准就业服务”工作。五是精准发力，优化五项服务流程“助就业”。做好精准信息摸排、精准信息匹配、精准对接服务、精准技能培训、精准后续跟踪。年内，新增就业人员9980人，完成全年目标任务的113.4%；城镇登记失业率1.3%，低于4.5%的控制目标；新增农村劳动力转移就业394人，完成全年目标任务的164.1%；组织开展线上线下职业技能培训4518人，完成全年目标任务的150%；参加就业见习人数74人，完成全年目标任务的148%；举办线上线下招聘会26场。

2021年2月28日，荷塘区开展“春风行动”返乡农民工专场公益性招聘会

【落实惠企政策】 2021年，区人社局按照省、市统一部署，积极实施园区企业费率过渡试点工作，为63家企业减免费率。积极推进失业保险稳岗返还，对全区337家单位返还失业保险稳岗补贴81.45万元。完成“互联网+政务服务”一体化平台218个事项流程发布，做好本部门区级“一件事一次办”法人和自然人事项的梳理和流程设计。

【人才服务】 2021年，区人社局事业单位公开招聘31人。事业单位公开选调1人，面向西藏籍高校毕业生招聘1人，招募“三支一扶”计划人员3人。6—8月，实施名校人才直通车活动，在市委组织部、市人力资源和社会保障局组织下，赴北京、长沙面向高校优秀应届毕业生公开招聘事业单位工作人员

18人。指导教育部门做好教师招聘工作，共招聘教师246人。4月，全区企业共47人申报市级高层次人才，35人被评为高层次人才。完成30名人才引进任务，全部为硕士及以上学历，完成率达150%。完成认定初级职称138人，评审初级职称1人，申报参评中级职称71人，申报参评高级职称57人。

【社会保障】 2021年，区人社局企业养老保险新增扩面4307人；城乡居民基本养老保险参保人数23797人；失业保险参保缴费人员14421人；机关事业单位养老保险在职参保人数3409人。为674名城乡特困、重度残疾人代缴城乡居民基本养老保险。

【社保基金监督管理】 2021年，区人社局规范经办机构内控制度，认真开展基金现场安全检查工作，利用大数据等信息化技术推进基金智能管理，提高基金监督能力。开展社会保险基金“防风险、堵漏洞”专项整治工作和养老保险待遇核查“回头看”工作，通过与全省各地民政、监狱、公安机关、银行的配合，依法依规对相关人员进行停保及追回待遇，追回冒领死亡人员多发待遇122.06万元，确保社保基金的规范运作率和安全完整率达100%。

【劳动监察】 2021年，区人社局受理拖欠农民工工资投诉21件，涉及农民工63人，拖欠工资107.61万元。通过协调处理21件，涉及63人，工资107.61万元，切实保障农民工合法权益，有力维护社会和谐稳定。

【劳动争议仲裁】 2021年，区人社局坚持“调解为主，调裁结合”的原则，努力化解劳资双方矛盾，消除不稳定因素，依法妥善、公正、及时处理好劳动争议案件。劳动仲裁共立案106件，已结案96件，审理期内结案率90%。经过仲裁员调解员的及时公平公正处理，有效化解劳动者和用人单位的矛盾，维护劳动者合法权益，为荷塘区经济发展和社会稳定做出积极贡献。

【民生实事】 2021年，荷塘区省、市“民生100”共计12大类61项指标（其中省重点民生实施项目18个），涉及29个责任单位，已全部完成任务（25项指标超额完成任务）。其中，资助家庭经济困难学生4475人，完成年度目标任务的895%。区人大代表票决的民生实事事项方面。区第五届人民代表大会第六次会议表决通过的10项民生实事事项全部完成任务（3项超额完成），其中，累计开展职业技能培训4385人，完成全年目标任务的162%。

（周子君）

荷塘区2021年“民生100”工程考核指标表

表5

序号		指标项目	工作目标	累计完成	完成年度目标
一、就业增收工程	1	▲新增城镇就业	8800人	9980人	113.4%
	2	高校未就业高校毕业生就业服务率	100%服务	100%	100%
	3	实现“零就业家庭”动态援助	100%援助	100%	100%

续表 5

序号		指标项目	工作目标	累计完成	完成年度目标
一、就业增收工程	4	新增农村劳动力转移就业	240 人	394 人	164.1%
	5	▲完成政府补贴性职业技能培训	3000 人次（其中农村转移就业者 500 人次）	4531（其中农村转移就业者 3376 人次）	151%
	6	残疾人专业技能培训	60 人	75 人	125%
二、社会保障工程	7	新增企业养老保险参保人数	2700 人	3489 人	129.2%
	8	实现军转干部安置率 100%	转业士官 6 人 随军随调家属 1 人	7 人	100%
	9	▲困难残疾人生活补贴和重度残疾人护理补贴提标	100 元/月	100 元/人·月	100%
	10	▲提高城乡居民低保标准和救助水平	城市低保、救助不低于 600、470 元/月；农村低保、救助不低于 7200 元/年、282 元/月	城市低保 600 元/月； 救助水平 509 元/月 农村低保 7200 元/年； 救助水平 348 元/月	100% 108% 100% 120%
	11	探索推行“长者餐厅”	2 家	2 家	100%
	12	老年人居家适老化改造	40 家	40 家	100%
	13	新增社会化运营社区日间照料中心	4 家	4 家	100%
	14	持续开展殡葬改革	机关事业单位党员干部火化率 100%，完成殡葬基础设施建设任务，开展试点	机关事业单位党员干部火化率 100%； 学习《株洲市推进身后一件事一次办改革实施方案》，按照市局文件要求落实	100% 100%
三、素质提升工程	15	▲增加公办幼儿园学位	1400 个	1530 个	109%
	16	农村免费放映公益电影	332 场	334 场	100.6%
	17	推广“门前三小”经验	10 个	10 个	100%
四、全民健康工程	18	▲实施疾控中心标准化建设工程	1 家	面积达标，设备已达标。检验项目已完成 118 项	100%
	19	▲推进中医药服务基层全覆盖	6 个	7 个	116%

续表 5

序号		指标项目	工作目标	累计完成	完成年度目标
四、全民健康工程	20	▲完成孕产妇免费产前筛查	2080 人	2080 人	100%
	21	▲完成农村适龄妇女和城镇低保适龄妇女“两癌”免费检查	2500 人	2547 人	101.88%
	22	提高城乡居民高血压、糖尿病门诊用药保障水平	支付比例 70%以上，享受待遇 1700 人次以上	医保支付比例 70%以上，待遇人数 4708 人次	276%
	23	扩大特殊病种门诊享受	全年待遇支付不低于 100 万元，人数 600 人以上	待遇支付 110.25 万元，人数 748 人	待遇支付：110.25% 人数：124.66%
五、安居宜居工程	24	既有住宅加装电梯	50 台	共计受理 52 台（竣工 7 台、开工 25 台、通过联合审查 10 台、正在图审 2 台、完成公示 4 台、现勘 2 台、受理 2 台），其余正在做前期工作	104%
	25	▲城镇老旧小区改造	9 个	完成前期调查、方案设计、施工图设计、预算造价编制、预算评审和招标，项目已完工	100%
	26	新增住房公积金建制人数	1300 人	2173 人	167%
	27	5G 基站建设	44 个	44 个	100%
	28	▲提升农村通信网络	2 个光纤工程	2 个	100%
	29	解决不动产登记历史遗留办证问题	368 户	368 户	100%
六、优质服务工程	30	免减缓交诉讼费	110 件、40 万元	194 件、41 万元	176% 102.5%
七、人文关怀工程	31	农村大龄青年“鹊桥”工程	建立一个数据库、一支乡村红娘队伍、一条红娘热线、2 场相亲活动	建立两个数据库 20%、一支乡村红娘队伍 20%、8 条红娘热线 15% 8 场相亲活动，匹配 38 对，其中一对领证 60%、开展一场红娘沙龙 5%	120%
	32	“芙蓉情缘”单身职工联谊活动、青春恋爱及活动	200 人	300 人	150%
	33	关心关爱老归侨、侨眷	体检 1 人、慰问 3 人	体检 1 人、慰问 3 人	体检：100% 慰问：100%

续表 5

序号		指标项目	工作目标	累计完成	完成年度目标
八、环境提质工程	34	拆除违法建设	5.6 万平方米	5.62567 平方米	100%
	35	继续推进城市“微亮化”建设	11 条社区小街小巷照明提质；2 个景观照明提质	配合市局	—
	36	推进、建设城区微公园（小游园）	13 个	13 个	100%
	37	推进城市生活垃圾分类	完成桂花街道、金山街道垃圾分类的示范创建	桂花街道已完成 94 个示范小区垃圾分类创建；金山街道已完成 52 个示范小区垃圾分类创建	100%
	38	农村生活污水处理	2 个村	2 个村	100%
	39	▲改新建农村户用厕所和农村公用厕所	1400 个户厕、1 座公厕	1132 个户厕。根据湘农发〔2021〕82 号文件，将改厕任务调整为今明两年完成，2021 年按照上报的完成数量据实验收	100%
九、乡村惠民工程	40	扶持农机专业合作组织	1 家	100%	100%
	41	新建、维修、改造农村机耕道	10 公里	10 公里	100%
	42	土地托管服务	6.67 公顷	6.67 公顷	100%
	43	惠民综合服务中心（社）建设	3 个	3 个	100%
	44	农村饮水安全工程维修养护工程	1 个	1 个	100%
十、交通畅行工程	45	拉通南塘路、白云路等“断头路”	白云路、田东路共 2 条	白云路完成项目预算编制、监理、施工招标、完成碎石桩，路基基本完成，完成路基、水稳，准备沥青铺设，道路主体已完成。田东路已完成	白云路：100% 田东路：100%
	46	▲建设农村公路安防设施	2 公里	2 公里	100%
	47	▲农村公路（乡乡通三级路、旅游路、资源路、产业路）提质改造	8 公里	9.61 公里	120%

续表 5

序号		指标项目	工作目标	累计完成	完成年度目标
十、交通畅行工程	48	新建智能自助洗车便民点	1 个	1 个	100%
十一、公共安全工程	49	▲实施乡村“雪亮工程”	300 个	511 个	170%
	50	食品监督抽检达到 1234 批次/千人	1234 批次	1234 批次	100%
	51	提高电梯责任险覆盖率	1628 台完成投保	1917 台	117.79%
	52	建立智慧消防全服务平台	27 家消防重点单位接入系统	27 家	100%
	53	打通生命通道工程	完成 236 个单位和住宅消防通道标线；完成 70%老旧小区无物业管理消防治理；规范 500 个小区停车位	778 个	100%
十二、帮扶解困工程	54	巩固脱贫成果	221 名边缘易致贫人口不出现一例致贫	218 名边缘易致贫人口不出现一例致贫，其中 4 名边缘易致贫人口过世，1 名为新纳入	100%
	55	资助家庭经济困难学生6万人，不让一名学生因贫失学	500 人	4475 人	895%
	56	帮扶救助困难职工	300 人	374 人	124.66%
	57	职工医疗互助	6000 人	9403 人	156.71%
	58	▲办理法律援助案件	210 件	238 件	113%
	59	道路交通事故救助	4 次	6 次	150%
	60	▲实施困难残疾人家庭无障碍改造	20 户	20 户	100%
	61	▲残疾儿童康复救助	50 名	80 人（684 人/月）	171%

说明：带▲为省重点民生实事项目。

（周子君）

市场监督管理

【概况】 2021 年，株洲市荷塘区市场监督管理局（以下简称“区市场监管局”）坚持以习近平新时代中国特色社会主义思想为指导，坚守安全底线、优化营商环境、规范竞争秩序、提升质量水平、促进创新发展，加快构建现代化市场监管体系，为荷塘区市场监管工作“十四五”开好局打下坚实基础。

【市场常态疫情防控】 2021年，区市场监管局立足职能、冲锋在前，持续对涉及市场监管职责范围内的主责主业开展全覆盖、零死角防控排查，督促进口冷链、药店、餐饮、外卖经营户严格落实主体责任，坚持查“两码”（健康码、行程码）、戴口罩、测体温，做到疫苗接种应接尽接；集中力量打赢重要防疫物资保供战、市场价格监管稳控战、防护用品质量安全保卫战、野生动物、活禽交易歼灭战、企业复工复产攻坚战。

【市场主体发展】 2021年，荷塘区市场主体总量大幅增长。截至年末，全区共有市场主体42228户，其中企业8619户、个体工商户33609户。2021年，新增企业1729户，同比增长23.2%；新增个体户4453户，同比增长16.2%，市场主体活跃度不断增强。产业结构不断优化。年内新增的6617户市场主体中，企业占比23%、个体占比77%。从产业构成来看，第一、二、三产业占比分别为10%、30%、60%；从行业分布来看，新材料、信息传输、软件和信息技术服务业逐步摆脱新冠肺炎疫情负面影响，呈现平稳发展态势。产业质量逐步提高。以金山片区为主体，新材料、轨道交通装备配套、医学健康等传统产业不断转型升级，钢铁、智能建造、电商等新兴产业不断发展壮大，产业结构持续优化升级，形成先进制造业集群梯次推进的发展格局，产业竞争力得到有效提升。

【商事制度改革】 2021年，区市场监管局聚焦政务服务，不断深化商事制度改革。审批时限全面压缩。企业设立、变更登记实现当日办结，注销、换证、备案当场办结。开设“一窗通办”“一网通办”窗口，帮助企业在开办的同时，将公章刻制、税务开票、银行开户等环节一并办理，探索试行营业执照和食品经营许可证登记资料一次性提供制度。登记手段全面优化。全面推行企业登记全程电子化，率先启动个体户登记全程电子化，登记率分别达95.7%、25.1%。“最多跑一次”全面升级。通过一次告知、一窗受理、一网通办、一次办好，实现企业和群众办事线上“一次登录、一网通办”，线下“只进一扇门”，实现营业执照、印章、发票“一窗领取”“一次发放”。2021年，“一件事一次办”共办结业务2157件，“一网通办”共办结业务299件。

【营商环境持续改善】 2021年，区市场监管局放宽市场准入门槛，登记流程全面优化。按照“非禁即入”原则，大力放宽名称、经营场所等各项准入限制，落实名称登记自主化、住宅承诺制等改革举措。探索推进“一业一证”改革试点，药店申办经营许可事项实现三证合一，进一步简化证明材料，降低创业成本，激发市场投资活力。严格落实“四个最严”要求，先后开展强化食品、药品、特种设备和重点工业产品质量监管，严防严管严控安全风险，守住安全底线。立足区域经济发展实际，对金山工业园区和电商园区启动“沙盒监管”，出台《荷塘区市场监管领域首次轻微违法行为不予行政处罚的规定》，对无主观故意、情节轻微的不予行政处罚，彰显市场监管执法温暖底色。制定《荷塘区市场监管领域部门联合“双随机、一公开”重点工作任务实施方案》，制定和接收的双随机工作任务44次，随机抽取检查对象536户，依法列入经营异常名录市场主体24435户，列入严重违法失信人名单市场主体38户，公示企业股权冻结信息6件，办理股权解冻2件。

【知识产权保护】 2021年，区市场监管局加大知识产权保护力度。共办理商标侵权案件3件，罚没共计3.692万元，办理专利标识标注不规范案件10件；强化知识产权应用力度。株洲美特优硬质合金有限公司成功进行专利质押1500万元，获得贷款490万元；提高知识产权服务力度。指导9家企业申报并通过2021年度株洲市知识产权战略推进项目立项，项目资金共计44.36万元。推动落实2020年度知识产权奖励25.2万元；组织金山工业园申报省级知识产权综合服务分中心。组织辖区20余家企业参加市级知识产权研讨会。2021年，荷塘区专利授权568件（发明专利授权59件）。截至年末，荷塘区有效发明专利拥有量442件，每万人有效发明专利12.68件。

【药品、医疗器械及化妆品专项整治】 2021年，区市场监管局坚持贯彻药械“四个最严”和“安全用妆”要求，持续抓好常态化疫情防控工作，督促辖区199家药店全部进入湖南省零售药店常态化疫情防控警示监测系统，排查登记“四类”药物（退烧、止咳、抗病毒、抗生素）人员信息217560条。坚决落实用药、用械、用妆安全监管责任，严格审批器械许可备案制度，开展疫情防控医疗器械、医疗器械“清网”、儿童化妆品等专项整治，检查药品、医疗器械和化妆品经营、使用单位1335家次，查办案件7起，罚没金额6.8万元。开展药品安全风险监测，对全区药品、医疗器械经营、使用单位开展ADR监测，共报告不良反应273例。建立疫苗管理协调机制，下发《荷塘区疫苗管理部门联席会议制度》，落实疫苗管理责任。

【食品安全监管】 2021年，区食品安全委员会办公室按照“党委政府负总责、班子其他成员分行业分领域负责”的原则，制定并出台《株洲市荷塘区关于深化改革加强食品安全工作实施方案》《关于调整荷塘区食品安全委员会组成人员的通知》《株洲市荷塘区县级党政领导干部食品安全工作责任清单》。2021年，区市场监管局对食品安全实施“最严格的监管”。新冠肺炎疫情防控期间，先后开展新冠肺炎疫情防控专项行动、食品安全“护苗”行动等21项集中整治行动。实现重特大安全事故和区域性、系统性、源发性食品事故零发生。通过农贸市场快检室为市民免费提供农兽残快检，积极督导市场方和第三方开展食品安全快速检测，监督实施问题食品召回和处置。加强抽样检验和隐患排查，完成食品抽检940批次，合格率为96.38%，针对不合格产品，依法依规严格处置。全区有16家食品生产企业、2412家食品销售企业完成风险等级评定，完成率达100%。积极推进餐饮示范一条街和“明厨亮灶”工程，社会大中型餐饮覆盖率达95%，学校食堂达100%；严格落实网络订餐平台责任，保证线上线下餐饮同标同质。全区食品药品安全群众满意度较上年度的83.43%提高1.27个百分点，达到84.70%。

【“湘冷链”系统及药械化产品安全监测培训】 2021年5月9日，区市场监管局组织开展对全区进口冷链食品经营户、大型商超、餐饮及农贸市场负责人进行“湘冷链”系统培训暨约谈会议，共有46户冷链食品经营主体参加。培训会详细讲解“湘冷链”企业端系统具体操作流程。要求进口冷链食品经营者要严格落实食品安全主体责任，落实“三专、三证、四不”要求，运用好“湘冷链”追溯系统，即时上传进口冷链食品的来源信息、入境货物检验检疫证明、新冠病毒核酸检测报告、货物预防性消毒证明等追溯信息，确保进口冷链食品全部实现可追溯。11月26日，由区市场监督管理局主办，株洲市市场监督管理局不良反应科和市 ADR 监测中心协办组织开展“2021 年度荷塘区药械化产品安全监测业务培训班”。荷塘区各零售药店、超市、化妆品经营单位、各街道卫生服务中心、新兴医院、红十字博康医院等医疗机构 130 余人参加此次培训。此次培训主要目的是为配合新修订的《医疗器械监督管理条例》《化妆品监督管理条例》等法律法规的实施，进一步推进药品、医疗器械、化妆品安全监测工作，稳步增加药械化不良反应报告数量，提高报告质量，提升基层药械化安全监测与评价能力，发挥监测警戒作用。

【重点保障】 2021 年，区市场监管局在春节、“两会”期间发布《荷塘区市场监管“年关守护（2021）”行动方案》，在全区范围内开展食品（含冷链食品）、药品、防疫物资、特种设备、重点工业产品等安全隐患排查整治和市场监管领域交通问题顽瘴痼疾专项整治；节日市场消费者权益保护、价格检查、网络交易监管、执法打假等专项检查，保护好人民群众利益，营造安定祥和、安全有序的市场环境。在“三考”（2021 年普通高等学校招生全国统一考试、高中学业水平考试、初中毕业学业考试）期间，开展重大食品安全保障专项行动。重点检查学校食堂，切实保障师生就餐安全。共派出执法队伍 74 人次驻点巡查，加大对考点学校食堂监管力度，全力保障广大考生饮食安全和考试的顺利进行。

【冷链食品核酸检测】 2021 年，区市场监管局落实冷链食品全程追溯制度，全区 115 个市场主体全部录入湘冷链系统，坚持“人、物、环境”同防，确保进口冷链食品疫情防控闭环管理，督促进口冷链食品的生产经营者要严格落实食品安全和疫情防控主体责任，认真履行进口冷链食品“三专、三证、四不”（“三专”指专用通道进货、专区存放、专区销售；“三证”指入境货物检验检疫证明、核酸检测证明、消毒证明；“四不”指不得生产经营“无入境货物检验检疫证明、核酸检测证明、消毒证明、追溯信息”的进口冷链食品）要求。严禁采购和上市销售无明确来源信息的冷链食品。联合区疾控中心对辖区内进口冷冻冷链食品开展核酸检测采样工作，累计检测核酸检测样品 2360 份，阴性检出率 100%。

2021 年 8 月 1 日，荷塘区对冷冻冷链食品开展核酸检测采样工作

【食用农产品快检工程】 2021 年 5 月，区市场监管局在局办公楼一楼和桂花市场监管所建成食用农产品快速检验室，在全市尚属首例。以农贸市场、大型商超、学校食堂、工地食堂、单位食堂等为重点区域，实现流通领域食用农产品快检全覆盖，把“你送我检”活动送到百姓身边，切实让老百姓吃得放心、吃得安全。2021 年，完成流通领域食用农产品快检共计 7 万批次，其中区本级完成快检 3 万批次，合格率达 99.4%。

【零售药店、医疗器械经营户行政许可】 2021 年，区市场监管局依据《中华人民共和国行政许可法》《中华人民共和国药品管理法》和《医疗器械监督管理条例》等相关规定，为辖区内零售药店、医疗器械经营户办理行政许可，为企业规范经营提供法律指导。年内，共受理经营户药品经营许可证核发、变更、延续、注销28家次；共受理经营户第二类医疗器械经营备案凭证申请和变更25家、网络备案10家；医疗器械经营许可证核发、延续、变更26家。

【特种设备安全监察】 2021年，区市场监管局先后开展“年关守护”、液化石油气瓶、打非治违、“快开门式压力容器”专项隐患排查治理回头看、起重机械隐患排查整治、重点工程建设工地特种设备安全专项整治、合泰富家垅地区安全整治等专项行动，对涉及全区的6类特种设备开展日常监督和专项检查，检查特种设备使用单位263家，下达特种设备安全监察指令书48份，重点事故隐患整治任务交办单46份，推进电梯安全责任保险工作的落实，实现荷塘区2021年特种设备安全领域平稳运行。2021年，共办理169台特种设备的行政许可、登记、备案业务，其中电梯办理使用登记69台，停用9台，注销报废3台，变更73台，重启3台；场（厂）内专用机动车辆办理使用登记12台。

【电梯应急救援演练】 2021年12月18日，由区市场监督管理局主办，湖南省特种设备检验检测研究院株洲分院、荷塘区桂花街道办事处、阳光里社区协办，金碧物业有限公司株洲分公司、上海三菱电梯有限公司湖南分公司承办，在荷塘区恒大林溪郡小区开展电梯应急救援演练暨电梯安全知识宣传活动。通过现场演练与知识宣传相结合，进一步健全和完善电梯安全应急管理体系，努力形成群防群治的合力。2021年，大力推进电梯责任保险，电梯投保率83%，居全市县市区前列。

【重点工业产品质量监督】 2021年，区市场监管局以危险化学品、涂料、油漆、防水卷材等12个重点工业产品持续开展专项整治，确保不发生系统性质量安全问题。开展火灾防控产品质量监督检查，共出动检查人员57人次、出动执法车辆15台次、共检查经营户116户。开展危险化学品、防水卷材及涂料油漆产品质量监督检查，检查防水卷材及涂料油漆产品经营户22户，严防“三无”防水卷材及涂料油漆流入市场。开展钢筋产品质量专项整治行动，共出动执法人员17人次、执法车辆5台次，对辖区内钢筋销售门店进行监督检查。

【产品质量和计量监管】 2021年，区市场监管局开展新型、危险玩具质量监管工作，共出动执法人员75人次、出动执法车辆25台次，对辖区内重点超市以及校园周边小商店、小文具店进行摸底检查，建立儿童和学生用品经营户档案，防范儿童玩具安全风险。开展食品接触用竹木制品监督检查，对辖区内4家大型商超、5个农贸市场共计23个品牌的竹木砧板、筷子销售门店进行检查。开展计量器具监督检查，对中南蔬菜批发市场等四家农贸市场的公平秤进行检查，现场检查发现存在涉嫌破坏器具准确度的秤19台，执法人员现场进行扣押。开展塑料污染治理情况调查工作，出动执法人员77人次，监督检查生产企业一家、销售单位23家、餐饮单位102户，督促和引导经营者使用食品级塑料盒可降解替代品。开展服装鞋帽质量安全监督，对辖区内各服装鞋帽店、超市的检查，共出次执法车辆9台次、执法人员35人次，共检查服装鞋帽经营户35家。配合省市场监督管理局的定量包装商品净含量省级计量监督“双随机、一公开”监管抽查工作，对株洲市巨盛实业有限公司进行监管抽查。建立能效水效检查对象动态库，完成辖区的能效水效标识双随机抽查工作。开展认证活动“双随机、一公开”

监督检查，对株洲市荷塘区大朋特种玻璃有限公司强制性产品认证活动进行事中监管。

【交通市场整治】 2021年，区市场监管局开展交通顽瘴痼疾集中整治行动。出动执法车辆25台次、出动执法人员65人次，检查电动自行车销售企业（实体店）50户，加强对辖区电动车销售企业的摸排建档工作，对辖区内销售电动车企业重新分门别类摸排建档，向辖区电动车销售企业发放《中华人民共和国道路交通安全法》相关宣传资料，对辖区电动车销售、维修企业进行约谈，督查企业签下承诺书等。

【打击传销和非法集资行为】 2021年5月，区市场监管局制定并下发《2021规范直销打击传销专项行动实施方案》，掀起全区内打击传销风暴。联合市场所开展进农村进社区宣传活动，2021年共开展2次宣传活动、出动执法人数20人次、发放宣传资料360余册；联合西子社区，完善无传销社区建设，为西子社区开展无传销宣讲活动1次、提供打击传销宣传手册1000余份、打击传销宣传板5块。组织开展打击传销风险排查活动5次、出动人数37人次，暂未发现辖区内有传销人员活动。配合区金融办、街道、公安部门开展荷塘区非法集资风险专项排查整治行动，联合金融办、公安部门取缔“秦汉桃源”“六步溪”等涉危企业，累计出动执法人数50余人次。

【电商平台监管】 2021年，区市场监管局对辖区内电商平台企业开展线下检查。充分利用省市场监管局提供的指南针平台，利用大数据抓取方式，定期或不定期在线上搜索相关词汇，坚决落实发现一起处理一起，将违法行为扼杀在萌芽之中。于2021年10月制定《株洲市荷塘区市场监管系统2021网络市场监管专项行动（网剑行动）实施方案》，线下检查辖区内电商平台2家、线上搜索300余次、督促整改违规行为2次，尚未发现违法行为。

【校外培训机构监管】 2021年2—11月，区市场监管局开展对荷塘区辖区内校外培训服务机构利用不公平格式条款侵害消费者利益违法行为的整治行动。对校外培训服务机构摸排113家，检查格式合同20余份。

【消费维权】 2021年，区市场监管局共接收消费者投诉、举报和咨询3325件，共办结3229件，办结率97.11%，满意度100%，为消费者挽回经济损失33.80万元。

【普法宣传】 2021年3月15日，区市场监督管理局联合荷塘区人民检察院、步步高商业连锁股份有限公司株洲分公司、雪天盐业、铭城大药房，开展2021年“守护安全 畅通消费”消费维权宣传活动。现场接受群众咨询400余人次，发放宣传资料6000余份。在中南蔬菜批发市场门口开展“你送我检”食品安全快检活动。现场接收群众送检30余批次，检测结果均为合格。4月14日，荷塘区市场监督管理局在荷塘外国语学校开展“食品安全进校园”活动。全力推进市场监管“送法上门”服务，培训66名餐饮从业人员。5月17日，区市场监管局联合区疾控、公安荷塘分局、明照街道办事处在分路口农贸市场开展禁食野生蘑菇、防治碘缺乏病、长江禁捕、扫黑除恶等宣传行动。发放宣传资料5000余份，宣传影响人数2000余人次。5月31日，区市场监管局组织召开化妆品安全科普知识大讲堂讲座，荷塘区各化妆品经营者、药店负责人、基层监管所执法人员等70余名参加培训，强化企业的化妆品安全主体责任和执法人员的监管责任。10月，在文明城市创建期间，对辖区内的农贸市场和餐饮单位检查公益宣传、门前三包、环境管理、食品卫生、诚信经营等情况，印制、张贴、摆放各类桌卡、桌贴、宣传画20万余张（只）。

【举办“百年风华、监管力量”演讲】 2021年5月8日，区市场监督管理局联合中国银行股份有限公司东区支行共同举办“百年风华、监管力量”党史学习教育专题演讲活动。选手们结合自身实际围绕主题，饱含深情地讲述党百年历史上株洲的革命故事、奋斗故事、成长故事，讴歌中国共产党百年来风雨兼程的伟大成就，言语间尽显对党的崇高敬意和对祖国的深情热爱，充分展示新时代市场监管人团结奋进、锐意进取、朝气蓬勃的精神面貌。

（龙莉莉）

自然资源管理

【概况】 株洲市荷塘区自然资源局（以下简称“区自然资源局”）成立于2019年4月，为区政府正科级工作部门，加挂区林业局牌子。下辖荷塘区土地储备中心和荷塘区仙庾岭风景名胜区管理服务中心2个副科级事业单位。

2021年，区自然资源局在全市率先启动报废汽车项目和三江水玻璃项目的“不见面审批”。中大机械项目在签订出让合同后3个工作日就完成规划两证核发，打破株洲市“拿地即开工”记录。深刻学习领会习近平生态文明思想和总书记关于自资源工作、湖南考察调研重要指示，带动业务工作发展。新冠肺炎疫情期间，圆满完成金办、茨办、仙庾镇核酸检测点和华地隔离酒店疫情防控任务。2021年，获评“荷塘区征地拆迁和房屋征收工作服务征拆工作先进职能部门红旗单位”。

【耕地保护】 2021年，区自然资源局贯彻习近平总书记“绿水青山就是金山银山”的指导思想，着力打造生态优美、环境宜居的绿色荷塘。采取长牙齿的硬措施坚决保护耕地，全面开展耕地“非农化”“非粮化”自查整改工作。督促责任单位完成省委巡察期间发现的4处基本农田的治理修复。通过严格落实耕保责任、推动往年被占用基本农田复耕、配合区政府对镇（街道）进行耕保责任考核、优化整合自然保护地、全面开展“多规合一”村庄规划编制等方式，牢牢守住耕地红线和生态保护红线。严格落实建设占用耕地先补后占，确保完成耕地保有量不少于2000公顷和基本农田保护面积不少于1908.2公顷的任务，做到耕地占补平衡。

【国土空间规划】 2021年，区自然资源局主动与市级国土空间规划加强对接，积极谋取发展空间。结合原“新材料城”概念和“两城”规划的发展愿景，拟划定城镇开发边界总面积约70.23平方公里，其中集中建设区+弹性发展区约50.53平方公里（含建成区）。为进一步调整优化荷塘区集中建设区功能和规模，为“两城”产业项目建设以及后备发展争取更多的用地空间保障，协助园区编制金山新城片区扩区规划方案。金山新城片区申报划定的“集中建设区+弹性发展区”约29.43平方公里（含建成区），其中7.61平方公里为现状建成，5.49平方公里为已批未建，7.73平方公里为土规剩余，8.6平方公里为新增建设用地。重点保障三一智慧钢铁产业园、硬质合金产业园以及新增建设湖南韵达智慧物流园等项目用地的需求。通过向省、市主管部门汇报和举证，保留原仙庾岭风景名胜区性质不变，不纳入国家生态保护红线，为以耕食小镇建设为中心的片区文旅休闲康养业态争取发展空间。

【用地报批与土地供应】 2021 年，区自然资源局积极主动为产业项目建设做好服务，主动上门走访对接园区和相关部门，明确工作任务，建立用地报批台账，坚持一月一调度，及时协调解决用地指标及报批过程中遇到的问题，加快重点项目报批速度，批回余湾路等 8 个交通配套项目，批回土地总面积 8.08 公顷；完成中大机械等 7 个工业用地项目的出让，成交面积 26.19 公顷、成交价款 13350 万元。

【服务园区】 2021 年，区自然资源局主动作为，积极服务园区项目，做好产业项目建设年及营商环境优化年活动工作任务，出具中大机械、远东、瑞美包装等 12 个项目用地蓝线及规划条件，总用地面积约 64.86 公顷；核发三一、报废汽车等 6 个项目建设用地规划许可证，总用地面积约为 41.77 公顷；核发螺旋锥、宏远机械项目建设工程规划许可证 12 份，总建筑面积约 231631.01 平方米。

【月清“三地两矿”】 2021 年，区自然资源局严格落实月清“三地两矿”（“三地”指批而未供土地、闲置土地、违法用地；“两矿”指非法采矿问题查处、废弃矿山生态修复）工作，成立以区长任组长的区月清“三地两矿”工作领导小组，每月召开工作会议，做到月发现月处理。省厅共下发月度卫片图斑 157 个、面积 59.92 公顷，共发现违法图斑 8 处、面积 0.94 公顷，其中耕地 0.71 公顷，通过整改已恢复 4 处，由森林公安立案查处 1 处，违法用地总量为全市最低。省厅下发闲置土地处置任务 5 宗，面积 31.03 公顷。已开工建设 1 宗，面积 2.28 公顷；已报市局收回 1 宗，面积 18.03 公顷；已下达闲置土地认定书、听证告知书 3 宗，面积 10.73 公顷。做好批而未供及“净地”攻坚工作，完成 86.68 公顷批而未供处置任务，完成 6 个项目的“净地”攻坚任务。2021 年，共拆除违法建筑物 344 处，违建面积 189207.18 平方米，超额完成区全年拆违任务目标，治违控违工作稳步推进、成效显著。

【征地拆迁】 2021 年，区自然资源局认真组织、扎实有序地推进征地拆迁各项工作，严格按照法规要求执行，积极与上级主管部门对接，推进工作新模式、规范操作新流程、掌握业务要点，运用法律手段和借助司法程序保障项目顺利开展。完成征地拆迁项目 24 个，征地面积 128.73 公顷，签订集体房屋补偿协议 444 栋。

【生态修复和地灾防治】 2021 年，区自然资源局坚持绿色发展，辖区内 2 家发证矿山均分别创建国家级绿色矿山和省级绿色矿山，并继续坚持将绿色矿山发展理念贯彻于矿产资源开发利用全过程；全力开展历史遗留废弃矿山生态修复工作，8 家关闭注销废弃矿山的生态修复实施方案，已提请区政府常务会议审议通过，努力争取资金准备逐年实施。经区政府审批出台《株洲市荷塘区 2021 年度地质灾害防治方案》，切实指导做好全区地质灾害防治工作；实施完成 1 个威胁 6 户 21 口人的滑坡地质灾害治理工程项目，消除隐患。加强矿山企业的动态巡查力度，矿山巡查共计 30 余次；开展矿山安全生产大检查，全年没有安全事故发生。

【“三调”工作和确权登记】 2021 年，区自然资源局按时完成“三调”（荷塘区全国第三次土地调查）工作，已通过国家复核验收。高效完成农房一体确权登记发证，发放农村宅基地房屋不动产登记证 3663 本。

【自然保护地整合优化】 2021年，荷塘区自然保护地整合优化自启动以来，区自然资源局按时保质完成摸底调查、空缺分析、评估论证、分述报告和优化预案几个阶段工作。根据部、省和市反馈的意见多次进行预案修改完善，基本形成荷塘区自然保护地整合优化预案成果。

【遗留问题化解】 2021年，区自然资源局持续推进房地产办证遗留问题化解工作，基本完成佳安名苑和金域半岛二期800户业主发证，金科公司建设的安置房项目中2个项目已发不动产总证，正在陆续分户发证，另一个项目进入总证核发阶段，按时完成“民生100”和“为民办实事”工作目标。

（贺凤林）

交通运输

【概况】 株洲市荷塘区交通运输局（以下简称“区交通局”）主要职责是贯彻执行国家和省有关公路交通行业发展规划，制定并督促实施固定资产投资、运输等中、长期规划和年度计划，负责荷塘区公路交通及交通工业的行业管理和组织实施重点交通工程建设；负责荷塘区地方公路、站及其设施建设和交通建设项目的立项、审查及上报；负责道路的养护管理和交通运输行业的管理；承办区人民政府交办其他事项。

2021年，荷塘区境内有京广铁路、湘黔铁路、浙赣铁路、长株潭城际铁路和沪昆高速公路、莲株高速公路、城市快速环线等通道，株洲中心汽车站、湘运长途汽车站、汽车南站等市区三大汽车客运均汇集于此，农村道路总里程为350公里，交通路网高效便捷。距离株洲西站12公里，距离醴陵东站42公里，距离株洲港码头11公里，距离株洲芦淞机场10公里，距离长沙黄花机场60公里，形成公、铁、水、空“四位一体”的交通优势。行经辖区内的公共交通线路共28条，实现区域范围内公交全覆盖，基本实现城乡客运一体化。公交智轨荷塘段于2021年6月20日投入使用，荷塘区主干道新华路设立专门的公交智轨车道。2021年，获评“株洲市交通问题顽瘴痼疾集中整治”“坚守公路水运工程质量安全红线”“安全生产先进单位”。

【农村“四好”公路建设】 2021年，区交通局围绕乡村振兴战略，大力推进农村“四好”（建设好、管理好、养护好、运营好）公路建设。一是为群众办实事，提升群众出行幸福感。按时按量完成4公里农村道路安防设施工程、11个农村客运招呼站、8公里新建农村道路，完成任务的100%。二是修好资源产业路，服务企业发展。完成中材水泥厂—茶马线3公里路面大修，解决水泥运输路面扬尘和绕行问题；对省道S104进行路面提质改造3.2公里；对耕食小镇道路县道X017进行提质改造5.6公里；对耕食记道路村道C210进行提质改造3.32公里；对金桥油茶农民专业合作社园区进园道路0.79公里；对湘民农村合作社产业园1.07公里；对株洲市巨盛实业有限公司路面进行提质硬化1.13公里；对湖南世开花海农业科技有限公司产业园进行提质硬化1.32公里。新建农村公路23公里。三是养护工作方面由重建轻养向建养结合，由有路必养向养必到位转变，保障农村公路的畅通，方便周边居民的日常出行。清理水沟5公里，路边打草11公里，路面修补450平面，泥土滑坡清运1100立方米，修建48立方米挡土墙。

【交通安全管理】 2021年，区交通局严格治理车辆超限超载。联合市治超办、区交警大队等相关部门，检查车辆6850台，查处超限超载车辆325台，查扣“百吨王”16台。定期对区域范围内的10家“两客一危”（从事旅游的包车、三类以上班线客车和运输危险化学品、烟花爆竹、民用爆炸物品的道路专用车辆）企业以及4家货运源头企业开展安全生产检查，张贴宣传海报标语22条，对企业进行普法宣传，开展安全专题培训6次。开展禁毒教育和驾驶员毒品检测。荷塘区交通运输企业先后开展11场禁毒教育讲座。组织荷塘区“两客一危”企业489名驾驶员进行毒品检测，排除毒驾风险，保证道路交通安全。

【交通疫情防控】 2021年，区交通局全面落实“外防输入、内防反弹”的总体防控策略，督促指导交通行业领域各重点场所严格按照省疫情防控指挥部及交通运输部有关的要求，落实常态化疫情防控措施。节假日期间严格落实24小时值班和领导带班制度，确保信息联络畅通；每月带队到中心汽车站、长途车站等场所开展督导检查，加强疫情防控工作指导。2021年7月疫情再次发生，按照市、区疫情防控领导小组的统一部署，区疫情防控交通安全组研究制定《荷塘区关于进一步加强荷塘区道路交通疫情防控检查站工作的紧急通知》《荷塘区汽车站、交通疫情检查点黄、红码人员、发烧人员处置流程》，建立醴潭高速株洲东疫情检查点、省道S207青草冲—荷塘区防疫检测点，实行24小时值班制。对过往车辆、行人进行测体温并查验健康码、行程码、48小时内的核酸检测阴性报告，对疑似病人及红码、黄码人员马上交由卫生防疫部门采取相关措施，全力以赴做好疫情防控工作。8月14日，醴潭高速株洲东疫情检查点、省道S207青草冲—荷塘区防疫检测点撤点，共登记检查4093台车辆、乘客6119人，劝返车辆561台，均无异常。

（刘　羽）

应急管理

【概况】 株洲市荷塘区应急管理局（以下简称“区应急局”）成立于2019年3月，为区政府工作部门。对外加挂区防汛抗旱指挥部办公室牌子。主要负责应急管理工作，指导全区各镇、街道各部门应对安全生产类、自然灾害类等突发事件和综合防灾减灾救灾工作；负责安全生产综合监督管理和工矿商贸行业安全生产监督管理工作；组织编制全区应急体系建设、安全生产和综合防灾减灾规划，组织拟订相关规程和标准并监督实施；组织编制荷塘区总体应急预案和安全生产类、自然灾害类专项预案，综合协调应急预案衔接工作，组织开展预案演练，推动应急避难设施建设；牵头推进全区统一的应急管理信息系统建设；建立监测预警和灾情报告制度，健全自然灾害信息资源获取和共享机制，依法统一发布灾情。

2021年，区应急管理局认真学习贯彻习近平新时代中国特色社会主义思想，积极贯彻落实中央和省、市、区关于应急管理、安全生产和防灾减灾救灾工作各项决策部署，提高本质安全水平和防灾减灾救灾能力，全区应急管理、安全生产和防灾减灾救灾工作进展顺利。

【开展安全生产三年行动集中整治】 2021年，荷塘区认真贯彻落实习近平总书记关于安全生产工作的重要讲话和批示指示精神，先后6次召开专题会议研究安全生产和消防工作，区委领导在重大节会和特护期期间，带队深入一线开展安全生产检查，荷塘区安委会对《荷塘区委、区政府领导班子成员安全生产责任清单》进行调整。截至12月底，在“强执法、防事故”行动中，荷塘区共组织执法行动174870次、检查生产经营单位159120家次、立案调查1639起、经济处罚1179.593万元、责令停产停业169家、取缔关闭164家、吊销安全生产经营许可证120本、行政拘留149人、抓捕涉嫌犯罪人员144人。在“一单四制”工作中排查重大事故隐患1399个、销号1399个、销号率100%。开展安全生产三年行动，集中整治共排查隐患9331处、约谈警示31家。

【打击非法储存、销售危险化学品行为】 2021年，荷塘区先后查处非法储存、销售危险化学品的黑窝点8个，查处非法储存烟花鞭炮、非法储存甲醇案等案件12起，行政拘留20人，刑事拘留犯罪嫌疑人3名，行政处罚11万元，向兄弟县市区提供线索5条，协助长沙市天心区、望城区打掉非法储存、销售危险化学品的黑窝点2个。

【消防安全专项督查】 2021年，区应急局共开展23次消防安全专项督查，排查整改火灾隐患100余处。全面摸排荷塘区333栋高层建筑的消防安全制度落实、消防设施系统，建立问题隐患清单和整改责任清单，重点督办整改一批高层建筑消防安全问题。在合泰、富家垅片区投入近600万元安装室外消防栓，实现合泰、富家垅城中村片区室外消防栓全覆盖。

【防汛抗旱】 2021年，区应急局在汛期开始后，及时下发度汛隐患排查通知，并在全区防汛抗旱会议上进行专项部署，建立区领导和防指成员单位联系镇（街道）防汛抗旱工作责任制。同时，落实水库和重要堤防的防汛责任人、技术责任人和安全管理责任人。组织防指成员单位、各镇办及时开展度汛安全隐患排查，共排查出隐患10个。根据省防指下达的定额储备计划全额储备。投入30万元补充防汛物资。

【第一次全国自然灾害综合风险普查】 2021年，荷塘区开展第一次全国自然灾害综合风险普查工作，设立自然灾害普查工作领导小组，统筹协调推进相关工作，建立政府统一领导、相关部门和单位密切配合的工作机制，形成工作合力，加大自然灾害综合风险普查工作力度，确保该项工作落到实处。至年底，已经完成全区自然灾害风险调查和灾害风险评估。

【安全生产宣传教育】 2021年，区应急局持续开展消防宣传“五进”工作，集中开展“安全生产月”和“安全生产三湘行”暨“工伤预防进园区”活动。组织辖区110家消防安全重点单位开展消防安全管理明白人培育计划，为每个重点单位培育2名“明白人”。创新工作方法，坚持群防群治，应急管理、林业等部门携手“在荷塘”公众号，利用线上线下各种方式广泛宣传《湖南省森林防火条例》，多种形式地营造宣传氛围，构筑好全民防火思想防线。5月12日，结合国家第13个防灾减灾日组织全体党员在银泰财富广场开展应急知识集中宣传活动，活动共设置展板30余块、悬挂标语20余条、发放防灾减灾宣传资料3000余册、接收群众咨询200余人次。

（李　莉）

消防救援

【概况】 株洲市荷塘区消防救援大队（以下简称“区消防大队”）2019年12月正式挂牌成立。下设向阳消防救援站。大队由消防指战员、政府专职消防员、文职雇员组成。共有7台执勤消防车。主要担负防火监督检查、灭火和抢险救援、社会消防宣传培训、火灾事故调查、消防产品监督管理、公共聚集场所营业前消防安全检查、指导培训派出所开展消防监督执法检查、指导乡镇、街道、行业部门做好本单位、本行业、本部门内的消防安全管理和消防安全培训教育等工作职能。2021年，区消防大队坚持以习近平新时代中国特色社会主义思想和授旗训词精神为指导，全面提质强能，奋力攻坚克难，积极参与辖区各项社会服务，彰显消防指战员的无私奉献精神，完成以“防火灭火”为中心的各项急难险任务和建党100周年安保任务，为全区经济发展和社会稳定创造良好的消防安全环境。

【灭火救援】 2021年，向阳消防救援站共接警出动428次、出动车辆600台次、出动消防员3635人次，抢救被困人员96人。7月28日，荷塘区红旗路社区对面私房一楼着火，现场浓烟滚滚，向阳消防救援站迅速出动3台水罐车、17名指战员赶赴现场扑救，经过紧急救援，将人民群众的财产损失降到最低。荷塘区中环废品站业主唐韦为表达对消防全体指战员英勇救火的感激之情，将一面印着“竭诚为民，勇敢无畏”的锦旗送到向阳站指战员手中。

2021年4月13日，荷塘区消防大队在东苑小区开展救援工作

【消防监督执法】 2021年，区消防大队共检查单位822家，发现火灾隐患或者消防安全违法行为488处（起），下发责令改正通知书357份，责令“三停”（停产停业、停止使用、停止施工）11家单位、查封13家单位，12处重大火灾隐患整改销案。持续开展“民生100”工程，完成236个单位、住宅消防通道标识、标线和500个老旧小区停车位的施划工作。深入推进“独居老人消防关爱计划”，辖区内共摸排独居老人共计400余人，全部实现与社区党员、志愿者的责任捆绑，有效遏制“小火亡人”事故发生。完成辖区建筑面积5万平方米以上和2万平方米以上的大型商业综合体检查及验收工作，株洲银泰财富广场商业有限公司、湖南白云投资发展有限公司东方时代广场、东都文化广场按要求整改火灾隐患，完成达标创建工作。

【消防宣传培训】 2021年，区消防大队投入专项经费，联合区应急局、教育局以及一线感悟全民消防教学志愿者团队，在美的小学培育全区小学生消防知识标准化教学小课堂。深入“三合一”、群租房、物业服务企业等各类场所累积培训人员800余人次，荷塘消防站累计开放96次。由区委、区政府主导拍摄的“多合一”消防警示教育片《注重消防、生命至上》已经完成，在辖区“多合一”场所进行宣传播放，进一步提高从业人员和群众的消防安全意识。

（方　圆）

市场服务

【概况】 株洲市荷塘区市场服务中心（以下简称“区市场服务中心”）属区政府直属全额拨款正科级公益一类事业单位。主要负责合泰地区服饰加工行业的消防安全服务工作，引导合泰地区服饰加工行业产业提质升级，协调相关职能部门，规范合泰地区服饰加工行业的经营秩序，优化市场经营环境，承办区委、区政府交办的其他工作。

2021 年，区市场服务中心以党建工作为引领，以安全生产工作为主线，奋力抓好合泰地区服饰加工行业的消防安全、专项整治、疫情防控、市场服务等方面工作，较好地完成各项工作任务。

【消防隐患排查】 2021 年，区市场服务中心落实网格化管理，严抓安全监管，开展 2 轮全覆盖排查复查，第二轮排查服饰加工厂 873 家，签订消防安全责任状 873 份，复查服饰加工厂 873 家，发现隐患 2271 处，整改隐患 2271 处；发现存在“三合一”（指住宿与生产、仓储、经营一种或一种以上使用功能违章混合设置在同一空间内的建筑）现象的服装加工厂 70 家，整改 70 家。

【开展执法整治】 2021 年，区市场服务中心联合消防、公安等部门对存在“三合一”、消防通道严重堵塞、违规停放电动车、使用明火等现象的服饰加工场所，联合相关部门开展执法整治行动 21 次，查封关停加工厂 42 家；打通消防通道 100 余处；发现和制止电动车违规停放行为 60 余起；清理取缔违规设置厨房或使用明火做饭加工厂 107 家；开展“飞线充电”整治行动 2 次，拆除“飞线”50 余根，有效遏制打击违规“飞线充电”现象。

【消防专项整治】 2021 年，区市场服务中心针对省委巡视组到访的合泰 C 区服饰加工场所存在的消防隐患问题，制定方案，成立工作专班，联合多个部门对合泰地区所有的服饰加工场所开展为期半年的专项整治行动，重点对厂区吸烟、消防通道不畅通、生产、生活和仓储区域未做区分进行重点整治，排查服饰加工场所 840 家，下达整改告知书 805 份；开展执法整治行动 10 次，查封关停加工厂 19 家；打通消防通道 40 处；发放宣传资料 1000 余份。消防隐患问题基本整改到位。

【消防安全演习与培训】 2021 年，区市场服务中心为提升网格消防队员应对突发安全事件的应急疏散和火灾处置能力，提高合泰地区服饰加工厂员工的防火逃生自救能力，开展消防救援疏散逃生演习 3 次。其间，区市场服务中心以消防演习活动为契机，开展消防安全知识进小区宣传活动，居民群众踊跃参与，活动效果良好。区市场服务中心加大对合泰地区服饰加工企业负责人的消防安全知识培训力度，全面提升企业负责人及安全员的消防安全管理能力，要求企业消防安全责任人逐步实现“持证上岗”。组织服饰加工企业负责人开展消防安全警示教育集中培训 10 批次，培训加工厂负责人 811 人，合格 790 人，发证 790 人，合格率 97%，通过集中培训，切实提高合泰地区服饰加工企业负责人及消防安全责任人的消防安全意识和处理突发火灾的应变能力。

2021 年 10 月 26 日，在石子湖公园前坪开展消防安全集中培训（实操演练）

【锅炉改造】 2021 年，区市场服务中心针对中央环保督察组提出的合泰地区服饰加工厂生物质燃料锅炉废弃扰民的问题，通过推行生物质燃料锅炉改电、改气，引导搬离、关停取缔等措施，采取临时查封、定期排查、联合执法关停等手段制止其继续使用，合泰地区 292 台生物质燃料锅炉的整改工作于 2021 年 5 月完成全面清零，服饰加工厂废气排放量大幅减少，废气扰民问题得到有效遏制。

【疫情防控】 2021 年，区市场服务中心切实做好新冠肺炎疫情防控，做到守土有责。开设疫苗接种专场，联系区疾控部门在工学院、仁和医院等地开辟合泰地区外来务工人员疫苗接种专场，分楼栋、分时间段通知错峰接种，并负责维持疫苗接种点秩序，接种人次 8000 余人。开通核酸检测“绿色通道”。在加工厂聚集区域设置 2 个核酸检测点，安排专门队伍值守，安排专门力量分批分段将核酸检测的时间和要求通知到厂，所负责的仁和医院核酸检测点完成检测人次 23407 人。

【市场服务】 2021 年，区市场服务中心合泰地区有各类服装加工厂 873 家，其中企业 102 家、个体 742 家、无证经营户 29 家。区市场服务中心在抓好疫情防控、复工复产、消防安全工作的同时，抓好企业服务工作，做到广泛宣传、分类指导、促进企业转型升级。鼓励行业带动性强、规模较大的服饰加工厂实现“个转企、小升规”，完成“小升规”任务 6 家，6 家均为零售业；引导无证服装加工厂或注册地不在荷塘区的加工厂尽快办理营业执照或将工商税务登记变更至荷塘区，促进其合法有序经营，共引导加工厂新注册企业、个体工商户 74 家。

【消防设施建设】 2021 年，区市场服务中心为改善合泰地区消防基础设施严重老化和缺失的问题，提升合泰地区的应急救援保障能力，区市场服务中心在 7 月 21 日启动室外消防栓二期项目建设，该项目覆盖合泰大街 A 区、C 区、D 区等范围，项目主体工程于 2021 年 12 月底全部完成并通过验收；为改善合泰地区加工楼栋“飞线充电”安全隐患问题，区市场服务中心在加工厂、居民聚集区域完成 18 台充电桩设备的安装建设，提供充电点位 200 余个，以满足部分区域电动车安全充电管理需求。

（刘　英）

统　计

【概况】 2021年，株洲市荷塘区统计局（以下简称“区统计局”）践行“三高四新”打造“一区两城”的工作目标，做到月度报表盯紧盯牢、季度报表看重看好，数据监测到点到位，及时向行业部门预警预报，反馈信息。区统计局动态监测全区400余家“四上”（规模以上工业、有资质的建筑业、限额以上批发和零售业、限额以上住宿和餐饮业、有开发经营活动的全部房地产开发经营业、规模以上服务业法人单位）单位运行情况，有效指导企业纠错改错，主动对接行业主管局预报预警；撰写月度、季度分析材料，为区委、区政府决策提供参考依据。撰写统计分析20余篇，发布《2020年荷塘区国民经济和社会发展统计公报》，印制《荷塘区主要经济指标专报》《经济和社会发展手册》等统计产品，全力发挥好统计分析服务职能。企业入统，对“入规”企业资质审核和申报指导，完成68家“四上”企业申报工作。年内，开展企业“三高四新”战略落实情况民意调查2次，涉及调查企业10余家。承办第十二届“中国统计开放日”和株洲市第七次全国人口普查成果宣传日活动，进一步提高统计影响力。2021年，获评“湖南省第七次全国人口普查先进集体”。

【基层统计】 2021年，区统计局出台《关于进一步加强全区统计基层基础建设的通知》，进一步规范乡镇（街道）统计工作岗位和职能，保障统计队伍的稳定发展。加强基层统计人员管理和培训，提升业务素质。建设示范性基层统计工作联系点，结合荷塘区实情和特色，高标准打造荷塘工业集中区作为区级统计示范站点，为全区其他镇（街道）统计工作提质树立典型和样板。

【人口普查】 2021年，区统计局继续开展第七次全国人口普查后续工作，撰写并发布《荷塘区第七次全国人口普查公报》，荣获“湖南省第七次全国人口普查先进集体”称号。

【依法治统】 2021年，统计局广泛开展《关于深化统计管理体制改革提高统计数据真实性的意见》《统计违纪违法责任人处分处理建议办法》等重要文件和习近平总书记关于统计工作的重要讲话、指示批示的学习和宣传，提高机关、企事业统计工作人员对统计业务法规认识的深度和广度，确保统计基础工作更扎实，扎实提升统计数据质量。2021年，共集中开展2次大规模集中统计法律法规培训，培训100余人次。在荷塘区党校开展统计法律法规宣讲1场，培训60余人。联合市统计局开展“双随机、一公开”执法检查，共计对荷塘区8家单位进行“双随机”执法检查，统计数据质量得到提升。

（廖　妍）

农业·农村

农　业

【概况】 株洲市荷塘区农业农村局（以下简称“区农业农村局”）是荷塘区政府正科级工作部门。主要承担农业生产、畜牧水产生产、水利建设、河长制、新农村建设、农村经营管理、农机管理、农产品质量监管、乡镇企业管理、农村能源、动物防疫等工作职能。2021年，荷塘区实现农林牧渔业总产值7.73亿元，同比增长4.7%。其中农业总产值5.47亿元，同比增长2.3%。2021年，全区粮食播种面积2666.67公顷，粮食产量1.78万吨。蔬菜种植面积3526.67公顷，同比增长1.0%，收获产量13.94万吨，同比增长1.1%。林业总产值0.69万元，同比下降2.0%。全区出栏生猪1.89万头、出栏羊2.51万只、出笼家禽31.18万羽，牧业总产值1.31万元，同比增长15.6%。水产品产量4176吨，渔业总产值7261万元，同比增长3.5%。荷塘区境内有建宁港、白石港2条河流，均属湘江一级支流，境内全长18公里。有1座小（1）型水库，15座小（2）型水库和1座排渍站。总装机23千瓦，有1367口山平塘，年平均蓄水1300万立方米。

【农村“三变”改革】 2021年，荷塘区农村“三变”改革不断扩面提质增效。桂花街道戴家岭村获评株洲市农村“三变”改革优秀村，明照街道明照村获评株洲市农村“三变”改革进步村。区内龙头企业、农民合作社、家庭农场等新型经营主体不断壮大。年内，创建1家省级示范家庭农场（荷塘区瑶鑫家庭农场）和4家市级示范家庭农场（荷塘区君乐农场、荷塘区香荷家庭农场、荷塘区郭丹凤家庭农场、荷塘区昌盛家庭农场）；创建2家农民合作社省级示范社（株洲市荷塘区金桥油茶农民专业合作社、株洲市日顺农机农民专业合作社）和2家农民合作社市级示范社（株洲市月亮食用菌农民专业合作社、株洲市荷塘区红果山农民专业合作社）。

【粮食生产】 2021年，荷塘区坚持不懈抓好粮食生产，坚决扛稳粮食安全责任，完成早稻种植面积600公顷、中稻种植面积926.67公顷、晚稻种植面积673.33公顷、旱粮种植面积466.67公顷，共计完成种植面积2666.67公顷，产量1.79万吨，全面完成粮食生产面积任务。坚决有力推进受污染耕地安全利用工作，牢牢守住耕地红线，全面完成土地安全利用区面积1280公顷、严格管控区10.15公顷工作，任务完成率100%。坚决遏制耕地“非农化”、防止“非粮化”，完成耕地抛荒治理面积83.25公顷，有序推进花卉苗木产业退林还耕。

【农村综合改革】 2021年，荷塘区有效推进农村集体产权制度改革。在仙庾镇樟霞村、蝶屏村进行试点，开展“三变”（资源变资产、资金变股金、农民变股东）改革，建立股份经济合作社，为村级集体经济发展提供体制机制保障。农村集体经济快速发展，村级集体经营性收入低于5万元以下的5个“薄弱村”全部实现清零。宅基地管理与改革成效突出，全区6个镇（街道）均已建立完善一个窗口对外受理，多部门内部联动运行的联审联办机制。供销合作社综合改革有序推进，注册成立双惠、老周、汤氏生鲜3个供销惠民服务社，完成土地托管66.67公顷。

【巩固脱贫攻坚成果】 2021年，区农业农村局建立健全防返贫监测帮扶机制，牢牢守住防止规模性防返贫底线。荷塘区共有监测对象94户、218人，其中突发严重困难户8户10人，边缘易致贫户86户208人。荷塘区聚焦突发严重困难户、边缘易致贫户等重点人群，用好乡村干部常态化排查、行业部门预警、防返贫监测系统“三支力量”，建立健全“农户主动申请、部门信息比对、干部定期回访”防止返贫致贫动态监测帮扶机制，每月跟踪监测，对重点对象定期检查、动态管理，持续跟踪收支、“两不愁三保障”（不愁吃、不愁穿，义务教育有保障、基本医疗有保障、住房安全有保障）及饮水安全变动状况，有问题及时发现、快速响应、动态清零，切实筑牢防返贫“防火墙”。派强用好驻村第一书记和工作队，切实发挥乡村振兴的“尖兵”作用。4个村的驻村干部组织、参与村民议事会等各类会议95次，走访群众290余户，切实帮助27名农村地区群众解决就业难题，拨付、链接帮扶资金40余万元，帮扶群众146人，修建道路600米，帮助农村销售农产品3万余元。组织全区1000余名村民举办第四届群众大会，在全区农村地区形成共助乡村振兴的良好声势。

（文 慧）

养殖业

【概况】 2021年，荷塘区抓好生猪稳产保供出栏生猪1.9万头、出栏羊2.51万只、出笼家禽31.18万羽，牧业总产值1.31万元，同比增长15.6%。水产品产量4176吨，渔业总产值7261万元，同比增长3.5%。畜牧产业综合实力不断加强。

【生猪养殖】 2021年，荷塘区生猪稳产保供任务目标为年存栏1.25万头、出栏1.9万头，2021年，荷塘区生猪存栏1.3万头、出栏生猪1.9万头。

【动物疫病防控】 2021年，区农业农村局通过召开会议、悬挂横幅、防疫员和村、镇干部上户发放宣传资料等多种形式和渠道对群众和养殖户等开展广泛宣传；按照“政府保密度、部门保质量”和“村组干部带路、防疫人员免疫、养殖大户自免、整村推进”的方式，扎实开展政府、职能部门双重负责的“双责地毯式”春秋季集中免疫工作。稳固加强分片包干、责任到人的网格化监管，定期对养殖场至少进行一次排查，对养殖场的生猪健康、存出栏、病死生猪无害化处理、免疫等情况全面监管；落实消毒制度，要求养殖户严格落实主体责任，按照要求对养殖区域及周边区域进行日常消毒，并建立消毒记录。做到消毒常态化，一日一清洗、一周一大洗，定期全面消毒灭源。

（文 慧）

水 利

【概况】 荷塘区水利局于2019年机构改革合并到荷塘区农业农村局，2021年，荷塘区水利工作在水利工程建设、水旱灾害防御、水资源管理、水利安全生产等工作进展顺利，各项任务成果显著，有力地保障了全区粮食生产。

【水利建设】 2021年，荷塘区投资300余万元完成10余处农田“五小”水利建设，有序完成东园村露天山塘和亭子前村百草冲水库输水设施除险加固民生票决制工程，完成石塘水库防汛抗旱提升工程和兴塘村石湾坝、枫树坝灌溉渠道建设。

【水旱灾害防御】 2021年，面对多发的极端天气和严峻的防汛形势，荷塘区制定完善水利工程应急预案，明确责任分工；汛期来临之前，组织工作人员对水利工程进行全面检查，查处隐患及时整改；坚持汛期24小时值班制度，确保突发情况及时传递到位，扎实做好各项防汛工作。

【水资源管理】 2021年，荷塘区共有4家取用地下水企业，均完成电子取水许可证的注册，提升了行政审批效率和服务质量，建立水资源的长效管护机制；完成2021年节水载体建设，区农业农村局授予南方新材料科技建兴分公司“节水型企业”称号，号召荷塘区企业落实节水优先方针，加强用水管理，提高水资源利用效率。

【“河长制”工作】 2021年，荷塘区以河长履职为核心，积极探索河长制“五化”模式，推进河长制工作向纵深发展。规范河长履职，设立区级河长14名，“三级”河长69名累计巡河2017次，下发区级交办函22个。推进河长制工作标准化建设，2021年，完成明照街道办事处、金山街道办事处和桂花街道办事处3个“株洲市河长制工作标准化建设单位”的创建。加强河湖治理，力推区级幸福河湖建设，选取天鹅湖为代表，落实河湖“清四乱”行动，对照标准不断提升水生态环境，建设造福人民的幸福河。组织开展“世界水日·中国水周”宣传活动、河湖清洁志愿活动、“啄木鸟”突出问题“零容忍”等专项行动，并通过媒体宣传扩大影响力，在《株洲日报》等市级媒体发表3篇宣传信息。强化部门联动，积极推进白石港太平桥南支流、桂花路片区水系（白石港水竹湖片区老河道）、建宁港荷塘铺水系、建宁港太阳支流的黑臭水体治理，共清理河道11.8公里，清理淤泥5.5万立方米，充分利用河道和淤泥堆场建设8.73公顷的水竹湖小游园（含河道5.6公顷），给周边居民休闲游览提供便利。

2021年3月22日，荷塘区开展“世界水日·中国水周”宣传活动

（文　慧）

林　业

【森林防火】 2021年，荷塘区组织召开全区森林防火会议进行专项部署，开展重大森林火险隐患专项排查治理行动，共排查火险安全隐患5处，针对森林火险隐患通过安装固定防火警示牌、增加防火距离、增设安全隔离护栏、张贴禁止游客香客上山烧香通告等措施，切实消除森林火险安全隐患。建立有台账，明确有责任人，加强节日重点时段的巡

查，春节、清明节、中秋节期间设卡布点60处，出动巡查巡护人员300人次，检查或劝返入山人员500人，收缴烟花鞭炮、纸钱、香烛、火种400响（封、只、个），制止违法用火行为50起100人。（李　莉）

【林业管理】 2021年，荷塘区在“3·12”植树节期间，接收社会义务植树2400余株，植树面积2.13公顷。积极开展古树名木普查核实工作，荷塘区39株古树状态良好，政府认定公布工作已完成，古树名木挂牌工作基本完成。（贺凤林）

乡村振兴

【概况】 荷塘区为建设美丽宜居乡村，着力提升村容村貌。广泛动员各方力量打好村庄清洁行动攻坚战。充分利用“七一建党一百周年”“中秋节”“十一国庆节”等关键节点，组织各镇办开展村庄清洁集中整治行动20余次，2021年申报创建省级乡村振兴示范村2个（仙庾镇蝶屏村和徐家塘村）、创建省级精美乡村1个（仙庾镇樟霞村）；创建省级美丽乡村1个（仙庾镇徐家塘村）；市级乡村治理试点村2个（仙庾镇樟霞村和蝶屏村）；创建市“一村一品”村1个（仙庾镇樟霞村）。

【助力乡村振兴】 2021年，区农业农村局建立健全防返贫监测帮扶机制，牢牢守住防止规模性防返贫底线。荷塘区共有监测对象94户、218人，其中突发严重困难户8户10人，边缘易致贫户86户208人。荷塘区聚焦突发严重困难户、边缘易致贫户等重点人群，用好乡村干部常态化排查、行业部门预警、防返贫监测系统“三支力量”，建立健全“农户主动申请、部门信息比对、干部定期回访”防止返贫致贫动态监测帮扶机制，每月跟踪监测，对重点对象定期检查、动态管理，持续跟踪收支、“两不愁三保障”（不愁吃、不愁穿，义务教育有保障、基本医疗有保障、住房安全有保障）及饮水安全变动状况，有问题及时发现、快速响应、动态清零，切实筑牢防返贫“防火墙”。派强用好驻村第一书记和工作队，切实发挥乡村振兴的“尖兵”作用。4个村的驻村干部组织、参与村民议事会等各类会议95次，走访群众290余户，切实帮助27名农村地区群众解决就业难题，拨付、链接帮扶资金40余万元，帮扶群众146人，修建道路600米，帮助农村销售农产品3万余元。组织全区1000余名村民举办第四届群众大会，在全区农村地区形成共助乡村振兴的良好声势。

【美丽乡村建设】 2021年，荷塘区按照“政府主导、分类创建、示范带动、群众参与、整合资源”的工作思路在荷塘区全域深入推进美丽乡村建设工作。仙庾镇仙庾岭村被农业部评选为2021年中国美丽休闲乡村。仙庾镇樟霞村创建省级特色精品乡村；仙庾镇徐家塘村创建省级美丽乡村示范村；仙庾镇兴塘村创建市级美丽乡村示范村。

【农村人居环境整治】 2021年，荷塘区以“五治理一革命”（治理垃圾、治理污水、治理空心房、治理村容村貌、治理陋习和厕所革命）为重点，持续改善农村人居环境。有序开展农村生活垃圾分类。在巩固拓展治垃圾原有成果的基础上，在仙庾镇樟霞村、蝶屏村、仙庾岭实行农村生活垃圾分类整村推进示范。共计开展村级集中培训8次，悬挂宣传横幅70余条，制作沿线公交车站牌宣传栏20余块，发放宣传资料2000余份。污水治理有序推进。深入开展农村黑臭水体排查，建立农村黑臭水体清单，发现一处消除一处，推动白石港、建宁港、西湖（东西湖连通渠）、天鹅湖等 4 处黑臭水体的整治工作。村庄清洁行动成效显著。充分利用“七一”“中秋节”“国庆节”等关键节点，组织开展村庄清洁集中整治行动 20 余次，发动机关干部、党员志愿者、村民等 5 万余人次参与村庄清洁行动，累计清理农村生活垃圾 6000 吨，清理村沟村塘淤泥 300 吨，清理畜禽养殖粪污 150 吨，实现农村人居环境干净、整洁。

【农村卫生厕所改建】 2021 年，区农业农村局积极开展厕所治理工作，严格按照“四统一”（统一改造标准、统一规划放样、统一施工队伍、统一验收奖补）的要求，高质量完成 1132 户农村用户卫生厕所改（新）建任务。严格落实“首厕过关制”，以首厕的产品质量、施工方式、测试效果作为统一的改厕规范标准，确保改厕标准规范质量过关，并将“首厕过关制”整套模式贯穿到每一个改（新）建的厕所，以首厕过关带动每厕过关。完善建、管、用并重的长效管理机制，建立以镇办、村、组为单位分级网格化管理的责任体系，把正确使用户厕、维护管理户厕落实到每一个改厕户。

（文　慧）

科技和工业信息化

综　述

【概况】　2021年，株洲市荷塘区科技和工业信息化局（以下简称“区科工信局”）在新冠疫情防控、优化营商环境、产业项目建设等重点工作中取得明显成效，争资引项资金再创历史同期新高，239个项目获得资助，获取资金支持超3000万元；着力推进军民共建深度发展，被省市真抓实干激励；充分发挥党员的先锋模范作用，评选旗帜党员25名；传播株洲创新精神，成功举办荷塘区首届科技周活动，为实现高质量发展贡献科工信力量。2021年，获评“全国科技活动周”荣誉证书。

2021年，荷塘区完成规模工业增加值68.11亿元，同比增幅8.2%；完成新增规模工业企业17家的指标任务，在库110家。有国家单项冠军企业1家，国家单项冠军产品1家，省级单项冠军产品2家，国家“小巨人”企业3家，省级“小巨人”企业4家，国家级绿色工厂5家，省级工业质量标杆企业2家，产业服务获得国家级中小企业公共服务示范平台称号。

【企业安全生产】　2021年，区科工信局加大安全生产指导服务力度，主动下沉企业，组织专门安全检查4场，查处问题137条报安委会进行处置，为企业发放安全生产宣传资料200份。聘请2名安全专家对12家重点企业安全管理台账、管理现场、重点部位、重大隐患点逐一进行检查，要求各企业绷紧安全生产弦，时刻不忘安全生产底线。严把疫情防控和安全生产双重关，全局干部负责27家园区外规模工业企业日常防疫指导，分组指导企业日常防疫注意事项、防疫物资存储，重点人员的管控，确保企业生产安全有序运转。

【优化营商环境】　2021年，区科工信局着力开展“营商环境优化年”活动，倾力解决企业问题，持续优化营商环境，提升企业发展动力，释放企业发展活力。安排专人以现场巡查、台账记录、电话调度等方式扎实推进散乱缆线整治，完成10条主次干道25个整治点，整治后效果显著。积极与电力部门对接，参与园区迁杆、嘉德工业园一期一高压杆下沉抢修等工作，着力解决园区企业用电问题，为企业营造安心、顺心、舒心的干事创业环境。

【基层党建】　2021年，区科工信局坚持党要管党、从面从严治党，不断提高党的建设质量。2021年，共送培入党发展对象14名。开展旗帜党员评比活动，在各非公党支部评选出旗帜党员25名，更好地发挥战斗堡垒和先锋模范带头作用。围绕党建引领暨“学党史、争先锋——我为群众办实事”，分别在文化路小学、东方明园小区、百合嘉园小区创新开展党建引领科技进校园、科技进小区活动，为社区居民及青少年共展示20多个科学实验。25名党员无偿献血，以实际行动献礼党的百年华诞，召开建党100周年暨“七一”表彰大会，共计表彰44名优秀共产党员、7名优秀党务工作者、3个先进党组织。

科 技

【概况】 2021年，荷塘区申报高新技术企业42家，目前国家高新企业86家，入库科技型中小企业73家，实现高新技术产业总产值285.06亿元，同比增长13.2%。完成技术合同交易项目27个，技术合同成交总额增量17.5亿元。引进湖南先进硬质材料产业园一期（展示交易中心）、三峰科技等项目19个，引进关键人才17个。通过开展重大产业项目攻坚行动，抓关键技术项目，加快创新突破。省“五个100”方面。2个科技创新攻关项目完成投资0.68亿元，为年度投资计划的113.33%。市“五个一批”方面。10个科技创新攻关项目完成投资2.59亿元，为年度投资计划的100.08%。

【科技成果转化】 2021年，荷塘区共有35家企业进行了科技成果转化，千金湘药、橡胶院等12家企业获得长株潭国家自主创新示范区建设专项成果转化项目立项，逐步形成以企业为主体，高校、科研院所为依托，自主创新与引进消化相结合的企业科技创新体系。促进产学研等科技合作项目15项以上，为荷塘区经济建设和社会发展做出重要贡献。

【科技宣传】 2021年，荷塘区科技活动周暨首届中小学生嘉年华活动在荷塘区文化路小学拉开帷幕。500多名企业代表和学生体验科技创新的魅力，放飞童心童梦，现场还有许多学生积极加入手绘飞机、无人机航模互动。6月15日至23日，科技周系列活动普及中小学生科技知识。本次活动走进荷塘区的10所小学，聘请机器人、物理等科普专业人员或专家进学校开展科普活动，1000余位学生参与体验。10月10日、11月6日分别在东方明园小区、百合嘉园小区创新开展“党建引领·科技进小区”活动，为社区居民及青少年共展示20多个科学实验。

【科技服务】 2021年，荷塘区组织87名科技特派员，选派市派科技特派员6人，评选市级领军人才9名，为农村基层提供科技成果转化、优势特色产业开发，农业及产业化基地建设和医疗卫生服务。2021年，共带动项目投资7550元，实现利润1298万元。各级特派员带动当地企业创业致富，湖南省蔬菜研究所科技特派员杨莎根据株洲杨家寨农业科技股份有限公司的发展目标和需求，引进10类奇特蔬菜品种进行技术指导和适应性栽培试验，该项目为企业新增游客2000万人次，新增营收6万元。湘潭大学智能导航与遥感研究中心蔡成林教授团队和株洲长远智造股份有限公司开展产学研合作，对长远智造生产的CYP500型群枕式长钢轨铺轨机组进行智能化改造，本项目单台已实现合同销售金额368万元。

【科技培训】 2021年，荷塘区组织开展高企培训、研发奖补等科技讲座、科技项目对接、科技咨询服务等系列线上和线下培训5场次，服务企业300余家。培训会上，专家们对相关专利指标及应对建议、企业研发费用归集，研发费用奖补，研发费用加计扣除、科技专项资金财务管理、科技型创新型科技企业培育相关要求进行详细的讲解，受到企业一致好评。

【科技创新】 2021年，荷塘区科研创新投入大幅增长，35家企业申报研发财政奖补资金1135.88万元。科技型中小企业入库73家，国家高新技术企业86家。推荐市级以上科技成果评审项目35个，促进产学研等科技合作项目15项；技术合同登记项目27件。以“百年展望：中国共产党领导科技发展”为主题的2021年科技活动周在区文化路小学启动，策划一系列科普活动，开展科技知识、实验“科技进小区”“科技进校园”等12场活动。

2021年5月29日，在文化路小学举行科技嘉年华活动

（黄　蓉）

工　业

【概况】 2021年，荷塘区共有规模工业企业110家。全区共有12家国有或国有控股企业，其产值占全区规模工业总产值的79.22%。110家规模工业中，新材料企业约占30%。其中，被省工信厅认定为省级新材料企业22家。

【智能制造】 2021年，中车株洲车辆有限公司采用MES系统，自主开发节拍化生产管理系统，实施“以机代人”项目，获得2021年智能制造示范场景项目申报。株洲硬质合金集团有限公司在车间启用智能“机械手”，公司整个自动化程度达到80%，1个人可以管理8台设备。汉德车桥（株洲）齿轮有限公司推行“自动化、数字化、智能化”三步走战略，正在研发AGV自动搬运体系。

【电子信息产业】 2021年，荷塘区在电子信息产业的元器件方面有一定优势，主要体现在株洲宏达电子股份有限公司各型号电容器生产研发方面，株洲中电电容器有限公司、株洲科能新材料有限责任公司新型电子显示材料生产研发方面。荷塘区“四上”企业中有软件开发企业1家、移动互联网企业2家。

【新材料科技城】 2021年，荷塘区规模工业企业中共有36家新材料企业，占全区规模工业企业数的37.5%；36家新材料企业2021年规模工业产值为67.86亿元，占全区规模工业总产值的28.8%。2021年6月，先进硬质材料交易市场项目开工。一期占地193.33公顷，其中工业用地160公顷，拟建设智慧钢铁加工贸易项目、二级零部件智造基地等项目，项目建成后，将打造成为全省乃至中部最大的钢铁及产品交易中心、金属结构件智能制造加工中心。

【现代物流城】 2021年，荷塘区现代物流城占地333.33公顷，总投资约260亿元，汇聚湖南国联捷株洲市现代综合物流园、三一智慧钢铁城、韵达湖南物流产业园、株洲市农产品智慧冷链物流园等项目，着力发展工业物流、生活物流、冷链物流三大物流板块。数字物流发展迅猛，国联捷物流公司成为交通运输部“网络货运平台”企业，2021年实现线上平台交易额8亿元，缴纳税金1.08亿元。通过推动物流产业“线上＋线下”结合，提升各环节服务效率和质量，建设中部地区最具实力、最高水平的现代化物流产业园。其中，三一智慧钢铁城作为现代物流城重点项目占地160公顷，总投资210亿元，项目于2021年8月正式开工，完成供地92公顷。钢铁供应链线上平台已上线运营。

（黄　蓉）

工业企业选介

株洲硬质合金集团有限公司

【概况】 株洲硬质合金集团有限公司（以下简称“株硬集团”）是国家“一五”计划期间建设的156项重点工程之一，被誉为“我国硬质合金工业的摇篮”。现为中国五矿旗下中钨高新材料股份有限公司的骨干子企业，是国内大型的硬质合金生产、科研、经营和出口基地。公司主要生产矿山及油田钻探采掘工具、硬质材料、稀有金属粉末制品等六大系列产品，广泛应用于航空、冶金、机械、地质、煤炭、石油、化工、电子等领域。株硬集团拥有硬质合金国家重点实验室、国家认定企业技术中心、工业产品质量控制和技术评价实验室、中国有色金属工业硬质合金质检站，被认定为国家技术创新示范企业、国家知识产权优势企业，是湖南省第一家博士后科研工作站挂牌单位。公司通过质量、职业健康安全和环境管理、知识产权体系认证，是工信部认定的“制造业单项冠军示范企业”；同时，也是中国钨业协会主席团单位，中国钨协硬质合金分会、株洲市硬质合金产业协会会长单位；公司是中国五矿旗下第一家国家级绿色企业。

2021年，株硬集团以高质量发展为主线，以效益效率为中心，改革引领，创新驱动，继续保持持续增盈的良好态势，经营业绩再创新高。完成硬质合金产量同比增长29%；销量同比增长33%。公司稳中有进、稳中向好的高质量发展态势更加明显，迈稳“十四五”发展的第一步，在建党百年之际交出一份高质量的答卷。2021年，公司获评“工信部工业产品绿色设计示范企业”。

【企业改革】 2021年，株硬集团坚持深化改革，发展活力动力持续激发。一是纵深推进事业部制改革，构建IPD增量绩效考核体系，提高全员劳动效率，公司从业人员劳动生产率同比增长23.24%。二是加快推进任职资格体系建设，推行管理序列、专业技术序列、产品及市场序列三大任职资格专业序列建设，并配套建立相应的薪资体系。三是加快推进增量产出文化建设，形成1.0版本的《增量产出文化手册》，制定《公司增量产出文化落地实施方案》。公司“株硬公司增量产出文化体系构建”获2021年度株洲市企业管理现代化创新成果二等奖，有力展示企业形象。

【科技创新】 2021年，株硬集团坚持创新驱动，科技自主自强能力不断加强。一是制订公司“十四五”科技规划，完善科研顶层设计。二是加快重大科技项目攻关，积极探索双创、增量等形式多样的科研项目管理模式，取得新突破，“控温轧制用硬质合金辊环材料制备技术及应用”项目整体技术达到国际先进水平，“特种刀具材料研究及其在超大轻合金复杂构件中应用”被列入湖南省2021年“十大项目”。湖南省科技创新计划项目、湖南省长株潭国家自主创新示范区专项等项目均以优秀通过验收。三是强化质量管理，推进重点质量改进项目，综合产量内部故障成本持续下降。四是加强知识产权保护，深入推进重点产品和技术的专利布局；做好知识产权监控与预警，提高公司重点新牌号产品的识别度。2021年，发明专利申请率提高22%。公司入选工信部“工业产品绿色设计示范企业”。公司全年新产品贡献率达到32.5%，产品结构得到优化，增量产品增长明显，高端产品实现逆势突破，品牌优势进一步增强。

【产品结构调整】 2021年，株硬集团坚持增量战略，产品结构调整成效明显。一是做好产品和市场布局，加大国内国外两个市场开拓力度。二是组织确定并维护好公司级、事业部级价值客户和重点客户，加强与大客户的战略合作。三是加强业务协同和电子商务工作，大力拓宽营销渠道。四是加快重点项目的建设，2000吨/年高端硬质合金棒型材生产线技术改造项目提前达标达产，产业能力布局持续优化升级。五是编制“十四五”发展规划，明确公司未来五年的发展方向。公司产品结构进一步优化，重点产品销量同比增长39%；合金出口产品总销量同比增长40%。公司“数一数二”竞争优势得到提升和巩固。

2021年，株洲硬质合金集团有限公司2000吨/年高端硬质合金棒型材生产线技术改造项目提前5个月达标达产

【内部管理】 2021年，株硬集团苦练管理基本功，产业链竞争优势更加突出。一是成本管理聚焦一线，推进“作业成本法”，持续开展“降本增效”立功竞赛活动，全员全过程全产业链挖潜增效，合金类产品加工成本平均同比下降9.92%，粉末类产品加工成本同比下降6.34%。二是坚持精益管理，采用“事业部自主管理+职能部门联合监管”的模式，推行精益生产“6S样板区打造活动”，精益生产管理上下联动，齐抓共管。三是加快智能制造步伐，压制机械手等自动化装置继续在全公司推广应用。四是加强能源管理，万元产值能源下降9.5%，硬质合金产品单位能耗下降13.9%，公司被认定为2021年度“湖南省节水型企业”。五是加强风险管控，积极开展合规管理体系建设，深入推进合同管理工作；制定内控工作方案，信用风险、逾期风险、疫情风险、出口风险等得到有效管控。六是加强职业健康安全环保工作，强化企业主体责任，细化责任清单，严格按单履责，强化现场风险管控，深化隐患排查治理，严防生产安全事故和环境污染事故，公司职业健康安全和环境保护形势持续平稳。

【党的建设】 2021年，株硬集团坚持党建先行，党建对生产经营的支撑作用更加突出。一是坚持抓基层、打基础，进一步夯实党的基层组织建设，以标准党支部建设为目标，强化“三基”建设。在修订基层党组织工作目标责任书和“五好”支部考核评分表的基础上，坚持每季度开展1次考评，推动基层组织建设全面进步全面过硬。二是深入开展党史学习教育和庆祝建党100周年系列活动，落实“我为群众办实事”108件。三是发挥党建服务生产经营的作用。积极推进党建工作与生产经营有效融合，根据公司年度目标任务和各基层党组织实际情况，继续开展“党旗飘扬 党微闪光”行动，在各直属党组织创建“四个一批项目”53个，覆盖面更广，在急难险重任务中发挥重要作用；组织开展“以高质量发展成果向建党100周年献礼”立功竞赛、“降本增效”立功竞赛、“精益生产”专项行动等，党员的先锋模范作用和党组织的战斗堡垒作用进一步彰显。

（孔　娟）

中车株洲车辆有限公司

【概况】 中车株洲车辆有限公司（以下简称“株辆公司”）2021年在册人员2069人、在岗人员2034人、其他从业人员11人，其中公司级及以上核心人才117人。高级专业技术职称79人，中级技术职称131人，高级技师122人，技师189人。女员工412人，占在册员工19.3%。占地面积60万平方米，生产面积16.8万平方米，固定资产原值6.61亿元，净值2.39亿元。拥有全谱系铁路货车研发制造能力，主导产品包括敞车、平车、罐车、棚车、漏斗车等全系列通用货车，生产能力为新造铁路货车6800辆/年。公司先后获评“省级企业技术中心”“国家高新技术企业”“国家绿色工厂”“国家智能制造‘人机协同’优秀场景”“中车精益管理二级企业”。（彭牧星）

【生产运营】 2021年，株辆公司围绕年度经营目标，较好地做到疫情防控和生产经营“两手硬”。充分利用有限资源协同高效作战，在产能提升、生产组织方面创造新纪录，确保在手订单的按期交付。1月，公司启动BRC窄轨煤炭漏斗车生产，6月完成第一批次交付。5月启动PN准轨煤炭漏斗车生产，7月产能从3辆/班提升至5辆/班，刷新产能记录，单班产能提升67%；X70型集装箱专用平日产24辆提升到28辆，8月日产28辆提升到30辆，9月日产30辆提升到32辆，X70型集装箱共用车生产效率再次提升。10月，BRC窄轨煤炭漏斗车、阿联酋集料漏斗车、RoyHill矿石敞车三种出口车项目同时生产，并实现多种车型生产无缝对接，创造公司同时在产出口车项目最高纪录。11月，BRC窄轨煤炭漏斗车日产3辆提升到5辆，刷新班产新纪录。（晏祥兵）

【科技创新】 2021年，株辆公司着力构建“一主四辅”（以产品研发体系为主，以标准化、知识产权、试验验证、科技情报管理体系为辅）技术创新体系，健全完善新产业产品研发体系、试验验证体系、知识产权管理体系、科技情报管理体系制度及工作流程，提升技术创新工作效率效益。科研创新项目立项75项，结题67项。其中，“Fast Mover智能装卸系统研制”“节拍化流水车体生产线关键技术研究及应用”“碳钢圆弧包板漏斗车制造技术及质量控制研究”3个项目获评一等奖，“智能排产动态管控系统建设研究”“自动化焊接技术在铁路货车结构件制造的运用和研究”等5个项目获评二等奖，“产品开发知识产权专利挖掘及技术布局研究”等6个项目获评三等奖，“铁路货车协同制造工业互联网平台”入选湖南省工业和信息化厅工业互联网平台。持续开展Fast Mover智能装卸系统研发，完成香港高空作业车的技术升级研制工作。（李佳慧、唐玉平、曹东旭）

【质量管理】 2021年，株辆公司质量工作以提质增效为目的，坚持价值导向，增强全员质量意识、市场意识和价值创造意识，提升质量源头自主管理能力。通过全年的努力，国铁车产品一次交验通过率99.1%，高出目标值0.6%；质量损失控制在215.38万元。2021年，无一般D类及以上质量责任事故，无新造货车批量返厂修质量问题，无因产品质量问题导致严重影响交货期、重大投诉或拒收、召回情况，实现质量安全目标。质量管理体系方面：在体系标准框架下，充分融合ISO/TS 22163质量管理体系和中车质量管理体系标准，落实“三个回归”（质量要求回归业务过程、质量职责回归过程所有者、质量管理体系回归经营管理体系）要求，进一步完善质量管理流程和职责，提高流程实施效率和效果，质量管理体系成熟度得到提升。过程监督控制方面：以客户为中心，高标准、严要求加强产品质量管控，培养业务能力强的检查员，压实员工质量责任，稳步提升产品质量，其中PN准轨煤炭漏斗车和阿联酋矿石漏斗车得到监造的高度认可。客户服务满意方面：以提高客户对公司的质量工作业绩评价为导向，建立月度厂监质量沟通会管理规定和源头质量分析机制，推进上级有关规定要求的响应落实，规范性、全面性、高效性开展源头质量提升工作，顾客满意度连续三年上升。专项质量整治方面：积极开展防火防裂防脱、“迎七一、保安全”和质量月等专项整治，解决生产突出问题，攻克“小老广”质量难题，促进质量管理提升，质量损失控制在216万以内。质量攻关方面：基于质量大数据统计的惯性质量问题和“小老广”质量问题，以一线员工为主体，立足现场、现物、现实，开展15个“微创新”质量攻关改进和16项质量管理小组活动，不仅提升产品质量，提高工作效率，节约人工、材料、质量等成本50余万元，且获中车二等奖1个、三等奖2个。质量人才建设方面：以中车质量专家育成计划为契机，加大检查员、技术员、质管员的培养力度，发挥核心骨干员工的智慧和才能，打造高效率、高目标的质量团队，建立质量专家梯队。全年部门员工共发表论文21篇，其中获二等奖1篇、三等奖2篇，2人晋升QMS实习审核员、3人通过职业晋升发展、7人通过技能鉴定考试、4人获得测量管理体系内部审核员资格。（贺　伟）

【技术管理】 2021年，株辆公司围绕“打造最具国际竞争力的铁路物流装备供应商”发展战略，聚焦科技创新，着力构建“3+2+2”（“3”指工艺技术部、技术开发部、信息技术部；“2”指技术管理部、精益生产办公室；“2”指装备管理部、质量管理部）的技术管理体系，健全完善科技体系制度及工作流程，累计完善制度28项。科技成效显著，申请专利40项，其中发明专利17项，PCT专利4项；科技创新项目立项75项目，其中2个项目成功申报中车重点项目，1项科技成果通过中车科技成果评价为国际先进并获中国中车科学技术三等奖。成功申报国家、省、市、区各级项目9项，累计获得政府资金支持超400万元。“铁路货车转向架人机协同智能制造”项目成果入选工信部年度智能制造优秀场景；“精益化、自动化、信息化促铁路货车制造技术升级”项目在第二届促进金砖工业创新合作大赛中获奖；水性漆和环保治理技改项目成功申报湖南省工业企业技改税收增量奖补资金360.57万元，这是新株辆截至2021年获得的最大数额的政府奖补；“新兴物流系列智能装备及产业化”成功申报“2021年度长株潭国家自主创新示范区建设重大科技专项”项目，并获《株洲日报》专题报道。《株辆科技》成功复刊，并顺利出版两期，共计发布科技论文40余篇；组织编辑刊发《铁路科技信息简报》共计10期，简报内容涉及行业相关的最新政策、创新成果、科技前沿等信息。新获取D28及DK29两种车型的段修资质，顺利延续NX70、C80EH制造许可及D28维修许可的有效期。（吴湘南）

株洲飞鹿高新材料技术股份有限公司

【概况】 株洲飞鹿高新材料技术股份有限公司（以下简称“飞鹿股份”）是国内轨道交通防腐防水材料第一股，2017年在创业板挂牌上市。飞鹿股份主营业务面向包括高铁、地铁在内的轨道交通装备制造与维修、轨道交通工程建设与维护、民用建筑建设、城市管廊与市政建设、风电光伏储能特种装备等诸多领域，主要产品为防腐涂料、防水防护材料、地坪涂料以及水性树脂、石墨烯重防腐特种涂料、航空航天高性能复合材料制品等功能性高分子材料产品。并打造半导体第二产业增长极，主要产品为半导体清洗设备、抛光布、抛光液等。飞鹿股份拥有各类专利70多项，主导或参与起草和修订12项行业标准。被授予“国家高新技术企业”“首批国家专精特新小巨人企业”“湖南省级企业技术中心”“湖南省工程研究中心”等多项荣誉，承担工信部绿色制造系统集成等多个省部级项目。2021年，飞鹿股份公司的晶圆再生利用项目被列入株洲市十大重点技术攻关项目。

【开辟半导体第二赛道】 2021年9月13日，飞鹿股份控股苏州恩腾。12月7日，设立苏州飞鹿半导体材料有限公司，从此半导体产业成为公司第二增长极，为企业强劲发展注入新动能，飞鹿股份将在半导体领域进行半导体清洗“设备业务+半导体材料业务”双业务发展布局。

【醴陵工厂试投产开工】 2021年9月29日，飞鹿股份醴陵工厂投产开工。醴陵工厂位于醴陵市经济开发区东富工业园，此次试投产开工为项目一期工程，工程占地面积约3.73公顷，建成后产能可达防水卷材4000万平方米/年；防水涂料25000吨/年。项目以打造“防水材料行业示范基地”为标准，生产线全程采用“尖端装备+智能控制”，提高设备操作的科技性及灵活性，同时提高产品工艺的安全性和准确性。醴陵工厂投产开工，为公司积极稳妥推进民用建筑防水材料市场的战略规划落地提供坚强的生产制造保障，更是飞鹿股份积极承担上市企业责任，响应国家对绿色建材、双碳为主基调的战略布局的主动作为。

【助力中老铁路全线开通运营】 2021年12月3日，中老铁路全线开通运营，公司重点参与此项目复兴号“绿巨人”动车组和“澜沧号”动车组高性能防腐涂料、元江双线特大桥高性能重防腐涂料以及玉磨铁路防水材料供应。为项目顺利实施，飞鹿股份组建技术攻关团队攻克动车组运行线路多地处紫外线强的高原和亚热带地区，温度跨度大等抗紫外线、宽温域、高装饰性等防腐技术难题；攻克世界上跨度最大的上承式连续钢桁梁铁路桥——元江双线特大桥维护提出的延长产品使用寿命的重防腐难题；攻克跨多条山脉与水系，地貌复杂，地质活跃使得玉磨铁路提出的节约施工时间及后期维修成本的防水材料优化难题。

2021年12月3日，中老铁路全线开通运营，株洲飞鹿高新材料技术股份有限公司重点参与此项目复兴及玉磨铁路防水材料供应

（李珍香）

湖南千金湘江药业股份有限公司

【概况】 湖南千金湘江药业股份有限公司（以下简称“千金湘药”）为1998年由原株洲市湘江制药厂改制设立，系上市公司“千金药业”的控股子公司。注册资本4800万元人民币。经营范围包括化学合成原料药与固体制剂的生产和销售，主要剂型有片剂、硬胶囊剂、颗粒剂、散剂、溶液剂（外用）。主要产品有拉米夫定片、缬沙坦胶囊、马来酸依那普利片等20余个品种，拥有发明专利19件、实用新型专利16件、外观设计专利38件、注册商标53

件，50多个药品生产批文。千金湘药系列高端化学药物的研发及产业化项目被纳入2021年度省“100个科技创新攻关”项目。该项目是公司继2017年湖南省创新创业技术投资项目后又一个重点项目。千金湘药为湖南省高新技术企业、湖南省文明单位、湖南省绿色工厂。2021年获评“职业健康示范企业”“职业卫生工作目标管理‘先进单位’”。

【领导关怀】 2021年4月22日，省药品检验研究院党委书记、院长胡斌，首席专家、药典委员李文莉一行到千金湘江药业就省药检院的服务与双方科研项目合作进行调研。胡斌一行参观QC实验室及千金研究院，实地了解企业质量管理及科研工作。胡斌充分肯定公司的经营业绩和科研成果，并对请求支持的事项提出解决思路和工作建议。

11月23日上午，湖南省重点工作督查组殷林波率队到千金湘江药业调研考察2021年度省“100个科技创新攻关”项目实施情况。殷林波一行在千金湘江药业总经理钟林波的陪同下，先后参观展厅、高端制剂车间、智能立体仓库和千金研究院化药研究所。调研会上，钟林波介绍公司生产经营情况和工作亮点，汇报省“100个科技创新攻关”项目实施情况。殷林波对千金湘江药业经营业绩和项目实施成果给予肯定。

【新品阿卡波糖片、他达拉非片获得药品注册证书】 2021年2月4日，湖南千金湘江药业股份有限公司收到国家药监局颁发的阿卡波糖片、他达拉非片的药品注册证书，两个新产品获批上市销售并视同通过一致性评价。阿卡波糖片是由德国拜耳医药保健有限公司研制的一种α-糖苷酶抑制剂，配合饮食控制用于降低糖耐量低减者的餐后血糖和2型糖尿病的治疗，具有良好的降糖效果、极佳的安全性和耐受性。该产品是《国家基本医疗保险、工伤保险和生育保险药品目录（2020年）》甲类药品，并入选2018年版《国家基本药物目录》。他达拉非片是由美国礼来公司研制的一种环磷酸鸟苷特异性磷酸二酯酶-5抑制剂（PDE-5抑制剂），用于治疗男性勃起功能障碍（ED）。因其选择特异性强、适应性好、安全耐受性好、对各种程度ED患者治疗疗效显著，已被多个指南推荐为ED治疗的一线药物。截至2021年，千金湘江药业共有11个品种，14个品规通过或视同通过一致性评价，其中2个品种为国内首家。

【助力一线送温暖】 2021年11月15日，千金湘药党委携手宋家桥驻村工作队、宋家桥春天使者志愿服务队开展“学党史践行动，精准送药惠群众”的为民服务活动，千金湘江药业党委捐赠治疗高血压和糖尿病的药品，帮助辖区4户因病致贫的家庭缓解一年多的药品压力，得到患者及家属的好评。

（杨馥宁）

中国化工株洲橡胶研究设计院有限公司

【概况】 中国化工株洲橡胶研究设计院有限公司（以下简称“株橡公司”）前身为化学工业部乳胶工业研究所，现为上市公司昊华科技的组成企业。1964年成立。1988年，由云南省晋宁县成建制搬迁至湖南省株洲市。占地面积3.85万平方米，注册资本3198万元，资产总额1.85亿元。

株橡公司主要从事以探空气球为主的乳胶制品、特种橡胶制品、高分子复合新材料和气象器材的研制、生产、销售、检测、监测、技贸及信息服务，拥有气象专用技术装备使用许可证、安全生产标准化三级达标企业等资质。主导产品探空气球通过质量体系认证，占据国内市场份额的 80%，远销俄罗斯、法国、美国、德国、英国等 40 多个国家和地区。

株橡公司是全国胶乳行业专业研究机构、全国胶乳制品配套产品开发研制生产单位、国家乳胶制品质量监督检验中心、全国工业（乳胶制品）产品质量控制和技术评价实验室、临近空间气象气球材料与技术湖南省重点实验室、高新技术企业、湖南省“专精特新”小巨人企业、湖南省新材料企业、世界气象组织（WMO）供应商、世界水文气象设备行业协会（HMEI）会员、中国气象局与部队各兵种气象气球定点研制生产企业。全国橡胶与橡胶制品标准化技术委员会胶乳制品分技术委员会秘书处、湖南省橡胶与橡胶制品质量监督检测站和株洲市特种橡胶工程技术中心均设在公司内。

2021 年，株橡公司坚持“聚焦产业，整合资源，提升发展质量与效益”一个主题，突出“创收、创效”两项重点，坚守“疫情防控、安全环保、风险管控”三条底线，坚持“目标、问题、业绩、激励”四维导向，在开拓市场、科技创新、安全环保等工作中变中求新、新中求进、进中求效，实现总收入同比增长 6.94%，净利润同比增长 44.85%，资产负债率比 2020 年减少 1.27 个百分点。

【气象气球实现非洲“首飞”】 2021 年，株橡公司坚持“科学至上”理念以“打造原创技术策源地、现代产业链链长”为中心，站位全局、主动作为，持续地创新创效，聚焦世界气象科技前沿，开展世界气象系统“45km 高度气象探测”尖端项目的攻关，目前探测最高高度 48 公里，实现世界领先；开展的国家重大研发专项“低成本零压探空气球平漂机理及其控制研究”已在国内广泛开展试验，其成果得到世界气象组织官员高度评价，“将实现世界气象探测史上的重大突破”。年初，株橡公司生产的首批出口非洲的 2 万个气象气球顺利通关，搭载航班运往非洲贝宁，用于毛里求斯、贝宁等 16 个非洲国家，开展气象探测，这是非洲首次使用中国制造的气象气球。

【领导关怀】 2021 年 10 月 3 日，株洲市委书记曹慧泉一行到株橡公司调研指导工作，详细了解企业产品开发、技术转化、创新平台运作、未来规划等方面情况。参观公司荣誉室、产品陈列室、国家乳胶制品质量监督检验中心、探空气球临近空间湖南省重点实验室并听取公司基本情况汇报，曹慧泉对公司党建引领、创新驱动、产业发展和品牌升级等工作给予充分肯定。鼓励公司依托技术、产品以及平台优势，在创新领域和技术跃迁中加快孵化裂变，全力做大做强高分子新材料产业，全面积蓄增长动能。

【多个科研项目通过验收】 2021 年，株橡公司全力增强科技创新本领，积极提升“卡脖子”攻关能力，开展多项科研课题研究。其中，“低成本零压探空气球平漂机理及其控制研究”协助中国气象局气象探测中心开展区域组网连续观测试验，平漂有效率达到 77.9%，4 小时平漂成功率达到 89.3%，显著高于任务书要求，获项目组一致认可；湖南省制造强省项目“年产 10000 个天然乳胶大规格临近空间探空气球研发及产业化建设”“橡胶高分子材料绿色设计平台建设项目”均通过验收；“压缩式耐油氢化丁腈橡胶胶筒的开发”项目完成产品开发，实现销售。

【“高性能防护手套”项目通过科技成果评价】

2021 年 1 月 12 日，第三方专业科技成果评价机构——中国化工信息中心有限公司组织行业专家在北京应物会议中心对公司“高性能长寿命核辐射防护手套”项目进行科技成果评价。经过专家组全面审核，讨论、质询，与会专家一致认为项目取得多项关键技术突破，产品综合技术达到国内领先水平，产品的辐射防护能力、使用寿命等性能指标达到国外同类产品水平，能有效替代进口。

2021 年 1 月 12 日，中国化工株洲橡胶研究设计院有限公司“高性能长寿命核辐射防护手套”项目通过科技成果评价

【获评“高新技术企业”】 2021 年，经湖南省科技厅、财政厅、国家税务总局省税务局组成的“高新技术企业认定管理机构”评定，株橡公司再次被认定为“高新技术企业”，这是自 2009 年首次通过高新技术企业认定以来，公司连续 5 次通过“高新技术企业”认定。

（罗碧霞）

湖南中天杭萧钢构科技股份有限公司

【概况】 湖南中天杭萧钢构科技股份有限公司（以下简称“中天杭萧”）于 2017 年 9 月 19 日由杭萧钢构股份有限公司、株洲金科建设投资经营集团有限公司、湖南中天建设集团股份有限公司共同发起成立，注册资本 1.4 亿元，系杭萧钢构在湖南设立的第一家参股公司，是国家高新技术企业、湖南省重合同守信用企业，具备中国钢结构制造企业一级资质。

中天杭萧生产基地设在株洲市荷塘区金山科技工业园内，是湖南省装配式建筑产业基地，于 2019 年 4 月建成投产。基地总投资 6.2 亿元，占地面积 13.34 公顷，总建筑面积 10.2 万平方米。基地分两期建设，一期占地面积 6.67 公顷，新建主厂房一栋，配套科研楼一栋，总建筑面积 4.7 万平方米，具备年产钢管束构件 6 万吨、钢梁柱 2 万吨、楼承板 100 万平方米的生产能力，年产构件可满足 100 万平方米装配式钢结构建筑需求。基地拥有整套国际先进水平的生产设备和自动化生产线，主要从事装配式钢结构设计、研发，新材料、新技术、环保产品的研发设计及加工，钢管束构件、梁柱构件、楼承板、墙体等钢结构住宅体系的核心部件系列产品的制造。中天杭萧积极响应绿色建筑发展要求，推动科技成果进行落地转化，已成功实施中天·麓台钢结构住宅等湖南省绿色建造试点项目，业务范围已经覆盖武汉、深圳、杭州、昆明、珠海等 20 多个主要城市，并远销海外。中天杭萧立足钢结构装配式领域，着眼全产业链的商业模式，致力成为集投资、研发、设计、建造、运营于一体的绿色建筑供应商，推动钢结构装配式建筑行业高质量和可持续发展。

【获“中国钢结构制造企业一级资质”】 2021 年，中天杭萧凭借良好的基础条件、规范化的生产管理以及优质的项目实施成果，经过资料审核及专家现场评审，公司完全符合中国钢结构制造企业一级工厂制造能力评价标准，取得中国钢结构制造企业一级资质证书，提升公司综合实力。

【助力立法调研】 2021 年，发展绿色建筑是实现党中央国务院提出的碳达峰碳中和目标、推进绿色发展的重要举措。公司投资建设的科研楼项目在建设过程中采用实现绿色建造的有效方式——装配式建造方式，选用一批较好的绿色建材和技术，3月25日，省人大常委会委员、省人大法制委员会主任委员王刚一行考察科研楼，就《湖南省绿色建筑发展条例》开展立法调研。该条例从2021年10月1日起施行，将推行绿色建造方式、大力发展装配式建筑写入条例，规范绿色建筑活动，助力碳达峰、碳中和，实现建筑领域节能减排目标，满足人民美好生活需要，也为公司的快速发展进一步提供政策支撑。

【中天·麓台项目开工】 2021年3月21日，湖南省首个钢结构装配式住宅示范社区——中天·麓台项目开工。作为湖南省首个钢结构装配式住宅示范社区，该项目同时也是湖南省首批绿色建筑试点项目，按绿色建筑二星级标准进行设计，采用公司的钢管束组合结构住宅体系技术，将建设9栋高100米的钢结构住宅，项目的装配率为76%，为AA级装配式建筑，革命性的建筑技术开始渗入株洲的商品房领域，为建筑业绿色低碳转型贡献中天杭萧力量。

2021年3月21日，中天·麓台开工

【科研楼获"湖南省钢结构金奖"】 2021年，中天杭萧科研楼作为全省首个采用"钢管束组合结构体系"的装配式钢结构建筑，装配率达到70%，为A级装配式建筑，是株洲市装配式钢结构建筑示范项目，也是株洲市获批住建部装配式钢结构住宅试点城市的首个试点项目。4月，科研楼顺利投入使用，省住建厅副厅长舒行钢、刘年来、唐道明，株洲市副市长王卫安、白云峰等省市领导纷纷前来观摩考察，充分展示装配式钢结构建筑建造速度快、绿色环保等优势，展示项目的质量先进水平。10月，科研楼项目荣获"湖南省钢结构金奖"。

【联合中标株洲首个钢结构装配式公共租赁住房项目】 2021年9月，中天杭萧与湖南中天建设集团股份有限公司、湖南智谋规划工程设计咨询有限责任公司联合中标荷花家园廉租房小区（二期）1#栋项目。该项目是株洲市投资建设的首个钢结构装配式公共租赁住房项目，建筑面积12104.66平方米，建筑高度78.3米，26层，共208户，采用钢管束组合结构体系技术进行建设，装配率62%，达到A级装配式建筑评价标准。作为株洲市获评全国钢结构住宅试点城市的申报项目，中天杭萧积极践行绿色建造使命，以绿色化、产业化、集约化、工业化的思维和举措，通过创新体系引领建造向更低能耗、更优品质和更高效率发展，对株洲市建筑领域实现"2030碳达峰、2060碳中和"目标具有特别重要的积极意义。

（汪　莎）

中材株洲水泥有限责任公司

【概况】 中材株洲水泥有限责任公司（以下简称"中材株洲"）是国务院国资委直接领导下的中国建材集团所属的成员企业，企业职工人数290余人，地处株洲市荷塘区仙庾镇。有5000吨/天水泥熟料新型干法生产线1条，年产高标号水泥200万吨，配套建设9兆瓦纯低温余热电站，拥有自备石灰石矿山。企业主要经营水泥及辅料、水泥制品生产、销售；露天水泥石灰岩开采；石灰石销售；招投标服务；污水处理及其再生服务。是长株潭地区少数具备核心竞争力的水泥企业之一。企业是国家首批14个"环境标志低碳水泥产品认证"企业之一，通过国家级绿色工厂认定，企业马家桥矿山列入国家级绿色矿山名录，连续两年入选全国重点用能行业能效"领跑者"企业，荣获"2021中国最具成长性建材企业100强""2021中国和谐建材企业"，全国第十八次"砼灿杯"水泥品质指标检验大对比"特等奖""株洲市职业健康示范企业""株洲市2021年度职业卫生工作目标管理先进单位"等荣誉称号。

2021年，中材株洲克服疫情、限电、原燃材料价格大幅上涨、市场需求下滑等不利因素影响，扎实推进经营管理、深化改革、创新转型、绿色环保、党建文化等各项工作，对标一流提升和三精管理成效显著，创新升级绿色发展成绩斐然，总体经营业绩和压减指标保持稳健，生产熟料、水泥346万吨，销售熟料、水泥208万吨，实现营业收入7.22亿元，净利润1.66亿元，缴纳税费约6854万元。

【"水泥+"创新升级绿色发展】 2021年，中材株洲"水泥+"创新升级绿色发展取得新突破。株洲市市政污泥资源化集中处置（水泥窑协同）项目运转良好，实现株洲市市政污泥的"资源化、无害化、减量化"处置；与株洲稷维环保有限公司合作开展的"1200吨/天污染土壤异位热脱附及一般工业固废处理项目"于2021年11月正式开工建设；绿色建材循环经济产业园项目有序推进，企业的创新升级、绿色发展为株洲市持续改善城市环境做出应有贡献，得到省级媒体的关注，湖南经视新闻的系列节目《水泥工业新时代》对企业进行专访。

【经营管理】 2021年，中材株洲通过对表对标、技术革新、精细管理，完成高新技术企业复评，取得6项实用新型专利和1个发明专利，获得集团技术革新奖二等奖1个、三等奖2个；与中材环保联合研发的高温低尘SCR脱硝系统成功投运，氮氧化物排放浓度可达到50毫克/立方米以下，实现超净排放；智能工厂试点工作扎实推进，完成AI智能视频和智能在线巡检管控平台的搭建，至此，以六大数字平台和五大智能控制系统为基础构建的企业智能制造体系基本形成，从原材料进厂到水泥生产再到水泥出厂基本实现智能化。企业各产品电耗及煤耗逐年降低，其中2021年熟料综合电耗为47.59千瓦/吨，达到行业先进水平，入围湖南省重点工业行业"能效头雁"。

【处置污染土壤项目启动】 2021年11月18日，中材株洲水泥有限责任公司与株洲稷维环保有限公司合作开展的"1200吨/天污染土壤异位热脱附及一般工业固废处理项目"的启动仪式在中材株洲举行，株洲市政协副主席马民杰、荷塘区委书记方靖、株洲市政协人资环委员会副主任闫春杰、株洲市商务事务中心主任张谍斐、株洲市住房公积金管理中心调研员王民钢、荷塘区副区长张璐、仙庾镇镇长李俊伟等政府有关部门领导，中材株洲常务副总经理韩战义、党委副书记、纪委书记张华及领导班子，深圳泓达环境科技有限公司董事长李建光、株洲稷维环保有限公司董事长高松等出席开工仪式。

（喻　娇）

商贸·金融

商务和粮食

【概况】 株洲市荷塘区商务和粮食局（以下简称“区商粮局”）2015年12月由区商务局、区招商局和区粮食局整合而成。主要承担市场建设管理、调控和粮食执法监控、招商引资等职能。2021年，荷塘区有传统大型专业市场8个、大型城市综合体5个、农贸市场12家。全区形成以汽车销售、家居建材、五金机电、布料服装、蔬菜水产等为主要构成的市场体系。全区社会商品零售总额完成91.3亿元，同比增长14.3%，全市城区排名第二；新增批发零售类限上企业18家；全区实现进出口贸易总额12.87亿元，同比增长17.2%，全市城区排名第三。

【扶持外贸企业】 2021年，区商粮局深入外向型企业开展帮扶行动，加强外贸进出口的精准服务。9月，召开全区外贸工作调度会，并对全区27家重点外向型企业进行走访调研，对企业的经营及代理进出口情况、政策需求以及需要政府部门提供的服务等方面进行深入了解，帮助企业解决具体问题13个。同时，为企业从备案登记到货物进出口报关等方面提供全程指导，新增备案进出口企业12家，完成事项变更7家，完成新增加工贸易登记2家。搭建外贸企业综合服务平台，引导和支持更多企业开展对外贸易。通过引进浩通国际货运代理有限公司进驻荷塘区，专程负责全区有意向进行进出口业务企业的技术服务和培训工作。该平台通过电话、窗口咨询、走访等服务方式，为园区及周边100余家企业提供外贸综合服务，通过服务带动园区进出口业绩约1亿美元；协助3家企业实现外贸业绩破零；并为4家企业办理外贸资质；为企业提供代理报关报检800余票；组织外贸培训和沙龙1场次。积极组织辖区企业参加各种会展，帮助企业开拓国际市场。组织企业参加中国国际消费品博览会、第129届网上广交会、中非经济论坛、第四届进口博览会等各种展会，引导企业开拓海外市场和参与国际竞争，先后组织50余家次企业参加，进一步拓展产品外销空间。

【保障粮食安全】 2021年，区商粮局指导神农米业有限公司完成542.185吨区级储备粮的轮换，确保荷塘区1000吨储备粮的安全；严格依规依程序通过邀标竞价方式确定超标粮处置企业，及时将辖区内收到的65.618吨超标粮运送到相关企业进行加工处置，全流程实施监督管理，杜绝其流入口粮市场。积极配合开展巡察、专项整治工作。自市委涉粮问题专项巡察和粮食购销领域腐败问题专项整治工作开展以来，协同各相关部门积极配合、及时对接，对照问题清单抓实整改，确保巡察和专项整治取得实效。拓宽渠道，广泛宣传粮食安全工作。举办专题培训班，传达学习粮食购销领域腐败问题专项整治工作及专项巡察有关工作要求，对贯彻实施《粮食流通管理条例》进行专题学习。“世界粮食日”，组织开展“行动造就未来，更好生产、更好营养、更好环境、更好生活”主题宣传周活动，进一步加大对《粮食流通管理条例》的广泛宣传，并推动爱粮节粮意识深入大型商场超市、深入学校、深入群众日常。整章建制，规范粮食安全各项工作。先后出台《株洲市荷塘区区级储备粮巡查制度》《株洲市荷塘区粮食应急预案》等文件通过规范制度进一步强化粮食安全工作。齐抓共管，形成监督检查合力。区商粮局联合各职能部门对辖区的5家涉粮企业进行多次走访，重点对粮食加工、粮库业务流程、超标粮流通监管、仓储管理等方面加强监督管理，防范粮食安全风险。

2021年10月16日，区商粮局开展“行动造就未来，更好生产、更好营养、更好环境、更好生活”主题宣传周活动

【培育“四上”企业】 2021年，荷塘区新增入统18家批发零售企业。大力发展电商产业园，推进“直播经济”“网红经济”新业态发展。2021年，国投金汇电商产业园区入驻电商企业25家，年销售规模达到6亿元。株洲市天猫渠道TOP50店铺荷塘区有15家，京东渠道TOP30店铺荷塘区有6家，TOP100主播荷塘区有30名，总体规模全市排名第二。荷塘区积极申报株洲市“直播电商示范基地”、省级电子商务资金项目，进一步优化资源配置，拓展平台优势。

【维护成品油市场秩序】 2021年，区商粮局根据《株洲市成品油市场集中整治三年行动方案》，制定区成品油市场集中整治巡查制度，持续保持打击非法制售成品油站点高压态势。牵头组织联合执法4次，取缔非法储油点1个、移动加油车1台，收缴改装车辆1台、加油机1台、自制油箱1个。

（邹　娇）

金　融

【概况】 2021年，株洲市荷塘区政府金融工作办公室（以下简称“区政府金融办”）按照“联动配合、明确职责、综合处置、重在治本”的工作思路，防化风险，着力治标。印发《荷塘区防范化解涉众型非法金融活动风险排查专项整治行动方案》等防范打击长效机制相关政策法规、方案文件5个，将防范和处置非法集资及打击金融违法犯罪纳入平安建设和绩效考核内容，强化责任的落实和追究。在查办案件中，分类施策、精准拆弹，完善攻坚协作机制，有力有序化解陈案。公安荷塘分局、区人民检察院、区人民法院密切配合，连续3年在县市区平安建设考评“防范和处置涉众型金融风险”中排名全市并列第一，牢牢守住不发生系统性、区域性金融风险和大规模群体事件的底线。

【防范化解重大风险】 2021年，区政府金融办协助区财政局开展政府债务风险防范，多举措防范金融风险，持续优化金融生态环境。2021年，荷塘区化解隐性债务4.36亿元，完成全年隐性债务化解目标。指导平台公司加强与金融机构对接，通过“六个一批”（即自接自盘延展一批、替接他盘置换一批、延期回售续持一批、发新还旧平滑一批、债务重组盘活一批、债转股转换一批）推进债务续贷、置换，平滑偿债高峰，落实偿债安排，推进区国有平台公司转型发展，牢牢守住不发生系统性、区域性金融风险的底线，新增融资 55 亿元，保障重点项目建设。严厉打击非法金融活动，召开区防范化解涉众型非法经营活动稳定风险联席会议全体会议 3 次，狠抓机制建设、宣传教育、风险排查、案件处置和信访维稳等工作。印发《荷塘区防范化解涉众型非法经营活动稳定风险联席会议办公室议事规则》等长效机制文件 5 个，通过联席会议交办反馈机制，强化精准识别。加强处置非法集资工作人员的学习和业务培训，大力开展“大宣传、大排查、大化解”专项行动，发动和依靠群众力量进行群防群治，落实 1 件群众举报奖励 5000 元。开展处非宣传活动 6 次。持续开展非法集资风险“百日大排查”专项整治行动 3 次，发挥社区网格员力量加强监测，实行“周上报、月调度”机制，深入 1339 家机构（含个体工商户）实施风险排查整治，筑牢风险防线。2021 年，辖区内未发生地方法人金融机构风险、上市公司风险。对涉嫌非法集资的秦汉桃源株洲分公司、鹿康旅游、桑业农业等公司打早打小，共向 98 名集资参与人清退资金 234 万元。逐一落实金融领域涉稳风险化解处置，荷塘区新发案件数、涉案金额、涉及投资者人数同比分别下降 75%、98.6%和 88.6%，因非法集资问题信访的批次和人次同比分别下降 41%和 90%。

【服务实体经济】　2021 年，区政府金融办联合 10 家金融机构为 333 家辖内企业授信 9.42 亿元，其中，获得首贷支持的企业 43 家金额 0.99 亿元，落实区“白名单”工业企业担保费补助，拟为 19 家企业补贴白名单贷款担保费 33 万元，推动小微贷款实现“量增、价降、面广”。为 163 家辖内中小微企业办理贷款展期或续贷 2.3 亿元，续贷金额同比增长 51.32%，有效纾困。累计为 103 家企业获得“白名单”信用贷款 3.41 亿元。引导和支持银行业金融机构帮助辖内重点项目和中小微企业用足用好政策措施，积极发展普惠金融和绿色金融，鼓励金融机构持续减费让利，简化办贷手续。拓展先进硬质合金产业链金融服务，支持产业链成功授信 6.08 亿元。开展金融产品进园区、进企业活动，引导金融资源精准流向实体经济，帮助好媳妇、飞山奇、株硬集团等一大批重大项目获贷 5.4 亿元，大幅提升金融赋能实体经济做大做强的水平。

【深化金融改革】　2021 年，区政府金融办推进与株洲农商行战略合作，确保“基础金融服务不出村”，并依托助农金融服务站举办金融知识进社区（村）等活动 34 次。中国建设银行通过“裕民文明贷”等产品在樟霞村等文明村镇，基于信用信息推进乡村个人贷款，中国农业银行在荷塘区持续推进农户信息建档和惠农 e 贷。发挥财政资金杠杆效益，通过与省农担合作，累计发放 3 户涉农“特色贷”420 万元。2021 年，政策性农业保险保障水稻等 4 大品种保费规模 32.09 万元，较 2020 年增品 2 种，保费规模同比增长 210.65%，涉农金融服务持续增效。

【培育企业上市】　2021 年，区政府金融办与辖内拟上市企业湖南中天建设集团、株洲科能新材料有限责任公司分别座谈，帮助企业扫清上市障碍，通过株洲市拟上市企业绿色通道制度，收集企业问题清单协调市、区相关部门解决。开展“荷塘区助力企业进军资本市场走访调活动”，走访 16 家辖内企业，帮助拟上市企业解决实际问题。2021 年，辖区内申报上市材料企业 1 家，新增 2 家省、市上市后备企业，7 家企业四板股改板挂牌，1 家企业科技创新专板挂牌，同比增长166.7%，创历史新高，居全市第二。湖南中天建设集团向香港联交所第三次递表，株洲科能新材料有限责任公司完成股改、积极准备上市材料。为进一步挖掘和培育本土优质企业，深入实施企业上市培育工程。2021年7月27日，邀请省证监局、上海证券交易所、市政协、市政府金融办一行到荷塘区辖内企业科能新材进行企业上市高质量发展调研，通过面对面座谈等方式，实地了解企业发展现状以及融资方面的困难和需求，帮助企业解决在对接资本市场中遇到的困难和问题。

2021年7月27日，湖南省证监局、上海证券交易所一行走访调研株洲科能新材料有限责任公司

【民生实事工程】 2021年，区政府金融办加大电梯责任险宣传，梳理应投保主体，建立待购买电梯情况分析台账，逐一分类施策，落实市级民生实事工程，提高电梯安全责任保险覆盖率。2021年，荷塘区共承保电梯安全责任险1917台，投保覆盖率117.79%，超额完成目标任务，排名全市第四。

（管　婧）

中国工商银行新华路支行

【概况】 中国工商银行股份有限公司株洲新华路支行（以下简称“新华路支行”）是工商银行株洲分行辖内一级支行，位于株洲市荷塘区新华东路1507号。2021年，实现中间业务收入2533万元，实现拨备前利润11135万元，净利润7636万元。2021年，新华路支行储蓄存款时点余额335349万元，比年初增长25233万元；储蓄存款时期余额315120万元，日均增长25889万元，均居工行辖内系统第二名；对公存款时点余额86037万元，比年初增长15259万元，居辖区前列。公司贷款余额295003万元，比年初增长23174万元；个人贷款余额61088万元，比2020年增长684万元；普惠类贷款余额14433万元，比2020年增长6565万元。累计票据贴现16259万元，实现贴现利息收入193.3万元，任务完成率162.59%。该行所辖网点每天办理业务量占荷塘区辖内所有银行网点总和的半数以上。2021年，新华路支行荣获工商银行株洲分行案防工作先进单位一等奖、落实党风廉政建设责任制三等奖。

【支持区域大中型实体经济】 2021年，新华路支行践行大行担当，以支持区域经济发展为己任，主动为辖内大中型企业输血。共为株洲硬质合金集团、南车集团长江车辆有限公司、湖南千金药业集团、宏达电子、金山高科技投资有限公司等大中型企业投放资金5.8亿元，大力支持企业发展。

【支持小微企业】 2021年，新华路支行加大对辖内小微企业支持力度，为辖区内小微企业发放金额6565万元，为小微企业纾困。

【服务民生】 2021年，新华路支行为退役军人办卡300余张；为湖南某商业学院开立中职卡1700余张；为退休居民办理社保卡1200余张。配合社区核实社保卡信息12350余张，为退休人员及时拿到退休工资提供有力保障。2021年，上街摆摊设点4次，发放宣传资料65份，积极向市民讲解防诈骗、防风险集资防范措施。杜绝电信诈骗、冒领4笔，挽回居民损失 1.2 万元。

【扶持项目发展】 2021 年，新华路支行为高科集团、金城有限投资公司、云发集团等投放资金超过 8 亿元，特别是为辖内优质制造业株硬集团办理保理业务 6880 万元，为宏达电子营销定向增发流动资金 2 亿元。确保优质项目落地区域并开工做出应有贡献。

（汤文娟）

中国建设银行株洲市城东支行

【概况】 中国建设银行株洲市城东支行（以下简称“建行城东支行”）位于株洲市荷塘区新华西路 399 号。2021 年年末，一般性时点存款余额 182650 万元，比年初新增 18827 万元。其中，对公时点余额 71443 万元，比年初新增 16018 万元，完成率 200%，个人时点余额 111207 万元，比年初新增 2810 万元。贷款余额 200831 万元，较年初新增 29350 万元。其中，对公贷款 140403 万元，较年初新增 34888 万元。普惠金融对公贷款余额 8839 万元，较年初新增 1542 万元。

2021 年，城东支行继续加大对制造业企业的支持力度的同时，还对抗疫企业加大扶持力度，其中发放株洲齿轮有限责任公司 1.5 亿元固定资产贷款，发放抗疫物流企业湖南首邦公路港物流有限公司 2200 万元固定资产贷款，有力地支持地方经济的发展，大力支持荷塘区中小微企业，促进地方经济发展。

（梁登辉）

中国农业银行株洲荷塘支行

【概况】 中国农业银行株洲荷塘支行（以下简称“农行荷塘支行”）成立于 2010 年 3 月，是农行湖南株洲分行辖内一级支行，下辖支行营业部、红旗广场、公园路、向阳村、茨中、荷叶塘 6 个经营网点。2021 年，各项存款余额 317006 万元，较年初净增 34879 万元，各项贷款余额 158230 万元，较年初净增 17482 万元，实现营业收入 8763 万元，净利润 4227 万元，中间业务收入 1290 万元。

【助力乡村振兴】 2021 年，农行荷塘支行积极助力乡村振兴，落实惠农支农政策，严格执行惠农贷款利率，加快农户信息建档，持续加大“三农”领域信贷投入，服务范围覆盖荷塘区 28 个村部及社区，共计授信 100 户，授信金额达 15200 万元，贷款余额 6619 万元。

【服务实体经济】 2021 年，农行荷塘支行为服务当地实体经济，持续推动“进百园万企”攻坚活动，制定 2021 年度“百园万企”专项方案，设定走访计划，深入园区，利用小微 e 贷产品拓展小微企业市场，提高园区渗透率，用好产品、用好政策，服务好实体经济建设。截至 2021 年，普惠小微贷款新增 4064 万元，小微贷款客户数较年初净增 28 户。

（周　慧）

华融湘江银行东一支行

【概况】 华融湘江银行东一支行（以下简称“东一支行”）成立于 2010 年 10 月，为华融湘江银行株洲分行下辖 A 类支行，位于桂花街道新华东路 1468 号，有在岗员工 16 人。东一支行积极践行“立足地方、依托地方、服务地方、支持地方”的发展思路，紧紧围绕区委、区政府的重点工作，大力支持地方基础建设、重点项目发展，持续为荷塘区一批上市公司、央企、国企和中小微企业提供综合金融服务，实现自身与地方经济发展的同频共振。截至2021年年末，支行一般性存款时点余额22.16亿元，较年初增长1.36亿元，投放信用总量余额达31.61亿元。2021年，获评“荷塘区2021年抗击疫情突出贡献企业”、分行“2021年先进基层党组织”“综合业绩A类支行一等奖”等。

（吕尚鸿）

中国光大银行株洲分行

【概况】 中国光大银行株洲分行向国家税务局株洲荷塘分局共缴纳税款3106.05万元，其中增值税2619.57万元，附加税、个税及其他税费等486.48万元。

【支持项目建设】 2021年，中国光大银行株洲分行一是全力支持荷塘区三高四新项目推动，为区内三高四新建设企业“株洲齿轮”提供信用综合授信0.7亿元、“科能新材”提供信用综合授信0.6亿元。目前正在对接“宏达电子”关于“5G电子元器件生产基地建设项目”。二是大力支持重点产业发展，积极发展普惠金融。2021年，中国光大银行株洲分行积极支持上市企业“株洲飞鹿高新材料”、小微企业“荷塘区瑞美包装有限公司”“株洲金卓机车配件有限公司”“湖南中天杭萧钢构科技股份有限公司”“湖南方格智能节能科技股份有限公司”等18家荷塘区域内的中小微企业及民营企业，授信总金额3亿元，授信总余额1.5亿元，有效推进荷塘区新经济发展、新动能培育。

（赵江玲）

财税审计

财 政

【概况】 2021年，株洲市荷塘区财政局（以下简称“区财政局”）完成一般公共预算总收入73918万元，同比增长0.38%，其中，税收收入完成65812万元，同比增长4.87%，税收占比为89.03%。完成地方收入40563万元，同比增长0.22%，其中，税收收入32457万元，同比增长9.69%，税收占比为80.02%。荷塘区完成一般公共预算支出完成184103万元，同比降低8.64%，其中，民生支出157182万元，占全年支出的比重为85.38%，同比降低4.41%。

2021年，政府性基金上级补助收入146432万元，新增专项转贷债券收入59500万元，上年结转9806万元；政府性基金本年支出完成196247万元，同比增长86.75%。国有资本经营本年收入完成13807万元，上年结转85万元；国有资本经营本年支出完成13892万元，同比增长38.55%，全年实现收支平衡。社会保险基金收入完成15668万元，社会保险基金支出完成12619万元，社会保险基金本年结余3049万元，累计结余21381万元。

【民生保障】 2021年，区财政局认真贯彻落实政府过“紧日子”的要求，克服多种不利因素，围绕扎实做好“六稳”工作、全面落实“六保”任务的工作思路，紧抓政策机遇，主动对接、加大力度争取中央、省、市资金支持，争取直达资金14614万元、参照直达资金400万元，争取债券资金67600万元，主要用于园区产业项目、农业产业发展和公共基础设施建设，为荷塘区公共基础设施和产业发展提质增效。在一般公共预算支出同比下降的情形下，全年住房保障、教育、社会保障与就业、卫生健康、农林水支出分别较2020年增长100.29%、8.72%、2.25%、43.48%、29.44%，有力支持全区经济社会持续健康发展。

【财政管理】 2021年，区财政局看齐管理标线，持续深化财政改革。强化预算刚性约束，坚持先有预算后有支出，有效控制预算调整、追加行为；预算管理一体化工作顺利推进，加快推进“业务+技术”双轮驱动的预算管理一体化系统建设，促进财政监督、绩效管理与预算编制、执行全面深度融合，提高预算管理规范化、标准化、自动化水平；以直达资金监控系统为依托，加强对直达资金预算分解下达、资金支付、惠企利民补贴补助发放情况的监控，确保每一笔资金有标识、可追溯、全穿透；持续推进预决算公开，切实保障群众知情权、监督权。

【评审监督】 2021年，区财政局审定预算项目105个，送审金额28199.69万元，审定金额25076.69万元，审减金额3123.00万元，核减率14.64%。审定结算项目129个，送审金额52529.41万元，审定金额43941.29万元，审减金额8588.12万元，核减率17.71%。

【金融与债务】 2021年，区财政局积极稳妥化解债务存量，全力以赴地遏制隐性债务增量，通过“六个一批”推进债务续贷、展期、置换，平滑偿债高峰，牢牢守住隐性债务不新增、“三保”资金不断链、重大风险事件不发生的底线，不折不扣实现高息债务置换；通过争取上级资金、新增债券，全面清理盘活平台公司经营资产、定期存单、股权收益，加快土地出让，做大政府性基金收入，不断壮大财政实力化存量，债务风险水平总体可控。

（廖红霞）

税　务

【概况】 国家税务总局株洲市荷塘区税务局（以下简称“区税务局”）主要负责荷塘区税收、社会保险费和非税收入的征收管理，以及贯彻执行税收相关法律、法规、规章和规范性文件，组织落实国家规定的税收优惠政策，开展税收经济分析和税收政策效应分析，为地方党委政府提供决策参考。2021年，区税务局以习近平新时代中国特色社会主义思想为指导，坚持以组织收入为中心，以打造党建、管理和服务三大品牌为抓手，统筹疫情防控和经济社会发展，充分发挥税收职能作用，圆满完成区政府确定的税费目标任务，实现“十四五”起步之年的精彩开篇。

【组织收入】 2021年，区税务局坚持依法征税，严肃收入纪律、严守收入底线，做到勤征细管，在提升主观努力度上下功夫，深度参与“三高四新”财源建设工程，配合开展“6643”“116”治税专项行动，大力挖潜堵漏增收。2021年，完成税费收入33.37亿元，其中税收收入20.43亿元，社会保险费12.02亿元，非税收入0.92亿元。特别是完成地市县区级收入11.03亿元，占税收总收入比重到达53.91%，为地方经济发展提供坚实的财源税源支撑。同时，落实各项减税降费政策，为市场主体解难纾困，2021年，新增减税降费2.08亿元，办理增值税留抵退税4706万元，为758户制造业中小微企业办理缓税2259万元，为380户次企业办理出口免（抵）退税9257万元，更好激发市场主体活力。加强房产税和城镇土地使用税风险排查，“房土”两税入库1.36亿元。完善税收大数据和风险闭环管理机制，加强建筑安装房地产等重点行业管理和全税种联动分析，实现风险应对成果8660万元，风险成果贡献率为4.09%，位居全市第一。纳税评估案例荣获全省税务系统竞赛第一名。发挥税收大数据作用，围绕房地产行业、重点税源开展调研，向地方党委政府提交税收分析报告12篇。

【税收征管】 2021年，区税务局坚持从整体推进、夯实基础、网格覆盖、精细管理、绩效指引5个维度，推进税收征管质量5C监控评价工作，围绕精确执法、精细服务、精准监管、精诚共治要求，抓好《关于进一步深化税收征管改革的意见》落实，扎实推进智慧税务建设，征管质量5C评价位居全市第一，工作经验获得省局领导肯定，除报省局运维处理的户数外，催报催缴率达100%，受理即时注销246户，平均注销天数由2020年的1.58天缩短至1天，数据质量差错率为百万分之一，纳税人违法违规率有效降低，纳税信用A级企业616户，同比增长72.07%，稳妥推进增值税专票电子化，电子专票核定覆盖率位居全市前列。构建“税费同征同管”的社保费征收体系，实现社保费全险种全人群划转。2021年，区税务局组织入库社会保险费12.01亿元，其中企业职工基本养老保险费入库66443万元，机关事业单位基本养老保险费入库8438万元，职工基本医疗保险费入库31348万元，城乡居民基本医疗保险费入库4078万元。组织入库各项非税收入9316万元。全面实施行政执法三项制度，落实税务行政处罚裁量基准，落实10项“首违不罚”清单，推行6项税务证明事项告知承诺制度，开展4轮现金税费征缴专项整治，落实普法责任制，干部学法考法合格率100%。加强重点税种管理，夯实税政管理基础。增值税入库9.98亿元，企业所得税和个人所得税汇缴面100%，企业所得税入库3.58亿元，同比增长15.59%，加强关联交易申报数据比对分析，强化反避税监控管理。规范“涉土”（土地增值税、房产税、城镇土地使用税等）类税收管理，完成东部美的城等7个项目土地增值税清算，清算税款7772万元，“房土”两税征收率和征收面位居全市前列。

【纳税服务】 2021年，区税务局畅通线上办、网上办，全力推行“非接触式”办税缴费，全市首推“办税不用跑”服务品牌，线上办税率高达90%，214个事项实现“非接触式”办理，覆盖纳税人办税事项90%以上，结合“红色专列 与税同行”开展税收宣传活动，与中国联通合作推送“办税不用跑”温馨提示11万次，向3万多名纳税人缴费人派送税费政策大礼包，派发万张便民办税缴费廉政监督卡，主动求监督、优服务。制作6期视频解读最新优惠政策，组建专家团队、网格服务小分队微信群全天候快速解答涉税难题，赢得纳税人一致好评。纳税服务做法在全省税务系统做经验发言，被省政府网站、《湖南日报》等宣传推介，税收营商环境连续两年位于全省第一方阵。全面推行财产行为税“十税合一”（包括城镇土地使用税、房产税、车船税、印花税、耕地占用税、资源税、土地增值税、契税、环境保护税、烟叶税）申报，增值税、消费税与附加税费合并申报，进一步减轻纳税人办税负担。前置资料审核，优化资源配置，纳税人排队时长和等候时长缩短40%以上。简化企业注销手续，税务注销时限压缩至1个工作日内。深化纳税信用结果运用，通过“银税互动”帮助179户企业获得信用贷款9850万元。

（吴 鹏）

2021年荷塘区税收收入情况表

表6

单位：万元

项目	累计收入			
	本年累计	上年同期	增长额	同比增幅
一、税收收入	204263	215616	−11353	−5.27%
其中，中央级	75938	76376	−438	−0.57%
省级	18037	17905	132	0.74%
地市、县区级	110288	121335	−11047	−9.10%
1. 增值税	99754	105054	−5300	−5.05%
2. 消费税	93	64	29	45.31%
3. 企业所得税	35836	31002	4834	15.59%

续表 6

项目	累计收入			
	本年累计	上年同期	增长额减	同比增幅
4. 个人所得税	7176	8640	-1464	-16.94%
5. 资源税	313	324	-11	-3.40%
6. 城市维护建设税	7178	7875	-697	-8.85%
7. 房产税	7115	4253	2862	67.29%
8. 印花税	1821	1865	-44	-2.36%
9. 城镇土地使用税	6465	6509	-44	-0.68%
10. 土地增值税	17529	7974	9555	119.83%
11. 车船税	2047	2673	-626	-23.42%
12. 耕地占用税	754	1798	-1044	-58.06%
13. 契税	17484	37357	-19873	-53.20%
14. 环境保护税	376	228	148	64.91%
15. 原营业税	322	0	322	—
二、出口退税	-9257	-10248	991	-9.67%
三、海关代征进口税收	0	0	0	—
四、预算内五费金	7102	7475	-373	-4.99%
1. 教育费附加	3031	3334	-303	-9.09%
2. 地方教育附加	2030	2223	-193	-8.68%
3. 残疾人就业保障金	806	654	152	23.24%
4. 水利建设基金	1235	1261	-26	-2.06%
5. 文化事业建设费	0	3	-3	-100.00%
五、其他非税收入	122343	30792	91551	297.32%
1. 税收罚没收入	12	13	-1	-7.69%
2. 其他收入	1192	1090	102	9.36%
3. 水土保持补偿费收入	20	—	20	—
4. 排污权出让收入	73	—	73	—
5.人防办行政事业性收费收入	312	—	312	—
5. 建设行政事业性收费收入	562	—	562	—
6. 社会保险费	120172	29689	90483	304.77%
区政府口径	192553	184406	8147	4.42%

（吴　鹏）

审 计

【概况】 株洲市荷塘区审计局（以下简称“区审计局”）负责荷塘区范围内政府各部门及所有企事业单位的审计监督工作。2021年，区审计局坚持依法审计、独立审计原则，客观公正、求真务实，充分发挥审计监督职能，为荷塘区经济高质量发展提供坚实保障。年内，经区委审计委员会第三次会议批准，安排审计项目计划13个，其中，财政预算执行审计项目1个，领导干部经济责任审计项目6个（均为离任审计），自然资源资产离任审计2个，专项资金审计项目2个（“三通一平”建设项目、新文化路建设项目），平台公司审计2个。出具审计报告和专项审计报告17篇，查出违规问题金额562万元，上缴财政13万元，审计促进拨付资金到位9591万元，提出审计建议46条全部被采纳，向纪检监察部门及相关部门移交审计线索4条，向区政府提交审计要情8篇，区政府主要领导对审计要情做出批示，有效地促进审计整改落实。2021年，完成结算审计项目92个，顺利完成全年审计项目。

【召开区委审计委员会第三次会议】 2021年10月12日，荷塘区委书记、区委审计委员会主任方靖主持召开区委审计委员会第三次会议。会议听取2020年度全区审计工作情况汇报，会议审议并原则通过《株洲市荷塘区审计局2021年度统一组织审计项目计划》。区委审计办认真贯彻落实习近平总书记的重要指示批示及区委书记方靖的讲话精神，强化审计监督，特别是对关键环节、重点部门必须监督到位，以问题为导向，做好全过程审计监督。健全审计制度，让权力在制度笼子里运行，确保各项工作程序更加规范、流程更加清晰。要发挥部门合力，更好发挥审计在党和国家监督体系中的重要作用。

【财政资金审计】 2021年，区审计局对区本级预算执行和其他财政收支情况开展审计工作。重点关注一般性支出压减、“三公”经费、存量资金和闲置资金盘活等情况，促进政府精打细算过“紧日子”，审查财政资金安排、分配、使用等环节存在的问题。部门预算执行审计牢牢盯住行政运行绩效，重点关注财政资金的规范化使用。通过此次财政预算执行审计，查出主要问题金额104490.91万元，促进拨付资金9591.66万元，提出审计建议4条全部被采纳，审计报告区政府主要领导做出批示，审计结果向区人大及常委会报告。

【平台公司审计】 2021年，区审计局在上级审计机关的统一组织下，开展荷塘区金科集团、金城集团公司审计，重点关注国有企业管理机制体制健全完善、国有资产保值增值和负债损益、重大投资决策及投资效益等情况，向区委区政府提交审计要情5篇，积极提出解决重大问题和推动发展的建议。

【政府投资项目审计】 2021年，区审计局完成结算审计项目92个，项目送审金额19777.4万元，项目审结金额19436.9万元，在初审基础上审减金额340.5万元，审减率1.72%。审计过程中发现的主要问题有：先开工后签订合同、招投标与合同签订流程倒置、项目资料不完备等。为切实做好区政府投资项目结算工作，审计中心积极发挥主观能动性，加快对已送审项目的审计进度。同时，在重要时间节点对一些重点、大型项目结算审计过程中，进一步加速项目结算进度，确保不因为审计结算的原因影响农民工工资的支付，切实发挥工程审计作用。

【领导干部经济责任审计】 2021年，区审计局按照区委审计委员会的统一部署，安排领导干部经济责任审计项目8个（含自然资源资产离任审计）。在审计项目实施中，重点审查领导干部贯彻执行经济法律法规、党和国家方针政策和决策部署情况，落实中央八项规定、厉行节约和国务院“约法三章”相关要求情况，把机构设置、编制使用、专项经费等作为重要内容纳入审计范围。通过对领导干部经济责任审计，向纪检监察部门及相关部门移交审计线索2条，向区政府提交审计要情1篇、经责审计综合情况报告1篇，区政府主要领导对审计要情及审计报告作出批示，有效促进审计整改落实。

【审计整改】 2021年，区审计局多次组织相关部门召开审计整改专题会议，区政府及各部门积极采纳审计整改意见，整章建制，出台一系列制度文件，主是在以下几个方面：一是为进一步加强政府债务管理，规范融资举债行为，指导公司出台《株洲市荷塘区国资委监管企业重大事项管理规则》，制定《株洲金城投资控股集团有限公司融资管理制度》《株洲金科建设投资经营集团有限公司融资管理办法》等文件；二是为进一步加强自然资源资产管理及环境保护，出台一系列制度，如《荷塘区切实保护耕地坚决制止耕地“非农化”问题的自查整改方案》（株荷政办发〔2021〕3号）及《关于加强粮食生产和严禁耕地抛荒的公告》《株洲市荷塘区已注销矿山生态修复一矿一策实施方案》等。

（李　凯）

城乡建设与环境保护

住房和城乡建设

【概况】 株洲市荷塘区城乡建设局和株洲市荷塘区人民防空办公室于 2019 年 4 月合署办公，更名为株洲市荷塘区住房和城乡建设局（株洲市荷塘区人民防空办公室）（以下简称“区住建局”）。2021 年，区住建局大力推动“我为群众办实事”活动走深走实，不断增强人民群众的获得感、幸福感、安全感，完成市政基础设施建设项目 16 项，总投资 14.43 亿元，总里程为 10.089 公里。完成棚户区改、扩、翻项目 3 个（505 户），项目共计投资 1148.89 万元。实施黑臭水体整治总投资 7970.4 万元，敷设管网 5.78 公里，有效解决金山新城北部核心区污水排放无去向的问题。2021 年，获评“湖南省人民防空先进集体”。

【基础设施建设】 2021 年，区住建局继续实施“北联”（通过建成金龙路、金桥路、北环路、向阳路连接云龙大道，促进与云龙示范区的融城发展）、“东拓”（通过建成荷塘大道延伸段跨沪昆、新塘路、金塘路、金瑞路、升龙路推进荷塘区向东发展）、“南进”（通过建成东环北路、铁东路、金塘路、新文化路、建宁港路，发展荷塘商贸城和太阳片区，与芦淞区对接），从而形成“五纵七横”道路路网（五纵：升龙路、新塘路、新华路、金环大道、金塘路。七横：金瑞路、金龙路、金桥路、北环路、向阳路、红旗路、铁东路）。2021 年，市政基础设施建设项目为 16 项，包括道路建设和交通畅通两方面。道路建设项目 14 处，新建项目 4 处，为升龙路（迎风路—北环大道）、南车北路、规划 01 路、规划 09 路；续建项目 6 处，为新塘路四期、黄泥塘路（水支 06 路—规划二路）、迎风路（水支 06 路—规划二路）、规划六路（水园路—规划二路）、规划二路（桂花路—迎风路）、水支 03 路（黄泥塘路—规划六路）；前期项目 4 处，为黄泥塘路（流芳园）、荷塘路、JC19 路和平安里路。上述道路涵盖城市主干道、次干道和城市支路，总里程为 10.089 公里，总投资 14.43 亿元，其中工程投资 6.33 亿元。道路梯次建成后，将进一步构筑五纵七横主干路网，有效地完善片区交通出行。

2021 年，新塘路四期施工

【民生工程】 2021 年，城镇老旧小区改造任务按期完成。2021 年，计划投资 2457 万元改造 2457 户（22 个项目），其中纳入省“民生 100”考核项目

9个（分别是文化六村、市建二站、物资小区、红旗村、盐业公司宿舍、气象局小区、有色职大、医药公司、馨香小区），各项目全面完工。棚户区改、扩、翻项目3个（505户），为新华东路94、96号、锦云饲料厂、郭家祠堂，项目共计投资1148.89万元，施工单位已进场施工，预计2022年上半年完工。受理既有住宅电梯52台（竣工7台、开工25台、通过联合审查10台、正在图审2台、完成公示4台、现勘2台、受理2台），其余正在做前期工作。

【房屋普查】 2021年，区住建局为切实做好第一次全国自然灾害综合风险普查中城乡房屋建筑及市政排水设施普查工作，根据住建部、省住建厅、市住建局对此项工作的指示精神，高度重视推动，组织全局骨干力量和规划院专业技术人员扎实开展房屋实地普查，完成全区47328栋房屋的实地普查。

【安全生产】 2021年，区住建局开展安全生产全方位大排查、安全生产“打非治违”检查、监理专项检查和深基坑、高边坡、支模架、脚手架等施工安全专项治理行动。对区内15个在建房地产项目，4家管道燃气企业、3家瓶装燃气企业家燃气企业开展安全生产检查4次，共发现安全隐患10处，累计下达重大事故隐患整治任务交办单4份，整改回复4份，均按整改要求进行整改。

【水环境治理】 2021年，区住建局完成白石港“汽车城排渍站”和建宁港“新屋街水系排口”的整治，有力保障2021年水质全面达标，未出现返黑返臭。金山新城北部核心区污水干管工程总投资7970.4万元，敷设管网5.78公里，有效地解决金山新城北部核心区污水排放无去向的问题，保住省级工业园区的牌子。全市最大的防洪排涝补短板项目——西湖排水渠改造工程已竣工，项目总投资3480万元，建成3.5×5.0米的双孔箱涵462米，该项目与即将建成的西湖排渍站将联动运行，能有效地解决长期困扰火车站和合泰片区的内涝隐患。

（倪得利）

城市综合执法

【概况】 株洲市荷塘区城市管理和综合执法局（以下简称“区城管局”）下设城市管理综合行政执法大队、环境卫生服务中心、数字化城市管理监督指挥中心、园林绿化中心4个副科级二级机构，市政工程维护中心1个股级二级机构。城管局党委下辖1个党总支、3个党支部，共有党员169名。按照“三定”方案规定，主要负责制订管辖范围内城市管理和综合执法中长期发展规划和各项专项规划，并组织实施；制订管辖范围内市政公用设施大中修和专项维修、园林绿化建设和维护、环卫设施建设和维护、执法装备保障的城市管理项目年度计划，并组织实施；区直有关部门、镇（街道）、社区城市管理和综合执法工作的组织指导、监督检查、考核考评工作；辖区城市管理综合执法的指挥调度，并组织实施辖区联合执法行动；辖区市容市貌的监督管理和综合整治工作。负责辖区户外招（店）牌、指示牌设置及沿街门店商业文化活动占道的审批和监督管理工作。负责城市规划范围内车辆清洗行业管理；对辖区内未依法取得规划许可或者未按照规划许可内容建设的建（构）筑物治理方面的工作；辖区环境卫生的监督管理工作。另设城管考评办、治违考评办和株洲市垃圾填埋场3个临时管理机构，分别负责组织全区城市管理、治违考评工作和接收处置全市垃圾应急和填埋工作。2021年，获评“株洲市创建全国文明城市工作先进单位”“荷塘区提案办理工作先进单位”。

【二级机构改革】 2021年11月5日，根据第六届区人民政府第一次政府常务会会议精神，区园林绿化中心、区环境卫生服务中心由差额拨款事业单位转为全额拨款事业单位，其中环境卫生服务中心与园林绿化中心为全额拨款副科级公益二类事业单位。

【市容管理】 2021年，区城管局先后在新华东路、钻石路、玫瑰路、大坪路4条主次干道，推进示范街创建工作，探索精细化城市建设，整合优化系统内市容、环卫、市政、绿化、治违等资源，提升管理标准，破解管理顽疾，示范街的成功创建赢得群众广泛称赞。依托微信小程序，搭建门店精细化管理V2.1系统，将示范街门店的管理方和被管理方纳入系统进行责权明晰，任何人只需扫码，即可获取门店管理的各责任人的职责和工作要求，在一定程度上解决管理权责不清的问题。2021年因疫情影响，合泰、富家垅地区服装加工厂订单激增，布料废料垃圾超往年同期两倍，峰值达日产垃圾150吨。针对这一情况，区城管局连同街道、交警、作业公司等单位采取加大宣传、分类投放、强化清运、费用分摊的措施，有效地应对这一突发情况。年内规范违停行为3500余起，清理“牛皮癣”小广告500余处，整治出店占道经营800余次。投入300多万元在美的城片区率先投产株洲城区第一座直运式垃圾站，采取垃圾不落地、箱体内密闭压缩的方式处理生活垃圾，为下一步垃圾分类中转站改造提供经验。2021年，区城管局发动门店成立自治委员会和垃圾分类志愿者队伍，通过邀请业主参与巡查、评分工作，实现门店诚信自治。深入开展违规户外广告、招牌整治工作。拆除违规设置和存在安全隐患广告、招牌、仿交通指示牌共计拆除67处1544平方米，有效改善城市空间秩序。扎实开展人行道违停整治。坚持以人为本、疏堵结合，增设摩托车停车位300余个，针对机动车人行道违停贴单1万余起。率先在荷塘区政务中心一楼大厅设置违停自助处理终端试运行，实现自助缴费。加强主次干道、农贸市场周边市容秩序管控。按照城市精细化管理的工作要求，不断加大对产业聚集区、学校、医院以及农贸市场周边的市容管理，邀请株洲电视台法制频道对钻石路、大坪路等重点区域的油烟污染问题进行曝光，顺利通过国家卫生城市复审。2021年，针对出店经营、占道经营、乱贴乱挂等各类市容、环卫类问题立案查处289起，罚款26.73万元，其中综合执法服务平台办案率达90%。

【开展“三微”服务】 2021年，区城管局深入开展“三微”（微公园、微亮化、微服务）服务工作，一是投入700万元完成13座居民区旁的“小游园”提质改造建设，让广大市民在家门口就享受健身休闲的便利。二是为照亮市民最后一百米回家路，启动三年“亮灯”计划，在老旧小区、小街小巷新装150盏太阳能路灯，截至2021年，完成68盏。三是响应群众呼声，砍伐居民身边危树187株、疏通下水管道600米，新划非机动车停车位100多处。扎实做好做实助学岗。在辖区10余所中小学门前安排城管队员50余人设立护学岗，风雨无阻为上下学的学生保驾护航，赢得广大师生以及学生家长的高度认同。扎实推动“厕所革命”向纵深推进。针对城乡结合部“公厕建设难度大、市政引水难”等实际情况，创新性在全市率先引入可移动式零排放循环水公共卫生间，使得金山新城、仙庾岭风景区、荷塘商贸城等区域“如厕难”问题得到有效解决。扎实开展垃圾分类。对照省、市两级文件要求，按照实事求是、分步推进、量力而行的原则，荷塘区2021年需完成两个街道垃圾分类的示范创建。截至年末，区桂花、金山2个示范街道共149个居民小区垃圾分类设施完成全覆盖。扎实完成人大建议、政协提案办理。累计共办理人大建议、政协提案28件，办结量大，办结率、满意率均达100%，连续两年被政协株洲市荷塘区委员会、区委人大常委会评为建议、提案办理先进单位。

2021年7月15日，荷塘区13个小游园全部竣工开园

【园林绿化管养】　2021年，荷塘区绿化日常管理通过微信工作群、信息现场采集、技术现场指导、标段养护处理的管养模式，做到“管理—养护—整改—追踪”实时工作动态更新。完成规划32号路、30号路、升龙路、迎风路、芙蓉路、新文化路、建宁港、美的景观长廊、桂花片区黑臭水体治理工程的绿化移交，新增绿化养护面积6万平方米。严格预防和控制病虫害，对全区34个社区、270多个小区进行白蚁治理。配合交警部门，对新华路、红旗路遮挡交通指示牌、智轨指示牌及交通信号灯的行道树进行集中修剪，共修剪行道树近200余株。配合株洲市智轨建设，对红卫桥3株70年树龄的古樟树和200余株行道树进行专业移栽以及做好后期的监督，为重点建设项目做好服务的同时能很好地保护绿化成果。2021年对红旗路、新华路、文化路等黄土露天及踩踏口进行补栽，共补栽苗木约160万株。组织白云路（桂花路—规划32路）苗木移栽听众会1次，向市级部门申报园林绿化中心、恒大林溪郡、水沐阳光里（园林式小区）等3家园林式单位（小区）。2021年，共处理毁绿破绿事件93起、荷塘区公共服务信息平台187起、“12345”市长热线投诉172条、处理区智信平台投诉1879条、及时回复市城管局交办函11条、回复区城管局交办函13条，协助办理行政许可证6本，砍伐危树184棵，处理突发天气带来的绿化应急事件43件。

【治理违章建设】　2021年，区城管局组织拆违行动共计92次，其中清表行动1次、二级行动1次。拆除违法建设260处，拆除面积56256.74平方米，以拆违促征收，有效保障项目推进。

【服务疫情防控】　2021年，区城管局对外完成9个核酸检测点秩序维护、7个隔离酒店值守、车站、高速收费站执勤、废弃口罩收集等多项急难险重任务。对内为一线人员提供防疫物资和相关检测，确保队伍自身零感染。

【环保问题整改】　2021年，区城管局做好南郊垃圾场长江经济带环保问题前期整改工作，配合市城管局、市水务集团完成渗沥液处理站提质扩容项目建设，并完成整改成功销号。针对省环保督察提出的垃圾中转站未批先建、未验先投，渗滤液外排，恶臭扰民3个问题，局党委先期对不具备整改条件的、群众投诉较多的6座垃圾中转站进行关停，并完善好其余11座垃圾中转站的环评及环评验收手续；对垃圾中转站进行提质改造，已完成整改销号。严格落实大气污染防治巡查监管职责，认真开展突出生态环境问题整改“回头看”现场核查，对城区露天烧烤油烟污染、扬尘污染等问题进行全面排查与整改，通过中央环保督察“回头看”。2021年，针对露天烧烤油烟污染问题立案40起，罚款1.7万元。取缔工大后门5家移动餐馆以及金域半岛、钻石大厦边2处违规占道的烧烤摊点。扬尘污染方面：新增防尘网覆盖面积约76.3万平方米，种草植绿化降尘面积约6.7万平方米，设置降尘雾炮机30台，新建洗车平台15处，新设围挡25处约4710米，硬化道路5处650米，设置视频监测、扬尘在线监测仪工地3个。针对道路渣土污染、工地扬尘等违规行为立案21起，罚款14.28万元。

【执法队伍建设】 2021年，区城管局持续深化“强转树”专项行动，不断强化队伍规范化管理，着力打造一支业务精、能力强、品行优的城管铁军。一是组建城管执法督察队伍。按照市城管局工作要求，通过公开招录的方式，组建一支5人的执法督察队伍（其中男队员2人、女队员3人），统一配备执法装备，参加市城管局组织的为期5天的封闭式培训班后上岗，充分展示城管执法队伍良好形象。二是开展军事队列训练。聘请专业教官组织实施军事队列训练，组织大队全体全体人队员开展大型集训5次，着力培养队员令行禁止的工作作风，有效改善城管队员的“精气神”，增强组织纪律性，提升城管执法队伍形象。三是开展教育培训。积极参加省厅、市城管局组织的各类培训，组织开展行政处罚法、综合执法服务平台、执法文书制作等各类培训10余次，进一步提高城管执法队员的依法行政能力。四是开展禁毒工作。组织全体队员完成毒品尿检、毛发检测3次，开展禁毒工作警示教育培训会，赴株洲市强制隔离戒毒所、天元区禁毒广场开展警示教育，进一步提高城管队员的禁毒、防毒、拒毒意识。五是加快推进中队规范化建设工作。以荷塘区大坪路原国土局办公楼为基础，积极向区政府争取专项资金，2021年，完成设计和初步改造，拟作为3个中队规范化建设阵地。

（谭　荣）

国有土地上房屋征收

【概况】 株洲市国有土地上房屋征收处荷塘中心（以下简称“房屋征收中心”）成立于2011年9月。2018年10月，加挂株洲市荷塘区国有土地上房屋征收管理办公室牌子。主要负责辖区内国有土地上房屋征收与补偿工作、初审建设业主单位提交的房屋征收申请文件及资料、调处荷塘区国有土地上房屋征收与补偿纠纷等。2021年，荷塘区纳入市绩效考核的国有土地上房屋征收项目8个，涉征房屋413户，征收面积6.4万平方米；未清零项目2个，涉征房屋6户、单位1家，征收面积0.66万平方米。根据区委、区政府的工作部署安排，房屋征收中心按照“先易后难、分批实施、责任到人、统筹推进”工作思路，各自发挥自身优势，集中入户做工作，做到宣传政策清楚、掌握情况仔细、把握政策准确，确保征收任务全面完成。

【实施阳光征收】 2021年，房屋征收中心通过调查摸底，认真分析住户情况，把要解决的问题或存在的签约障碍全部解决在征收签约前，全面实施阳光征收、廉洁征收、和谐征收，把征收政策、评估机构选定、征收评估价格等被征收人关心的内容全部公开，签约一户公示一户，把住户最想了解的、最不放心的问题全面公示，杜绝“暗箱操作”。

【房屋征收信息化】 2021年，房屋征收中心以建立微信群、落实专人报送、定期公布进展情况等方式及时掌握有关工作动态，并及时对征收工作进展情况进行分析，为领导科学决策提供依据。另外，房屋征收信息包括房屋调查登记信息、评估报告、补偿协议等均登记录入市智慧房产信息系统，利益相关人能更加直观全面地了解征收补偿信息。年内，完成中共株洲市委党校（株洲行政学院）维修提质改造项目二期、红旗广场西南片区二、三期棚户区改造项目、新塘路城中村（一）项目的信息化数据录入工作。

（刘　卫）

征地工作

【概况】 株洲市荷塘区征地工作协调服务中心（以下简称“区征地协调中心”）主要职责是代表区政府管理、调度和考核全区征地拆迁、房屋征收工作；负责征地拆迁、房屋征收资金申请、拨付和管理；负责收集整理各项目中特殊情况和疑难问题，及时提请区重点工程征地拆迁工作领导小组集体研究解决；牵头负责安置人员资格终审；协调组织各镇（街道）分配安置房源等工作。

2021 年，区征地协调中心根据市政府 2020 年征拆征收工作总结表彰暨 2021 年征拆征收工作动员大会精神，下达 2021 年征拆征收计划任务表和 2021 年征拆征收清零扫尾任务表，将征拆征收任务落实到各个镇（街道），同时，将荷塘区征拆征收任务分解到各县级领导干部，保证一个项目一名领导负责，确保征拆征收工作有序推进，为荷塘区着力打造“一区两城”提供坚实保障。2021 年，荷塘区完成集体土地征拆项目 19 个，签订集体房屋补偿协议 345 栋，累计交地 117 公顷；完成国有房屋征收项目 9 个，签订国有房屋补偿协议 234 户，征收国有房屋 4.34 公顷；完成余湾路明渠、中美医院、H5、金科二补征、南岳岭上月塘棚改项目三期 5 个项目的清零扫尾工作。

【党建引领助推项目建设】 2021 年，区征地协调中心深入学习贯彻习近平新时代中国特色社会主义思想和中共十九大、十九届历届全会精神，用党的创新理论武装头脑、指导实践、推动工作。在成立项目指挥部的同时，根据项目规模大小和党员人数等，建立临时党支部。2021 年，荷塘区共建立临时党支部 6 个，做到项目建设和组织建设同步，让党的旗帜在项目一线飘扬；广泛开展项目党员亮身份、亮形象活动，在征拆一线设立党员示范岗，做到一名党员就是一面旗帜；注重强化党建引领，切实增强项目党组织组织力，不断激发党员干部干事动力和激情，凝心聚力推动项目建设。

【征拆信访案件处置】 2021 年，区征地协调中心针对征拆信访案件共组织会议 6 次，解决市纪委、区纪委、信访局关于信访问题 6 起，及时做好网络舆情的处理与回复工作，共处理回复“马上就办”征拆问题 15 条，持续提升基层治理水平；组织党员深入群众开展走访慰问、关爱帮扶活动，共完成实事项目 14 件，投入资金 0.6 万元，累计受益群众 14 人次，群众满意度 100%。

【征拆征收宣传】 2021 年，区征地协调中心充分发挥媒介优势，在《株洲日报》、《株洲晚报》、新闻综合频道、新闻网、今日头条、法制频道、荷塘门户网、清风杂志等多家媒体报社发布征拆征收工作舆情信息 30 余条，营造良好的征拆氛围；结合“产业项目建设年”“双比双看、征拆清零”“聚力征拆攻坚、加速项目落地”等主题加大户外宣传力度，在征地红线范围醒目位置设置宣传栏、宣传横幅、广告宣传牌等，为征拆征收工作营造了浓烈的宣传氛围。

（凌 姣）

物业服务

【概况】 株洲市荷塘区物业服务指导中心（以下简称“区物业指导中心”）为荷塘区政府直属正科级公益一类事业单位，主要职责是参与物业服务质量具体事务、物业矛盾调解，承担业主大会和业主委员会政策业务指导和培训具体事务，参与社区综合治理、文明创建工作，协助街道办事处（乡镇）召开物业管理联席会议，开展“幸福荷塘”无物业管理小区业主自治等工作。2021 年，荷塘区无物业管理小区自治受到中央、省、市媒体的广泛关注。中央电视台社会与法频道《中国之治》栏目采访，省、市电视台等 20 余篇媒体报道，市委党校等省内外县市区的考察学习 20 余次。

【物业管理】 2021 年，荷塘区有物业服务企业 81 家，物业服务项目 149 个。物业企业的日常监管由市物业事务中心、区物业服务指导中心、街道、社区实行四级层级管理。区物业指导中心主要对物业企业服务项目的物业服务合同备案情况、物业履行合同情况进行定期考核和不定期抽查，考核成绩由区物业服务指导中心定期上报市物业管理处，与企业资质管理、信用信息等级评价和评先创优直接挂钩。

【无物业管理小区业主自治】 2021 年，荷塘区有无物业管理的老旧小区 220 个。为破解无物业管理老旧小区难题，2017 年以来，荷塘区按照“试点先行、以点带面、稳步推进”的步骤，在全区无物业管理小区推行业主自治工作。截至 2021 年，有 100 个小区基本实现自治。

2021 年 4 月 23 日，区物业指导中心开展自治小区现场学习交流会

【矛盾调解】 2021 年，区物业指导中心对物业小区进行不定期的安全隐患及不稳定因素摸排工作，根据属地管理原则，对街道、社区和小区业委会、居民小区等矛盾调处工作予以业务指导、政策支持并参与协调，对市长热线、信访投诉进行及时处理回复，处理投诉 200 余起，参与现场调解 80 余次，确保小区物业及居民和谐共处。

【物业小区安全排查】 2021 年，区物业指导中心对全区物业服务项目开展“双随机、一公开”检查工作，经中心各小组查看、汇总，发现问题主要集中在物业服务信息公示方面，在擅自提高物业服务收费标准、擅自收取门槛费、管理费等恶劣行为、擅自利用公共部位经营收益、擅自撤离物业管理区域、停止物业服务等方面均未发现问题。

【小区疫情防控】 2021 年，为做好新型冠状病毒感染的肺炎疫情防控工作，物业服务指导中心主动作为、科学应对，第一时间会同各街道办事处完成物业小区摸排登记的核实工作，成立荷塘区物业小区疫情防控党员突击队，随后在此基础上成立小区防控管理工作组，按照“网格化、地毯式摸排”要求，全面采取“一摸四查”，对全区住宅小区开展的登记、测温、消毒、宣传等工作进行督察及通报。

【党建引领行业发展】 2021年，区物业指导中心在物业行业党委指导下，新成立物业行业党支部1个，现有物业行业党组织4个，通过建立党组织，指导物业行业利用在职党员发挥好作用，在小区中亮身份、做实事。为切实提升物业党支部的党性素养，区物业指导中心党支部联合物业行业党委开展红色基地现场教育学习，通过实地教学感受革命先烈们的拼搏精神及奋斗热情，发挥社区党组织和小区党员作用。

（伍梦琪）

生态环境保护

【概况】 株洲市生态环境局荷塘分局（以下简称“生态环境荷塘分局”）为市生态环境局驻区分支机构，株洲市生态环境保护综合行政执法支队荷塘执法大队，采取局队合一的工作形式。负责荷塘区环境保护工作的统一监督管理，承担环评审批、排污许可、现场监管、行政处罚、污染纠纷调处、应急处置、环保督察、生态环境宣传等工作，开展各类专项整治行动。2021年，荷塘区空气优良天数为312天，优良率85.5%，绝对值、改善率居全市城区第二。空气质量综合指数3.80，绝对值、改善率城区排名均为第一，空气环境质量全面进位。湘江白石断面继续保持II类，城市水质综合指数（CWQI）3.5547，饮用水源水质达标率100%，辖区内17座水库达到水质功能区划的要求。建宁港、白石港城市黑臭水体治理成效显著，初步形成长治久清工作机制，水环境质量稳中向好。工业固体废物综合利用率98%，累计安全转移危险废物1800吨。污染地块安全利用率和污水处理厂产生污泥无害化处置率分别达到90%以上和100%，污染耕地安全利用率达到91%，88家危险废物产废单位和16家核技术利用单位检查合格，土壤环境质量全面稳定达标。

【污染防治】 2021年，生态环境荷塘分局深入推进污染防治工作和生态文明建设，努力构建山水林田湖草生命共同体，认真开展“水、气、土、渣”的污染防治工作，推动区域环境质量持续改善，人民群众的幸福感和获得感不断提高。打赢“蓝天保卫战”。完成“夏季攻势”（省生态环境厅下达的生态环境年度整改任务）大气污染治理项目8个，完成国家臭氧帮扶组反馈需整改的72家企业和8家涉VOCs重点管控加油站的整改任务。开展餐饮油烟污染环境专项整治行动250余次，下达整改通知书324份，立案43起。落实扬尘管控，督促60余家建筑工地严格落实“8个100%”扬尘治理措施，对7条重点管控道路每日定时清扫喷淋，新增防尘网覆盖面积77.2万平方米、新增绿化植被降尘面积6.7万平方米、新增降尘雾炮机30台、新建洗车平台16座、新设围挡4700米，立案查处渣土运输扬尘污染21起。在特护期共出动800余人次，对辖区建筑工地、拆迁工地、道路扬尘等开展大气污染防治专项行动，对重点涉气企业要求进行错峰生产和限产，取得较好的成效。全年空气质量综合指数排名全省前列；黑臭水体整治实现长治久清，完成辖区内23个排口排查、监测、溯源、建档，并逐一落实责任人制度，制定整治工作方案，落实排污口清理整治工作。全面完成南郊垃圾场渗滤液处理站扩容改造项目建设，实现渗滤液全收集、全处理、全达标，有效控制环境风险，顺利通过省生态环境厅专家组的验收销号。组织编制《荷塘区农村生活污水整治规划》，完成樟霞村、仙庾岭村 310 户居民生活污水的黑灰分离和治理工作，水环境治理成效显著。仙庾镇蝶屏村农村面源污染综合防治示范项目已完成建设，通过对点、线、面上的污水综合治理，在农村面源污染治理和美丽乡村建设方面起到良好的示范效应；全面消除土壤污染风险隐患，开展仙庾镇黄塘村农田重金属治理试验（中试）项目，经公开招投标已启动建设。年内，完成 5 家重点监管单位的土壤污染隐患排查工作、9 个地块现场检查、危险废物产废单位和核技术利用单位的现场检查以及新奥固废土壤污染地块的管控。同时，联合农业农村部门，强化化肥、农药等污染控制，秸秆资源化利用率达到 85%以上。

【全力抗击疫情】 2021 年 8 月，生态环境荷塘分局积极参与疫情防控。对所有隔离点安装污水处理加药装置，并开展水质实时监测；参加流芳园临时核酸检测点志愿服务，每天服务群众上千人；牵头负责最大集中隔离点金域半岛酒店的驻点管理，115 名隔离人员全部安全解除隔离；还自发组织缴纳抗疫特殊党费 3300 元。尤其是在全市带头完成全区 19 个隔离、60 多个核酸临时监测点、7 个卫生服务中心的医废垃圾收运工作，完成垃圾清运 6000 余箱、80 多吨。《党建红引领生态绿，环保人筑起防疫墙》的先进事迹先后被《中国环境》、网易新闻网、《中国环境监察》、“新湖南”、《红网时刻》等多家省和国家媒体报道。

【环保督察】 2021 年，生态环境荷塘分局坚持把中央、省环保督察问题整改作为落实上级决策部署的重大政治任务。历次中央、省级环保督察及“回头看”共计 158 个交办件问题（第一轮中央环保督察问题 29 个，第一轮中央环保督察“回头看”问题 38 个，省环保督察问题 47 个，省环保督察“回头看”问题 31 个，第一轮中央环保督察问题 13 个），均已全部完成销号。

【生态环境宣传】 2021 年，生态环境荷塘分局以“6·5”世界环境日为载体，广泛开展生态环境宣传活动，组织环保志愿者见面会，面对面解决群众“急难愁盼”问题；联合检察院、法院、城管、司法等部门在活动当日发放宣传手册，接受群众现场咨询；积极开展生态环境“六进”（进社区、进学校、进单位、进家庭、进场所、进农村）工作，在金山工业园、东方花园开展“生态文明进社区板报宣传活动”吸引大批群众参加，构建大环保格局，努力建设“人与自然和谐共生”的生态荷塘。

2021 年 6 月 5 日，荷塘区开展“6·5”世界环境日宣传活动

【环境监管】 2021 年，生态环境荷塘分局坚持从行政审批、投诉处理、行政执法等各个环节强化环境监管，确保环境安全。严格行政审批，审批新、改、扩建项目 29 个，否决不符合城市发展定位、产业发展规划和环境保护要求项目 3 个，建设项目环境影响评价和环保“三同时”执行率 100%，共核发排污许可证 87 家、排污许可登记 234 家。做好投诉

处理，受理各类投诉649件、及时办理“12345”市长热线投诉件624件、“马上就办”交办件6件、微信及网络投诉18件、信访1件，办理率100%。制定《2021年荷塘区生态环境执法双随机方案》，共建立双随机抽查检查对象名录库91个，现场检查421家次。严格环境执法，共立案18起，下达处罚决定123.05万元，启动2起生态环境损害赔偿，移送公安行政拘留1起，移送法院强制执行1起，形成强大震慑，继续保持环境监管执法高压态势。

（李　虹）

产业建设

产业开发

【概况】　荷塘产业开发区管理委员会（以下简称“荷塘产业开发区”）贯彻执行中央和省、市关于开发区的方针政策和决策部署，根据相关法律法规和市委、市政府授权（委托）履行组织领导、发展规划、区域开发、产业发展、投资促进、协调服务等职能。在履行职责过程中坚持加强党的全面领导，认真落实国家关于促进开发区改革和创新发展的要求，切实优化营商环境，全面落实“三高四新”战略定位和使命任务。

2021年，荷塘产业开发区各项工作取得较好成绩，完成技工贸总收入207亿元，同比增长12%；规模工业增加值54亿元，同比增长16%；固定资产投资92亿元，同比增长16%；高新技术产业主营业务收入177亿元，同比增长12%；园区生产总值66亿元，同比增长16%。在市园区升级考核中，A类园区一季度考核获二等奖，三季度考核获一等奖；在2020年度、2021年度“五好”园区创建综合评价中位列全省第38名；获评全市“真抓实干”表彰；被湖南省工业和信息化厅评为湖南省新型工业化产业示范基地。截至2021年年底，荷塘产业开发区入驻企业近300家，其中“四上”企业83家，工业总产值过亿企业20家。三一智慧钢铁城、汉德车桥、好媳妇等30余个5亿元以上重大产业项目及千金湘药、上海韵达、杭萧钢构、深圳怡亚通、中粮地产等14家“500强”企业项目相继入园；飞鹿高新、宏达电子已在深交所创业板上市，中天杭萧、科能新材等高科技企业即将上市；株洲科能新材料股份有限公司（株洲科能新材料有限责任公司）、株洲春华实业有限责任公司获评国家级专精特新“小巨人”企业称号。

2021年，荷塘产业开发区围绕“两城”建设，聚焦签约产业项目落地及基础设施配套，共引进湖南先进硬质材料产业园（展示交易中心）、三峰科技、科辰智能制造、宜安精密制造等项目40个，履约开工21个；引进资金到位97.55亿元；省签项目资金已到位4.3亿元；引进内资约119亿元，完成年度任务的114%。国信伟大二期等13个项目新竣工，三一智慧钢铁城展示中心投入运营。

【优化产业结构】　2021年，荷塘产业开发区主导产业由规模速度型粗放增长转向质量效率型集约增长，先进硬质材料产业成功申报省级产业集群，装配式建筑与生物医药健康产业链建设提质增速，轨道交通装备产业加快向涵盖钢材智造、汽车部件等领域的高端装备制造扩容升级。电商经济成为发展新亮点，金山电商产业创业孵化基地被认定为省级创新带动就业示范基地、省级现代服务业示范集聚区。截至2021年，拥有国家级、省级创新平台26个，省、市级科技企业孵化器/众创空间6个。

【领导关怀园区】　2021年3月9日，省委考察调研组一行到荷塘区考察项目建设，省委常委会议秘书薛原、省发改委工业处处长李越等参加考察。

3 月 10 日，市委常委、市纪委书记、市监委主任、市先进硬质材料产业链链长邓为民率市交通运输局党组书记、局长徐业伟，市自然资源和规划局党组成员、总规划师曹阳一行到荷塘产业开发区调研智能建造材料产业园、智慧物流产业园建设发展情况。

3 月 29 日，全省实施“三高四新”战略产业项目建设推进现场观摩会召开。省委书记、省人大常委会主任许达哲，省委副书记、省长毛伟明分别带队考察调研荷塘产业开发区潍柴集团汉德车桥智能化制造基地，对园区大力推进产业项目建设、全力推动经济高质量发展取得的成效给予充分肯定。

5 月 17 日，市委常委、市纪委书记、市监察委主任、市先进硬质材料产业链链长邓为民到园区考察调研先进硬质材料产业链办公室、先进硬质材料产业集群促进中心，详细了解湖南先进硬质材料产业园一期（展示交易中心）项目推进情况。随后参加两城产业发展规划暨先进硬质材料产业链工作调度会。

9 月 24 日，市委常委、市纪委书记、市监委主任、市先进硬质材料产业链链长邓为民，产业链常务副链长、荷塘区委书记方靖，副链长、荷塘区委副书记、区长罗鹏程组织召开株洲先进硬质材料产业发展座谈会，与企业家进行座谈，倾听企业意见与建议。

10 月 3 日，市委书记曹慧泉前往园区株洲格斯特动力机械有限责任公司、中国化工株洲橡胶研究设计院有限公司、株洲市农产品智慧冷链物流园等企业/项目，考察调研专精特新“小巨人”企业培育、项目建设等工作。

10 月 20 日，市委组织部常务副部长李余粮带队到园区开展调研，与园区工作人员逐一谈话，深入园企业进行问卷调查。

10 月 29 日，市委常委、市纪委书记、市监察委员会主任邓为民调研园区，走访中国化工株洲橡胶研究设计院有限公司和湖南先进硬质材料及工具产业园、三一智慧钢铁城等项目建设现场，督促加快推进重点项目建设。

11 月 10 日，市委常委、市政府党组成员王庭恺到荷塘区调研，实地考察园区三一智慧钢铁城产业服务中心、湖南千金湘江药业股份有限公司、株洲市农产品智慧冷链物流园，召开外资外贸等工作调研座谈会。

【“拿地即开工”】 2021 年，荷塘区“拿地即开工”全面开花结果，已成为可复制、可全面推广应用的服务模式。2021 年，中大机械项目 6 个工作日完成不动产初始登记到建筑工程施工许可证办理，成为项目签约入园到开工建设不超过 3 个月示范项目，将为株洲市工程建设审批领域签约入园到开工建设“一件事一次办”提供参考。累计为 24 个重点项目提供行政审批帮代（带）办服务，完成立项、环评、规划报建等各类审批服务手续 50 余个，株洲三一智慧钢铁城首批 20 个产业招商项目企业开办手续全部完成。

【安全生产】 2021 年，荷塘产业开发区一是完善园区管理机构，健全隐患排查治理机构，制定并签发《关于调整园区安全生产工作领导小组成员的通知》（荷开发管发〔2021〕39 号），明确党政班子成员安全生产责任清单，并聘请第三方安全管家。二是常态化开展隐患排查治理、开展园区整体性安全风险评估，并于 10 月底通过省安全生产专家评审先后制定并实施关于印发《开展金山科技工业园安全生产“大排查大管控大整治”专项行动实施方案》（株金管〔2021〕14号）的通知和关于印发《开展岁末年初安全生产“百日大会战”实施方案》的通知（荷开发管发〔2021〕37号）等大排查行动。截至2021年，共计成立检查组20个，开展督导检查72次，检查企业近400家次，开展警示约谈1次。排查出一般事故隐患760个，督促整改668个；排查出重大隐患144个，全部按照“一单四制”要求完成整改销号。三是严格入园项目安全准入把关、制定联合审查实施方案，制定《荷塘产业开发区入园项目联合审查实施方案》（荷开发管发〔2021〕40号），确保在追求经济效益的同时，入园项目安全环保并符合国家产业政策、投资导向及园区功能定位。

【重大项目签约、开工】 2021年3月1日，全省重大项目集中开工活动同步在14市州举行，在荷塘产业开发区内，年产100万平方米装配式发泡轻质混凝土墙板项目现场视频连线参与，省委书记、省人大常委会主任许达哲在长沙主会场宣布项目开工，株洲市委书记、市人大常委会主任毛腾飞视频连线讲话，株洲市人民政府副市长谭可敏，市住建局（人防办）党组书记谭智勇，区领导罗鹏程、刘新华、王伟胜、朱福兴等现场出席活动。3月22日，湖南先进硬质材料产业园一期（展示交易中心）项目签约仪式在荷塘产业开发区举行，市委常委、市纪委书记、市监委主任、市先进硬质材料产业链链长邓为民，市人民政府副市长王卫安，区领导郛凌云、罗鹏程、郑志富、刘新华、王伟胜、陈柏文、朱福兴等出席签约仪式。3月23日，韵达湖南物流产业园项目签约仪式在荷塘产业开发区举行，市委副书记王洪斌，市委副秘书长蒋峰，市交通运输局局长徐业伟，区领导郛凌云、罗鹏程、刘新华、王伟胜、陈柏文、朱福兴等出席签约仪式。6月5日，三一智慧钢铁城引进重大项目签约仪式举行，世界500强企业三一集团在株洲与中国500强企业大汉集团、中国制造业500强企业大明国际分别签约，强强联手，加快推动三一智慧钢铁城建设。市委书记曹慧泉，三一集团董事、三一重工总裁向文波，大汉集团董事长、总裁傅胜龙，大明国际董事会主席周克明讲话并见证签约。6月21日，株洲市举行“产业项目建设年”第二次集中开工活动。在主会场荷塘产业开发区内，市委书记曹慧泉宣布长株潭先进硬质材料产业园项目开工，仪式由市委副书记胡长春主持，市领导蔡溪、彭建忠、邓为民、何朝晖出席开工仪式。相关县级领导，市直及区直有关单位负责人，相关企业负责人参加仪式。

【“一体三互”先行战略合作】 2021年4月15日，为贯彻落实好省委长株潭一体化发展战略，岳麓高新区、雨湖高新区和荷塘产业开发区在荷塘区签署长株潭区域一体化园区“一体三互”（“规划、产业和服务三位一体”和“产销互供、招培互补、人才互动”）先行战略合作框架协议。三市发改、经信、园区等单位与部门相关领导出席座谈签约仪式，区委常委、常务副区长刘新华主持签约仪式。各位与会领导会前深入汉德车桥、杭萧钢构等园区企业进行参观指导。10月12—13日，园区党工委书记肖昊昕，党工委副书记、管委会主任王荣带队赴长沙岳麓高新区、湘潭雨湖高新区进行考察交流。学习两个园区在管理体制机制、平台公司的运营管理和市场化转型推进、产城融合建设、商业片区开发、园区基础设施和产业配套等方面的经验，并进一步探讨园区“一体三互”战略合作。园区领导班子及相关负责人参加考察学习。12月14日，“青春岳麓·才聚湘江”暨“有你更青春”长株潭人才交流沙龙活动在长沙举行，三地人社部门、产业园区、企业、学校代表在会上就当前产业园区内企业人才问题开展交流，荷塘产业开发区党工委书记肖昊昕作为株洲市园区代表发言。肖昊昕从招商引人和持续服务两个角度介绍园区在牵线搭台方面所做的工作和成效，重点介绍优化人才安居保障、建立定期联系制度、重视人才专业培养、组织人才专场招聘、落实人才政策兑现等五大保障，并表示，园区将始终当好“店小二”，在企业发展过程中进一步做实做细企业和人才服务，让企业及企业的优秀人才安心扎根，长久发展，推动园区实现高质量发展。株洲三一智能制造有限公司副总黄婷和雪宝家居集团有限公司副总熊景新则阐述企业在发展过程中对人才的需求以及在人才引进方面所做的努力。活动现场，岳麓区人社局、雨湖区人社局、荷塘区人社局共同签订长株潭“人才互动”就业服务一体化合作协议，为三地人才交流提供有力制度支撑，有力推动三地人才互动与资源服务互享。

【国家电网签约】 2021年11月17日，加快建设现代化新荷塘智慧绿色能源互联网工作推进协议签约暨启动大会在荷塘产业开发区举行。荷塘区人民政府与国网株洲供电公司签订建设智慧绿色能源互联网工作推进协议；荷塘区产业开发区与国网株洲供电公司签订关于低碳园区建设战略合作框架协议。区领导方靖、杨喜兰、王伟胜、陈柏文、向前进、张璐、肖昊昕、王荣，国网株洲供电公司总经理、党委副书记姚震宇，副总经理、党委委员、工会主席凌志勇及相关领导出席活动。市发改委副主任、市双碳电建办副主任张勇出席见证。

【推进“两城”建设】 2021年9月1日上午，市委常委、市纪委书记、市监委主任、市先进硬质材料产业链链长邓为民到株洲荷塘产业开发区调研荷塘区“两城”建设情况。邓为民一行先到湖南先进硬质材料与刀具产业园项目、三一智慧钢铁城项目、株洲市农产品智慧冷链物流园项目进行实地调研，了解3个项目建设时序与推进情况，督促抓紧进度，按时按质完成项目建设任务。随后召开荷塘区“两城”建设座谈会。荷塘区委常委、常务副区长陈柏文，市城发集团董事长谭跃飞分别做汇报，与会人员就荷塘区“两城”建设、先进硬质合金产业链建设进行充分的讨论。

2021年9月1日，市委常委、市纪委书记、监委主任邓为民（前左四）到株洲荷塘产业开发区调研荷塘区“两城”建设情况

【获评“湖南省新型工业化产业示范基地”】 2021年，荷塘产业开发区高度重视创新体系建设，实施创新驱动战略，把园区作为落实创新引领开放崛起战略的主战场，通过帮助企业搭建创新平台、服务企业创新人才、制定创新扶持政策等措施，集聚各类创新资源，为园区企业创新创业提供便利。一是研发平台支撑有力。园区整合政策、资金、人才等资源，支持企业技术创新。拥有硬质合金国家重点实验室、橡胶全国乳胶制品质量监督检验中心等6个国家级平台，省级重点实验室、工程技术研发中心、企业技术中心、临床药物研究室等20个省级创新平台，并承接荷塘区成果转移转化服务中心（平台）的建设工作，推动30余家企业与20余家知名

高校开展技术研发合作，为企业和科研院所搭建产学研合作和成果转化的坚实桥梁。二是创新人才加速集聚。先后引进北京大学方岱宁院士、同济大学李国强教授、湘潭大学毛卫国教授、厦门大学物理科学与技术学院博士后黄立志等工作团队，搭建院士工作站、博士后工作站、博士后科研流动站3个省级人才平台，为企业创新提供协作服务。三是科研投入持续加大。不断引导企业设立研发中心、加大研发投入、储备创新产品，鼓励企业积极承接国家、省、市各级科技创新项目。作为株洲市十大创业（孵化）基地之一，园区不断创新探索多样化的创新创业模式，让企业充分释放创新活力。2021年，荷塘产业开发区获评“湖南省新型工业化产业示范基地”。

（谷　梁）

产业服务

【概况】 株洲市荷塘区产业服务中心前身为荷塘区企业服务中心，成立于2016年。2019年3月，升级为株洲市荷塘区产业服务中心（以下简称“服务中心”），为全额拨款正科级公益类事业单位，业务归口金山科技工业园。2021年，服务中心以“为企业着想、替企业解忧、帮企业成长”为宗旨，通过实施“服务功能网格化、内部管理规范化、服务项目品牌化、业务拓展渠道化”的运营模式，为企业提供政务代理、企业培育、产业发展、政策扶持和企业交流等方面服务，对200余家联点企业进行定期走访，坚持企业问题“12小时见面制”，帮助企业纾困解难。累计走访联点企业1024次，收集解决问题233个。2021年，服务中心获评“2021年度国家中小企业公共服务示范平台”。

【“指定代办”服务集中签约】 2021年4月15日，荷塘区“放管服”“一件事一次办”改革集中签约仪式在金山新城举行。荷塘区人民政府副区长陈柏文，金山科技工业园管委会、区产业服务中心及区优营中心相关领导参加仪式。荷塘区产业服务中心与风力发电及轨道交通零部件生产建设项目、现代物流二期、生产销售口腔新材料及口腔修复品项目、长远智造生产制造基地项目4个项目的负责人签署“指定代办”服务协议。

【商务礼仪培训】 2021年4月29日，荷塘区开展商务礼仪培训，区内30多家企业256人参与培训。培训主题为礼仪概念、着装礼仪、社交礼仪等，就商务形象塑造的原则及注意事项进行系统讲解，帮助学员纠正社交礼仪中的不良姿态，并采用情景模拟的教学方式，生动细致地讲解日常工作中的商务礼仪运用，增强学员的参与性与积极性，加深大家对礼仪规范的理解。

【中大机械产业项目签订领证】 2021年5月26日，荷塘区中大机械产业项目施工合同正式签订。5月27日，中大机械负责人从市住建局领到施工许可证。中大机械风电配套设备生产制造基地是荷塘区2021年重点产业建设目，3月正式签约落户金山科技工业园，3月挂牌。荷塘区产业服务中心在为企业帮代办改项目审批手续时，原计划按“拿地即开工”5个工作日推进施工许可办理，但因前段时间主要原材料钢材市场波动较大，建设成本难以控制，企业施工合同经过多轮商讨才最终签订。在市区行政审批部门的支持下，代办人员帮企业在签合同的第二天就拿到建筑工程施工许可证，大大地节省了企业的人力物力财力。

【企业管理诊断服务】 2021年5月28日，由荷塘区产业服务中心主办的2021优化营商环境年系列行动之“一对一”管理诊断服务活动在飞鹿正式拉开序幕，中心邀请企业生产管理实战咨询专家对飞鹿精益化生产管理理念、工厂生产时间把控及内部区域规划等方面存在的问题进行现场诊断，并为企业提出针对性建议。第三季度诊断旨在从企业品牌质量管理体系出发，在精准“把脉”的同时对症下药，帮助企业解决“成长烦恼”。2021年，中心联合专业化服务机构累计诊断服务企业14家，为企业提供管理、法律、人力资源、企业文化等多方面诊断咨询服务，助推荷塘企业高质量发展。

【企业培训】 2021年5月29日，荷塘区2021年企业精益化生产管理活动正式开启。荷塘区16家企业110余人参与培训。此次活动邀请具有多年企业生产管理领域经验和对精益管理化具有独到见解的专家李开西，为企业重点讲解现场“6S管理”（品质、成本、交期、服务、技术、士气）“一个流”［从原料投入成品产出的整个制造加工过程，零件始终处于不停滞、不堆积、不超越，按节拍一个一个地流动的生产方法（单次传送量的标准化）］生产模式等内容，并结合国内外案例及实际问题介绍库存浪费、制造不良品浪费、停滞浪费等八大管理浪费问题，帮助企业纠正认知误区，进一步加深对精益生产管理理念的理解。

【政务服务】 2021年，服务中心深化推进项目工程建设审批服务“一件事一次办”在荷塘区的实践创新，依托“互联网+政务服务”，通过流程再造，为园区符合条件的社会投资工业项目工程建设审批提供“拿地即开工”代办服务。其中，中大机械项目6个工作日完成不动产权证办理到建筑工程施工许可证核发间所有审批手续，是株洲市2021年首个“拿地即开工”示范项目。6月16日，中大机械负责人专程向中心送来一面“精准高效办实事、真诚热情为企业”的锦旗，表达企业对中心工作的认可与支持。

【“专员驻企周”活动】 2021年9月，中心启动“专员驻企周”活动。18名驻企服务专员分批到区内重点企业和成长性较好的中小微企业报到，与企业“同吃同劳动”。通过驻企，让专员“零距离”了解产品的来龙去脉，深入思考产业的上下贯通，把服务的思维、情感和专业下沉到一线，为将来更好政企服务的上传下达、纾困解难打下坚实的群众基础。同时，“驻企周”也是中心贯彻落实中国共产党株洲市荷塘区第六次代表大会确定的重要工作、大力实施产业升级和营商环境优化两大工程的重要举措。通过驻企服务，累计收集解决企业用工难、专利申请难、技术培训不足等问题和诉求175个。

【开展合作对接】 2021年10月9日，荷塘区产业服务中心对接中车株洲车辆有限公司与三一智能制造有限公司，组织开展双方合作交流座谈会。三一智能制造副总经理黄婷，中车株洲车辆有限公司市场营销部长卢飞兵、产业发展部长王峰，区产业服务中心相关负责人参加会议。

【先进硬质材料产业发展座谈会】 2021年9月24日，荷塘区召开先进硬质材料产业发展座谈会，市委常委、市纪委书记、市监察委员会主任、株洲市先进硬质材料产业链链长邓为民，区领导方靖、罗鹏程、李小冬、陈柏文、张璐、肖昊昕参加座谈会。

会议听取株洲市先进硬质材料产业发展情况、株洲先进硬质材料产业集群发展“五个一”（发挥株硬集团的龙头作用和先进硬质材料产业园的集聚作用，以产业链思维推动产业集群发展。发挥株洲先进硬质材料产业集群发展促进中心的公共作用，搭建共性技术研发平台。通过强化标准体系的制定权，提升产业集群的行业宣示权和影响力。构建新材料产业发展基金，促进链内企业发展。加快建设会展中心，争取行业内有影响力的论坛、展会永久落户株洲。）工作要求和“十二个一”（“一厂一所一中心”：“一厂”即支持做强龙头企业株硬集团。“一所”即建立先进硬质材料研究所。“一中心”即推动检测中心发展。“一城一园一基金”：“一城”即打造株洲材料科技城。“一园”即建设湖南先进硬质材料产业园。“一基金”即设立产业发展基金。“一市一品一论坛”“一市”即建立先进硬质材料交易市场。“一品”即打造“中国硬质合金之都”品牌。“一论坛”即办好“钻石”系列论坛。“一队一策一生态”：“一队”即培育好产业链发展团队。“一策”即制定产业链发展系列政策。“一生态”即构建良好的产业生态）具体措施介绍。硬质合金国家重点实验室和株洲欧科亿数控精密刀具、株洲精工硬质合金、株洲肯特硬质合金、株洲华锐精密工具、株洲美特优硬质合金、株洲钻石切削刀具等企业家和相关专家，围绕如何落地落实“十二个一”实施方案，推动硬质合金产业发展作交流发言。

【项目代办注册】 2021 年 10 月 18 日，株洲三一智慧钢铁城首批 20 个产业招商项目通过“一网通办”完成登记注册。区产业服务中心帮代办专员陪主动上门服务，为企业快速办理登记注册、银行开户、企业公章、税务登记等事宜。为株洲三一智慧钢铁城首批 20 个产业招商项目通过“一网通办”完成登记注册。

【协助项目验收】 2021 年 12 月 23 日，飞山奇新材料和东裕美耐皿项目的不动产权证书交付到业主手中，实现“竣工即交证”。飞山奇新材料和东裕美耐皿项目同步在 5 个工作日内完成联合验收、竣工验收备案和房屋不动产首次登记所有手续，以“竣工即交证”补齐制造业和金融服务融合短板，项目当年开工建设，当年竣工投产，试生产当年即实现营业收入 6000 万元以上。“竣工即交证”提高并联办理、协同审批、帮代办服务的广度和深度，缩短企业开发建设周期，降低企业运营成本。

【区中小企业公共服务平台获“国家级”认定】 2021 年 12 月 22 日，工业和信息化部中小企业局公布 2021 年度国家中小企业公共服务示范平台名单，荷塘区作为本市县区级平台首次上榜。荷塘区中小企业公共服务平台由区产业服务中心负责运营，历经五年，中心按照“替企业着想、为企业解忧、帮企业成长”的宗旨，为辖区企业提供登记到立项、建设到达产、成长到壮大的全流程系统化服务。平台以“业务专岗、服务专人”的服务机制，聘请 25 名企业服务专员帮助企业跑审批、读政策、找市场、解难题，服务中小企业 500 余家，收集解决企业问题 1500 余个，打造行政审批代理、政策申报辅导、创新创业指导、公益培训、银企对接和市场开拓等公益性服务，开展“专精特新”管理咨询诊断、产业发展论坛、标杆企业游学等数十次专场服务活动，帮助企业获得政策补贴 6000 余万元，获得市融资担保贷款近 4 亿元。

（巫　湘）

产业平台

株洲金城投资控股集团

【概况】 株洲金城投资控股集团有限公司（以下简称“金城集团”）成立于2011年3月，是负责投资和开发金山新城的国有公司。注册资本10亿元人民币，集团资产总额160亿元，股权结构为株洲市国资委持股51%、荷塘区国资委持股49%，拥有员工107人。下设7个部门、13家全资子公司、4家参股公司。2021年，金城集团加快推进企业向实体化转型步伐，严控债务风险和经营风险，不断提高自身造血能力、解难能力，力争做优做强，向一流的产业发展商和城市运营商奋进；继续在材料科技城、现代物流城“两城”建设中干在实处、走在前列，在建设现代化新荷塘中担当作为，奋力谱写公司稳健发展新篇章。

【融资发债】 2021年，债务风险防控越来越严，公司在融资、化债方面均面临巨大挑战，但集团在融资、化债方面均取得突出成绩。发行公司成立以来的第一支公募产品——企业债9亿元。该产品的发行刷新公开市场发行记录，升级进档融资实力。2021年，累计融资到位46.43亿元，新增融资成本平均为6.9%。超额完成目标任务的同时严格控制融资成本，防范化解公司金融风险，大幅降低财务费用，为集团高质量发展提供金融保障。

【土地开发】 2021年，金城集团已批回政通路、余湾路、金泉路等7个基础设施项目共8.07公顷；完成14个项目，共49.02公顷，完成全年目标任务的147%。其中，2个商住或商服用地3.24公顷，7个工业用地26.19公顷，5个基础配套用地19.59公顷，完成成交2.5亿元；完成15个、共58.07公顷项目用地征拆完结工作，完成全年目标任务的108%。其中，1个商住或商服用地0.7公顷，7个工业用地37.8公顷，7个基础配套用地19.57公顷。

【项目建设】 2021年，金城集团在建项目21个，其中金塘大道二期、政通路、嘉德工业园北侧区间道路、G6地块绿化景观和水系改造工程、H1地块区间挡土墙工程完工、中粮项目土石方工程、东裕项目土石方工程、A1地块土石方工程8个项目已完工；水电杆迁项目15个，其中G6地块高压迁改、E27地块的低压和弱电迁改和A2地块高低压和弱电迁改3个项目已完工。积极与国网公司对接，由国网公司投资建设新上环网柜4座。

【A1地块土石方工程】 2021年5月，A1地块土石方工程开工，项目总面积为52198.8平方米，其中土石方工程总填方25524.6立方米，总挖方270904.7立方米。附属景观工程总面积为4748平方米，新建沥青路面643平方米（临时施工便道），排水工程新建雨水管100米，排水边沟775米。项目总投资1896.05万元，其中建安工程费1599.54万元，A1地块土石方工程于9月完成交地。

【金塘大道新建工程】 2021年8月，金山新城金塘大道道路工程开工，南起于金城东路，北至金龙东路，长约928米，道路路幅宽度36米，道路主要建设内容为道路、交通、排水、管综、照明、景观等工程；项目总投资13437.34万元，其中工程费为6594.02万元，工程建设其他费为5812.45万元，预备费为722.12万元，建设期利息为308.75万元，合同价为5408.9万元。金山新城金塘大道（金城东路—金龙东路）于12月竣工通车。

【政通路新建工程】 2021年，政通路南起金龙西路，北至K0+320（中粮锦云侧门以北），长约320米，道路规划路幅宽度24平方米；道路主要建设内容为道路、交通、排水、管综、照明等工程；项目总投资3331.76万元，其中建安工程费为1382.71万元，工程建设其他费为1556.83万元，预备费为226.02万元，建设期利息为166.10万元，合同价为1037.12万元。政通路（金龙西路—K0+320段于2020年开工建设，2021年4月竣工通车。

【三一智慧钢铁城产业城项目】 2021年，三一片区综合开发项目范围南起金桥路、北至沪昆高速、西起升龙路、东至通园路，总面积为564.8公顷，其中可出让用地面积为336.93公顷，基础设施和配套服务用地面积为227.87公顷。预计总投入191.5亿元，其中土地报批征拆投入80.43亿元，基础设施和公共配套设施（含工业地场平）投入约81.49亿元；片区开发运营成本投入约22.72亿元，其他投入约6.86亿元。2021年，金城集团积极推动三一智慧钢铁城片区综合开发项目与社会资本方混改。积极跟进三一片区A公司股权合作、EPC招标挂网工作。对接30余家央企和国企，开展项目谈判工作。完成东部产城和景添公司组建，其中东部产城公司通过公开投标获得本项目管理服务权，并与荷塘产业开发区签订管理服务权合同。

【金城·华亿电商服饰产业园项目】 2021年，金城集团金城·华亿电商服饰产业园项目拟建成集服饰智能制造、原创设计、线下展示体验、云仓储集散仓库、总部办公、电子商务、质量检测、云计算为一体的现代化综合电子商务产业园。项目位于株洲市荷塘区黄泥塘路以北，金达路以西。总投资超3亿元，分为两期开发建设，总占地面积约7.2公顷，规划建设标准厂房约10万平方米，包含高层厂房2.13万平方米，多层标准厂房7.28万平方米，有6900平方米生活配套用房，项目容积率2.0，建筑密度40%，绿地率15%，项目含车位312个。其中，项目一期用地面积3.35公顷，建筑面积6万平方米，容积率2.39，建筑密度34.95%，绿地率15%，车位231个。2021年，电商服饰产业园（一期）项目的全部建设内容，达到交付使用标准；电商服饰产业园（一期）签约面积13012平方米，去化率达25%，合同金额3546万元，回款656万元，完成全年目标的125%。电商服饰产业园（二期）项目完成试桩及检测工作。二期完成桩基试桩及土方开挖工作，签约面积13410平方米，合同金额4296万元，回款155万元。金城·华亿电商服饰产业园项目被评为2020年“产业项目建设年”株洲市优秀建设项目。

2021年9月，金城·华亿电商服饰产业园（一期）通过消防预验收

【先进硬质材料产业园项目】 2021年，金城集团长株潭先进硬质新材料产业园（一期）项目范围包含产业园地块及明照湖二期湿地周边地块，产业园位于荷塘区丽舍路以东、金达路以西、东环北路以南，明照湖二期湿地周边地块位于兴龙路以南、金

升路以东、金宋路以西、金康路以北。总面积为215.87公顷，其中可出让用地面积为146公顷，基础设施和配套服务用地面积为69.87公顷。预计总投入63.52亿元，其中土地报批征拆投入32.31亿元，建安投入约22.50亿元，其他投入约8.37亿元，片区开发运营成本投入约0.34亿元。项目采用“片区综合开发管理服务权+增资扩股+EPC”模式实施开发，集团正积极推进先进硬质材料产业园项目，推动一、二、三级联动的市场化投资运营。年底完成一期土地摘牌、项目规划方案和初步设计工作，完成项目EPC招标挂网。对接国开行、农发行等政策性银行，申报入选专项债储备项目库，与社会资本方对开发模式及股权合作进行深入讨论，签订合作框架协议。

【公司运营转型】 2021年，金城集团资产规模增加到160亿元，积极推进投融资平台由融资功能向实业经营转型，鑫润建材2021年3月投资，9月投产，已签订销售合同金额2200万元，销售回款643万元。构建以实现经济效益目标为主兼顾社会效益的市场化业务模式，推进全资子公司的实体化运作，株洲金城集团资源开发建设有限公司取得工程总承包和三级房建资质增项。完成H1挡土墙等12个项目合同的签订，合同金额约1703万元，项目回款734万元；完成金塘大道等7个项目的竣工验收。盘活资产，成立资产经营公司。完成3处资产的变性及权证办理，估值约2亿元；完成区机关事务服务中心移交的22处门面租赁，预计每年可收租金110万元；取得第一批安置房的不动产权证，得到项目业主的一致好评；三一智慧钢铁城片区、硬质合金材料产业园等园中园项目从一级开发转型走向一、二、三级联动的市场化投资运营。

（袁永花）

株洲金科建设投资经营集团

【概况】 株洲金科建设投资经营集团有限公司（以下简称“金科集团”）注册资本2.16亿元，资产总额919543万元，负债总额594071万元，净资产325472万元，资产负债率64.61%。2021年，有员工60人，经营市政基础设施建设、房地产开发与销售、土地开发整理、棚户区改造、国有资产经营等项目。2021年，实现经营性收入5.2186亿元，融资化债11.4735亿元。

【土地开发】 2021年，金科集团出让土地20.98公顷，其中妇科千金胶囊现代化工程项目7.72公顷、金科储备地块五项目5.75公顷、金科普通商品房二号地块项目6.98公顷；划拨供地新桂教育地块0.52公顷。

2021年6月23日，荷塘区举行土地推介会

【项目建设】 2021年，金科集团完成110千伏螃月线杆线迁移工程（新塘西路南片区）、芙蓉路—规划九路工程和金科储备地块五低压杆迁等3个项目，进一步完善荷塘区基础设施建设。

【土地招商】 2021年，金科集团接待浙江佳源房地产集团有限公司、中铁二十二局集团房地产开发有限公司、中安能科技（湖南）集团有限公司等大型企业考察100余次。6月23日，承办荷塘区土地推介会，吸引恒大、碧桂园、保利、中海在内的42家知名房地产开发企业代表参加。

【安置房权证办理】 2021年，金科集团将自建安置房项目纳入“市化解房地产权证办理历史遗留问题”范围。其中，新塘家园、和益轩、伴山溪谷3个项目不动产总证已办理完毕，新塘家园第一批85户分户权证已受理（其中制证交付5户），和益轩、伴山溪谷第一批分户权证已受理，伴山溪谷已制证交付6户，幸福365项目正加紧对接办理中。

（张梦欣）

社会事务

教　育

【概况】 2021年，荷塘区义务教育阶段学校26所（其中民办学校4所、九年一贯制学校1所），在编教师1694人，在校中小学生45189人（小学30001人、中学15188人），其中外来务工人员子女学生29860人，占全区在校中小学生总量的66.08%，义务教育入学率、完成率均为100%，三残儿童入学率100%，初中毕业生升学率99.8%。全区幼儿园96所，其中公办幼儿园31所，在园幼儿15435人，接受学前一年教育率100%。

2021年，荷塘区坚持教育优先发展的战略，全面贯彻中共十九大和十九届二中、三中、四中、五中、六中全会精神及习近平新时代中国特色社会主义思想，在学位扩容、教师队伍建设、公办园建设等方面取得显著成效，学校建设项目稳步推进，教师待遇保障全面提升，多措并举落实“双减”政策，公办园位占比提升率居全市城区第一，获评“湖南省第七届中小学生艺术展演活动优秀组织奖”“第二十二届湖南省中小学生信息素养提升实践活动最佳组织奖”“2021年国家义务教育质量监测实施优秀组织单位”。

【召开春季开学工作暨党风廉政建设工作会议】 2021年2月24日上午，荷塘区教育局召开2021年春季开学工作暨党风廉政建设工作会议。区人民政府副区长罗曼、区委组织部常务副部长周波（时任）出席会议并讲话。会议回顾总结2020年教育工作，对2021年教育工作进行部署，对全区教育系统党风廉政建设工作进行部署。会议指出，2021年是中国现代化进程中具有特殊重要性的一年，是全面建设社会主义现代化国家新征程开启，向第二个百年奋斗目标进军的第一年，全系统要深入贯彻中共十九届五中全会及习近平总书记对湖南工作“三高四新”的指示精神，全面落实上级决策部署，奋力前行；要坚定政治方向，加强队伍建设，狠抓教育质量，规范教育治理，严守安全底线，为荷塘教育高质量发展做出新的更大贡献。

【举行第八届学科带头人、骨干教师培训】 2021年4月1日，荷塘区第八届学科带头人、骨干教师培训会议在荷塘小学多功能报告厅顺利举行。区教育教学研究指导中心主任过斌、书记吴世伦及全体教研员，区第八届学科带头人、骨干教师参加培训会。过斌在开班仪式上指出，骨干教师们要突出重点、擦亮底色、保持定力、勇于创新，热爱阅读、学无止境，并给与会人员赠送美国哈佛大学教育学博士著作的《追求理解的教学设计》，激励老师们持续充电。吴世伦主持开班仪式，他倡议骨干教师做道德楷模、做行业标兵、做育人模范、做团队精英，努力成为习近平总书记倡导的新时代“四有”教师。

【第七届“区长杯”青少年校园足球联赛开幕】 2021年4月28日，荷塘区第七届“区长杯”青少年校园足球联赛暨“满天星”训练营选拔赛开幕式在六零一中英文小学举行。该次比赛共有40支队伍参赛，其中初中组6支队伍参赛，小学男子甲组10支队伍参赛、男子乙组10支队伍参赛、男子丙组8支队伍参赛、小学女子组6支队伍参赛。5所学校成为赛点同时进行比赛，整个赛程为期15天，共116场比赛。

【“童心向党·咱们教育有力量”暨第九届校园阳光秀展演活动】 2021年5月31日下午，荷塘区2021年“童心向党·咱们教育有力量”暨第九届校园阳光秀展演活动在430俱乐部举行。该次展演活动将庆祝建党100周年与红色教育相融合，形式多样、亮点纷呈。全区26所中小学校全部参与，经过近3个月的层层选拔、排练，最终有16个节目脱颖而出，为观众带来一场视觉盛宴。活动上，还对荷塘区阳光少年、阳光班级、阳光教师进行颁奖表彰，展现荷塘师生“阳光自信、乐学向善”的独有气质。

【庆祝中国共产党成立100周年暨“七一”表彰会】 2021年6月28日上午，荷塘区教育局党委召开教育系统庆祝中国共产党成立100周年暨“七一”表彰会。会议宣读《中共株洲市荷塘区教育委员会关于表彰2021年度“优秀共产党员、优秀党务工作者、先进基层党组织”的决定》，与会领导为受表彰对象颁发荣誉证书，为“光荣在党50年”老党员颁发并佩戴纪念章。区教育局党委书记、局长周波为全体党员上党课，并做总结发言。

【“园丁奖”颁奖典礼暨庆祝教师节活动】 2021年9月10日，荷塘区举行庆祝第三十七个教师节活动，区领导带队走访慰问辖区学校，为教师们送去节日的祝福和诚挚的问候，并召开2021年荷塘区“园丁奖”颁奖典礼暨庆祝第37个教师节大会。

2021年9月10日，荷塘区召开“园丁奖”颁奖典礼暨庆祝第37个教师节大会

【举行新生均衡编班工作现场会】 2021年8月28—29日，区教育局分别组织开展民办学校专场、公办学校专场新生均衡编班工作现场会。区教育局班子成员，责任股室相关人员，有随机编班任务的学校校长、教务主任及招生主任，家长代表参加现场会。会议详细介绍均衡编班的重要意义，认真解读区级均衡编班的实施方案，并就如何做好均衡编班工作提出相关要求。基础教育股相关人员采取男女比例协调原则、随机分班的方法，在局纪检组、学校相关人员和家长代表的共同见证监督下，实施微机操作，电脑随机派位，分班结果现场打印一式两份并盖章签字。整个均衡编班过程有条不紊，公正严肃、公开公平，切实维护每位学生平等接受教育的权利。

【党政重教】 2021年，区委常委会、区政府常务会通过进一步提高义务教育教师待遇、天鹅湖公办幼儿园遴选委托管理机构、美的学校扩建教学楼方案等决议，有效解决教育工作的重点难点问题，推动教育事业健康发展。建立县级领导联系学校（幼儿园）长效机制，县级领导兼任联点学校（幼儿园）“荣誉校长（园长）”，指导联点学校（幼儿园）更新办学理念、深化教育教学改革、强化师德师风建设、改善办学条件等，实时协调解决学校（幼儿园）发展难题。2021年起，荷塘区将教育工作纳入镇、街道党政主要负责人年终述职内容，党政重教氛围日益浓厚，教育发展合力不断增强。

【民生工程】 2021年，荷塘区加大学校项目建设力度。顺利将天鹅湖学校搬至北大公学附属学校办学，增设4个初中班级，有效满足天鹅湖周边义务教育学位需求。积极推进水竹湖片区学校、湖师大附属株洲荷塘实验学校新建，红旗路小学、美的学校改扩建等项目，不断满足老百姓对优质教育资源的新期待。全面实施精准扶贫，资助家庭经济困难学生、幼儿4475人，超额完成年度任务目标，完成率达895%，共发放贫困资金238.4万元。

【教师队伍建设】 2021年，荷塘区夯实师资队伍，招聘教师249人，农村学校在编教师配备率达100%。高质量完成“三区”支教、本市农村支教选派工作。举办庆祝第三十七个教师节暨第六届“园丁奖”颁奖典礼活动，对获得“学科教师类”“班主任类”“管理贡献类”三个类别“园丁奖”50名优秀教师予以表彰。保障教师待遇，公积金、特殊教育津贴、政策性津补贴等待遇及教师培训等专项经费均按政策要求足额发放，确保义务教育教师工资平均水平不低于本地公务员工资水平。加强教师培训，以落实“国培计划”“省培计划”为契机，进一步推进中小学优秀骨干教师的提格培训，扎实开展校本培训、学科教师全员培训、新教师培训，信息技术2.0培训，满足教师专业成长需求，促进教师素质全面提升。

【学前教育】 2021年，荷塘区加大公办园的建设力度，与1所小区配套园签订使用权移交协议，将其转为公办园，增加公办园位390个；将2所租赁国有资产办园的民办幼儿园进行“民转公”建设，增加公办园位600个；将天鹅湖小学原址改扩建成一所公办幼儿园，增加公办园位540个。公办幼儿园在园幼儿占比达53.2%，公办园在园幼儿占比提升率居全市城区第一，市教育局给予奖励资金200万元。加强普惠性民办幼儿园管理。开展“组团发展 联片教研”工作模式，通过区域内、园际间管理互通、研学联动，构建不同幼儿园之间的优势互补、合作共赢格局。按时制定每个学期普惠园补助资金发放表，确保每一个就读普惠幼儿园的孩子能享受到普惠补助。

【教研教改】 2021年，荷塘区落实教研员“驻校教研”工作制度，以“引导、发现、诊断、改进”为工作规程，开展听评课和集体备课指导，重点对薄弱学校、薄弱教师开展跟踪指导服务，有力地推动全区教师队伍建设。教研员组织名优特教师送教到校、送教下乡共63场次，对100%的公办学校进行驻校指导，驻校达27场次，发挥教研员和骨干教师的专业引领作用。在教育部开展的“基础教育精品课”征集遴选活动中，荷塘区有8堂精品优质课参与教育部精品课评选，送评率株洲市第一。

【教育监督管理】 2021年，荷塘区开展中小学违规征订教材教辅材料专项整治，严格按照整改清单逐项整改到位。紧紧围绕教育系统问题反映集中的重点工作，做到提前介入整章建制，深入现场重点监督，发现问题狠抓整改。开展在职中小学教师到校外培训机构兼职兼课整治行动、师德师风建设年活动，完善荷塘区中小学教师师德师风建设相关制度，切实维护学生合法权益，营造风清气正的教育发展氛围。

【校园足球】 2021年，荷塘区校园足球以“区俱”合作模式、“以赛促训”竞赛体制为支撑的荷塘模式，做到“教会”“勤练”“常赛”，校园足球工作成绩斐然。在湖南省青少年校园足球夏令营中，株洲六零一中英文小学代表株洲市男子足球队参赛，荣获小学男子组第一名；星河小学代表株洲市女子足球队参赛，荣获小学女子组第三名；六零一中英文小学代表荷塘区混合足球队参赛，荣获混合组第二名。第十九中女子足球队参加中国足球学校杯，荣获女子U15组冠军、湖南省青少年足球锦标赛女子乙组亚军、湖南省校园足球联赛初中总决赛第四名。钻石幼儿园被评为“全国幼儿特色幼儿园示范园”。

【教育信息化】 2021年，荷塘区大力推进教育信息化2.0行动计划，实施“教育信息化创新发展攻坚行动”，推进“智慧校园”项目建设，创建省市级教育信息化创新试点（示范）学校3所，获得省级奖补经费250万元，荷塘区《区域整体推进基于大数据的智慧研修实践》入选湖南省推进基础教育现代化典型案例集。推进中小学线上教育教学资源建设与应用。持续开展网络安全监测预警工作，防范化解网络安全风险。2021年，创建省市级教育信息化创新试点（示范）学校3所，省级名师网络工作室4个。

【招生工作】 2021年，荷塘区小学招生人数5162人，同比增长1.49%，小学在校学生30001人，同比增长3.44%；普通初中招生人数5229人，同比增加2.71%，普通初中在校学生15188人，同比增长1.61%。适龄儿童小学入学率100%，小学升学率100%，普通初中生升学率99.8%。一年级外来务工人员子女入学人数达到3521人，占一年级新生人数的68.21%。

【校园安全】 2021年，荷塘区健全学校安全管理制度，严格落实“三防”建设，加强防溺水、防校园欺凌为主题的安全教育，强化全体师生的安全意识和法律法规知识。2021年，开展教育系统“大走访、大排查、大整治”活动以来，全区学校共走访学生家庭3万余人次，排查安全隐患120处，治理重大安全隐患3处。投入30万元引进第三方进行心理健康指导服务，为全区4万余名学生进行心理测试，对1550名学生建立台账，长期重点关注指导。共投入4万余元为荷塘小学购买心理健康诊断测验软件、在六零一中英文小学建立金属探测门，为学生身心健康发展提供保障。

【“双减”工作】 2021年，荷塘区内各学校坚持“便民服务、自愿参与”的原则，率先开展课后服务项目。为满足学生个性化需求，课后服务内容不断拓展，100%的学校实行“1+X”（“1”即：通过课后服务时间指导学生认真完成作业，对学习有困难的学生进行补习辅导与答疑，为学有余力的学生拓展学习空间；“X”即：开展丰富多彩的科普、文体、艺术、劳动、阅读、兴趣小组及社团活动，丰富学生的学习生活）模式下的课后服务内容。结合本区外来务工人员子女人数较多的实际情况，要求各学校积极探索、整合资源，优先保障留守儿童、残疾儿童、困难家庭学生及外来务工人员子女，各学校所有家庭经济困难的学生全部免费参加课后服务，以解决家长的后顾之忧。荷塘区教育教学研究指导中心制定《关于学生作业“减负提质”分层布置管理指导意见》，建立学生作业管理文件汇编，明确总体要求，各学科教研员分别对作业布置的标准、方式、批改、评价等给予非常具体的指导意见。荷塘区教育局制定《荷塘区义务教育教育教学常规管理实施意见》，对教师制定教学计划、备课、课堂教学、指导实验、辅导、课外活动、教研活动等环节，提出明确要求。根据教育改革评价预设目标，根据五育并举的综合评价要求，制定《荷塘区关于学生评价改革研究的实施方案》，明确主要措施、评价标准。2021 年，荷塘区引进第三方搭建家校共育网络平台，联合湖南省网上家长学校共同开展全区家庭教育专场讲座，定期向家长推送家庭教育知识和亲子沟通技巧。通过一系列有力措施的落实，各学校基本达到“双减”工作目标和要求，在全国网上民意测评中，家长和学生对区“双减”工作的满意度为98.37%，居全市之首。

（陈　钦）

民政工作

【概况】 株洲市荷塘区民政局（以下简称“区民政局”）主要工作职责是社会救助（城乡低保、临时救助、特困供养）、社会福利（养老、慈善、孤儿管理、福利企业）、社会事务管理（社团和民办非企业、婚姻登记、地名区划、殡葬改革、流浪乞讨管理）、基层社区治理（社区建设、基层政权建设）。

2021 年，区民政局认真践行“民政为民、民政爱民”的理念，认真落实省、市、区有关民政民生工作决策部署，着力补齐全区民政短板，提升民政工作能力，各项民政事业取得新的成绩，荷塘区“友邻帮”农村养老工作获全国居家和社区养老服务改革试点工作优秀案例。2021 年，获评株洲市“县市区民政重点工作综合评估优秀单位”。

【社会救助】 2021 年，荷塘区累计清退不符合条件低保对象 275 户、507 人，新增低保对象 105 户、175 人，新增特困对象 22 户、22 人，清退 17 户 17 人。全年共有城市低保对象 1511 户、1969 人，农村低保对象 652 户、1127 人，特困对象 203 人，其中城市三无 59 人，农村五保 144 人，临时救助对象 138 人。共发放城乡低保金 1899.1537 万元，特困供养金 195.588 万元，特困护理费 63.6292 万，临时救助金 16.9398 万元。对符合低保条件的家庭纳入最低生活保障范围。将特困救助供养覆盖的未成年人年龄从 16 周岁延长至 18 周岁，对符合特困供养条件的城乡老年人、残疾人、未成年人纳入特困人员救助供养范围，确保有集中供养需求的生活不能自理特困人员实现 100%集中供养，分散供养特困人员实现 100%委托照料。

【流浪救助】 2021 年，区民政局为流浪乞讨人员提供救助累计 783 人次，救助金额共计 7.41 万元。针对夏季高温气候特点，开展“夏季送清凉”“寒冬送温暖”专项救助行动，为上门求助或街头流浪乞讨人员发放药品、食物、水等防暑降温包 100 余份、棉衣 16 件、棉被 14 套、棉鞋 7 双。在各镇办设置临时救助点，及时为流浪乞讨人员提供救助服务，保证其生命安全，通过共同努力，无一流浪人员挨饿、受冻、死亡现象。

【残疾人补贴】 2021 年，荷塘区困难残疾人生活补贴累计发放 13583 人次，累计发放金额 135.83 万元；重度残疾人护理补贴累计发放 23725 人次，累计发放金额 237.25 万元。两项补贴共计发放金额 373.08 万元。

【儿童福利工作】 2021年，荷塘区采取政府购买服务的方式，委托专业社工机构承接项目，通过“社会组织+社工+儿童主任+志愿者”的模式，积极为留守儿童、困境儿童提高监护指导、心理疏导、行为矫治、社会融入等专业服务。2021年，发放孤儿生活费补贴5人，共发放经费3.906万元；事实无人抚养儿童生活补贴19人，共发放经费11.95万元；临时救助儿童有2人，委托儿童福利院临时养育，按每月2600元的标准，共发放6.24万元；孤儿助学2人，共计发放助学金1.5万元；事实无人抚养儿童助学2人，共计发放助学金2万元。

【慈善工作】 2021年，荷塘区结合腾讯“99公益日”，发起“城乡帮困·幸福荷塘”乐捐项目，总筹款20.23万元，其中公众筹款13.5万元，腾讯公益平台配捐6.69万元。助力荷塘区开展疫情防控，筹集爱心居民、爱心企业捐款17.06万元。开展机关干部“天天一元捐”，筹集捐款4.74万元。开展慈善救助，共救助19人，金额7.7万元。2021年，荷塘区慈善会参加市民政局社会组织等级评估，被评定为3A组织。

【养老服务】 2021年，荷塘区打造一批居家养老服务示范站点，12家民办养老机构入驻，提供养老服务项目20余项，为做实做精养老服务打下坚实基础。构建以“友邻帮”农村互助养老服务、村级日照中心为补充的农村养老服务体系，坚持把“智慧养老”作为养老服务特色品牌，累计为76名农村困难老人提供助农、助医、助餐等居家养老服务2万余次。全区共有养老床位1965张，其中护理型床位1793张，占比91.24%，满足辖区老年人专业养老的需求。对辖区内40户困难老年人家庭完成适老化改造，老年人满意度高达100%。同时，聘请安全专家排查并整改各养老机构安全生产问题38件，有效提高养老机构内外安全防范能力及信息化管理水平。利用居家养老信息服务平台进行整合互通，形成各个机构和各项工作之间有机联系、分工明确、相互支撑、协同发展的新格局。

夕乐院金山养护院

【基层政权和社区治理】 2021年，荷塘区完成村、社区换届选举工作。依法选举产生村（居）委会成员272人，除了4个村社区由上级下派党组织书记外，所有村（社区）都实现书记、主任“一肩挑”，稳妥推进乡村治理改革试点。研究制定荷塘区《关于加强基层治理体系和治理能力现代化建设争当基层治理先区的实施意见》，聚焦“党建引领”“体制机制健全”等方面，激发基层治理活力，构建全区基层治理新格局。将省民政厅、市民政局“三个清单”纳入打造先行区的重要内容，协调政法委、农业农村局等有关部门将“三个清单”落实情况纳入平安建设、乡村振兴等考核，切实为村社区减负。完成省级城乡社区治理和服务创新实验区验收工作，积极开展街道服务管理创新，持续推进各镇办服务能力建设，总结推广辖区茨菇塘街道《“互联网+”营造居民幸福“指尖生活”》典型经验。积极开展商住楼盘社区用房移交工作，组织对村规民约（居民公约）进行全面修订完善，修订率达100%。

【婚姻登记】 2021年，区民政局为进一步深化“放管服”改革，满足群众就近办理婚姻登记业务的需求，开展跨区域结婚登记试点工作，实现“全市通办”，全程提供免费服务。年内，累计结婚登记1060对、离婚登记538对，补办结婚登记387对、补办离婚登记151对。建档补录历史婚姻登记记录26568条。

【殡葬管理】 2021年，为推动殡葬改革工作和让殡葬事业更好服务保障和改善民生，促进精神文明和生态文明建设，区民政局联合6个部门下发《荷塘区殡葬业价格秩序、公益性安葬设施建设经营及私建硬化大墓、活人墓专项整治工作的实施方案》（株荷民发〔2021〕54号）、《株洲市荷塘区“十四五”殡葬事业发展行动方案》（株荷民发〔2021〕55号）等。并开通身后一件事一次办服务，年内，辖区身后“一件事”成功办理一例，惠民礼葬共办理156例，共计发放25.19万元。其中，免除基本殡葬费114例；节地生态安葬43例。万福陵园作为农村公益性陵园，建成壁葬、花坛葬等节地生态葬及普通墓位4000余座。

【社会组织管理】 2021年，区民政局根据《民办非企业单位暂行登记管理条例》和《社会团体登记管理条例》的规定和相关政策，按照“政务公开、优质服务”要求，高质量地做好社会组织的日常登记管理工作。截至2021年，荷塘区已注册登记的社会组织共有152家。其中，依法登记的民办非企业单位124家，依法登记的社会团体单位28家，依法完成网上年检的有132家。

【养老服务优秀案例】 2021年，荷塘区针对农村地处偏远、居住不集中、服务半径长等养老服务供需匹配难题，探索实施“友邻帮”农村互助养老服务模式。通过培育一批有经验、有爱心、有意愿、有时间的近邻作为“服务员”，确定“谁来帮”。将区内24个村共计100余户孤寡、失独等困难老人纳入服务对象，明确“帮助谁”。聚焦困难老年人各类需求和痛点，敲定助餐、助洁、助急、助医、助护、助农“六助”服务项目，确定“帮什么”。采取线上“下单”“接单”，线下上门服务，推动“精准帮”。截至2021年12月，共计产生服务25833单，服务金额达519235元。有效缓解农村老人养老难题，走出一条农村养老服务新路子。2021年，荷塘区“友邻帮”农村互助养老服务模式获全国居家和社区养老服务改革试点工作优秀案例。

（彭　玲）

文化体育旅游

【概况】 株洲市荷塘区文化旅游体育局（以下简称“区文旅体局”）为区人民政府正科级工作部门，对外使用株洲市荷塘区文物局名称。2021年，区文旅体局以习近平新时代中国特色社会主义思想为指导，认真贯彻落实中共十九大、习近平总书记到湖南考察重要讲话精神，全面落实“三高四新”战略定位和使命任务，围绕“培育制造名城、建设幸福株洲”目标，务实创新、攻坚克难，扎实高效推进荷塘区文化旅游体育各项工作。

【文化工作】 2021年，区文旅体局完成民生100工程“门前三小”年度目标任务，在全区建成10个服务点，打通文化惠民服务的“最后一公里”。荷塘区文旅体局指导推荐仙庾岭村综合文化服务中心入选村（社区）级“最美潇湘文化阵地”命名名单（全市4个、全省50个）。积极参与评估定级工作，在第五次全国文化馆评估定级工作，荷塘区文化馆被评选为三级馆。在春节期间，组织开展元宵节云游园、抖音视频积赞等文化惠民系列活动；以庆祝建党100周年为主线，组织开展“我们的中国梦·湖湘文化进万家”文化志愿服务活动30场次、送戏下乡公益演出9场次、免费开放公益培训34场次，近2000人参加学习，不断丰富人民群众精神文化生活。组织群众艺术家积极参加株洲市2021年“百团百角唱百年”全市文艺院团竞演，获市优秀组织单位称号。及时修复省级文物保护对象文昌塔安全问题，消除安全隐患。积极申报推荐非物质文化遗产代表性项目，申报市级非物质文化遗产代表性项目余式无缝活节竹雕、荷塘剪纸2个，有传承人3名。

2021年2月3日，荷塘区开展“我们的中国梦·送书画进万家”活动

【体育运动】 2021年，区文旅体局推进“首批全国县域足球典型”申报工作，荷塘区荣获“首批全国县域足球典型”称号，成为全国101个入选县区之一，全省仅3个县区入选。组织参加株洲市第十四届运动会，荷塘区代表团以79枚奖牌的成绩完美收官，获县市区组团体总分第三名。积极参加“幸福舞起来”2021年株洲市广场舞大赛，获优秀组织奖。有序举办2021年“我要上全运”暨湖南省第二届社区趣味运动会荷塘区排位赛和“亿都杯”篮球赛、广场舞大赛等赛事活动。申报2021年省体育局捐赠全民健身工程项目6套，下拨至辖区设施相对匮乏的村、社区。举办区三级社会体育指导员培训4次，约200人参加学习，充分发挥社会体育指导员引领群众参加健身活动的骨干作用。

【旅游产业】 2021年，区文旅体局提升景区建设水平，抓好红色景点建设，积极与市烈士纪念园对接，审核把关烈士纪念园讲解词，共同做好红色教育课程开发。完善旅游基础设施，新（改）建旅游厕所2座，有厕位20个。抓好旅游资源深度挖掘，累计发现58个旅游资源，并协助调查团队对仙庾岭风景区等6处旅游资源进行详查。抓好乡村旅游区点申报，成功申报耕食小镇为五星级乡村旅游区点，香荷庄园、仙庾大院为四星级乡村旅游区点。抓好星级旅行社评选，成功评选纽菲斯成为三星级旅行社；加大宣传推介力度，通过制作宣传片及多次参加旅游博览会大力宣传辖区旅游资源。充分运用微信公众号、抖音号、覆盖全区的微信群组等区级媒体平台，开展多形式、高频次、全覆盖的宣传，通过“在荷塘”微信公众号发布“世外桃源、醉美仙庾”稿件，以及“五一”“十一”假期出行推荐。

【行业监管】 2021年，区文旅体局加强行政审批，全力以赴做好市场管理、安全生产、疫情防控等常态化工作。对辖区歌舞厅、KTV、网吧、游泳馆、旅行社等游艺体育经营场所名单进行梳理更新，同时多次开展常规督导检查，确保文旅体市场安全稳定；深入开展国卫复审、争创全国文明典范城市工作；通过落实行业监管责任，为社会营造有序的文化环境。

【荣获首批“全国县域足球典型”称号】 2021年，荷塘区荣获首批“全国县域足球典型”称号。荷塘区将发展足球运动纳入区经济社会发展规划和年度工作要点，通过举办球星进校园、足球对抗赛等活动，促进荷塘区足球文化的交流与推广。荷塘区共有26个足球场、5家足球协会，有注册足球俱乐部15家。近5年来，荷塘区青少年校园足球精英训练营各级梯队参加国际、全国、省、市各级青少年足球赛事，荣获冠、亚、季军54项，其中斩获国际冠军2项、全国冠军11项、省级冠军7项、市级冠军20项。

（刘子昕）

【乡村旅游项目建设】 2021年，荷塘月色事务服务中心积极参与基层治理、振兴乡村等工作，班子上下团结一心，各项工作有条不紊的开展。

农业休闲项目由小镇公司下属的农业公司在耕食小镇范围内的流转田地中，开发休闲、观光、研学配套的种养殖项目。重点打造4.67公顷菜园及相关配套休闲产业，已对外营业。

农耕文化园项目位于黄陂田村内。该项目占地面积3.20公顷，建筑面积约为12000平方米，预计总投资约7200万元。建设内容主要有禅堂、酒店、新建民宿。并且与仙泉谷公司联手为黄皮田项目的前期展示打造以能量中心、禅修中心、禅意宾馆、养身餐厅、资料室、百草园等专为都市人群服务和体验的场所“禅漫家园”“禅境馆”。该项目前期手续已完成，2021年11月27日正式开工，项目进入施工阶段。

荷塘区深入挖掘本土文化特点，如仙庾岭的传说、荷塘抗日英烈故事、忠孝文化等，同时，积极引进“五号山谷、大乐之野”等高端民宿，将本土文化特点与外界高端民宿相结合，打造和提升仙庾片区休闲文旅的档次和品位，通过高端民宿的引流和带动作用，建立荷塘区高端民宿集群。

荷塘区多次组织区自然资源局、区农业局、区文旅局、仙庾镇等多部门赴长沙、常德等地参观学习，并召开联席会，合理谋划打造农业产业集群，以兰亭公司为核心，将油茶，水果、苗木等一批项目纳入其中，将第一、二、三产业融合，建设现代农业产业园。成功将兰亭公司产品申报为2021年省农博会农业产品金奖。

（颜仲夏）

卫生和健康

【概况】 株洲市荷塘区卫生健康局（以下简称“区卫健局”）内设5个股室：办公室、医疗管理股（中医管理股）、人口监测与家庭发展股（综合治理股）、健康服务股、爱国卫生工作股。有3个事业单位：区卫生健康事务中心、区卫生健康会计核算中心、区流动人口管理站。下辖3个二级机构（区妇幼保健计划生育服务中心、区疾病预防控制中心、区卫生健康综合监督执法大队）及7个基层医疗机构。

【新冠肺炎疫情防控】 2021年，区卫健局制定《荷塘区新冠肺炎疫情防控应急预案》，细化14个子预案，成立荷塘区卫健局新型冠状病毒感染肺炎疫情防控工作专班，认真落实区联防联控机制日常工作。每月定期召开全区联防联控机制工作联席会议，分析全区疫情形势、研究疫情防控工作。落实24小时应急值班制度，区疾控中心和7个基层医疗机构成立应急机动队随时待命。共完成线索摸排38937人次，其中摸排中高风险地区人员38248人次、涉外人员546人次、涉疫重点人员143人次，严格做到数据每日清零，筑牢新冠疫情防控排查的第一道防线。共采集冷链环境样1000例、食品及包装样1567例、从业人员420例，共2987例，核酸检测结果均为阴性。8月，疫情再次发生，荷塘区陆续确诊新冠肺炎病例6人，区卫健局立即启动应急预案，开展流行病学调查。追踪管理密切接触者691人，由社会医疗机构志愿者等66名司机组建抗疫转运小组，24小时倒班接送密接人员、次密人员、红码人员及发热病人1200余人，设立集中隔离点18个，集中隔离1475人。开展3轮全员核酸检测，累计检测930507人次。荷塘区未出现二代病例，无重症和死亡病例和医务人员感染事件。年内，全区累计接种新冠疫苗692432剂次，其中加强针38243剂次，加强针接种率32.16%；3岁以上人群全程接种率96.53%。

【公共卫生服务】 2021年，荷塘区建立健康档案272933份，建档率91.86%；65岁以上老年人免费体检19898人次，管理率54.97%。截至2021年，共签订基础包51058个、个性包6261个，提供履约服务204279次，签约居民享受基层医疗机构减免费用（免挂号费、诊查费、输液费），共计45.05万元。荷塘区7家基层医疗卫生单位全部建设标准化的中医馆。

【计生服务】 2021年，荷塘区上报总出生850人，出生人口性别比99.06；出生率为4.23‰，死亡率为4.34‰，人口自然增长率为-0.11‰。全面落实各项计划生育奖励优惠政策。2021年，全区共享受农村奖励扶助对象905人，享受计生特别扶助对象550人，享受独生子女保健费对象922人，城镇独生子女父母奖励28537人。计生特扶"三个全覆盖"工作落到实处。100%落实建立"双岗"联系人制度，及时为特扶对象解决实际困难。推进保险服务，为全区550人特扶对象购买护理津贴保险，为60岁以上特别扶助对象353人购买意外险。

【医政工作】 2021年，区卫健局积极开展医药购销领域不正之风专项整治工作。制定并下发《株洲市荷塘区卫健系统2021年纠正医药购销领域和医疗服务中不正之风专项整治行动方案》，成立医药购销领域和医疗服务中不正之风专项整治行动领导小组，要求各机构对2016年1月1日以来医药购销领域和医疗服务进行全面自查，对自查发现的问题着手整改，医政牵头对机构开展重点督查2次，发现问题要求立即整改。以整治行动为契机加强医德医风建设，广泛接受社会和群众的监督，维护患者利益，群众满意度进一步提高。医师、护士执业注册和执业行为管理。荷塘区医疗机构设置9家，医疗机构校验248家，医疗机构变更25家，医疗机构注销15家，医疗机构母婴保健技术服务许可证2家，医疗机构放射诊疗许可12家。医师注册、变更217余人，护士注册、变更、延续、注销注册633人。

【爱国卫生工作】 2021年，区卫健局牵头成立荷塘区国卫提升工作指挥部，及时传达市国家卫生提升工作会议精神及工作部署，精心组织，统筹部署，合力推进，确保及时完成国卫提升工作任务。组织开展第33个爱国卫生月及春季病媒生物集中消杀活动。发放海报1100张，电子屏播放宣传内容约3000条，制作宣传展（板）报20块。4月22日，在华润万家前坪开展爱卫月活动宣传，区爱卫办、区文明办等10余个单位参加。多角度、深层次、立体式开展文明健康科普宣传，广泛倡导文明健康、绿色环保生活方式。发放宣传资料等约2400份，制作展板10块，健康咨询（义诊）约650人次。

【完善基层医疗设施】 2021年，区卫健局加大对基层医疗机构硬件建设的投入，为基层医疗机构更新5台急救车、配备7台手提便携式彩超和防疫物资。对明照街道社区卫生服务中心大楼进行翻修，改造面积约1000平方米，加装1～4楼的电梯，于2021年7月底全部竣工。2021年8月，启动仙庾镇卫生院发热门诊及数字化门诊项目。

（何柏瑜）

疾病预防控制

【概况】 荷塘区疾病预防控制中心（以下简称“区疾控中心”）为2016年在原荷塘区卫生防疫站基础上重新组建成立，是区政府举办的实施疾病预防控制与公共卫生技术管理和服务的公益事业单位。2021年，区疾控中心坚持“预防为主”的工作方针，各项疾病预控制工作取得明显成效，有效保障全区广大人民群众的身体健康和生命安全。先后荣获市级“文明单位”、市级职业性放射性疾病监测项目工作先进单位等荣誉称号；在艾滋病抗体筛查实验室质量考评与麻疹风疹血清考评中获得优秀；通过省疾病预防控制中心开展的新冠病毒核酸检测实验室质控考核与碘缺乏病实验室外质控考核；完成湖南省梅毒抗体筛查盲样考核；全省第一批通过县区级疾控中心标准化建设验收。

【新冠肺炎疫情防控】 2021年7月，新冠肺炎疫情发生以来，中心调整2支由流调人员、采样检测人员、消杀人员组成的应急机动处置队伍，24小时严阵以待；多渠道积极采购储备充足的消毒液、一次性医用外科口罩、N95口罩、防护面罩、防护服等应急防控物资。承担辖区内新冠肺炎确诊病例、无症状感染者、密切接触者、密切接触者的密切接触者的采样检测工作，为全区新冠肺炎疫情的防控筑牢第一道防线。2021年，荷塘区累计核酸检测1093651例，报告新冠肺炎确诊病例6例，追踪管理密切接触者691人，累计发放各类宣传折页5万余份，发放张贴海报3万余张，开展健康宣教130余次；累计开展消毒消杀工作50次，消毒面积达42510平方米。中心对辖区内所有医疗机构针对预检分诊和发热门诊开展5轮新冠肺炎防控督导工作，现场指导企业单位52家、大型商场8家、养护院5家、监管中心1家、汽车站2家、职校技校28家，确保企业、学校复工复产复学。并对学校幼儿园开展传染病防控规范培训，在卫健局组织下，联合区教育局对学校传染病防控开展两轮联合督导，进一步加强学校卫生工作培训。

2021年6月2日，区疾控中心开展学校传染病防控及中学生心理健康宣传讲座工作

【应急、急性传染病防控】 2021年，荷塘区二级医疗单位及社区卫生服务中心传染病网络报告质量较好，未出现不及时报告卡及不合格报告卡，有效证件率100%。通过“中国疾病预防控制信息系统”统计，无甲类传染病和疑似病例报告，共报告乙、丙类传染病20种2248例，发病率755.63/10万（2248/297499）。乙类传染病报告15种共计709例，发病率为238.32/10万（709/297499），报告1例艾滋病死亡病例。丙类传染病报告5种共计1539例，发病率为517.31/10万（1539/297499）。手足口病765例，无重症病例与死亡病例，采集41人样

本送检，12 人检测结果阳性，阳性率为 29.27%，无重症病例与死亡病例；霍乱监测方面，经检测均未发现霍乱弧菌阳性报告。

【基本公共卫生与慢性病管理】 2021 年，荷塘区建立居民健康档案 272653 份，建档率为 92.33%，新建居民健康档案 49870 份，档案查阅数 148222 份，开放率 53.36%；老年人已体检 19870 人，体检率为 55.47%；高血压累计管理 17859 人，规范管理率 77.56%；糖尿病累计管理 6467 人，规范管理率为 76.68%；登记在册的确诊严重精神障碍患者人数为 1302 人，按照规范要求进行管理的人数为 1260，规范管理率为 96.77%。心脑血管事件 832 例、死亡报告 1819 例、肿瘤报告 429 例，死亡报告率 6.4‰。

【健康教育与学校卫生】 2021 年，区疾控中心在全区累计播放健康教育音像资料 1.7 万余小时，健康教育宣传栏更新至 6 期，发放心理健康、学生营养等宣传资料 5000 余份，控制吸烟、慢性病防控等宣传资料 1.5 万余份。开展健康知识讲座 84 场；开展 9 场健康咨询及义诊。同时，对辖区内 21 所中小学校开展学生健康体检工作，体检 32618 名学生，学生现场体检工作已全部完成。对 11 所幼儿园和中小学校开展儿童青少年近视调查和近视率核定工作，完成近视眼调查的儿童青少年累计 3163 人、问卷调查累计 2220 人。

【结核病防治】 2021 年，荷塘区初诊结核病病人登记 355 例；免费拍片 291 人、查痰 291 人。其中发现新发初治涂阳患者 75 例，仅分子阳性 34 例、初治涂阴 41 例，共 150 例。耐多药筛查 109 例，检测出耐药患者 5 人，已更改方案在管理中。2021 年，患者各项资料整理归档，随访档案已完成，各社区患者第一次入户随访达到 100%；规范管理率达到 100%，上年转归患者 167 例，规则服药率达到 95.2%。疫情报告 167 条；追踪到位 14 例，结防机构收治 128 例、转诊 33 例，总体到位率 96.1%。涂阳密接者筛查 156 人。学生按现住址确诊 19 人，其中 15 岁以下密接者筛查 565 人、15 岁以上密接者筛查 1285 人，未发现新患者。65 岁以上老年人筛查 31227 人，可疑症状胸片筛查 504 人、确诊 0 人。糖年病患者筛查 19146 人次，可疑症状胸片筛查 368 人。确诊 0 人。药品：四联组入库 16800 粒、出库 10530 粒；二联组入库 14400 粒、出库 12690 粒。

【性病、艾滋病防治】 2021 年，荷塘区为适应艾滋病防治工作需要，加强艾滋病检测网络建设，加强 12 家快速检测点建设工作。2021 年，全区共报告性病病例 137 例，性病监测主要是梅毒和淋病两种，较 2020 年（179 例）降低 23.4%。全年共报告梅毒病例 127 例，淋病 6 例。全区现存活 HIV/AIDS 患者 246 例，累计死亡 23 例。2021 年，新发病例 40 例，其中 AIDS11 例，HIV 感染者 29 例，死亡 1 例。全区首次流行病学调查及随访完成率 100%；HIV/AIDS 患者接受结核病检查，检测率为 100%；新报告和既往报告配偶检测率 100%；抗病毒治疗比例为 97.15%；HIV/AIDS 患者进行 CD4 检测比例为 94.30%。2021 年，全区 HIV 初筛检测 43169 人次，发现初筛阳性报告 37 人、确认阳性 23 人。艾滋病自愿咨询检测 3448 人，完成全区任务数。2021 年，荷塘区高危行为干预 1969 人次，其中，性服务人员 485 人次、流动人员 443 人次，吸毒人员 637 人次，性病就诊者 464 人次，共检测 1969 人次，共发放宣传册 2467 份、安全套 12955 只，HIV 抗体检测知晓结果比例 100%。同时，区疾控中心开展艾滋病宣传“进社区”“进校园”“进监管场所”等活动，并对吸毒人员进行HIV、丙肝、梅毒检测，讲座后均进行艾滋病知晓率调查，知晓率均达90%以上。2021年，在艾滋病的“四免一关怀”（“四免”指免费的抗病毒治疗、免费的自愿咨询检测、免费的母婴阻断、免费的义务教育。“一关怀”指关怀艾滋病病人以及艾滋病病毒感染者）政策的落实工作中，区疾控中心结合本辖区病人的实际情况，对15例贫困艾滋病病人和感染者实施救助。

【免疫规划】 2021年，区疾控中心为做好新冠病毒疫苗接种工作，根据省市相关要求，起草各类新冠疫苗接种工作方案，开设新冠疫苗接种点20余个，累计接种72万人次。在常态化疫情防控形势下，全区开展IPV疫苗等免疫规划疫苗查漏补种工作，常规接种率达95%及以上。同时，中心开展秋季入学入托查验证工作，查验率100%，补种率90%及以上；开展“7·28”宣传，7月28日，各接种门诊各自开展自主宣传，宣传工作均得到积极的反响，达到预期效果；接种率调查工作已完成，共抽查280名常住儿童和35名流动儿童，接种率达95%以上。

【寄生虫病、地方病及血吸虫病防治】 2021年，区疾控中心开展铲草除障20万平方米；查螺395万平方米，调查框数为37715框，捡获钉螺28只，经解剖，全部为死螺。灭螺面积共计61万平方米。同时，对来自疫区的流动人群进行查病203人次，无血检阳性；7个疫区村共计查病310人次，无血检阳性；对接触疫水的居民进行化疗，化疗人数共计42人次。

【职业病防控】 2021年，区疾控中心完成放射性危害因素、职业病及健康危害因素监测项目和尘肺病随访工作。其中放射性危害因素监测项目覆盖全区16家医疗机构和5家非医疗机构，完成率100%。职业病及健康危害因素监测项目覆盖全区17家企业，完成率113.33%。

【卫生监测检验】 2021年，区疾控中心完成从业人员体检6881人份，公共场所类样品87份，二次供水、直饮水及现制现售水共检测83份747余项目次，HIV、丙肝及梅毒抗体检测1614份，外环境水样及涉水产品霍乱监测90份，血吸虫抗体检测447份，其他类样品（麻疹风疹、疟原虫镜片复核、出血热、布鲁氏菌病等）共29份，碘缺乏病监测中的盐碘和尿碘检测共600份标本，共检测新冠样品3669份，并按质按量完成2021年农村饮用水监测17份水样共计595项目次。同时，区疾控中心完成食品安全风险监测全部样品检测，其中30份现制饮料、甜品检测项目为菌落总数、大肠埃希氏菌及金黄色葡萄球菌，40份大米检测项目是镉和总砷，20份稻谷检测项目是镉，30份蔬菜样品检测项目是镉和铅。

（唐叶媚）

妇幼保健和计划生育服务

【概况】 株洲市荷塘区妇幼保健计划生育服务中心（以下简称“区妇幼”）为区卫生健康局所属全额拨款正科级公益一类事业单位。主要职责为辖区内妇女、儿童提供保健服务，负责基层医疗机构妇女、儿童保健工作的管理、业务培训及指导；承担辖区内计划生育宣传教育、技术服务、优生指导、药具发放、信息咨询、随访服务、生殖保健、人员培训；承担辖区助产医疗机构的产科质量管理；开展婚前检查、孕前优生健康检查和出生缺陷综合防治等工作；做好适龄妇女“两癌”免费检查和孕产妇免费产前筛查的民生实事项目。承担国家妇幼卫生监测及儿童营养监测项目；辖区托幼机构管理和卫生评价、出生医学证明管理、辖区妇幼健康信息数据上报、质量控制等。2021 年，区妇幼获评“株洲市孕产妇免费产前筛查工作先进单位”、荷塘区“巾帼文明岗”。

【民生实事】 2021 年，农村和城镇低保适龄妇女“两癌”（宫颈癌和乳腺癌）免费检查工作和孕产妇免费产前筛查两项工作被纳入省、市重点民生实事项目。荷塘区农村和城镇低保适龄妇女“两癌”免费检查年度目标任务为 2500 人，共检查 2547 人，累计完成率达 101.88%，在全市率先完成工作任务。该次检查发现宫颈初筛阳性复诊人数 123 人，其中宫颈癌前病变 11 例，乳腺彩超阳性复诊人数 133 人，均通过电话及上门督促进一步检查，实现早发现、早诊断、早治疗的目标。荷塘区孕产妇免费产前筛查项目任务数为 2080 人，共完成孕产妇免费产前筛查 2080 人，完成率 100%。筛查出高风险阳性人数 359 人、高危干预人数 355 人，高危人群干预诊断率 98.88%，有效地减少出生缺陷儿的发生。

【出生缺陷综合防治】 2021 年，区妇幼不断健全区、乡、村三级出生缺陷防治网络，以一级预防为抓手，全力做好婚前医学检查、孕前优生健康检查、叶酸发放工作。全区共结婚登记 866 对、接受婚前医学检查 780 对，婚前医学检查率 90.07%，疾病检出 68 人，疾病检出率达 4.36%。2021 年，发放叶酸 1952 盒，叶酸服用率 95.39%，服用依从率 95%，叶酸增补知晓率 98.2%。进一步加强与株洲市人民医院的合作，高质量做好孕前优生健康检查。该项目目标任务 520 人，共完成 520 人，完成目标人群覆盖率 100%，早孕随访率 100%，妊娠结局随访率 100%。以新生儿疾病筛查、听力筛查等项目作为三级抓手，力争做到早发现、早诊断、早干预、早康复。辖区机构活产数 1428 人，接受新生儿疾病筛查 1394 人，新生儿疾病筛查率 97.62%；接受新生儿听力筛查 1412 人，新生儿听力筛查率 98.88%。2021 年，出生缺陷发生率 77.03/万。

【母婴安康】 2021 年，区妇幼全面落实孕产妇妊娠风险筛查与评估、高危专案管理、危急重症救治、死亡个案报告和约谈通报 5 项核心制度，严格执行妊娠风险预警及分级管理，开展孕产妇家庭医生签约，动态掌握辖区所有孕产妇风险情况，对分级为“黄色”30 分及以上的孕产妇进行专人专案管理，并追踪随访到产后 42 天。年内，荷塘区孕产妇数 1691 人，妊娠风险筛查出高危孕产妇 755 人，孕产妇死亡数 0 人。指导区级危重孕产妇和新生儿救治中心建设并制订危重孕产妇和新生儿救治工作应急预案，开展急救演练，提高救治能力。辖区活产数 1708 人，5 岁以下儿童死亡数 2 人，5 岁以下儿童死亡率为 1.17‰；婴儿死亡数为 2 人，婴儿死亡率均为 1.17‰。

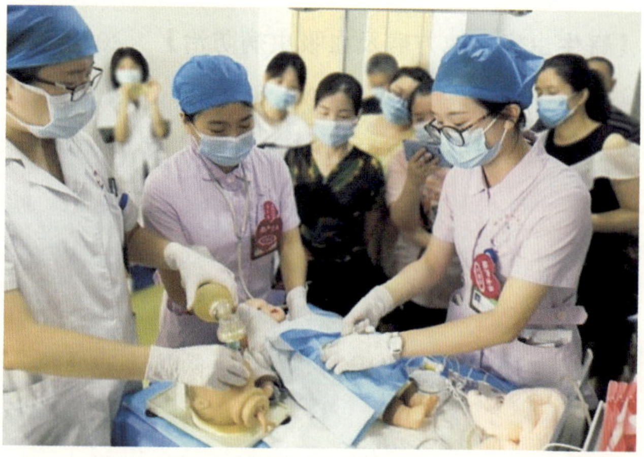

2021 年 7 月 22 日，区妇幼保健计划生育服务中心开展危重症孕产妇及新生儿窒息急救演练

【妇幼健康管理】 2021 年，区妇幼对孕产妇及儿

童健康全面执行日常监管的质量控制模式，每月随机电话抽查10名产妇和0～6岁儿童，核查档案规范情况。荷塘区产妇数1677人，早孕建册人数1665人，早孕建册率99.28%；产后访视人数1664人，产后访视率97.42%；孕产妇系统管理人数1655人，孕产妇系统管理率96.9%。荷塘区7岁以下儿童数18322人，3岁以下儿童数6549人，7岁以下儿童健康管理率97.86%，3岁以下儿童系统管理率95.72%。年内，荷塘区共检出艾滋病患者1例、患梅毒阳性22人、乙肝阳性产妇192人。大力普及避孕节育知识，做好避孕节育全程服务。年内，荷塘区使用药具人数11674人，随访率100%、药具使用有效率100%，报损率为0。开展“湖南药具”志愿服务活动24次，服务6200余人次，发放避孕套10800余盒、避孕膜116袋、避孕栓25盒、健康药具服务包420个，宣传发放资料6700余份。签发出生医学证明1428份、换发27份、补发107份，发放率98.25%，废证0份。加强健康知识宣教，促进健康行为形成。2021年，妇幼健康教育覆盖率为81.68%，孕妇学校培训覆盖率为72.53%；母婴保健核心知识知晓率为93.1%；母婴健康行为形成率为96.6%。

（唐　瑶）

卫生健康综合监督执法

【概况】 株洲市荷塘区卫生健康综合监督执法大队（以下简称“区卫健执法大队”）属全额拨款副科级事业单位。主要负责全区公共场所卫生、医疗卫生、计划生育、职业卫生综合监督。管理辖区医疗机构265家、公共场所340家、学校25家、职业病危害项目用人单位70家。2021年，区卫健执法大队出动卫生监督员7108人次，监督相对单位3302户次，立案查处111起，累计罚款7.26万元。

【医疗卫生监督】 2021年，区卫健执法大队加强对医疗机构的日常监督，开展医疗废物专项整治行动，检查医疗机构246户次，下达整改意见书250份，处罚3家，罚款5000元。8月疫情过后，对辖区医疗机构逐门逐店进行疫情防控工作审核，共计审核医疗机构211家，下达整改意见书210份，对存在问题的医疗机构开展“回头看”，进一步落实整改情况，警告处罚4家，停业整顿1家。开展医疗美容专项整治行动，检查医疗美容机构3家，下达整改意见书3份，处罚1家，罚款0.1万元；开展口腔诊疗机构专项整治行动，检查口腔诊疗机构32家，下达整改意见书32份，处罚5家，罚款1.85万元。查处1起无证非法行医流动摊点，没收其药品器械，罚款0.3万元；开展净化校园周边环境及校园安全专项整治行动，检查辖区学校周边医疗机构13家，下达整改意见书13份；开展医疗机构行业乱象整治及“清廉医保”（医疗机构自查自纠工作）专项监督行动，联合区卫健局医政股检查医疗机构8家。处理医疗投诉10起，全部按时办结。2021年，共计办理医疗监督案件18起，警告4起，罚款13起，罚款金额共计2.9万元，吊销医疗机构执业许可证1家。

【学校卫生防治监督】 2021年，区卫健执法大队有序开展学校卫生工作和传染病工作检查。对辖区内25家学校及78家托幼机构开展饮用水卫生安全专项监督检查，联合区疾控中心共检测学校水质抽样25份，其中6份不合格，检测合格率76%，托幼机构水质抽样8份，8份合格，检测合格率100%。下达卫生监督意见书100余份，办理相关案件6起。

【职业病卫生防治监督】 2021年，区卫健执法大队以加油站、硬质合金企业为侧重点，以工业园区企业为监督检查重心，联合园区管委会开展职业病防治专项督查，职业病危害项目用人单位建档 70 家，日常监督 76 户次，下达卫生监督意见书 60 余份，办理职业卫生相关案件 10 起，其中简易程序 5 起、一般程序 5 起，处罚 29000 元。开展放射卫生专项督查，共检查相关机构 24 家，对申请办理放射诊疗许可证机构进行核验 3 家，下达监督意见书 24 份，办理放射卫生案件 1 起，处罚 2000 元。

2021 年 5 月 3 日，荷塘区卫健执法大队监督员在加油站进行案件调查取证

【公共场所及生活饮用水卫生监督】 2021 年，区卫健执法大队发放公共场所卫生许可证 78 户，办理公共场所行政处罚案件 59 起，其中简易程序 54 起、一般程序 5 起，处罚金额共计 1 万元，处理公共场所投诉 5 起。开展对辖区 6 家正常营业游泳场所的专项监督检查，现场检查发现，辖区各游泳场所卫生管理制度落实情况总体良好，水质检测结果显示 6 家游泳场所水质各项指标均符合国家标准。对辖区 9 家二次供水单位开展专项督查，下达整改意见书 3 份，办理相关案件 1 起，处罚 600 元。对辖区内 8 家各居民生活小区现制现售饮用水的卫生管理情况开展专项监督检查。各经营单位均持有现制现售水涉水产品卫生许可批件，供水点卫生管理人员均持有有效健康合格证明，并有水质卫生相关指标检测报告。

【出生医学证明发放督查】 2021 年，区卫健执法大队开展出生医学证明发放督查，监督检查出生医学证明发放单位 7 家，下达监督意见书 7 份。开展计划生育监督，监督检查有超声诊断仪和染色体检测设备机构 5 家，下达监督意见书 5 份。

【国家“双随机”抽检工作】 2021 年，区卫健执法大队承担国家“双随机”抽检任务总共 47 家，完成监督 41 家、关闭 6 家，完结率 100%，共计下达监督意见书 41 份。

【疫情防控督查】 2021 年，区卫健执法大队定期开展疫情防控督查，将大队监督员和协管员分为三个疫情防控专项监督小组，划片包干，对辖区 211 家医疗机构开展疫情防控督查，每个季度确保巡查一遍，并对巡查结果进行通报，疫情防控督查下达整改意见书 750 份，下达警告处罚 21 家，下达停业整顿 1 家；同时，做好疫情防控应急处置工作，2021 年 7 月 29 日株洲市出现第一例新冠确诊患者后，区卫健执法大队对擅自接诊具有新冠肺炎症状患者的隆健明诊所进行调查，并第一时间要求全区未设置发热门诊医疗机构暂停营业，于 2021 年 8 月 5 日发布吊销隆健明诊所医疗机构执业许可证的行政处罚通知，集中力量每日对辖区内 18 家集中隔离点进行一轮督查，指导督促各隔离点落实相关工作；落实疫情防控值班制度，节假日及工作日晚上安排 2 名人员值班，其他人员 24 小时手机待命，确保随叫随到。

【国家卫生城市复审】 2021 年，区卫健执法大队以及社区卫生服务中心监督员、协管员共计 20 人，按照街道办事处辖区分为 5 个组，对辖区公共场所门店，以证件办理、公示情况、消毒设施和记录情况、卫生管理档案等为重点，进行全面清查，清查到位门店725家，制作张贴公示牌526张，办理案件3起，罚款金额0.8万元。2021年4月，通过国家卫生城市复审。

（熊艳辉）

退役军人事务

【概况】 株洲市荷塘区退役军人事务局（以下简称“区退役军人事务局”）主要负责拟订全区退役军人事务发展规划和政策，并组织实施；负责全区军队转业干部、复员干部、退役士兵、无军籍退休职工、伤病残军人的移交安置和服务管理工作；组织实施全区退役军人教育培训工作，协调扶持退役军人和随军随调家属就业创业；贯彻落实国家关于退役军人的保障政策；组织指导全区拥军优属工作；负责全区烈士及退役军人荣誉奖励、纪念活动等工作；开展全区退役军人权益维护和有关人员的帮扶援助等工作。2021年，区退役军人事务局紧紧围绕《中华人民共和国退役军人保障法》一条主线，着力构建组织管理体系、工作运行体系、政策制度体系“三个体系”，以聚焦机构职能融合抓改革、聚焦维护退役军人合法权益抓服务、聚焦促进社会和谐稳定抓管理、聚焦忠诚干净担当抓队伍“四个聚焦”为重点，以“五化”为路径，即走访慰问常态化、帮扶援助规范化、关爱服务社会化、宣传引导体系化、风险防控制度化，突出抓好法律政策落实、矛盾攻坚化解、服务保障拓展和能力素质提升4项重点工作，着力推动全区退役军人服务保障体系建设，全面提升退役军人事务领域治理现代化水平，让军人成为社会尊崇的职业，让全区退役军人有获得感、归属感和尊崇感。

【安置就业】 2021年，区退役军人事务局全力推进安置接收工作，接收本年度自主就业退役士兵，并发放一次性就业经济补助金；完成全区转业士官和随军家属安置任务，确保定岗定编到位。搭建全区退役军人就业创业信息平台，对接企业与退役军人求职者，定期发布和推送企业招聘信息，组织退役军人专场招聘会，帮助多名退役军人及家属实现再就业；全部落实荷塘区无军籍职工的“两个待遇”（政治待遇、生活待遇），推动军休服务与管理上水平。

2021年4月9日，荷塘区举办“社会化拥军工程”第一批启动仪式

【优抚褒扬】 2021年，区退役军人事务局深入开展走访慰问活动，在春节、八一期间，全区开展对驻军部队、重点优抚对象及生活困难的退役军人的走访慰问，召开座谈会，发放慰问金和慰问品。在全区强化构建兵支书队伍，创建全区退役军人志愿者队伍8支，积极开展志愿帮扶活动。持续开展对烈士纪念设施保护管理的资料收集整顿和信息录入工作，截至2021年，荷塘区共有烈士29名，4处零散烈士墓均已纳入维护管理。广泛开展“立功送喜报”活动，奖励年度现役官兵立功受奖人员，发放奖励金。

【思想建设】 2021年，区退役军人事务局继续开展荷塘区退役军人红色基因宣讲团“五进”行动，宣讲团吸收优秀的退役军人讲师，通过宣讲、实训、展览等各种形式，宣扬革命优良传统、传承红色基因。全年宣讲团讲师开展活动共16场次。区退役军人事务局开展庆祝建党100周年系列活动，组织退役军人党员代表观看红色电影；开展党史学习教育活动，围绕党史、新中国史、改革开放史、社会主义发展史、党纪党规知识、党建以及《中华人民共和国退役军人保障法》等相关内容组织学习教育；举办退役军人事务系统“红色华诞·党旗飘扬”“党史”、《中华人民共和国退役军人保障法》知识抢答赛，充分调动区退役军人事务系统广大党员干部学习党建和法律知识的自觉性、积极性，10支代表队伍参与，系统全体工作人员和退役军人代表到场学习观摩。组织优抚对象及退役军人到疗养基地、红色教育基地、烈士纪念园进行参观学习。

（游　超）

医疗保障

【概况】 株洲市荷塘区医疗保障局（以下简称“区医保局”）成立于2019年4月2日，是荷塘区政府正科级工作部门。主要负责拟订全区医疗保险、生育保险、医疗救助相关制度措施，组织实施全区定点医药机构协议和支付管理办法。2021年，区医保局立足“新时代、新医保、新面貌、新作为”，持续深化党史学习主题教育，推进落实“两病门诊用药保障”“医保电子凭证推广”“药品集中带量采购”等政策，深化打击欺诈骗保套保挪用贪占医保基金专项治理行动，全力保障群众切身利益，进一步提高人民群众的获得感、幸福感、安全感。

【医保基金运行】 2021年，区医保局按照总量控制、统筹兼顾、基层倾斜的原则，科学合理制定基金分配预算。2021年，城乡居民参保个人缴费提高到280元，各级配套580元/人。区医保基金预计总收入3645万元。截至2021年，基金支出3203万元，占比年度统筹基金88%，基金运行安全、平稳、可控。

【“两病”门诊用药保障】 2021年，区医保局被市医保局推荐为全省的“两病”（高血压、糖尿病）门诊用药保障工作试点单位。通过召开专题会议、广泛宣传发动、开展集中培训、下放审核权限、简化申请程序、送药上门服务、开展专项督查等措施，有力推动“两病”用药保障工作。国家、省、市、各级领导对荷塘区“两病”门诊用药保障工作进行多次视察指导，都给予充分肯定。2021年，全区高血压对象累计报销3293人次、44.4万元，糖尿病对象累计报销1421人次、28.26万元，超额完成上级下达的全年目标任务。

【特殊门诊补助】 2021年，区医保局自印发《株洲市荷塘区城乡居民基本医疗保险特殊病种门诊管理实施细则》以来，启动特殊门诊申报、审核工作，并全面施行。每年5月开始申请，7月享受待遇。2021年，共有748人享受特殊门诊待遇，待遇支付110.25万元；享受待遇人数累计完成占年目标的124.66%，待遇支付累计完成占年目标的110.25%。

【开展欺诈骗保集中整治】 2021年，区医保局开展打击欺诈骗保套保挪用贪占医保基金集中整治工作，共计召开3次集中整治工作推进会、2次警示教育会。利用区政府门户网站、微信公众号、张贴海报等形式，对相关会议进行报道，共计发布7条宣传稿件、2条公告通知。并在全区开展宣传，现场采用发放宣传单、海报、折页等方式，公布欺诈骗保举报投诉电话，宣传打击欺诈骗保政策、医保基金监管法律法规等，共计开展集中宣传 2 场次，参与群众 3000 余人；发放宣传单、宣传手册 1.2 万余份，张贴海报 310 张，制作展板、横幅等 80 余张；在医院公众号、镇街微信群等 30 余个网络媒体上进行宣传，受众 3.5 万余人，有效强化定点医药机构和参保人员法制意识。

2021 年 9 月 22 日，荷塘区医保局召开打击欺诈骗保套保挪用贪占医保基金集中整治工作警示教育会议

【药品耗材集中带量采购】 2021 年，区医保局严格落实上级医保局政策，积极组织辖区内医药机构进行药品耗材集中带量采购，有效减轻群众的用药负担。2021 年，完成本年度到期的各批次采购品种的约定采购量。辖区各医疗机构均超额完成本年度中选药品年度约定采购量，完成率分别为：宋家桥街道社区卫生服务中心 155.94%、金山街道社区卫生服务中心 241.32%、仙庾镇卫生院完成 431.49%、月塘街道社区卫生服务中心 513.70%、茨菇塘街道社区卫生服务中心 306.51%、桂花街道社区卫生服务中心 131.27%、明照街道社区卫生服务中心 212.34%。

【医疗救助】 2021 年，区医保局对特困人员、1～2 级残疾、3～4 级精神智力残疾人员按 280 元/人的标准实行全额资助，对边缘户、低保户按 140 元/人的标准给予资助。2021 年，资助各类特殊人群参加城乡居民基本医疗保险 3625 人次，资助金额 75.5 万元；救助各类住院对象 683 人，发放救助金 186.17 万元。

【医保电子凭证】 2021 年，区医保局共计召开 5 次医保电子凭证工作推进会、2 次医保电子凭证业务培训会。采取医药机构、区政务中心、支付宝、微信等多方合作方式进行线上宣传；通过到小区上户宣传、社区宣讲、集中指导等途径进行线下推广，共计发放宣传资料 3800 份。10 月中旬，结合城乡居民基本医疗参保缴费工作，开展“医保进万家”的宣传活动，进一步增强群众对医保电子凭证的认识了解。

【政务服务】 2021 年，区医保局秉持“民生为本、服务至上”“幸福荷塘、医保护航”的理念，提高宗旨意识，强化为民情怀，增强办事能力，全心全意做好群众来信来访来电工作。2021 年，医保系统没有发生一起不良信访事件，“市长热线”、上级交办的信访办结率、满意率为 100%。政务服务事项实行好差评制度，区医保局事项的满意率达 100%。区政府对政府各部门的政务服务事项实行季度考核排名，政务服务考核排名，区医保局获得第二季度全区排名第一，第三、四季度全区排名第三的佳绩。全面梳理医保经办事项，高标准落实“放管服”，积极贯彻“最多跑一次”，24 个公共服务类事项全部进驻政务服务中心办理，其中 7 个事项实现全程网办。按“最多跑一次”要求，不断优化业务环节，精简办事流程，压缩办事材料，大力推行“互联网+政务服务”工作模式，有效提高政务服务办事效率。累计办理医保业务 12621 件，占全区政务服务事项的 11.34%。

（唐媛媛）

镇·街道

仙庾镇

【概况】 株洲市荷塘区仙庾镇（以下简称“仙庾镇”）地处株洲市东大门，毗邻浏阳、云龙新区，沪昆高速、长株高速邻近而过，境内省道S211线、茶马公路、县道龙樟公路穿境而过。镇政府距市中心10公里，到长沙黄花机场车程仅40分钟，地理位置优越。境内植被资源丰富，森林覆盖率达到70%，属于长株潭生态绿心核心区。2021年，全镇下辖有联星、兴塘、黄陂田、徐家塘、黄塘、东山、樟霞、亭子前、仙庾岭、蝶屏村10个行政村及永福社区1个社区，面积80.19平方公里，常住人口2.7万人，是荷塘区唯一一个建制乡镇。

2021年，仙庾镇始终以习近平新时代中国特色社会主义思想为指导，全面贯彻落实中共中央重大决策部署和省市区委要求，统筹推进疫情防控和经济社会发展，扎实开展经济建设、产业发展、人居环境整治、美丽乡村建设、社会工作综合治理、安全生产等工作，并取得一定成效。年内，仙庾岭村被评为“中国美丽休闲乡村”，湖南省美丽乡村建设“特色精品乡村”，株洲市“先进基层妇联组织”；徐家塘村被评为“省级美丽乡村示范村”；樟霞村获评湖南省第二届“十佳”村规民约（居民公约）、湖南省第二批优秀村规民约（居民公约）、省级乡村治理示范村、湖南省特色精品乡村，株洲市“最美庭院”示范片区；蝶屏村被评为“株洲市先进基层党组织”；兴塘村被评为“株洲市美丽乡村”。

【党的建设】 2021年，仙庾镇党委及时学习传达中央和上级党委关于意识形态工作的决策部署及指示精神，定期对全镇意识形态工作情况进行分析研判和部署，召开党委会20余次、中心组学习12次。将党史学习教育与党员组织生活高度结合，准确围绕群众反映最突出的民生问题，扎实开展系列活动，将农村人居环境整治、完善基础设施等融入“我为群众办实事”实践活动重要内容。年内，累计投入630多万元，惠及5.6万余人次，切实将学习成果转为实际行动。完成支村“两委”、镇党委、人大、政府换届工作，使镇、村干部队伍得到进一步优化。开展庆祝建党100周年系列活动，组织党员观看红色电影5场，共计600余人参与，表彰“两优一先”优秀共产党员34名、优秀党务工作者7名、先进党组织5个，颁发“光荣在党50周年”纪念勋章89人。深入推进党风廉政建设和反腐败斗争，充分运用监督执纪“四种形态”，坚持把纪律挺在前面，认真执行《中国共产党纪律处分条例》，强化监督检查，坚定不移推进作风建设。对党员干部作风、纪律等方面的苗头性、倾向性问题，开展作风督查10余次，开展提醒谈话、廉政谈话20余人次，干部作风转变持续向好。

【经济建设与产业发展】 2021年，仙庾镇农业种植方面，落实早稻播种面积122.93公顷，种植一季稻181.76公顷，及时、准确发放实际种粮农民一次性补贴资金，合计117.98公顷，发放金额26.53万元。优化种植结构调整，种植作物98.45公顷，水产养殖10.81公顷，花卉苗木30.02公顷，油菜种植面积达473.30公顷。进一步探索产业振兴新机制。重点对接好耕食小镇，在基础设施建设、品牌宣传、村民矛盾化解、招工用工需求等方面提供帮助，全力护航耕食小镇发展。通过强化盟主群主、城乡帮困等队伍建设，切实解决好辖区企业各类信访难题。利用樟霞、仙庾岭、蝶屏等村级合作社，壮大集体经济，形成示范效应，从而带动全镇其他村加快发展。通过流转5.17公顷土地，耕食小镇黄陂田农禅文化园正式开工，耕食书院的龙头带动效应进一步增强。东山村引进株洲东山新材料建设有限公司正在办理相关手续，同时正在对接引进光伏项目、国电投集团。探索民宿发展模式，以闲置资产盘活为抓手，整合资源，将仙庾岭打造成为集农业生产、旅游观光、文化体验、康养度假、养生养老、研学培训等功能一体的省级乡村振兴示范村。

【基层治理改革】 2021年4月以来，樟霞村、蝶屏村率先开展基层治理改革，在多方面进行创新。一是坚持党建引领，擦亮党在村民心中的光辉。强化党组织的引领作用，组织村支“两委”成员、党员骨干前往成都、湘潭、宁乡等地学习，提升理论认识和业务技能，充分发挥“头雁效应”。健全“党建+”阵地建设，设置村民议事堂、小讲堂等场所，充分利用阵地，广泛组织村民、组民动员宣传，累计召开大小村民、组民会议500余次，村民们热情高涨，参与积极性不断提高。二是重构自治框架，提高治理效能。成功召开村民代表大会、股民代表大会，讨论并通过新《村规民约》《村集体经济折股量化方案》《议事会章程》等有关制度、章程，规范农村集体经济组织，健全和完善“一约四会”，通过新的制度，健全议事协商机制，决策模式从以往“自上而下”转变为“自下而上”，村民们通过新的模式主动参与到村级建设中，大大提升治理效能。三是以小切口具体实事为依据，推动深层次变化。摸清家底，开展清产核资。核实村集体经济组织成员增减名单，进行三榜公示，并召开股东代表会议讨论通过，樟霞村共有集体经济组织成员1855人、固定资产747.9794万元，蝶屏村共有集体经济组织成员2375人、固定资产21.0631万元。蝶屏村收回蓝天乙炔厂等产权，合同重新签订，租金成为集体经济收入。美化环境，完善“三园”建设。以改善人居环境为重点，推进“大小三园”建设，完善基础设施。两村累计打造“小三园”140余处，蝶屏村修复山塘6口、水渠2.3公里，拓宽道路800米、硬化道路1.2公里；樟霞村完成5口山塘清淤修缮，完成300米水渗硬化，疏通8公里农用灌溉水渗，道路拓宽2.2公里、道路硬化3公里。村民自发投工投劳，把自家庭院建美，把基础设施进一步完善，共同营造好的环境。化解矛盾，服务改革大局。优化村网格精细化管理，精准掌握村组情况，第一时间排查矛盾纠纷。

【基础设施建设】 2021年，仙庾镇在基础设施建设方面，投入400万元实现黄塘村—中材自来水管扩网。多方筹集资金，修复和改造受损的水渠、山塘、水库。年内累计修复山塘被覆30口，水坝水渠清淤、疏通24.4公里，硬化道路、平整拓宽道路等14公里。

【人居环境整治】 2021年，仙庾镇将人居环境整治作为乡村振兴主要任务，在垃圾分类方面，仙庾镇新增垃圾桶200余个，全镇100余名环卫工人分段、分人、分责任进行垃圾清扫，日均清运垃圾25吨，做到日产日清。在蝶屏、仙庾岭、樟霞三村试点垃圾分类，开展集中、入户培训8次，主干道沿线宣传横幅安装70余条，发放宣传资料2000余份，发放到户垃圾桶2300个。农村改厕方面，全面完成上一年度农村改厕信息录入和审核工作，确定2021年改厕任务1117户，任务到村到户，完成三格式化粪池卫生厕所改造1038户。最美庭院创建方面，通过开展卫生评比活动，不断提升环境卫生的意识。开展村庄清洁行动20次，“最美庭院”创建率达60%，创建市级“最美庭院”示范户2户，区级“最美庭院”先进个人5个，区级“最美庭院”示范村4个、示范户60个。

【美丽乡村建设】 2021年，仙庾镇全域推进美丽乡村建设，继续以实施农村人居环境整治提升五年行动为契机，深入开展卫生评比，不断提升环境卫生的意识。全面贯彻“绿水青山就是金山银山”的理念，依托完善的河长制工作体系，开展巡河280余次，开展河长制宣传5次，发放宣传资料500余份，发现并处理河湖问题13次，杜绝垃圾漂浮现象发生。劝导制止露天垃圾秸秆燃烧100余次，违法乱排乱倒5处。加强散乱污染企业整治，对辖区内所有企业进行巡排查，建立散乱污染企业台账，做到底子清、情况明。2021年，徐家塘村成功创建省级美丽乡村示范村，樟霞村成功创建省级精品乡村，获评省级乡村治理示范村。

【社会民生事业】 2021年，仙庾镇高度重视民生实事工作，在城乡帮困、疫情防控、社会救助、优抚慰问、志愿服务等方面加大投入。社会保障上，仙庾镇共有城乡低保户390户663人，截至12月，通过“一卡通”共发放低保资金261.7万元，发放特困供养金和照料护理费125.4万元，申报44人次临时救助，发放救助金5.79万元，发放80岁、90岁以上高龄补贴747人42.67万元。疫情防控上，仙庾镇多措并举推进新冠肺炎疫苗接种工作，接种第一剂13589人次、第二剂12219人次、第三剂2036人次，累计接种27844人次，接种完成度为73.55%。7月底株洲突发疫情，仙庾镇全员戒备进入战时状态，通过“人防+技防”，对密接、次密接等发挥群众监督作用，筑起钢铁长城，全镇完成核酸检测3轮共计54680人次。文化活动上，以庆祝中国共产党成立100周年为契机，开展“欢乐潇湘·幸福荷塘”仙庾镇美术书法摄影活动，组织举办5场具有特色的文艺演出，开展送戏下乡共5次、送电影下村和社区共168场。城乡帮困上，组织召开各村志愿帮扶队调度会6场，组织开展志愿者培训5场，组织开展“党润童心·礼赞百年”暨“我为群众办实事”慰问困境儿童活动，链接爱心企业为40个贫困家庭学子送去慰问金共计2万元，链接荷塘区工委资源慰问帮扶8名困难学子送去慰问金共计4000元。组织各村志愿者开展疫情防控、除雪破冰、人居环境整治、帮困救助等各类活动30余场次。

2021年3月25日，仙庾镇成立10支以“扶贫帮困”为目标的城乡帮困志愿服务队

【信访工作】 2021年，仙庾镇通过召开协调会、实地调解、走访化解等方式，积极化解各大信访事项，并与信访人签订息访息诉协议书。共受理信访

事件26件，办结26件。

【安全生产】 2021年，仙庾镇按照“一岗双责”和“谁主管、谁负责”的原则，进一步细化量化安全责任。集中开展安全生产隐患集中排查、危险化学品烟花爆竹安全生产隐患集中排查治理和专项执法检查。共监督检查生产经营单位50余次，化解安全生产隐患10余条，有效地保障全镇安全生产形势的持续稳定。

（郑毅峰）

月塘街道

【概况】 株洲市荷塘区月塘街道办事处（以下简称“月塘街道”）前身为株洲市东区月塘街道办事处，成立于1969年9月，1997年8月随区划调整更名为株洲市荷塘区月塘街道办事处。地处荷塘区西南部。辖区东、东北与金山街道交界，南与芦淞区龙泉街道为邻，西南与芦淞区建宁、建设街道相望，西北、北分别与茨菇塘街道、桂花街道相接。面积8.38平方公里。常住人口1.2万人。下辖袁家湾、南岳岭、野鸭冲、水竹、东环、石子头、石塘冲、东湖、合泰、文化路10个社区和荷塘铺1个行政村。2021年，有机关在职干部职工27人，社区专职工作者49人。有70个基层党组织，其中社区、村党组织63个，机关支部1个，退休支部1个，非公支部4个，党员2071人。

2021年，月塘街道完成“两代表一委员”换届推选工作。共推选区党代会代表候选人16人、区人大代表候选人33人、区政协委员建议人选15人，实现两代表一委员结构优、素质佳的总体要求。月塘街道是荷塘区新冠肺炎疫情的主战场之一，在街道管辖范围内设置10处核酸采样点，组织开展3轮核酸检测，累计采样22.76万人次；开设“黄码”人员采样专场6场，共采样黄码人员1.5万人次。共摸排中高风险地区返回月塘街道人员2318人，集中隔离90人。设置疫苗接种点4处，分别由1～2名班子成员带队，街道和社区、村工作人员配合医务人员开展疫苗接种。截至2021年，已接种102186人，接种率达96%。辖区安全形势总体平稳，推动河长制六项制度落实，2021年累计巡河91次，整改问题37个。

【组织建设】 2021年，月塘街道完成16个小区支部创建，进一步完善小区支部组织架构，挖掘小区热心人与可链接资源，开展“幸福邻里节”、应急演练等小区活动，夯实小区党建阵地；结合基层治理先行区工作创建5个示范小区，完成25个小区的楼栋长推选工作，分社区、分小区推进“大创意”评选工作。结合建党百年活动，积极开展“在党五十年”活动，发放奖章437个，走访慰问166名老党员、困难党员，开展教育活动21场。同时，加强党员发展全过程管理制度，发展23名预备党员，吸纳积极分子、发展对象19名，排查十八大以来农村发展党员问题2人，并给予相应处置。注重用党建工作统揽全盘，提升抓党建实效。党员领导干部带头，分片策划、多方联动，实施5个城乡帮困项目，惠及帮困对象134人。发动800余名党员志愿者参与3轮全民核酸检测，完成采样22.76万人次，守护居民安全“底线”，切实发挥党员先锋模范作用。

【纪检工作】 2021年，月塘街道党工委切实加强对党风廉政建设工作的领导，强化管党治党政治责任。坚持每半年专题研究一次党风廉政建设工作，利用党工委会、工作会议时常提醒机关社区干部加强纪律要求，通报违法违纪典型案件，让全体党政领导、机关社区干部始终拉紧一根弦。强化党委主体责任，党工委书记带头与班子成员、社区（村）主要负责人开展廉政谈话，先后有120余人次接受谈话。在元旦、春节、端午、中秋等中国传统节日期间，利用微信群、QQ等发送预防腐败等内容短信，预防“四风”问题反弹，让干部时刻绷紧一根弦，自觉遵守中央八项规定。2021年，查办案件2件，诫勉谈话1人，约谈2人，批评教育3人，口头提醒26人次，受理信访件5件，已全部办结。加强微信群的巡群工作，对服务监督微信群的运转、回复等工作进行10余次督察，年内发布相关政策信息12500余次，解决群众反映的诉求和大小问题100余个。

【文明创建】 2021年，月塘街道以争创全国文明典范城市为主线，不断深入推进文明建设。利用辖区300余处户外宣传栏、墙体广告、电子显示屏等多种形式宣传社会主义核心价值观；结合疫情防控做好政策宣讲工作，把疫情防控与推进文明创建紧密结合起来。充分利用街道辖区内新时代文明实践站（所）等活动场所积极开展欢乐潇湘、十九届五中、六中全会精神进基层宣讲等主题活动，并结合传统节日积极开展教育实践活动，开展活动40余次。深入推进“学习强国”学习平台的推广使用。积极组织开展志愿服务活动，针对辖区不同情况的困难居民，建立“金手杖”“近邻帮”“星火相传”“花季护航”“情暖家园”志愿服务项目，对街道困难群体进行帮扶。

【安全生产】 2021年，街道安全形势总体平稳，未发生安全生产亡人事故。组织开展2轮地毯式排查，共计排查服饰加工厂916家、门店2256家，整改隐患889处。对合泰、富家垅片区1800余家服饰加工场所开展消防安全专项整治行动，查封加工厂15家，打通楼道消防通道48处、“生命通道”30余处。开展秋冬季巡查行动，安排渣土车对片区布料尾料清运，累计处理尾料垃圾超过3000吨。技防建设加快推进。累计安装“电丁丁”（智慧用电系统）655台，有效提升安全生产技防水平。新增室外消火栓42个、新建电动车充电站点6个，消防水源和电动车安全充电问题得到有效缓解。锅炉整治稳步开展，成立锅炉专项整治小组，整改生物质燃料锅炉461台。组织安全知识培训12次、应急演练3次。

2021年12月，月塘街道在合泰开展安全生产检查

【计划生育】 2021年，月塘街道出生人口151人，新增特别扶助10人，农村奖励扶助3人，计生特扶人员家庭医生签约率100%。孕前优生检查54人，完成比率100%；“两癌”筛查300人，完成比率100%；献血完成210人，完成率100%。疫情摸排管控中高风险人员1228人；涉外56人；新冠疫苗接种240817人次，接种率104.11%，其中加强针20291人。

【劳动保障】 2021年，月塘街道累计新增就业1137人，失业再就业517人，就业困难人员再就业173人，新增农村劳动力转移就业18人，均完成或超额完成全年计划，失业率控制在2.6%以下。对辖区 78 名高校实名登记毕业生开展回访，离校未就业高校毕业生实名登记率、跟踪回访率、就业服务率均达到 100%；零就业家庭动态援助 100%，就业形势总体稳定。举办 2 场招聘会，共有 39 家企业出席，提供岗位约 190 个；招聘人数达 385 人。初步达成求职意向人数 82 人，建立实训基地开展技能培训班，共推荐 629 人参加培训。

【社会救助】 2021 年，月塘街道有城镇低保户 290 户（其中特困 19 户 19 人），共 353 人，农村低保 9 户，共 20 人。共计发放城镇低保金 238.51 万元，农村低保金 10.40 万元；发放特困人员护理费 8.25 万元，发放临时救助金额 0.67 万元，救助 5 人。

【政务服务】 2021 年，街道及各社区总计受理政务服务事项 11395 件，其中承诺件 2518 件、即办件 8877 件。办理事项数量前六名分别为企业退休人员领取养老金资格认证（普通人群）4155 件、高龄老人身份认定年审 1165 件、居住证办理 1127 件、城镇居民基本医疗保险集中参保 774 件、老年人优待证首次办理 427 件、个体工商户的设立登记审批 301 件。

【城市管理】 2021 年，加强农贸市场周边整治，对辖区 7 个农贸市场开展 6 次专项整治月行动，总计劝导出店门店 2300 余家、整治游商摊贩 6000 余个。针对富家垅、合泰地区服装加工厂生产旺季产生的大量废弃尾料，专门雇用挖机、渣土车进行加急清运。着力改善城区面貌，共处置城管问题线索 40000 余条。保持违章建筑零增长，共拆除违章建筑面积约 8000 平方米。

【综治维稳】 2021 年，月塘街道深入推进平安荷塘、法治荷塘建设。共调处民间纠纷 131 余宗，组织综治维稳执法活动 5 次。

【城乡帮困】 2021 年，月塘街道按照“三榜工作法”的要求，实施 5 个相对贫困人员精准帮扶项目，其中微公益 2 个。“近邻帮”关爱空巢独居老人项目帮扶对象 27 人；“金手杖”大病帮扶服务项目帮扶对象 24 人；“星火相传”以残助残项目帮扶对象人 23 人；“情暖家园”关爱失独家庭项目帮扶对象 28 人，“花季护航”关爱青少年成长项目帮扶对象 30 人，5 个项目共有帮扶对象 132 人。2021 年，志愿者下沉社区，现社区共有 70 余名的城乡帮困志愿者，并吸收有特长的志愿者加入队伍（水电修理、医生、老师、文艺队等），招募新志愿者 150 余人，更好地为城乡帮困出力。

（易　强）

茨菇塘街道

【概况】 株洲市荷塘区茨菇塘街道办事处（以下简称“茨菇塘街道”）成立于 1969 年 9 月，辖区东起红旗中路，西至京广线，南至新华西路，北临白石港，地处荷塘区西南部，东与金山街道相邻，东南、东北分别与月塘街道、桂花街道相接，西南临铁路京广线，与芦淞区贺家土街道为邻，西北濒白石港，与石峰区响石岭街道隔水相望，面积约 6.8 平方公里。地处株洲市区中心城区，经济繁荣，内有株洲硬质合金集团有限公司（601）、长江硬质合金有限公司、正拓标氢等大型企业，有中南地区最大的国家级汽车专业市场株洲（国家）汽车城；另有小学 4 所、初中 2 所、高中 1 所。所辖六零一、前进、余家冲、黄家塘、红旗村、上月塘、新月塘、荷叶塘、长征、红旗路、天鹅、麻园、汽车城 13 个社区居委会，居民78150人、32829户。

2021年，茨菇塘街道先后荣获“2021年度湖南省应急能力建设达标街道”“株洲市创建全国文明城市工作突出贡献单位”“全市示范离退休干部党支部”等多项称号。

【基层党建】 2021年，茨菇塘街道有61个党组织，其中党工委1个、党委4个、党总支6个、党支部50个（含两新党支部7个），社区“两委”成员共计87人，共有党员3643人。街道党工委通过（社区）“两委”新任培训等形式，对新招录的7名城市社区专职工作者开展培训进行跟踪管理，共开展各类培训10次，培训1980人次。坚持质量优先，注重从疫情防控一线、重点项目建设、街道中心工作中选择表现优秀的入党积极分子发展为党员。吸收69名预备党员，2021年有12名发展对象待发展。做好庆祝建党100周年系列活动，做好“光荣在党50年”纪念章发放工作，共计颁发勋章789人；召开“七一”表彰大会，表彰10个先进基层党组织、21名优秀党务工作者和69名优秀中共党员；开展形式多样、丰富多彩的庆祝活动10余场。规范国企社会化移交党员管理，办理组织关系转接118人次。做好党员教育工作，坚持把学习贯彻习近平新时代中国特色社会主义思想作为首要政治任务，抓好党员日常教育和经常性教育，以建党百年为契机，年内党员教育培训3643人次，做到党员教育全覆盖。

【经济工作】 2021年，茨菇塘街道辖区有1992家法人单位，规上企业65家，其中工业企业7家、房地产建筑业企业18家、商贸业企业24家、服务业企业16家、门店2000余家。大力推进“一件事一次办”改革，政务服务实现线上线下融合。面对反复的新冠疫情，防疫物资送上门，助力企业复工复产。对辖区企业进行“大走访”，更新招商资源信息库，实现招商资源动态管理。支持辖区企业做大做强，实现9家企业“小升规”。2021年，街道强力推进重点项目，确保重点工程建设顺利推进。铁东路、新塘西路建设一锤接着一锤敲，新塘西路集体项目涉征5.47公顷，拆除房屋面积34615.055平方米；新塘西路国有项目涉征2.18公顷，拆除房屋面积17544.63平方米；铁东路集体项目涉征3.16公顷，共74户，已完成71户签约、付款工作，拆除房屋面积21634.585平方米。

【基层治理】 2021年，茨菇塘街道围绕区委“争当基层治理先行区”的发展战略，街道以问题为导向，以一切从实际情况出发为遵循，以走好群众路线为方法，以共建共治共享为目标，争当基层治理先行区，狠抓城市更新和项目建设两个基本点，抓好安全稳定、民生实事、产业服务三项重要事，特别是以党建引领小区治理为主要抓手，以“1+5”模式［“1”指小区党支部；“5”指志愿者、业委会（自治委）、楼栋长、矛调委、后盾单位］突出小区党支部引领作用，打造“四治四有”（“四治”指治环境、治安全、治矛盾、治人心；“四有”指有秩序、有情义、有乡愁、有幸福）幸福小区为指引，针对辖区65个小区，年内完成35个小区党支部的创建（换届）工作，其中独立小区党支部24个、联合小区党支部11个，做到小区党支部应建尽建。积极推进小区党群服务站建设工作，其中，独立的小区党群服务站点26个、与社区党群服务中心共用阵地的站点9个。打造荷塘星城小区、天鹅花园小区两个五星小区党支部，前进村小区、书香小区、茨凯小区、钻石新村小区4个四星小区党支部。其中，601社区的“小区党支部365值班制”、前进村小区的幸福邻里节、荷塘星城的“双减课堂”、粮贸小区的众筹自治、书香小区以小区自治示范带动周边片区治理等诸多“微经验”被“学习强国”、“新湖南”、《株洲日报》、《荷塘工作》等主流媒体和内刊报道20余次。

【综治司法】 2021年，茨菇塘街道不断推进平安建设，利用“周一矛调日”定期开展矛盾纠纷排查、研判，各特护期及敏感节点时期，街道无一人赴省、进京上访。妥善化解煤气配件厂退休职工待遇、601老旧小区火灾房屋等问题矛盾，重点做好世贸广场多米新街业主群体事件的稳控工作，确保一方平安稳定。强化禁毒基础工作，辖区社区戒毒（康复）人员管控率达到100%。

【环保工作】 2021年，茨菇塘街道加大环境监管执法力度，共检查各类企业、餐饮店50余家，收到群众举报、工作人员巡查发现各类环境问题70余件，配合区生态分局立案查处1起。14家企业、作坊被责令限期整改，12家企业作坊整改到位，2家作坊因未完成整改或无法整改已报请上级部门责令关闭，在省环保督查回头看期间，无一起投诉问题，环保专项行动工作开展有序。

【城管工作】 2021年，茨菇塘街道建立城管工作网格化管理制度，大力净化城市环境，对辖区重点部位和重点领域进行拉网式卫生清查，消灭卫生死角，净化城市环境。大力整治占道停车等各类乱象，优化城市秩序。街道城市管理工作成绩显著，2021年，取得全区2个第一名、1个第二名、2个第三名的好成绩，得到上级的肯定。

【医疗卫生】 2021年，茨菇塘街道办理一孩生育服务证办理99例，二孩生育服务证办理84例，再生育办理6例，生育服务证办证准确率达100%；认真完成全员人口信息清理清查工作，完成计生审查468人。办理独生子女父母奖励459人，各类奖励对象准确率100%。对流动人口日常性管理集中清查4次，共清查流动人口4000余人，其中新增流入371人，流出18人。完善药具管理制度，严格实行专人负责，按批号管理，确保药具发放渠道畅通，并定期培训社区计生服务员的药具知识，做到账、表、册相符。使用药具人数2417人，累计发放避孕套7万余只、壬苯醇醚凝胶30余盒、壬苯醇醚膜30余本，药具发放率达100%，群众对药具的知情率、服务满意度达99%，未发生药具不良反应。按照“不漏一户、不落一户”的要求，分类对次密接、居家隔离、居家健康监测对象进行管控，建立3000余人的重点区域到株洲人员、涉外、居家隔离、居家健康监测台账。内抓疫苗外防疫情，累计接种141633人次，其中第一针62313人次、第二针60968人次、第三针18352人次。

2021年5月23日，茨菇塘街道在恺德医院门诊部开展“我是志愿者 为抗疫加油”活动

【安全生产】 2021年，茨菇塘街道主要领导带头落实安全生产工作职责，深入一线开展各类安全隐患排查，共排查出各类安全隐患问题296起。对检查中发现的安全生产违法违规行为，下发安全生产重大隐患交办单144份，整改为率100%；下发责令

限期整改指令书10份，整改率为100%，完成“多合一”场所自查自纠整治272家。在辖区张贴和悬挂安全生产宣传标语200余条，发放各类安全生产常识宣传单5000余份，制作安全生产宣传展板120余块、墙体固定大型安全生产宣传条幅20余块。增强居民群众的安全法治观念及安全意识。

【劳动保障】 2021年，茨菇塘街道开展城镇就业技能培训1200人次、开展创业培训348人次，扶持128人成功创业，创业带动就业868人。新增注册求职人员576人，帮助129家企业招聘429人。因势利导，引导社会企业主动对接，将第一批2万个小型包装盒包装业务提供给街道精障残疾人，带动8名残疾人参与该项工作，有效实现以点带面，促进精障残疾人的就业。充分利用荷塘区信息化服务平台，对供需双方进行系统化摸排分析后，对求职人员和用工单位进行精准化的高效匹配，共计匹配成功750人。

【城乡帮困】 2021年，茨菇塘街道精准实施城乡帮困，在2020年帮困项目的基础上，对现有项目进行优化融合，服务提质升级。区级项目1个，街道项目5个。其中，社工机构承接项目5个、志愿者团队承接项目1个，总投入69.66万元资金帮扶个案达252人。多渠道筹集爱心资金，引导其认领帮困项目，开展公益服务。2021年，共得到130余家爱心企事业单位的支持，线上线下共筹款近244万元，捐款达1.2万余人次，公众筹款和配捐资金均为全区第一，让帮困资金有“源头活水”。2021年，志愿者注册775名，发布志愿服务活动170个、发布微心愿46个，积分时长达19541.42分。

【社会保障】 2021年，茨菇塘街道共发放低保金500余万元，“双节”补贴26万余元，电费补贴5.7万余元，惠及875人。完成高龄补贴年审及一卡通发放工作，为辖区2417名高龄老人发放补贴142.8万元。对有需要适老化改造的困难老人家庭进行摸排上户，共为9户困难老人申请家庭适老化改造。持续加强引导居民文明治丧、节俭治丧，减轻群众治丧负担，办理惠民礼葬补贴项目53项，为10名困难群众发放慈善医疗卡。为辖区内重度残、一户多残以及老残一体残疾人进行走访慰问，共发放慰问金及补贴3万余元，为110名贫困残疾人申请残疾人免费轮椅、拐杖、助听器、坐厕椅、助行器、手杖等辅助器具。对辖区内1046名残疾人进行残疾人专项调查，落实残疾人就业、服务、康复等需求，对持证残疾人换发第三代残疾证，12月底，有500余名残疾人已持有第三代残疾人证。资助残疾人大学生、高中生及贫困残疾人家庭子女就学20余名，帮助6名个体户残疾人参加城镇职工养老保险补助、5户困难残疾人家庭参加无障碍改造项目。

【便民服务】 2021年，茨菇塘街道稳步推进政务服务“一件事一次办”工作，街道及各社区便民服务中心总办件量9310件，没有发生一起超时办结情况，群众满意率100%。高质量完成荷塘区社会保险基金管理防风险堵漏洞专项整治工作，共核查33725人，实现养老保险待遇发放人员和社会保障卡核查全覆盖。

（王　微）

宋家桥街道

【概况】 株洲市荷塘区宋家桥街道办事处（以下简称“宋家桥街道”）前身为株洲市东区宋家桥街道办事处，成立于1969年，1997年8月，随区划调整更名为株洲市荷塘区宋家桥街道办事处。为荷塘区人民政府派出机关。地处荷塘区中西部，辖区东邻仙庾镇，南毗金山街道，西南接桂花街道，西北接界石峰区龙头铺街道，北与明照街道相连。面积12.1平方公里，总户数14722户，总人口31143人，其中城镇人口23164人、农村人口7979人。下辖四三零、月桂、芙蓉3个社区和宋家桥、天台、龙洲3个行政村，属典型城郊型街道。经济产业结构以第二产业为主，以中车株洲车辆有限公司为主的铁路装备工业产业优势明显。辖区内共有法人单位252家，规模以上工业12家。

2021年，宋家桥街道经济平稳发展，稳步上升。规模工业增加值411692万元，同比增长20.3%；固定资产投资额同比增长11.2%，规上社零额企业17家，社会消费品零售总额76148万元，同比增长25.2%，规上服务业营业收入同比增长30%。2021年，宋家桥街道认真贯彻落实换届年相关要求，完成13个党代表、19个人大代表和14个政协委员选举任务。连续两年荷塘区镇（办）绩效评估排名第一，在全市“真抓实干”考核中得到表彰。2021年，获评“湖南省文明村镇”、株洲市“信访维稳工作‘三无’单位创建活动先进单位”、株洲市“文明单位”、荷塘区“宣传思想工作先进单位”、荷塘区“先进征拆责任单位领导班子”。

【党建创新】 2021年，宋家桥街道党工委以建党百年为契机，创新推动党建工作高质量发展。扎实开展10余次“我为群众办实事”系列活动，为318名“光荣在党50年”的老党员颁发纪念章，充分展现老党员老革命的标杆模范作用。新建10个小区党支部，打造铁四院小区“红色阵地”，获评株洲市“五星”党支部。用心用情做好国企退休党员社会化移交工作，接收1098名退休党员报到，有效实现“应建尽建”和“两个覆盖”（党的组织覆盖和工作覆盖）。联合物业公司、退休办、结合“三供一业”（企业的供水、供电、供热和物业管理）改造新建13个小区党群服务站。着力在龙洲村集体经济发展下功夫，先后争取上级资金50万元盘活闲置土地形成5万元集体收入，11月通过软弱涣散党组织验收，成功摘帽。

【意识形态工作】 2021年，宋家桥街道党工委担负统一领导、直接主抓的责任，以高度的政治自觉落实意识形态工作各项任务。强化“一岗双责”意识，坚持每月组织召开1次理论中心组学习，每年召开2次党工委会议专题研究意识形态工作，把意识形态工作与党建工作同安排同部署，纳入干部年终绩效考核内容，充分发挥考核出压力、增动力的重要杠杆作用。以街道机构改革为契机，整合行政资源，实施“大部制”办公，配备2名宣传专干，加强基层意识形态工作力量，有力提高行政效能。依托株洲烈士纪念园党性教育资源，先后组织120余名党员学习革命先烈奉献精神；特邀华中师范大学研究生深圳教学中心、深港公共行政学院特约教授晏世乐开展“学史明理”宣讲活动；联合辖区十九中、八达小学、龙洲小学等学校开展“学史增信·争做新时代接班人”活动，邀请“79参战”老兵王友恒讲述红色教育故事，重温峥嵘岁月，传承红色精神。2021年，通过《株洲日报》、今日头条、“学习强国”等媒体报送典型案例及学习动态62篇，利用微信群、短信平台等线上方式，传达上级政策，发布疫情发展态势，积极推送“荷塘青春志”“在荷塘”等抖音微信公众号宣传疫情防控措施20条；稳妥处理市长热线、“株洲在线”等问题315条，切实把宣传作为推动社会经济发展、处理矛盾的重要法宝。同时，选聘8名微信盟主和44名阳光信使负责辖区微信群环境的维护，就群众关心的话题提供专业解答。先后组织开展“农村春晚”“欢乐潇湘”美术书法摄影作品展、“幸福邻里节”等文体活动 9 次，丰富群众精神文化生活。

2021 年 7 月 1 日，宋家桥街道开展弘扬红色精神活动

【党风廉政建设】 2021 年，宋家桥街道党工委和纪工委不断完善和严格执行党风廉政建设主体责任，全面落实“一岗双责”要求，出台《2021 年度宋家桥街道党风廉政建设推进计划》《2021 年度宋家桥街道党风廉政建设主体责任分工》，将班子成员党风廉政建设工作与业务工作、分管工作紧密结合，全面部署、分责落实、严格考核；充分发挥街道纪工委职能作用，认真落实《中国共产党党内监督条例》和《中国共产党问责条例》，严肃追责问责，警示约谈 3 人，营造正风肃纪、风清气正环境。严格执行村（社区）财务公开的相关规定，由街道纪工委牵头，联合财政所多次召开村（社区）财务公开工作调度会，在街道“幸福株洲荷塘宋办”等 28 个微信群开启实行月度财务公开。

【服务经济发展】 2021 年，宋家桥街道开展优化营商环境大走访大调研大整改工作，调研走访企业 83 家次，组织召开企业座谈会，了解企业经营情况，为企业协调解决突出问题 7 个，完成申报及主动对接有意愿申报“四上”企业 8 家。7 月底，在新冠肺炎疫情防控期间，街道采取多项举措方式帮助辖区企业在做好疫情防控的前提下，完成有序生产，辖区无一家企业因为疫情停工停产。在征地拆迁方面，实行“兵团作战”的工作模式，组织 22 名“精兵强将”机关干部攻坚天台 9.67 公顷农业机械项目 46 户征拆工作；用时 14 天时间完成三一铁路线项目 4 栋 5 户征收签约，确保三一智慧钢铁城项目的正常推动；宋家桥三号储备地块、幸福 100 城中村、宋家桥城中村等项目实现清零目标。在民生项目方面，强势推进太平桥黑臭水体治理项目建设，实现周边环境卫生综合治理；成功在龙洲村种植水稻 69.77 公顷，超额完成粮食生产 55.81 公顷的既定目标，被设立为荷塘区粮食生产种植示范片；稳妥推动老旧小区电梯安装工作，达成框架协议 2 栋，有意向安装小区 12 栋。

【基层治理】 2021 年，宋家桥街道以打造基层治理先行区为目标，坚持积极探索，始终把民生事业作为工作落脚点，在芙蓉社区铁四院小区探索建立“街道党工委—社区党委—小区党支部—楼栋党小组—小区党员户”五级组织体系，延伸党建触角；在 430 社区东风村小区探索建立小区居民议事制度，定期对小区重大事项进行研究讨论；探索建立“1+1+4”问题交办机制，着力解决居民身边的“微烦恼”；引导馨香小区、机齿小区、中兴小区创新试点完成自治管理，有效推动无物业小区自治；积极开展“宋家邻里”居民自治活动；通过交心谈心、组织活动等措施服务好退役军人，激发内生活力，转化为治理上访问题的主力军；探索建立“多对一结对帮扶”机制，志愿者每月固定登门探视清洁，其余事项随叫随到，提供代办帮办服务；探索建立“居民下单、分别派单、党员跑单”机制，加强以党员为核心，以志愿者、社工、热心居民等为骨干的“温馨志愿服务队伍”建设，积极开展志愿服务，弘扬志愿精神、传递正能量。

【应急管理】 2021年，宋家桥街道辖区内有中车株洲车辆有限公司及其他生产企业70多家、中小学3家、幼儿园10家、养老机构2个、宾馆5家、网吧4家。街道每个季度就辖区内企业安全生产隐患、学校幼儿园安全问题等进行对接和开展联合执法，每个季度按时召开安全生产联席会议，及时反馈和交办问题，下达文书和跟进整改复查结果，实现安全生产零事故。积极开展应急预案编制工作，聘请专家编制综合应急预案和森林防火、防汛抗旱专项应急预案，20多家企业完成安全应急预案编制。联合区教育局对街道辖区内的校外培训机构进行专项治理。按季节发放消防安全提示和全民应急安全知识手册到每家每户，根据街道老龄化严重和老旧小区较多的情况，对独居老人的用电用火用气安全进行一对一探视帮扶，在老人家里醒目位置贴放消防应急知识指南，放置一对一紧急电话卡。2021年，检查企业200多次，发现隐患600多条，立即整改200多条，下达限期整改指令50多份，隐患整改完成率达到95%以上。全所完成简易执法20余次。

【医疗卫生】 2021年，宋家桥街道落实疫情防控常态化管理不松懈，开展宣传培训指导3万余人次、大数据电话调查6000余人、录入上报和管控随访涉外和疫区返株442人，确诊区通报重点人员千余人。联合医疗机构定期开展义诊和巡诊、家庭医生和健康体检等服务。开展宣传服务活动10场次，接受卫计和健康咨询服务达万余人次。认真贯彻执行《湖南省人口与计划生育条例》等法律法规。2021年，新增城镇独生子女奖励扶助380人，累计3784人；新增农村奖励扶助对象75人，累计10人；享受14周岁内独生子女奖励对象104人；落实16个特扶对象住院护理补贴金共计53838元。开展“两癌”筛查316人，排除阳性可疑42例（其中宫颈复查18人、乳腺复查24人）。持续开展以出生缺陷综合防控为主要内容的优生优育指导工作，及时对适宜人群进行摸底分类指导服务，促进婚前、孕前免费健康体检、叶酸增补、孕中期筛查，产后跟踪服务等。2021年，国家免费孕前优生健康检查60人，早孕随访率和妊娠结局随访率均100%；叶酸服用率95%以上；孕产妇产前筛查目标覆盖率100%，产前筛查高危孕妇管理率100%；辖区全年无出生缺陷儿出生、无孕产妇及新生儿死亡。2021年年末，街道总人口24318人，其中已婚育龄妇女3419人，符合政策生育率99%以上，出生统计准确率100%，出生缺陷率平稳，群众满意率98%以上。年内发放避孕药具3万余只，服务万余人次，开展免费避孕药具市场大清查活动（3次），对辖区17家药店（诊所）开展上门服务160余人次。期内（按计生年度截至9月底）计划生育手术15例。截至10月底，流入人口健康管理服务2602人，流动人口综合服务管理到位率98%以上。通过网络微信平台和发放宣传单加大民众对爱卫健康知识的知晓率，结合健康生活方式指导和控烟宣传、春秋季“除四害”等活动，促进保护生态环境意识（新增灭鼠设施千余个）。组织开展无偿献血活动，年内，无偿献血127人，积极开展爱心救助和救护红十字会系列活动2场。

【民生工作】 2021年，宋家桥街道始终把民生事业作为工作落脚点。在就业服务方面，持续开展“线上+线下”全方位就业服务活动，以“311”系统为载体，着力为求职者和用人单位搭建良好供需平台。开展2场大型招聘会，90余家企业参展，提供800

余个就业岗位，吸引上千求职者参与，342 人现场与企业达成初步就业意向；组织 168 人开展免费就业技能培训，为 70 名下岗失业人员办理就业失业登记证，49 人进行就业困难人员认定；新增城镇就业 2600 人，失业人员再就业 321 人，就业困难对象再就业 119 人，农村劳动力转移就业 54 人，零就业家庭动态援助达到 100%。在政务服务方面，2021 年，共接待来访群众 1 万余人次，为群众办结各项党群服务事项 1182 件，无一例投诉，满意率达到 100%。在第三季度全区政务服务考核中排名第一，获得上级领导的肯定和广大群众的好评；妥善接收国有企业退休人员档案移交 3330 份，开展档案规范整理；扎实开展社保核查，清理滞留社保卡 78 张，追缴多发社保资金 13 万元。在志愿服务方面，登记在册志愿者 522 人，策划城乡帮困项目 5 个，精准帮扶困难人群 121 户，先后开展重阳节慰问、邻里节活动 10 期，30 人被区里评为公益服务之星，微义工志愿服务中心荣获市级最佳志愿服务组织称号。在养老服务方面，切实从老年人最期盼、最迫切的需求入手，探索实践“社区和居家养老、医养结合型养老、嵌入式养老”等多种养老模式。建成株洲市瑞康护养院和株洲海福祥养老院 2 家医养结合养护院，可供床位 415 个，入住率达 90%。在月桂小区内和四三零东风村旁建成 2 个社区日间照料居家养老服务中心。

【农村环境治理】 2021 年，宋家桥街道以改善农村环境为推动乡村振兴工作主抓手，广泛动员，实现农村“软”“硬”环境大变样。一是抓好“硬”环境建设，开展村庄清洁行动，进行 10 余次全区和全街道性质的农村垃圾大清扫行动，开展乡风文明和具有本土特色志愿帮扶活动 30 余次；开展厕所革命，改造农户厕所 73 户；投入 10 余万元，修缮龙洲村赵阳路及狗尾冲道路 400 余米；全面实施垃圾收费制度，建立健全的垃圾清运体系。二是做好“软”环境建设，攻坚人居环境。挖掘一支志愿者队伍，参与农村环境改善的各项工作中，龙洲村开展农村垃圾处理收费工作，收费率达到 100%，制作农村生活垃圾治理监督平台宣传二维码 40 份，张贴在村部宣传栏、垃圾收集设施上等；协调处理矛盾纠纷 40 余件，将环境整治、乡风文明建设等重点工作纳入常态化议事日程，通过制度建设和考评办法多措并举实现重点任务完成，全面激励村民自治热情，积极投入人居环境建设。三是全面推行河长制。出台宋家桥街道河长制工作会议制度，投入 30 余万元对辖区水环境进行治理，对辖区山塘的修缮治理，水库、河道清扫，确保水流畅通，采取走村入户、张贴标语、移动广播宣传册等多种形式进行线上线下全方位宣传，结合农村生活垃圾治理，配备农村生活垃圾保洁员 27 名、水库保洁员 1 名，按各自责任区开展日常卫生保洁。着力把天台村河道作为的“河长制”样板河进行打造，在规定的时间完成目标任务。四是做好生产生活污水处理。对全街道生猪养殖厂实行退养政策，完成 8 户养殖场，共计退养生猪 1455 头，控制养殖污水的直排，对全街道种植大户登记造册，实行科学种植，严禁使用禁止的农药，合理使用低毒高效农药，开展测土配方工作，鼓励种殖大户开展“秸秆还田”和种植绿肥工作，最大限度地减少农业污染面源对河流、土地的污染，对辖区 3 处黑臭水体、农村农户生活污水以及农户厕所情况进行整改，改善农村水环境，着力开展打造“样板河”工作。

【城市管理】 2021 年，宋家桥街道根据市、区每月工作安排，结合街道重点及相关工作，组织工作人员开展一系列的市容秩序和环境卫生综合整治行动。重点做好“国卫”复检和创国家文明典范城市检查工作。组织工作人员开展市容环卫整治行动，清理各类杂物垃圾500余处、500余车，清洗油渍污染2000余平方米，拆除小区违规搭建棚子、建筑物200余平方米；新增和更换垃圾桶100余个；清理“牛皮癣”小广告5000余张；劝导出店和占道经营200余次；对门面发放告知书100余份，制作车辆违停提示牌2块。对辖区四三零和戴家岭农贸市场的地面、墙壁、台面进行全面清洗。大力开展楼顶平台“圈地”整治行动。联合区治违大队整治月桂小区、东风村、馨香小区占用4处，拆除违规搭建200余平方米，清理泡沫箱种植蔬菜200余平方米，清运各类杂物垃圾20余车。严控重点区域违章建设，安排挖机、推土机、车辆清理征收范围内各类垃圾100余车，用防尘网覆盖建筑垃圾20000余平方米。不定期巡查，发现私自倾倒垃圾的单位和个人，责令责任人自行处理。做好疫情防控劝导。疫情防控期间，每日对辖区两个农贸市场及周边聚集的游商、门面出店经营进行劝导，并督促佩戴口罩，劝离聚集的游商100余人，整治出店经营30余家。

【综治维稳】 2021年，宋家桥街道以村（社区）“两委”换届为抓手，配优配强综治队伍，并在辖区划分出17个网格，共配备5名专职网格员、13名兼职网格员，重点收集网格内老百姓反映强烈的诉求及矛盾纠纷，发现问题及时调处。通过多部门联动，成功解决计划生育遗留问题及道路通行纠纷等17件群众反映问题，并签订相关调解协议，做到小问题不出村（社区）、大事不出街道。举办普法宣传30余次，发放宣传资料6000余份，悬挂宣传标语30余幅，受教育人数达10000人次，解答法律咨询1000余人次。受理各类民事纠纷75起，成功调解75起，调处成功率98%，积极将矛盾化解在基层，无一起纠纷因调处不力引发上访或者转为刑事案件。2021年，共有社区矫正对象11人，在建有纸质和电子档的同时，要求矫正对象定期进行报到、学习、劳动、汇报思想等，及时掌握矫正对象动向，为他们早日回归社会打下坚实的基础。在阳光家园小区、金山人家以及辖区娱乐场所、宾馆等重点地区开展禁毒清查行动8次，开展禁毒宣传活动9次。2021年，共有社区戒毒人员6名，社区康复人员2名，管控率100%。

【武装工作】 2021年，宋家桥街道将党建工作、武装工作和经济工作统筹安排，坚持议军制度、办公制度。树牢党管武装思想。在年初制定的工作目标及部署任务中突出武装工作，党工委带头学习习近平关于强军思想的重要讲话、国防军队建设和武装工作会议精神，每季度至少召开一次党工委议军会。抓好民兵预建党组织建设。按时完成兵役登记人数，超额翻倍完成征集新兵的目标。不断服务地方经济。强化社会保障。11家爱心企业为辖区老兵推送拥军优属相关福利政策，免费为退役军人体检，检测视力等拥军活动。结合重要节日对辖区内军烈属、重点优抚对象、生活困难的老兵走访慰问。及时妥善处理老兵各种诉求。

（吴楚嫣）

桂花街道

【概况】 株洲市荷塘区桂花街道办事处（以下简称“桂花街道”）地处荷塘区西南部，东与宋家桥街道为邻，东南、南与金山街道、月塘街道相接，西南与茨菇塘街道毗邻，西北、北与仙庾镇相连。桂花街道下辖西子、新荷、赵家冲、向阳、阳光里、龙湾6个社区及新桂、戴家岭2个行政村，土地面积10.8平方公里。根据2020年第七次人口普查登记，桂花街道登记人口总数91259人，2021年，有人口78925人。

2021年，桂花街道坚持以习近平新时代中国特色社会主义思想为指导，加快建设实力更强、环境更优、人民更幸福的现代化新荷塘，各项事业健康有序发展，多项工作被《潇湘晨报》、《湖南之窗》《株洲日报》、《株洲晚报》、株洲电视台、株洲法制民生频道、株洲新闻网等新闻媒体宣传报道。2021年，桂花街道获评"株洲市禁毒工作先进集体""株洲市创建全国文明城市工作先进单位""荷塘区宣传思想工作先进单位""荷塘区文化工作先进单位"等多项称号，桂花街道司法所获评"全国模范司法所"。

【基层党建】 2021年，桂花街道党工委下辖4个社区党委、1个社区党总支、1个社区筹备机构、1个村党总支、1个机关支部、1个离退休支部、5个非公党支部、35个村社区二级党支部、78个党小组，辖区直管党员1365名。桂花街道各级党组织和广大党员牢固树立"四个意识"、坚定"四个自信"，日常党建工作在市委组织部、区委组织部的调研中，获得充分肯定。街道主要做法：一是全面加强党建引领。打造3个小区支部示范点、6个小区支部基础点，西子社区成功获评全市基层党建示范点。完成"两委"换届选举工作，主职干部全部一肩挑，职数、年龄、知识结构均实现前期目标。二是创新小区党建服务模式。依托"大工委"工作机制，发挥小区党支部引领作用，创新探索出"六个一"（组建一支服务队伍、画好一张红色细胞图、打造一种小区管理模型，确定一个个性化服务清单、制定一套可行的服务措施、开展一系列可持续服务活动，逐步营造小区党支部引领的治理格局）小区治理闭环流程。摸索出"头肩型"（有物业、业委会、小区党支部的小区，以党支部为引领，物业和业委会共同参与）、"双轮驱动型"（和辖区单位共建共治共享的小区）、"同心型"（老旧厂矿结合幸福荷塘系列民生行动的小区）三大小区治理模式，引领多方力量参与老旧小区改造、城乡帮困、小区矛盾化解、丰富居民文化生活等常态化服务。三是打响党建品牌。街道创建1个五星小区支部、2个四星支部，"六个一"治理流程也在省、市得到推介，桂花党建品牌已在全省打响知名度。四是扩大"两新"党建覆盖面。推动党建与经营发展融入融合，实行大区域党建，引导"两新"组织融入小区治理，结合"两新"组织摸底和组建契机，建立"两新"组织与社区、小区结对共建机制，推动志愿队伍共建、资源共享。五是用好智慧党建平台。及时完善基础信息，维护系统使用"株洲党建"信息化平台中小区党组织机构设置、党员信息的维护更新，确保线上线下管理同步到位。同时，落实国企退休党员党组织关系转到所在小区的要求。

【党风廉政建设】 2021年，桂花街道坚持把讲政治贯穿于党风廉政建设全过程，纪工委全面落实党风廉政建设各项监督责任。成立专项工作领导小组，召开2次专题会议部署巡察整改具体工作，确保班子成员尽职尽责。围绕"一岗双责""三重一大"事项执纪发声等从严考核追责问责，持续整顿公款吃喝、迟到早退、作风松弛、纪律不严等问题。为充分发挥纪工委职能作用，街道认真落实《中国共产党党内监督条例》和《中国共产党问责条例》，严肃街道纪律。进一步完善党员干部管理制度和临聘人员管理制度，执行考核机制，对不合格的临聘人员予以辞退。2021年，街道先后发放纪律检查材料3000余本，在街道、社区、小区制作专题宣传栏

6处，开展专项检查3次，定期组织全体党员干部学习领悟中央以及省、市、区的纪检监察文件和会议精神，街道党风廉政建设整体情况良好。

【社会经济】 2021年，桂花街道规模以上社会消费品零售企业23家，社会消费品零售额同比增长25.3%，规模以上工业总产值同比增长45.8%，规模以上服务业营业收入同比增长68%，固定资产投资同比增长0.6%，各项经济指标稳中有升。主动服务企业，积极走访辖区企业，扎实抓好四上企业入库申报工作，确保达标企业及时入库。2021年，有6家企业提交“四上”企业申报资料并成功入库。桂花街道强化“企业家至上”理念，着力保障辖区企业和企业家权益，帮助企业解决困难和问题，街道组建桂办企业服务群，搭建企业沟通的桥梁，群内有200余家企业负责人。街道对接辖区内的6家优质企业做好“小升规”工作，为企业提供实时服务，做企业的贴心人。6—8月，街道对辖区开展非法集资风险集中排查，共排查企业32家，摸出可疑线索2条，仍密切关注中。2021年，街道启动千金物流仓库二期A地块、千金物流仓库二期B地块、新华东路E地块、白云路代征项目、四三零铁路平改立项目、黄泥塘路补征地项目等，涉及土地共计1.0005公顷，涉及5户7栋房屋，全部完成房屋签约。续征宋家桥城中村项目、水竹湖地块五、地块十项目、铁东路项目，土地涉征24.679公顷。续征项目涉及5户6栋签约，完成拆除36户40栋，完成续征项目的土地部分设施补偿。完成水竹湖二项目结算资料核对、出具结算单、完成签字程序及回款；完成职教城项目完成项目结算资料核对，出具结算单完成签字程序。

【城市管理】 2021年，桂花街道清除沟渠、水塘、田地垃圾50余处，清运垃圾杂物300余吨，清理违规广告牌、“牛皮癣”小广告等500余处。按上级主管部门要求，街道达到垃圾分类全覆盖，垃圾分类试点进小区全面开展，各小区分类亭设置已完成，29个一类分类亭、94个二类分类亭、48个三类分类点的设置，以及各类宣传标语、景观小品共计80余个投入到小区并安装到位。2021年，街道配合中央环保组完成环保督察件2件，均已整改到位。对新开餐饮店督促安装油烟净化器6台，关停戴家岭村养殖户1户，整治汽车美容油漆店2家。城管数字化终端共接到案卷12293起，处置完成11280起，结案率91.74%，按时处置率45.94%。2021年，共接到150余起市长热线投诉以及“马办问题”，均已及时处理。

【民生工作】 2021年，桂花街道累计城镇新增就业958人，失业人员再就业372人，就业困难人员再就业105人，农村劳动力转移10人，为辖区7人申请小额担保贷款，发放贷款40万元。办理核发就业创业证181本，为74人进行就业困难人员认定。依托桂花街道残疾人就业基地残疾人劳动保障机制和服务体系，街道帮助将近40人实现辅助性就业，2人实现支持性就业。“桂花街道就业驿站”登记579名求职人员，结合辖区的失业人员的实际需求，成功推荐上岗人员109人。共举办5场“精准就业服务”专场招聘会，共联系160家用人单位进场招聘，提供机械制造、企业管理、市场营销、餐饮服务、保洁绿化等4000余个就业岗位，与用人单位达成就业意向的农民工、大中专毕业生、下岗失业人员等达730余人；申请廉租房补贴11户，申请廉租房实物配租11户；完成城乡居民参保和持卡情况核查共计16602人，基本养老保险待遇发放人员核查共计8720人，及时追回违规领取的养老保险待遇

69 人共计 56280 元。完成特殊人群，低保户 433 人、特困 3 人、重度残疾 252 人、精神智力三四级 20 人、重点优抚对象 29 人，边缘户 5 人、计生特扶 66 人的参保任务。医疗救助申请 54 人，二、三季度共救助金额 50900 元，办理灵活就业人员医保补贴 15 人，养老保险补贴 62 人。新办理退休人员 40 人，办理丧葬费补贴 26 人次；为居民办理各种行政审批和服务事项 4835 件。在全区“一件事一次办”政务服务季度考核中，一季度荣获第二名、二季度获第一名、三季度获第三名的好成绩。

2021 年 6 月 7 日，桂花街道举办就业培训

【卫健工作】 2021 年，桂花街道街道大力抓好疫情排查检测工作，严密排查外来人员行动轨迹，严格落实外来人员的登记核查，做到数据精准，排查涉外人员 96 人，中高风险地区人员 1307 人，对其全部落实集中隔离和居家隔离措施。办理人口婚育情况证明 10 次，人口婚育情况证明 92 次，申办城镇独生子女父母奖励 288 次，申办独生子女保健费 3 次，申办计划生育家庭特别扶助 3 次，申办农村部分计划生育家庭奖励扶助 12 次，申领生育服务证（一孩）79 次，申领生育服务证（二孩）103 次，再生育审批 3 次。街道组织适龄已婚妇女进行“两癌”免费筛查工作，全年任务 300 人，完成 333 人，完成率 111%。免费孕前优生健康检查全年任务 60 例，完成 62 例，完成率 103%，早孕随访率 100%，妊娠结局随访率 100%。并做好出生缺陷综合防控工作，建立待孕妇女花名册，发放叶酸，指导其规范服用，以及做好产前筛查知识的宣传指导等。慰问 60 户计划生育家庭，上报新增农村奖扶对象 12 例，共 93 例；新增特别扶助对象 5 例，共 71 例；上报新增独生子女保健费 3 例，共 148 例。桂花社区卫生服务中心共巡诊 320 次，服务居民数 2695 人次，65 岁以上老年人体检 2344 人，慢性病人群体检数 3610 人。完成家庭医生签约 978 人，发放宣传资料 18216 份。积极组织无偿献血活动，完成全年献血任务 155 人，献血量达 45000 毫升。街道常住总人口 24262 人，其中已婚育妇 3977 人；街道共出生 124 人，政策内出生 122 人、政策外 2 人，计划生育率 98.39%。其中男孩 57 人、女孩 67 人，出生人口性别比为 85.1，死亡 71 人。

【综治司法】 2021 年，桂花街道广泛开展法治宣传教育，深入推进法律援助服务，认真开展社区矫正和安置帮教工作，为维护辖区社会稳定、经济发展做出积极贡献，受到上级领导和群众的一致好评。年内，化解涉及房屋宅基地纠纷 11 件、征地拆迁纠纷 21 件、山林土地纠纷 3 件，有力促进各大项目建设的顺利推进。组织开展法律“六进”活动，为辖区各中小学学生、群众宣讲法治课，提供法律咨询等，累计发放法律宣传资料 3 万余份。将“民主法治示范村（社区）”建设作为桂花法治建设的重要载体，扎实推进基层普法依法治理，不断完善基层自治、法治、德治相结合的治理体系，通过法治文化广场、法治文化墙、法治文化长廊、普法学习活动室、法律图书阅览室（角）及法治宣传栏将与居民群众日常生产、生活密切相关的法律法规进行宣传展示，解答村民法律法规 200 余人次，在基层综合治理法律服务方面打通与群众的“最后一公里”，实现“零距离”服务。2021 年，桂花司法所社区矫正对象和安置帮教人员无一人重新犯罪，并荣获“全国模范司法所”称号。

【城乡帮困】 2021年，桂花街道“爱心续航”项目获得全区城乡帮困项目第一名，项目家属互助会模式得到肯定和推广。全年项目共链接资源20.8万元，极大减轻服务对象的经济负担。开展探访服务908人次，完成个案服务118个。通过开展“小白墙计划”，改善3户服务对象居住环境，提高他们的生活质量，并产生广泛的影响力。与荷塘区精准就业工作相结合，帮助4名服务对象实现稳定就业，增加家庭收入。在服务对象兴趣、学业、康复等各层面开展中、大型活动32场，扩大服务对象的社会支持网络，全面提升服务对象的生存能力、发展能力和社会融入感。发布69条志愿活动，累计志愿服务时长6600余小时。开展“V联盟”使用教程、探访服务技巧、新闻稿撰写等线上培训9场，摄影技巧、志愿者基础知识等线下培训5场。在4—7月的疫苗接种工作中，组织志愿服务人次400余次，累计志愿服务时长近4000小时。8月疫情期间，涌现460余名志愿者积极参与疫情防控工作。2021年，项目新增志愿者20名，其中爱心家庭志愿者9人，共提供志愿时长317.5小时。街道共走访慰问困难群众100余人次。

【基层治理】 2021年，桂花街道在基层治理工作中始终明确核心要素“找准人、找对事”，以小区网格为单位，以小区党建为抓手，制模型、明路径、出案例、树典型，瞄准小切口，着力打造基层治理新模式，推进“家门口的志愿者团队建设”和“法制服务进社区”两大工作，形成街区、小区共治的小区治理模式和“六个一”治理闭环流程。全街道共有6个社区、2个村，街道一方面组织党员干部走进小区、居民点进行全面大走访，深入了解群众需求；另一方面，组织部分党员干部和热心群众对困难群众进行精细大走访，坚持两条腿走路。针对6个社区，每个社区划定一个重点推进小区。2021年，形成西子花园、御景龙湾、恒大林溪郡、中央皇庭和建湘联合5个示范小区。桂花街道明确基本治理单元是小区楼栋，坚持因地制宜、精准施策，对不同类型的小区进行精准治理。共推选出名256名楼栋长，其中党员接近总数的20%。众多志愿者和热心群众发挥带头作用，共同推进治模式创新。桂花街道根据治理模型厘清个性化服务清单，将原有的小区服务项目提质、扩容，因地制宜地对项目进行包装。社区孵化出御景龙湾“心泊御景·童栖龙湾”项目、西子花园“爱筑家·新邻里”微公益服务项目、中央皇庭“小鬼当家”微项目、恒大林溪郡“林里和谐”项目、建湘支部“建湘·一米花园”微项目。

（洪　岩）

金山街道

【概况】 株洲市荷塘区金山街道办事处（以下简称“金山街道”）成立于2005年，位于新华东路以南，红旗南路以东，金山路以西，南接芦淞区白关镇。办事处驻太阳村雷塘组，下辖晏家湾、流芳、湘华、石宋路4个城市社区和太阳、新市、桐梓坪、金钩山4个行政村，辖区常住人口4万余人。2021年，金山街道经济平稳发展，稳步上升。规模工业增加值10.5亿元，同比增长7%；固定资产投资额完成47.3亿元，同比增长3%；社会消费品零售额完成10.5亿元，同比增长24%；规上服务业营业收入13.5亿元，同比增长92%。荣获荷塘区“2021年度征兵工作先进单位”“2021年度宣传报道工作先进单位”等称号。

【党的建设】 2021年，金山街道不断强化党建引领，党的工作从“有形覆盖”转向“有效覆盖”。发展预备党员12名，吸收入党积极分子8名；纳入社区专职工作者人才库10名，出库4名，现有在库人员66名。全面摸底辖区城市住宅小区基本情况和小区党支部阵地建设情况，依托网格区域推动网格党建和小区党建融合发展，推进小区党建工作再上新台阶，其中晏家湾湘运小区党支部申报株洲市五星小区党支部，湘华小区第四支部申报株洲市四星小区党支部，金钩花园、无线电十厂、东方明园和湘运小区作为荷塘区基层治理试点小区党支部正进行打造。充分发挥基层党组织战斗堡垒作用、党员干部先锋模范作用，共发动300余名党员志愿者参与疫情防控，为辖区人民群众筑起疫情防控安全线。召开“七一”表彰大会和疫情防控工作总结表彰大会，共表彰先进集体和先进个人150余人，形成“学先进、赶先进、争当先进”的浓厚氛围。

【党风廉政建设】 2021年，金山街道按照省、市、区纪委全会部署和工作要求，认真开展党风廉政建设和纪检监察工作。街道纪工委严格落实廉政谈话制度，对微信专干、纪检干部等进行廉政谈话15人次；全力落实监督责任，重点督查在岗人员的履职情况、执行工作制度情况，进行监督执纪40余次，发放纪检通报6次，其中通报批评2人，提醒谈话3人，批评教育5人；严抓办案质量，保持查办案件工作力度，做到办案程序到位、完结及时、质量达标，办理党员违纪案件2起、办理信访案件5起，举报人对办理情况满意无异议；微信监督服务得民心，共建立村（社区）级微信群33个，村（居）民入群率达到94%以上，问题解决率为100%。

【经济建设】 2021年，金山街道区域经济平稳发展，稳步上升。规模工业增加值10.5亿元，同比增长7%；固定资产投资额完成47.3亿元，同比增长3%；社会消费品零售额完成10.5亿元，同比增长24%;规上服务业营业收入13.5亿元,同比增长92%。2021年，完成“四上”企业申报9家，走访“四上”培育企业28家。组织各社区、村开展一系列打击整治非法金融活动，未发现有涉及非法金融的企业、组织和个人。

【安全生产】 2021年，金山街道坚持以安全生产为重点，努力把安全生产风险控制在小、解决在早，维护一方平安。街道以“大排查、大管控、大整治”为方向，做到打非治违常态化，持续推动安全生产专项整治三年行动，每月对辖区内企业进行安全生产隐患排查，做现场检查记录300多份，“一单四制”145个，简易处罚31起，罚款金额合计3900元。开展安全生产月活动，号召辖区居民学习应急知识；开展“多合一场所”大排查活动，摸排200多家经营场所，并下达电子承诺书和整改通知书；协同消防支队开展厂房、物流仓储场所消防安全专项整治活动，排查100多家不符合要求的厂房与物流仓储场所。2021年，无安全事故发生。

【平安建设】 2021年，金山街道接到各类信访件43件，做到及时回复，受理各类纠纷121件，调解成功120件。建立重点人员档案库，严格落实包案制度，确保责任到人，实施动态管理；大力推进禁毒工作，完成152人次的吸毒史人员康复工作；有序推进网格化工作，每日进行巡查，精准拔除安全隐患，采集上报隐患事件47件，整治47件，整治率达100%，现场纠正47余宗，现场纠正率100%；加大平安建设工作宣传力度，2021年，共开展集中宣传9次，张贴通告300余份，悬挂横幅130余条，制作展板、广告牌、宣传橱窗等70余块，走访企事业单位、家庭830余户，发放宣传资料2万余份。

【城市管理】 2021年，金山街道积极改善辖区内的环境卫生，垃圾清运做到日产日清，环卫保洁工人在岗率达到95%以上，清理卫生死角和屋顶垃圾50余起，共处理杂物300余车，动用挖机、铲车处理建筑垃圾50余次；推进全街道52个小区生活垃圾分类全覆盖试点工作，城市环境卫生大为改观；不断改善人居环境，发放宣传资料1000余份，及时处理市区两级微信交办和数字终端案卷，处置率达98%以上，处理市民投诉200余次，市民投诉满意度达100%；根据新冠肺炎疫情的形势，组织环卫、物业公司加大对居民小区（村组）的环境卫生保洁力度，对废品收购站、建筑工地、背街小巷、老旧居民小区等薄弱环节进行集中整治，共清理卫生死角垃圾50余吨、杂物50余车，楼道“牛皮癣”小广告150余起。

【项目建设】 2021年，金山街道完成妇科千金胶囊项目代征杜家三户的征拆扫尾工作和映日路项目征拆工作、中共株洲市委党校（株洲行政学院）维修提质改造项目二期补征地块1和地块2的征收补偿交地工作、市城管局新建固废填埋场周边500米范围搬迁的前期调查工作、荷塘商贸城储备地块A项目（12.06公顷）最后一户房屋倒房及交地验收工作、太阳A地块的房屋调查评估及签约工作、570项目荷塘新城储备地块二10.2公顷和荷塘新城储备地块一4.67公顷交地工作。累计拆除新增违章建筑13处，面积2229.38平方米，拆除项目违法建筑12处，面积4232平方米。在巩固控违拆违工作战果的基础上，加大对新的违法建设的管控，实现违法建设零增长。

【乡村振兴】 2021年，金山街道坚持底线思维，持续改善农业种植条件，确保粮食安全。完成早稻种植12.87公顷、一季稻53.36公顷、晚稻14.007公顷，治理抛荒15.14公顷，及时发放耕地补贴、耕地治理抛荒奖金、早稻种植补贴等惠农资金40余万元。补充完善各级河长公示牌，将管辖责任到人，督促指导各级河长按时巡河，街道河长巡河60余次，发现问题20余次，处理上级交办督办8次，立警示牌8块，集中整治建宁港格林水岸段河岸边乱种菜现象，街道河长制工作标准化建设也于8月通过市级验收。大力推进农村人居环境整治工作，完成改厕任务75户，改厕完成率100%。

【劳动保障】 2021年，金山街道有城市低保户237户322人，农村低保户82户150人，城市特困7户7人，农村五保5户5人。新增低保对象10人，低保金4515元，取消低保对象60人，低保金28530元，累计发放低保金2313295元，特困低保金104520元，特困人员护理费66330元，低保户节日补贴160900元，电费补贴23355.36元，所有的低保金均实行“一卡通”发放。积极发展社会救助，兜底保障民生，办理新市村特困人员丧葬费9360元，临时救助辖区困难群众14人共计2.2万元，协同报社春节慰问31户，共计发放慰问金16000元。

【民生实事】 2021年，金山街道对辖区内99户帮困对象进行精准、重点帮扶，开展4个项目分别为：“爱在行动”：为辖区内家庭人均纯收入低于6000元且患有重大疾病或慢性病的28户服务对象开展重点服务；“雨润青苗”：重点服务辖区内6～18周岁的贫困、单亲学子29名；“益起绽放”：重点服务辖区 40～50 周岁困境女性 27 人;“向阳计划”：重点服务在社区康复的相对贫困精障人员 15 人。组织开展志愿者团建活动 2 次、志愿者服务技巧培训 7 次、志愿者座谈会 8 次；发展“小邻通”14 名，为服务对象提供爱的陪伴、情绪疏导、上门义诊等志愿服务；协助“城乡帮困”项目入户探访 780 人次，电访近 700 余人次，协助开展青苗公益课堂 28 次，累计服务近 500 人次。组织开展家政、电商、无人机等职业技能培训 3 场，专项招聘会 3 场，为 1500 多人提供优质就业岗位。把基层治理与便民服务工作相结合，进一步加强便民服务大厅政务服务标准化管理，共受理业务 4407 件，法定期限办结率 100%，群众来电、来信办结率达 100%。

2021 年 10 月 11 日，金山街道开展“党建引领·科技进小区”活动

【卫健工作】 2021 年，金山街道共出生 99 人，其中男孩 59 人，女孩 40 人，人口出生比往年有所下降。办理一、二、三孩生育服务登记证 104 本，处理各村、社区上报的村直报 323 条。街道实际在册有计划生育家庭特别扶助对象 68 人，0～14 岁独生子女保健费发放 160 人，新增 4 人；城镇独生子女父母奖励共计 2883 人，其中人社发放 2421 人，单位发放 424 人，计生发放 38 人。2021 年，紧紧围绕计划生育家庭特别扶助“三个全覆盖”开展工作，对辖区 68 名特扶对象进行生日、节日等慰问 145 次。全面推进优质服务，引导符合生育条件的育龄妇女优生优育，完成 18 对免费孕前优生检查，为 3 位超出年龄的妇女出具取出宫内节育器证明，组织辖区 300 名居民参加“两癌”筛查，完成率达 100%。积极开展无偿献血活动，共组织大型的无偿献血活动 4 次，参与献血人员达 320 余人，成功献血 165 人，献血量达 61000 毫升，完成率 100%。精心组织辖区居民进行新冠肺炎疫苗接种，构建免疫防线，共计组织接种疫苗 54607 剂次。

【关爱退役军人】 2021 年，金山街道严格落实各项优抚安置政策，把退役军人权益保障和服务作为一项重要工作来抓，不断整合优质资源，为优抚对象解决实际困难，组织专场招聘会，发放优抚金，帮助优抚对象医疗报销 25 人次，走访慰问 140 余人。

（刘　隽）

明照街道

【概况】 株洲市荷塘区明照街道办事处（以下简称“明照街道”），成立于 2017 年 6 月，是荷塘区“最年轻”的街道，总面积 21.9 平方公里，辖区范围东与仙庾镇毗邻，南、西与宋家桥街道相接，北抵云龙示范区和仙庾镇，街道办事处驻荷塘大道明照安置房裙楼。辖东园村、星星村、金塘村、明照村、青塘社区，常住人口约 1.37 万人。2021 年，明照街道始终牢牢把握服务园区高质量发展的政治站位，牢固树立“园区、街道发展共同体，服务园区就是抓发展”的定位，认真履行服务园区发展职能，为园区发展提供全方位环境保障和土地要素支撑，推动园区、街道共同发展、共同繁荣。

【党的建设】 2021 年，明照街道共有党员 512 名，下辖 2 个党委、2 个党总支、17 个党支部。一是聚焦基层基础，抓牢换届工作。全面完成 4 个行政村和青塘社区的换届工作，实现村（社区）书记、主任“一肩挑”、职数控制及交叉任职要求，进一步筑牢基层基础。完成六届区委和人大等以及市党代会、市人大会代表推选任务，候选人均满票当选。二是开展党史学习教育，全面推进从严治党。紧紧围绕“学党史、悟思想、办实事、开新局”要求，组织街道班子成员集中研讨、外出学习 12 次，结合建党 100 周年开展党员、群众走访帮扶活动 30 余次，帮扶 120 人次。2021 年，街道认真贯彻落实全面从严治党要求，受理信访、巡察反馈件 20 余件，处置问题线索 12 件，立案审查 5 件 6 人；其中给予警告 4 人，严重警告 2 人。全面深入开展农村党员清查工作，核查中共十八大以来发展的农村党员 61 名，对存在问题的 3 名党员谈心谈话并整改到位。三是抓实党建引领，做好小区党建。以街道青塘社区为基点，围绕“五升五降”打造城郊示范小区党支部，逸都花园小区党支部 2021 年被授予“全市四星小区党支部”称号。持续加强街道“小区党建”建设力度，统筹资源，实现共同抓党建、抓治理、抓服务的良好局面。

【项目建设】 2021 年，明照街道作为服务园区建设的主要单位之一，项目建设一直是街道的主业主责。面对新形势下的项目工作，街道党工委迅速将思路由“又快又好”调整为“又好又快”，一是快速推进市级重点项目征收工作。一个月内完成三一铁路专线征地拆迁工作，全面完成金兴路、余湾路、金宋路等 3 条道路项目征收工作。二是全面推进扫尾项目。安排精干力量，完成 H1、H2A、H2B、跨线桥、G12、H5、G5、G9、金城学校等 12 个资金池项目的清算工作。三是确保三一等重点项目施工环境。建立园区、街道、村三级联动机制，先后完成三一项目 2#、4#地块清表工作，配合开展杆迁、土地平整等工作，有力确保三一钢铁智慧城建设的顺利推进。

【民生保障】 2021 年，明照街道面对经济社会发展压力，认真贯彻落实“六稳”“六保”工作要求，坚决确保社会大局稳定。一是全面保障农村相关人员的基本生活。本着应保尽保的原则，主动了解困难群众的所需所想，切实把生活困难群众纳入低保范畴，发放低保资金 55.8 万元，五保资金 9.5 万元。二是认真做好养老保险待遇核查工作。对辖区 5 个村（社区）开展全覆盖“地毯式”核查，共核查信息 10080 条，查出重复领取城乡居民养老退休金和企业退休金 60 条，全部金额均已追回，有效促进街道社会事业的规范发展。三是扎实推进“城乡统筹·幸福株洲”创新社会治理系列行动。以“照亮明天”“趣味童生”等项目为主题，深入开展志愿服务，链接社会资源共计 4 万多元，通过“六一”“端午节”开展留守儿童及关爱孤寡老人活动，开展帮扶活动 60 余次，帮扶 400 多人次。

2021 年 11 月 24 日，明照街道开展“投桃以报李·明月照幼枝”志愿服务活动

【疫情防控】 2021 年，明照街道严格落实区委、

区政府疫情防控领导小组要求认真抓好辖区疫情防控工作。一是做好常态化疫情防控工作。按照“外防输入、内防反弹”原则。严格落实疫情防控各项举措，摸排流调数据18798人次，其中共摸排201名辖区人员来自中高风险地区；处理密接与次密人员共419人，均及时上报、录入系统并按要求进行管控。二是扎实推进疫苗接种工作。街道共接种疫苗24778剂次；接种率超过110%，全区排名第一。三是全力打好德尔塔疫情阻击战。2021年8月，街道组织3轮核酸检测，每轮均在2天内对辖区所有在家居民完成检测，3轮共进行核酸检测43317人次，全年无一例确诊病例，坚决守住辖区群众的健康。

【社会治理】 2021年，明照街道围绕区委“争当基层治理先行区”的发展战略，不断推进平安建设，有效维护人民群众生命财产安全。一是有序推进人居环境整治。街道着力健全完善人居环境整治常态化长效化运行机制，对主干道及周边进行集中整治和日常管护，添置垃圾容器200余个，做到垃圾日产日清。积极动员100余户村居民参与改厕工作，认真落实河长制，主动整改生态环保督查发现问题，坚决守住明照的绿水青山。二是切实做好信访工作。聚焦房地产领域、物业管理方面的痛点堵点，着力化解一批信访积案，妥善处理征拆信访个案，处理各类信访件36件。严格落实包保制度，确保责任到人。扎实做好庆祝中国共产党成立100周年等特护期信访接待工作。三是扎实做好安全生产工作。通过聘请专家、开展培训等方式，对辖区内40家小微企业开展安全生产方面的宣传和指导，深入开展岁末年初百日大会战等安全生产大检查，有效地维护辖区内的生产安全。

（汤 欢）

人　物

新任领导

表 7

序号	姓名	基本情况	任职时间
1	方　靖	男，汉族，湖南平江人，1978 年 6 月出生，1999 年 12 月参加工作，1999 年 6 月加入中国共产党，硕士研究生学历，工商管理硕士	2021 年 7 月，任株洲市荷塘区委书记
2	罗鹏程	男，汉族，湖南澧县人，1980 年 7 月出生，2003 年 7 月参加工作，2007 年 5 月加入中国共产党，大学学历，工程硕士	2021 年 2 月，任株洲市荷塘区委副书记、区人民政府区长
3	杨喜兰	女，汉族，湖南攸县人，1980 年 6 月出生，1998 年 8 月参加工作，2004 年 4 月加入中国共产党，函授本科学历，文学学士	2021 年 7 月，任株洲市荷塘区委副书记、政法委书记
4	汤小红	女，汉族，湖南醴陵人，1967 年 5 月出生，1988 年 9 月参加工作，1988 年 7 月加入中国共产党，自考本科学历	2021 年 10 月，任政协株洲市荷塘区委员会党组书记、主席
5	李小冬	男，汉族，湖南茶陵人，1975 年 6 月出生，1998 年 7 月参加工作，1998 年 4 月加入中国共产党，自考本科学历，管理学学士	2021 年 7 月，任株洲市荷塘区委常委、纪委书记、监察委主任
6	陈柏文	男，汉族，湖南茶陵人，1973 年 11 月出生，1991 年 7 月参加工作，1998 年 6 月加入中国共产党，函授本科学历	2021 年 7 月，任株洲市荷塘区委常委、区人民政府常务副区长
7	刘定光	男，汉族，湖南隆回人，1982 年 9 月出生，2007 年 7 月参加工作，2011 年 4 月加入中国共产党，大学学历，文学学士	2021 年 7 月，任株洲市荷塘区委常委、区人民政府副区长
8	张宇晨	男，苗族，湖南麻阳人，1979 年 9 月出生，2003 年 7 月参加工作，2006 年 6 月加入中国共产党，硕士研究生学历，工商管理硕士	2021 年 7 月，任株洲市荷塘区委常委、宣传部部长
9	谭光明	男，汉族，湖南湘潭县人，1974 年 10 月出生，1996 年 9 月参加工作，民革党员，电大本科学历	2021 年 2 月，任株洲市荷塘区人大常委会副主任（兼）、区疾控中心主任
10	朱福兴	男，汉族，湖南茶陵人，1969 年 6 月出生，1989 年 8 月参加工作，2003 年 6 月加入中国共产党，中央党校函授本科学历	2021 年 10 月，任株洲市荷塘区人大常委会党组成员、副主任

续表 7

序号	姓名	基本情况	任职时间
11	周湘雄	男，汉族，湖南攸县人，1967 年 6 月出生，1988 年 8 月参加工作，1996 年 5 月加入中国共产党，中央党校函授本科学历	2021 年 10 月，任株洲市荷塘区人大常委会党组成员、副主任
12	蔡世华	男，汉族，辽宁大连人，1974 年 4 月出生，1992 年 12 月参加工作，1995 年 5 月加入中国共产党，中央党校函授本科学历	2021 年 10 月，任株洲市荷塘区人大常委会党组成员、副主任
13	王　昆	男，汉族，湖南醴陵人，1980 年 5 月出生，2003 年 7 月参加工作，2001 年 12 月加入中国共产党，大学学历，公共管理硕士	2021 年 10 月，任株洲市荷塘区人民政府党组成员、副区长
14	言　清	男，汉族，湖南株洲市人，1979 年 8 月出生，1997 年 7 月参加工作，2001 年 6 月加入中国共产党，自考专科学历	2021 年 10 月，任株洲市荷塘区人民政府党组成员、副区长，公安荷塘分局党委书记、局长
15	张　璐	男，汉族，河南信阳人，1987 年 1 月出生，2008 年 7 月参加工作，2008 年 5 月加入中国共产党，大学学历，工学学士	2021 年 10 月，任株洲市荷塘区人民政府党组成员、副区长
16	陈佳敏	男，汉族，湖南茶陵人，1986 年 2 月出生，2010 年 6 月参加工作，2009 年 12 月加入中国共产党，省委党校在职研究生学历	2021 年 10 月，任株洲市荷塘区人民政府党组成员、副区长
17	杨能华	男，汉族，湖南邵东人，1973 年 9 月出生，1998 年 6 月参加工作，民进会员，大学学历，理学学士	2021 年 10 月，任政协株洲市荷塘区委员会副主席
18	徐达江	男，汉族，湖南醴陵人，1972 年 10 月出生，1993 年 9 月参加工作，1997 年 5 月加入中国共产党，函授本科学历	2021 年 10 月，任株洲市荷塘区人民法院党组书记、院长
19	肖昊昕	男，汉族，湖南株洲市人，1978 年 8 月出生，2000 年 10 月参加工作，2006 年 6 月加入中国共产党，省委党校在职研究生学历	2021 年 7 月，任株洲金山科技工业园党工委书记
20	王　荣	男，汉族，湖南益阳人，1980 年 9 月出生，2003 年 9 月参加工作，2003 年 4 月加入中国共产党，硕士研究生学历，工程硕士	2021 年 7 月，任株洲金山科技工业园党工委副书记、管委会主任

（陈婧妮）

先进人物

刘　勇　男，汉族，1980 年 1 月出生，籍贯湖南株洲市，中共党员，中国政法大学函授本科，任株洲市荷塘区人大常委会党组成员、办公室主任，2002 年 10 月参加工作，2008 年 6 月从事人大工作。该同志紧紧围绕区委中心工作和区人大常委会工作重心，切实履行宪法和法律赋予的各项职责，充分发挥岗位职能作用，坚持把监督和服务相结合，踏踏实实做事、认认真真工作，为区人大及其常委会各项工作的顺利推进做出积极贡献。2021 年，获评湖南省人大工作先进个人。

自 2008 年 6 月，他被调入荷塘区人大常委会办公室，从事人大工作至今。政治坚定、思想上进。刘勇坚持学习中国特色社会主义理论体系和习近平总书记系列重要讲话精神，牢固树立道路自信、理论自信、制度自信、文化自信，矢志不渝自觉当好人大制度的维护者、实践者，用一点一滴扎扎实实的不懈努力，为人大制度和人大工作添砖加瓦、增光添彩。在政治上、思想上、行动上始终与党中央保持高度一致。勤奋学习、善于思考。刘勇同志始终把学习作为一种精神、一种责任、一种追求，树立终生学习的理念，不断增强学习的责任感、使命感和紧迫感。注重理论联系实际，注重总结实践经验，精心策划，参与编辑《回眸·荷塘区第五届人大履职风采录》，用图片和文字，再现本届人大及其常委会、人大代表和人大工作者依法履职的足迹。在广泛深入调研的基础上，积极撰写《充分发挥人大作用，着力改善法治环境》《关于加强县乡人大工作和建设的探索与思考》等40余篇理论调研文章，被《湖南日报》《人民之友》《株洲人大》等刊物发表，900余篇信息被新闻媒体采用并报道，到人大工作所撰写的材料累计装订成册近30本。爱岗敬业，甘于奉献。刘勇能够正确认识自身工作和价值，能够正确处理苦于乐、得与失、个人利益和集体利益的关系，始终围绕办公室工作重心，竭尽全力为领导服好务、为基层和机关服好务、为人民群众服好务。办公室人少事多，13年来，经历8任办公室主任调整，除一名财务人员外，他一人几乎承担办公室职责范围内的所有工作，十几年的年休假期，均无私奉献在工作中。作风严谨，廉洁自律。刘勇始终保持谦虚、谨慎、不骄、不躁的作风，严格规范自己的一切言行，模范遵守机关各项规章制度，尊重领导、团结同志、心胸宽广、待人诚恳，主动接受来自各方面的意见。始终坚持艰苦奋斗的作风，严格要求自己、理性约束自己，洁身自好、廉洁自律，无论是工作还是生活中都严格遵守党纪国法的约束，自觉接受各种监督，虽然一直在领导身边工作，广泛接触社会各界人士，经常陪同走访基层，从未接受过任何礼品礼金和请吃请喝，维护人大机关良好形象。

章 戈 男，1970年11月出生，汉族，中共党员，大学本科学历，1992年参加工作，为株洲市荷塘区人民检察院一级员额检察官。被湖南省人民检察院授予“2021年全省检察机关扫黑除恶专项斗争先进个人”。

自扫黑除恶专项斗争开展以来，他主办的符思林、李凯等人充当恶势力犯罪集团“保护伞”，受贿、滥用职权、符思林徇私舞弊不移交刑事案件、贪污案，还积极参与以丁盛云、王志飞为首的恶势力犯罪集团，抢劫、非法拘禁案的办理。由于该两起案件错综复杂、相互关联，且被害人身心受到创伤，大多数被害人身居外地，不愿配合调查，导致取证困难。在案件的办理过程中，他多次与监察、公安机关沟通，列明调查、侦查提纲，引导取证方向，将监察、公安机关的证据系统化，证据得以补强，最终形成完整的证据链。章戈在审查案件时，通过多次实地走访和自行调查取证，在综合证据和卷宗材料后，追诉符思林、李凯等人的滥用职权罪，且一审、二审法院均对所指控的滥用职权罪做有罪判决。一审法院对符思林、李凯等人受贿、滥用职权、符思林徇私舞弊不移交刑事案件、贪污案依法做出判决后，章戈全面审查，认为一审判决对符思林、李凯犯滥用职权罪量刑畸轻，认定李凯的自首情节确有错误，在株洲市人民检察院的支持下，依法向株洲市中级人民法院提出抗诉，该院采纳抗诉意见，依法做出改判。

章卫国 男，56岁，中共党员，高级工程师，同济大学（原上海铁道学院）铁道车辆专业本科毕业，获学士学位，任株洲飞鹿高新材料技术股份有限公司董事长，株洲市人大代表，株洲市工商联常委、荷塘区工商联副主席、湖南省非公经济优秀社会主义事业建设者、湖南省优秀企业家、株洲市优秀企业家。2021年，被中共湖南省委、湖南省人民政府评为第一届“新湖南贡献奖先进个人”。

作为飞鹿股份的董事长，章卫国几乎凭一己之力将企业带到上市公司的快速发展轨道，飞鹿股份迈进一个新的发展征程。坚忍不拔的品性是他人生最显著的标签。飞鹿股份的IPO之路走得并不平顺，2010年正式启动IPO进程，到2017年成功上市，一共7年，其间经历过IPO停摆、中止审查、第一次过会遭否等一系列波折。他没有被挫折打倒，而是组织公司骨干人员对企业进行认真的诊断和分析，短短的10个月后就重新向证监会递交上市申请，最终成就被誉为“轨道交通防腐防水材料第一股”的上市公司。企业上市成功，立足现有产品及技术，继续对防腐、防水、防渗等新材料产品及技术进行探索创新性应用。精耕轨道交通、践行绿色发展，扩大细分市场领先优势，打造新的产业增长极。持发展的理念，成就市场和技术过硬的现代化企业，章卫国将“百年飞鹿”作为其经营企业的核心价值观，以创新、开拓、务实的经营理念，不断创新、不断超越，在不到20年的时间里，公司实现从无到有、从小到大、从弱到强的跨越式发展。坚守依法合规经营企业的原则和底线，成就企业规范化运作，章卫国把坚持依法合规经营作为其经营管理企业的原则和底线，并植根于每个员工的思想中，公司自成立以来，未发生重大环境污染、质量、安全事故和失信、劳资冲突事件。积极奉献，认真履行社会职责，成就良好的企业外部形象，作为人大代表，章卫国始终牢记“人民选我当代表、我当代表为人民”的使命和责任，作为企业家，章卫国认真履行应有的社会责任。经过多年兢兢业业的努力，章卫国用自己的勇气与才智引领着飞鹿公司这艘轮船，成功地克服一波波狂风巨浪，行驶在实现企业又好又快发展的航道上。

刘洪文 男，1969年9月出生，1993年参加公安工作，2016年至今担任分局法制大队大队长。被评为“全省公安法制工作成绩突出个人”。

他政治素质过硬，具有强烈的政治责任感和工作使命感，坚持不懈地学习业务理论知识，熟练掌握各项法律法规，不断提高自身的法律功底和适用法律的能力和水平。自2016年担任分局法制大队大队长以来，刘洪文以身作则、争当先进，带领分局法制大队民警，围绕省厅、市局法制部门的每年的工作重点，尽心尽力当好分局领导的“法制参谋”，确保分局绝对不捕、不诉案件零发生，公诉率、行政案件快办等工作在全市公安机关绩效评估“规范执法”考评中名列前茅，助推分局在2017年至2021年，连续5年获评“全省执法质量优秀单位”，为分局荣获“全国公安机关执法示范单位”称号做出重要贡献。

黄建华 男，1959年7月出生，1988年6月加入中国共产党，2001年原汽车制造厂破产后，远赴浙江自谋职业，并在他乡一直做力所能及的志愿服务。2013年回到荷塘区晏家湾社区栗枫小区居住，带着一颗“奉献和责任”之心，开始专职投身社区志愿服务。多年以来，黄建华坚持做志愿服务是“奉献”和“责任”的，“奉献”就是为群众做任何服务都是无偿的；“责任”就是竭尽所能，着力解决人民群众所需所急所盼，而且一定做好。被评为2021

年度9月助人为乐类湖南好人。

他挺身“逆行”积极参与社区疫情防控志愿服务。2020年新冠肺炎疫情以来，黄健华作为一名党员志愿者，在最危难、最关键的时刻毅然决然地当起疫情防控工作的排头兵，佩戴党徽、亮出身份，带头冲锋在疫情防控第一线，带动、引导广大群众积极落实各项防控措施。他奋战在抗疫一线，在疫情防控中严格把好疫情排查关、体温测量关、日常消毒关、防疫物资保障关、人文关怀关，做到不留死角、不留盲区、不放过任何线索、不发生任何遗漏，用“奉献和责任”之心有力保障社区人民群众的生命健康安全。从上门入户排查中高风险返株人员、站岗值守检查“双码”到冒着酷暑宣传疫情防控政策，不管什么疫情防控任务，黄建华总是勇挑重担、随叫随到，积极努力为晏家湾社区疫情防控贡献力量。

他坚守初心使命，围绕城乡帮困、环境保护、社区服务等开展志愿服务。他为老弱病残送爱心、为环保呐喊助力、为服务人民群众不遗余力。不论是春夏秋冬，还是白天黑夜，他都是时刻关注着群众的日常生活所需，奔走在服务群众的路上。帮助小区患精神残疾彭万红清理房间，打扫卫生。临近中秋，黄建华购买月饼送到彭卫红家，与他一起共度中秋佳节。一直以来，黄建华用自己的言行践行初心不改，无私奉献之歌。他先后被评为荷塘区疫情防控“遇见你”党员志愿者、建党百年“遇见你”党员志愿者，年年被评为社区“优秀共产党员”。

杨定国 男，1965年6月出生，1983年入伍，后任株洲市武警支队政治处副主任，于2001年8月转业成为荷塘区公安分局茨菇塘派出所一名社区民警。被评为2021年度10月见义勇为类湖南好人。

2021年4月，他在下班途中见义勇为，徒手夺刀救人，获株洲市三等功。作为一名社区民警，他时刻把群众的困难放在心上，不论何时何地、不论上班下班，只要有群众有危难就挺身而出。除了是一名社区民警，杨定国还有多重“身份”。因为他喜欢国学，又被株洲国学大讲堂聘请为客座教授，被同事称为“杨教授”；因为经常到学校讲授安全防范课程，又被辖区学校的同学们亲切地称为“安全大师”；因为他将辖区曾经留下劣迹的人当亲人一样关爱，给他们带来希望，还被称为“曙光警察”。见义勇为，危机当前舍身为民。赤手空拳，一手攥住钢钎，一手掐住菜刀，一个年过五旬的伤残民警，面对挥舞的凶器毫无惧色。民警杨定国转业不转初心，换装不换使命。不论何时何地、不论上班下班，只要群众有危难就挺身而出，在危急关头徒手格斗制止凶杀，有效制止一起故意杀人的恶性案件，挽救当事人的生命，赢得社会各界的一致赞扬，展示人民公安为人民的情怀使命。

汤果仁 女，66岁，株洲人，新桂村一个农户家里，丈夫患有脑梗，已经瘫痪10多年，她在照顾丈夫的同时坚持公益服务多年，被评为2021年度12月助人为乐类湖南好人。

关爱老人，积极投身公益服务。她已经连续为困难群体义务剪发。14年，随叫随到风雨无阻，无偿为敬老院老人理发，从敬老院的老人们到村附近的老人们，只要有人需要理发、剪指甲的，她都会乐呵呵地带着自己的工具包前去给老人们服务。她对老人有一份特别的爱心，时时刻刻心里都想着这些老人们，关心他们的生活起居，关心他们的身体健康。她为村里得了脑血栓、长期卧病在床、72岁的汤自华老人修脚服务8年。她给附近瘫痪在床行动不便的老人们擦洗身子，获附近村民的一致好评。

单位负责人

中共荷塘区委及工作部门负责人

中共荷塘区委

书记　　邬凌云（2021 年 7 月免）
　　　　方　靖（2021 年 7 月任）
副书记　　罗鹏程
　　　　杨喜兰（女，2021 年 4 月任）
常委　　王顺安（2021 年 7 月免）
　　　　王　冬
　　　　郑志富（2021 年 7 月免）
　　　　李小冬（2021 年 7 月任）
　　　　马永章
　　　　田　灿（2021 年 7 月免）
　　　　张宇晨（2021 年 7 月任）
　　　　余　鹏
　　　　刘新华（2021 年 7 月免）
　　　　陈柏文（2021 年 7 月任）
　　　　王伟胜
　　　　刘定光（2021 年 7 月任）

区委办公室

主任　　王伟胜
常务副主任　　李挺美（2021 年 9 月免）
　　　　张海湘（女，2021 年 9 月任）
副主任兼机要局（密码管理局）局长、区委密码工作领导小组办公室主任
　　　　张　健（2021 年 12 月免）
副主任　　周　涛（2021 年 9 月任）
督查专员兼督查室主任
　　　　张腾升

经济研究中心

主任　　王杨辉
副主任　　彭鹏远（2021 年 10 月免）
　　　　辜天鹏
　　　　王　钊（2021 年 10 月任）

区纪委、监察委

书记、监察委主任　　郑志富（2021 年 7 月免）
　　　　李小冬（2021 年 7 月任纪委书记，2021 年 12 月任监察委主任）
常务副书记、监察委副主任
　　　　蒋国荣（女，2021 年 7 月免）
副书记、监察委副主任
　　　　郭运明（2021 年 7 月免）
　　　　汤　灿（2021 年 7 月任纪委副书记、2021 年 12 月任监察委副主任）
纪委副书记、监委副主任，监察委委员
　　　　肖　煊（2021 年 7 月任纪委副书记、2021 年 12 月任监察委副主任，2021 年 12 月免监委察委员）
纪委常委、纪检监察室主任、监察委委员
　　　　王洪连（2021 年 12 月免）
纪委常委、监察委委员　　戴树忠（2021 年 12 月任纪委常委）
　　　　成　兰（女，2021 年 7 月免）
　　　　罗向阳（2021 年 12 月任监委察委员）
纪委常委　　李　源（2021 年 07 月免）
　　　　曾云艺（女，2021 年 7 月任）
　　　　陈　果（2021 年 7 月任）
监察委委员　　孙续艳（女，2021 年 12 月任）

欧阳妤（女，2021 年 12 月任）
办公室主任　欧阳妤（女，2021 年 12 月免）
党风政风监督室主任
曾云艺（女，2021 年 9 月免）
蒋　维（女，2021 年 9 月任）
案件审理室主任　孙续艳（女，2021 年 12 月免）
汤星宇（2021 年 12 月任）
信访室主任　周　惠（女）
第一纪检监察室主任
赵羿成
第二纪检监察室主任
谭艳辉（女）
第三纪检监察室主任
迟　橙
派驻财政局纪检监察组组长、财政局党组成员
易继锋
派驻区教育局纪检监察组组长、
教育局党委委员　陈　宁（女）
派驻区卫生健康局纪检监察组组长、卫生健康局
党委委员　汤云峰
派驻政法委纪检监察组组长
彭中心（2021 年 9 月任）

区委巡察办

主任　刘　皓（女）
副主任（巡视联络办副主任）
陈　果（2021 年 9 月免）
副主任　黄兴云（2021 年 9 月任）

巡察组

组长　向宏武
张新春（2021 年 9 月免）
朱航宏
丁圣民
副组长　肖　荣
文　钰（女）
彭　程（2021 年 9 月免）

区委组织部

部长　余　鹏
常务副部长　周　波（2021 年 5 月免）
常务副部长、两新党工委书记（兼）
袁夕辉（2021 年 5 月任常务副部长，免副部长）
副部长　瞿逢时（女）
龚丽君（女）
“两新”党工委专职副书记
宋　凤（女）
党员教育中心主任　董婉璐（女，2021 年 9 月免）
刘　芳（女，2021 年 9 月任）
人才服务中心主任　杨　芳（女）
老干部服务中心主任
张小军（女）
党校校长　丁圣民（2021 年 10 月免）
肖　勇（2021 年 10 月任）
党校副校长　朱　毅

区委编办

主任　陈跃纯（女，2021 年 12 月免）
副主任　冯晓倩（女）
机构编制事务中心主任
李诺男（女）

区委宣传部

部长　田　灿（2021 年 7 月免）
张宇晨（2021 年 7 月任）

常务副部长　张智春
副部长　唐珺泽（女）
唐　杜（2021 年 10 月免）
刘梦宸（女，2021 年 12 月任）
融媒体中心主任　秦　蓁

区委统战部
部长　王顺安（2021 年 7 月免）
王　冬（2021 年 7 月任）
常务副部长　周文洁（女）
副部长　刘　卫（女，2021 年 12 月免）
副部长，民宗局局长（兼）
文铁柱
副部长　刘克章（2021 年 12 月任）

区委政法委
书记　王　冬（2021 年 7 月免）
杨喜兰（女，2021 年 7 月任）
常务副书记　贺志德
副书记　田　畅（2021 年 12 月任）
刘雪峰（2021 年 12 月免）
龙正来（2021 年 9 月任）
刘海荣（2021 年 9 月免）
政治部主任　龙正来（2021 年 9 月免）
区纪委监委派驻政法委、纪检监察组组长
彭中心（2021 年 9 月任）

区委网信办
主任　张海湘（女，2021 年 9 月免）
王沧海（2021 年 10 月任）
副主任　刘晶晶（女）

网格化管理服务中心
主任　杜　杨（女）
副主任　王理蓉（女，2021 年 5 月免）
阳源良（2021 年 5 月免）
陈　捷（女，2021 年 9 月任）

区档案馆
馆长　聂　炼
副馆长　刘丽君（女）
刘靖一（女，2021 年 10 月免）
石　丹（女，2021 年 12 月任）

荷塘区人大常委会及各委办负责人

党组书记、主任　刘国梁
党组副书记、副主任
张赐华（女，2021 年 10 月免）
丁国祥（2021 年 7 月任党组副书记）
党组成员、副主任　刘湘林（2021 年 10 月免）
彭物明（2021 年 10 月免）
副主任　谭光明（2021 年 2 月任）
党组成员、副主任　朱福兴（2021 年 10 月任）
周湘雄（2021 年 10 月任）
蔡世华（2021 年 10 月任）
党组成员、办公室主任（信访办公室主任）
刘　勇
选举任免联络工作委员会主任
彭　栋（2021 年 9 月免）
陈　翊（女，2021 年 9 月任）
监察和司法委员会主任委员
谭件美
财政经济委员会主任委员

黄克忠

教育科学文化卫生委员会主任委员

唐　倩（女）

环境和资源保护委员会主任委员

余　前（2021年9月免）

彭　栋（2021年9月任）

农业与农村委员会主任委员

龙丽娜（女）

社会建设委员会主任委员

周树根（2021年9月免）

刘海荣（2021年9月任）

办公室副主任　张　超（女）

选举任免联络工作委员会副主任

陈　翊（女，2021年9月免）

陈　静（女，2021年9月任）

财政经济委员会副主任委员

席卫国（女）

荷塘区人民政府及工作部门负责人

区人民政府

党组书记、区长　王利波（2021年1月免）

罗鹏程（2021年2月任）

党组副书记、常务副区长

刘新华（2021年7月免）

陈柏文（2021年7月任）

党组成员、副区长

刘定光

黄团结（2021年9月免）

副区长　罗　曼（女）

党组成员、副区长　刘必林（2021年9月免）

王　昆（2021年10月任）

言　清（2021年10月任）

向前进

张　璐（2021年10月任）

陈佳敏（2021年10月任）

政府办公室

党组书记、主任　唐　坚

党组成员、副主任　黎　健

苏　轩（2021年9月免）

周平刚（2021年5月任）

何　毅（2021年12月免）

彭鹏远（2021年10月任）

曾　慧（女）

李　源（2021年12月任）

督查专员兼督查室主任

黄宇晖

接待服务中心主任　宋楚才

发展和改革局

党组书记、局长　唐　斌（2021年9月任）

党组成员、副局长　彭小龙（2021年12月免）

黎　剑

教育局

党委书记、局长　周　波（2021年5月任）

党委副书记、副局长

潘书巧（女，2021年9月任党委副书记）

区纪委监委派驻教育局纪检监察组组长、教育局党委委员　陈　宁（女）

党委委员、总督学　田　勇（2021年5月任）

党委委员、副局长　王晓红（女，2021年12月免）

李　薇（女）

教研中心主任　过　斌

科技和工业信息化局

党委书记、局长　曾　健

党委副书记、副局长

廖结文（2021 年 12 月免）

党委委员、副局长　赖健鹰（女）

黄生发

民政局

党组书记、局长　刘骞晖（2021 年 5 月任）

党组成员、副局长　桂凌云

赵　婷（女）

慈善事务服务中心主任

易　洲（女）

司法局

党组书记、局长　易　东

党组成员、副局长　周　璐（女）

彭丽华（女）

王雨薇（女）

财政局

党组书记、局长　苏　智

区纪委监委派驻财政局纪检监察组组长、

财政局党组成员　易继锋

党组成员、副局长　李　莉（女）

李　剑（女）

谭　琦

党组成员、总会计师

陈奕红（女，2021 年 12 月免）

国库集中支付核算中心主任

漆卫星（女）

乡镇财政服务中心主任

曹菁槿（女）

人力资源和社会保障局

党组书记、局长，区委组织部副部长（兼）

周湘雄（2021 年 12 月免）

党组书记、局长　黄大平（2021 年 12 月任）

党组成员、副局长　夏昌顺

宾海燕（女，2021 年 12 月免）

邹　琼（2021 年 5 月免）

漆　琳（女）

就业服务中心主任　尹李军

社会保险服务中心主任

徐昕晔（女）

劳动监察大队队长　余　雷

住房和城乡建设局

党委书记、局长、防空办主任

刘胜贤

党委委员、副局长　熊金星

宋永中（2021 年 9 月任副局长，免总工程师）

党委委员、总工程师

周　理（2021 年 10 月任）

副局长　蔡群英（女，2021 年 9 月免）

人防办副主任　陈红兵（女）

建安站站长　周　理（2021 年 10 月免）

张　暘（2021 年 12 月任）

交通运输局

党组书记、局长　肖　勇（2021 年 9 月免）

魏　星（2021 年 9 月任）

副局长　颜俊龙

农业农村局

党组书记、局长　谭洪勇

党组成员、副局长　贺　伟

刘剑锋

党组成员、总农艺师

陈春贵（女，2021 年 10 月任）

农技推广中心主任 宾 倪

农村经济管理服务站站长

张颖佳（女）

商务和粮食局

党委书记、局长 罗智玲（女，2021 年 9 月免）

李挺美（2021 年 9 月任）

党委副书记、副局长

成 兰（2021 年 9 月任）

党委委员、副局长 肖 伟（2021 年 9 月免）

李海林

文化旅游体育局

局长 廖 山（2021 年 12 月免）

党组书记 王 华（2021 年 9 月免）

党组书记、局长 周 兴（2021 年 9 月任党组书记，2021 年 12 月任局长）

党组副书记、副局长

贺春庆（2021 年 9 月免）

党组成员、副局长 龚 婷（女）

公共文化服务中心主任

熊 玉（女，2021 年 12 月免）

谭 杰（2021 年 12 月任）

卫生健康局

党委书记、局长 黄国初（2021 年 5 月免）

冯 晓（2021 年 5 月任）

党委书记 石治国（2021 年 5 月任党委书记，免副局长）

区纪委监委派驻卫生健康局纪检监察组组长、卫生健康局党委委员

汤云峰

党委委员、副局长 朱 珍（女）

欧阳江帆

黄海鹏（2021 年 9 月任）

妇幼保健计划生育服务中心

主任 田映平（女）

副主任 胡晓玲（女）

疾控中心

主任 谭光明

党支部书记 谢爱萍（女，2021 年 9 月免）

魏永卷（2021 年 9 月任）

卫生计生综合监督执法大队

大队长 刘 珺

审计局

党组书记、局长 王 虎（2021 年 7 月免）

廖 敏（女，2021 年 9 月任）

党组成员、副局长 廖 敏（女，2021 年 9 月免）

彭 程（2021 年 9 月任）

彭 畅（女）

投资审计中心主任 李 晔（女）

退役军人事务局

党组书记、局长 陈 靖

党组成员、副局长 谭 昕

应急管理局

党委书记、局长 赵 冰（2021 年 5 月任党委书记）

党委成员、副局长 罗志勇（党委成员 2021 年 5 月任）

黄兴云（2021 年 9 月免）

副局长 罗　宁

城市管理和综合执法局

党委书记、局长 汤思源

党委委员、副局长 江水龙

李伟斌

傅平辉（2021 年 9 月免）

晏　蕾

黄　炜

园林绿化服务中心

主任 易　旭

环境卫生服务中心

主任 张　晖

数字化城市管理监督指挥中心

主任 易勇强

城市管理综合行政执法大队

大队长（兼） 李伟斌

副大队长 易洋华

李动奇

治违大队

大队长 王海亮

统计局

党组书记、局长 旷世平

党组成员、副局长 吴　娟（女）

欧阳敏（女）

社会经济调查中心主任

刘青松

普查中心主任 赵　凯

信访局

党组书记、局长 魏　星（2021 年 9 月免）

局长 龚大力（2021 年 9 月任）

党组成员、副局长 裴黎明

黎　伟

医疗保障局

党组书记、局长 黄大平（2021 年 9 月免）

宋周伟（女，2021 年 9 月任）

党组成员、副局长 欧阳劲梅（女，2021 年 9 月免）

李娅琴（女，2021 年 9 月任）

医疗保障事务中心主任

唐国先

行政审批服务局

局长 文　丽（女）

党组书记 吴　琼（女，2021 年 9 月免）

宾海燕（女，2021 年 12 月任）

副局长 袁宏伟（2021 年 9 月免）

政务服务中心主任 刘海燕（女）

自然资源局（林业局）

局长 熊　昕

仙庾岭风景名胜区管理服务中心主任

黄　强

市场监管局

党组副书记、局长 罗炽成

党组书记　郭　维
党组成员、副局长　张新春（2021年9月任）
晏世元
刘晓兵（2021年9月免）
张罗生
易　平（女）

政府金融工作办公室
主任　彭治凯（2021年9月免）
彭小龙（2021年12月任）
副主任　管　婧（女）

征地工作协调服务中心
主任　王沧海（2021年10月免）
马涛涛（2021年10月任）
党组书记　汤　建（2021年10月任）
副主任　汤　建（2021年10月免）
党组成员、副主任　欧阳文刚（2021年9月任）
边俊华（2021年10月任党组成员）

物业服务指导中心
党组书记、主任　罗周明（2021年5月任党组书记，2021年10月免党组书记、主任）
党组成员、副主任　漆泰虹（女，2021年5月任党组成员）
韩　娟（女，2021年10月免）
副主任　何　龙（2021年10月任）

产业服务中心
党组书记、主任　陈霞霞（女，2021年5月任党组书记）
党组成员、副主任　王珊珊（女，2021年5月任党组成员）
杨光强（2021年5月任党组成员）

市场服务中心
党组书记、主任　胡　嵩（2021年5月任党组书记）
党组成员、副主任　何彦欣（女，2021年5月任党组成员）
何　滔（2021年5月任党组成员）

优化营商环境协调事务中心
党组书记、主任　罗　铭（2021年5月任党组书记）
副主任　何　立（2021年5月任党组成员）
谭前勇（2021年5月任党组成员）

机关事务服务中心
党组书记、主任　刘石建
党组成员、副主任　余　玲（女）
曹思佳（女）
副主任　朱其利（女）

金山科技工业园
党工委书记　朱福兴（2021年7月免）
肖昊昕（2021年7月任）
党工委副书记、管委会主任
杨忠亮（2021年7月免）
王　荣（2021年7月任）
党工委副书记、纪工委书记

王　巍

党工委委员、管委会副主任

刘　梅（女，2021年9月免）

唐　斌（2021年9月免）

荷塘产业开发区党工委委员、管委会副主任

罗周明（2021年10月任）

荷塘产业开发区管委会副主任

蔡群英（女，2021年10月任）

规划建设科科长　李　琳（女）

招商产业科科长　唐丝思（女）

办公室主任　唐佳昕（女）

荷塘月色事务服务中心

主任　汤　灿（2021年9月免）

党组书记、主任　胡震宇（2021年9月任）

党组成员、副主任　熊　玉（女，2021年12月任）

副主任　罗　恒

魏永卷（2021年9月免）

政协荷塘区委员会及各委办负责人

党组书记、主席　何恒仁（2021年10月免）

汤小红（女，2021年10月任）

党组副书记　王顺安

党组副书记、副主席

方　芳（女）

副主席（兼）　廖　山（2021年10月免）

冯　晓

党组成员、副主席　张苏龙

副主席（兼）　龚新胜

杨能华（2021年10月任）

党组成员、秘书长、办公室主任

谭二勇（2021年10月免）

陈乐红（女，2021年10月任）

提案和委员学习联络委员会主任

陈乐红（女，2021年10月免）

罗智玲（女，2021年10月任）

社会法制和民族宗教委员会主任

豁　波（女，2021年10月免）

吴　琼（女，2021年10月任）

经济科技和外事委员会主任

刘　伟

文教卫体和文史委员会主任

邓吏辛（2021年10月免）

王　华（2021年10月任）

农业农村和人口资源环境委员会主任

周　兴（2021年9月免）

袁宏伟（2021年9月任）

办公室副主任　张　浩（女）

农业农村和人口资源环境委员会副主任

潘献春（女，2021年6月免）

刘克章（2021年6月任，2021年12月免）

文　静（2021年12月任）

荷塘区人民法院、人民检察院负责人

荷塘区人民法院

党组书记、院长　黄玉丰（2021年10月免）

徐达江（2021年10月任）

党组副书记、审委会专职委员

蒋　弘（女）

党组副书记、副院长

文环宇

副院长　黎　胜

党组成员、副院长　陈正刚

党组成员、审判员、审委会委员、云龙示范区人民法庭庭长　王丹茂（女）
党组成员、综合办公室主任、机关党总支书记　喻志强
党组成员、政治部主任　王　艳（女）
审委会专职委员、刑庭庭长　唐　玲（女）

荷塘区人民检察院

党组书记、检察长　陈卫华
党组副书记、副检察长　康文辉
党组副书记、检委会专职委员　方清华
党组成员、副检察长　谭　熠
副检察长　黎　静（女）
党组成员、政治部主任　罗君峰

荷塘区社会团体负责人

总工会

主席　张　岚（女）
副主席　曹晓晖（女）
罗飞跃（女，2021 年 12 月免）

团委

书记　张　敏（女）
副书记　王思静（女）

妇联

主席　张思思（女）
副主席　彭文瑾（女，2021 年 9 月免）
吴莉华（女，2021 年 9 月任）

残联

理事长　宋周伟（女，2021 年 9 月免）
党组书记、理事长　蔡灵敏（女，2021 年 10 月任）
副理事长　吴莉华（女，2021 年 9 月免）
党组成员、副理事长　彭文瑾（女，2021 年 9 月任）

工商联

党组书记、区委统战部副部长（兼）　刘志勇（2021 年 9 月免）
欧阳劲梅（女，2021 年 9 月任）
主席　黎　婷（女）
副主席　胡跃玲（女）

科协

主席　杨能华（2021 年 12 月免）
曹姜君（2021 年 12 月任）
党组书记　刘雪峰（2021 年 12 月任）
副主席　游　隽（女）

文联

主席　蔡灵敏（女，2021 年 10 月免）
唐　杜（2021 年 10 月任）

计生协会

会长　龚新胜
常务副会长　陈小伟（2021 年 12 月免）

红十字会

会长（兼） 罗　曼（女）

副会长 刘　恋（女）

侨联

党组书记 朱　勇

荷塘区镇、街道负责人

仙庾镇

党委书记 肖昊昕（2021年12月免）

党委副书记、镇长 李俊伟

党委副书记 杨思维（2021年5月免）

周　成（2021年1月任）

党委委员、人大主席

龚大力（2021年5月免）

杨思维（2021年8月任人大主席）

党委委员、政法委员、副镇长

田　勇（2021年5月免）

姜　波（2021年5月任党委委员、政法委员，2021年8月任副镇长）

党委委员、组织委员

周平刚（2021年5月免）

文羽纶（女，2021年5月任）

党委委员、副镇长

柳　萧

党委委员、宣传统战委员

阳源良（2021年5月任）

党委委员、纪委书记

侯德昌

副镇长 刘彦直（2021年5月免）

周　斌（2021年8月任）

人大副主席 刘克章（2021年5月免）

王理蓉（女，2021年8月任）

月塘街道

党工委书记 刘　晔（2021年12月免）

党工委副书记、办事处主任

王　穗

党工委副书记 李　果

党工委委员、人大工作委员会主任

宋红娆（女）

党工委委员、政法委员

王云贵

党工委委员、纪工委书记

言莫依

党工委委员、宣传统战委员

肖　锟

党工委委员、组织委员

毛　伟

党工委委员、办事处副主任

雷颖俊

办事处副主任 姜　波（2021年5月免）

刘梦宸（女，2021年12月免）

彭　莉（女，2021年9月任）

劳保站站长 赵　途（女）

茨菇塘街道

党工委书记 王　荣（2021年12月免）

刘石平（2021年12月任）

党工委副书记、办事处主任

刘石平（2021年12月免）

何　毅（2021年12月任）

党工委副书记 周　涛（2021年9月免）

党工委委员、人大工作委员会主任

赵　虎（2021 年 12 月免）
廖结文（2021 年 12 月任）

党工委委员（政协联络工作负责人）
谭爱平（2021 年 9 月免）

党工委委员、政法委员
周　剑

党工委委员、办事处副主任
欧阳鲲

党工委委员、组织委员
陈春花（女）

党工委委员、宣传统战委员
韩　娟（女，2021 年 10 月任）

党工委委员、纪工委书记
黄　涛（女）

办事处副主任　文　浪
刘江岸（女）

劳保站站长　陈　捷（女，2021 年 9 月免）

桂花街道

党工委书记　邓思思（女）

党工委副书记、办事处主任
王佳佳（2021 年 12 月免）
张　健（2021 年 12 月任）

党工委副书记　周　威

党工委委员、人大工作委员会主任
黎　伟

党工委委员、政法委员
易　峰

党工委委员、办事处副主任
刘文进

党工委委员、宣传统战委员
黄海鹏（2021 年 9 月免）
黄鹤辉（2021 年 9 月任）

党工委委员、组织委员
谭震宇

党工委委员、纪工委书记
颜建利

办事处副主任　马涛涛（2021 年 10 月免）
陈　静（女，2021 年 9 月免）
郭昌勇（2021 年 9 月任）
沈秋鱼（女，2021 年 9 月任）

劳保站站长　陈春贵（女，2021 年 10 月免）

金山街道

党工委书记　许太相（2021 年 7 月免）

党工委副书记、办事处主任
万　景

党工委副书记　张森宇（2021 年 9 月任）

党工委委员、人大工作委员会主任
晏　毅

党工委委员、纪工委书记
佘高平

党工委委员、宣传统战委员
陈斯娜（女）

党工委委员、组织委员
龚丽君（女，2021 年 9 月免）
罗　丹（女，2021 年 9 月任）

党工委委员、政法委员
言　彪

党工委委员、办事处副主任
龙　斌

办事处副主任　罗　丹（女，2021 年 9 月免）
陶勇峰（2021 年 9 月任）

劳保站站长　胡新宇

宋家桥街道

党工委书记 钟　杨

党工委副书记、办事处主任

杜　杜

党工委副书记 胡震宇（2021 年 9 月免）

董婉璐（女，2021 年 9 月任）

党工委委员、人大工作委员会主任

田　畅（2021 年 12 月免）

王洪连（2021 年 12 月任）

党工委委员、宣传统战委员

黄海平（女）

党工委委员、办事处副主任

熊　军

党工委委员、纪工委书记

单志雄

党工委委员、组织委员

张森宇（2021 年 9 月免）

刘靖一（女，2021 年 10 月任）

党工委委员、政法委员

易祥涛

办事处副主任 梁　波

文　静（女，2021 年 12 月免）

明照街道

党工委书记 蔡世华（2021 年 12 月免）

刘　晔（2021 年 12 月任）

党工委副书记、办事处主任

李正玉

党工委副书记 刘　强

党工委委员、人大工作委员会主任

杨艳红（女，2021 年 9 月免）

谭爱平（2021 年 9 月任）

党工委委员、宣传统战委员

周　凯

党工委委员、政法委员

罗　威

党工委委员、组织委员

罗宇祥

党工委委员、办事处副主任

陈苏远

党工委委员、纪工委书记

龙佳欢

办事处副主任 曹姜君（2021 年 12 月免）

汤　瑶

刘彦直（2021 年 12 月任）

荷塘区公安及消防救援部门负责人

株洲市公安局荷塘分局

党委书记、局长 黄团结（2021 年 7 月免）

言　清（2021 年 7 月任）

党委副书记、政委 龙志奇

党委副书记、副局长

陈庚社

党委委员、副局长 方　剑

刘拥军

黄稳钢

杨湘兵

党委委员、纪委书记

李星舟

党委委员、政工室主任

温　桃（女）

工会主席 王建明

荷塘区消防救援大队

大队长 易　彦

副大队长　　　　欧　旦

荷塘区“双管”机构及金融单位负责人

国家税务总局株洲市荷塘区税务局

党委书记、局长　杨文明

党委委员、副局长　李晓玢（女，挂职锻炼）

肖　曦

胡　浩

朱　涛

向晨序

党委委员、纪检组组长

宾　红（女，2021 年 3 月任，2021 年 7 月免）

谭文亮（2021 年 7 月任）

株洲市公安局交警支队荷塘大队

大队长　　周　武

教导员　　陈昱名

副大队长　周喜爱

殷星燎

朱　飞

颜　嘉

株洲市生态环境局荷塘分局

支部书记、局长　周应和

支部副书记、大队长

张启云

支委委员、四级调研员

江　涛

支委委员、副局长　李志海

支委委员　　邹晓辉

支委委员、副大队长

胡继权

株洲市国有土地上房屋征收处荷塘中心

主任　　宋智敏

副主任　袁　鲲

华融湘江银行东一支行

行长　　蔡　婧（女）

副行长　吕尚鸿

中国农业银行株洲荷塘支行

党总支书记、行长　周松青

中国建设银行株洲市城东支行

行长　　黄伟强

副行长　袁四红（女）

副行长　蔡　弘

副行长　倪巧兰（女）

中国工商银行株洲分行新华路支行

行长　　朱拥斌

副行长　曹志刚

副行长　李　玮

副行长　黄　蓉（女）

副行长　张立红（女）

支委委员　黄学锋

中国光大银行株洲分行

党委书记、行长　孟文博

荣 誉

2021年荷塘区获市级以上荣誉表

表8

单位	获奖名称	授予部门
荷塘区	“首批全国县域足球典型”称号	国家体育总局办公厅
	“友邻帮”农村养老工作获得全国居家和社区养老服务改革试点工作优秀案例	民政部办公厅、财政部办公厅
	“智慧气象”科普活动获评2021年全国科普日优秀活动	中国科协办公厅
	全国科技活动周先进单位	全国科技活动周组委会办公室、科技部科技人才与科学普及司
	湖南省信访工作“三无”创建达标县市区	湖南省人民政府
	“献言党代会 共建新株洲”优秀组织单位	中共株洲市委

2021年荷塘区各单位获市级以上荣誉表

表9

单位	获奖名称	授予部门
区委办	株洲市2021年度办公室工作先进单位	中共株洲市委办公室、株洲市人大常委会办公室、株洲市人民政府办公室、政协株洲市委员会办公室
	株洲市档案工作先进单位	株洲市档案局
区人大办	株洲市2021年度办公室工作先进单位	中共株洲市委办公室、株洲市人大常委会办公室、株洲市人民政府办公室、政协株洲市委员会办公室
区委组织部	全省关心下一代工作先进集体	湖南省关心下一代工作委员会、湖南省精神文明建设指导委员会办公室
区委宣传部	“百舸争流 千帆竞发”百年千题党史知识竞赛优秀组织奖	中共株洲市委党史学习教育领导小组办公室、中共株洲市委宣传部
区委政法委	株洲市扫黑除恶专项斗争先进单位	株洲市扫黑除恶斗争领导小组

续表 9

单位	获奖名称	授予部门
区委政法委	国庆、十九届五中全会等重要敏感节点维护稳定工作先进单位	株洲市维护稳定工作联席会议办公室
区委网信办	株洲市网上群众路线工作年度考评第一名	市委网信办
区教育局	湖南省第七届中小学生艺术展演活动优秀组织奖	湖南省教育厅
	第二十二届湖南省中小学生信息素养提升实践活动最佳组织奖	湖南省电化教育馆
	2021 年国家义务教育质量监测实施优秀组织单位	教育部基础教育质量监测中心
钻石幼儿园	全国足球特色幼儿园示范园	教育部
第十九中女子足球队	中国足球学校杯女子 U15 组冠军	中国足球协会
	湖南省青少年足球锦标赛女子乙组亚军	湖南省足球协会
区民政局	2021 年度“县市区民政重点工作综合评估优秀单位”	株洲市民政局
区科工信局	2021 年度全国科技活动周荣誉证书	湖南省科学技术厅
区人社局	株洲市禁毒工作先进集体	株洲市人力资源和社会保障局 株洲市禁毒委员会办公室
区社会保险服务中心	全国人力资源社会保障系统优质服务窗口	人力资源社会保障部
	全省人社系统 2021 年度服务品牌	湖南省人力资源和社会保障厅
区住建局	湖南省人民防空先进集体	湖南省人力资源和社会保障厅 湖南省人民防空办公室
区交通运输局	株洲市交通问题顽瘴痼疾集中整治先进单位	株洲市交通运输局
	株洲市坚守公路水运工程质量安全红线先进单位	株洲市交通运输局
	株洲市安全生产先进单位	株洲市交通运输局
区农业农村局	2021 年度全市河长制先进集体	株洲市河长制工作委员会办公室
区统计局	湖南省第七次全国人口普查先进集体	湖南省人力资源和社会保障厅、湖南省统计局、湖南省第七次全国人口普查领导小组办公室
区城管局	2021 年株洲市创建全国文明城市工作先进单位	株洲市创建文明城市工作领导小组
区档案馆	株洲市党史工作先进单位	株洲市委党史研究室（市地方志编纂室）

续表 9

单位	获奖名称	授予部门
区机关事务服务中心	湖南省第二批学雷锋活动示范点	湖南省委宣传部
	湖南省节约型机关建设先进集体	湖南省人力资源和社会保障厅
区产业服务中心	2021 年度国家中小企业公共服务示范平台	工业和信息化部中小企业局
	株洲市青年文明号	共青团株洲市委
区疾控中心	2021 年麻疹风疹血清考核优秀	湖南省疾病预防控制中心
	2021 年碘缺乏病实验室外质控考核合格	湖南省疾病预防控制中心
	艾滋病抗体筛查实验室质量考评中获得优秀	湖南省疾病预防控制中心
区妇幼保健计划生育服务中心	株洲市孕产妇免费产前筛查工作先进单位	株洲市卫生健康委
区工商联	全国“五好”县级工商联	中华全国工商业联合会
区总工会	2021 年全市企业民主管理微视频大赛优秀组织奖	株洲市总工会
	株洲市厂务公开民主管理工作先进单位	株洲市总工会
共青团荷塘区委员会	株洲市共青团工作分类定级一类单位	共青团株洲市委
	株洲市五四红旗团委	共青团株洲市委
	株洲市共青团宣传工作先进单位	共青团株洲市委
区青志协	省级志愿服务示范团队	湖南省青年志愿者协会
区科协	2021 年科普中国信息员队伍建设优秀组织单位	中国科协办公厅
	2021 年湖南省全国科普日优秀组织单位	湖南省科学技术协会
区文旅体局	群舞《焊花》获第七届湖南艺术节“三湘群星奖”优秀作品奖	湖南省文化和旅游厅
公安荷塘分局	全国依法治理创建活动先进单位	中共中央宣传部、中华人民共和国司法部、全国普及法律常识办公室
	全省执法质量考评先进单位	湖南省公安厅
	湖南省“五四红旗”团总支	共青团湖南省委

续表 9

单位	获奖名称	授予部门
公安荷塘分局	全市扫黑除恶专项斗争先进单位	株洲市扫黑办
	全市公安机关信息报送工作先进单位	株洲市公安局
	全警实战大练兵建设评估考核工作成绩突出单位	株洲市公安局
	全市公安机关“百日攻坚庆百年”行动精品案事件	株洲市公安局
区人民检察院	全省检察机关扫黑除恶专项斗争先进集体	湖南省人民检察院
	全省检察机关信息工作表现突出集体	湖南省人民检察院
	全市先进基层检察院	株洲市人民检察院
	全市五四红旗团支部	共青团株洲市委
	市级青年文明号	共青团株洲市委
区人民法院	湖南省优秀法院	湖南省高级人民法院
	湖南省文明单位	湖南省精神文明建设指导委员会
	株洲市先进法院	株洲市中级人民法院
区交警大队	株洲市先进基层党支部	株洲市公安局
	全省公安交警系统成绩突出交警大队	湖南省公安厅
	全国公安机关成绩突出交警大队	公安部
荷塘产业开发区	国家中小企业公共服务示范平台	湖南省工业和信息化厅
	湖南省新型工业化产业示范基地	湖南省工业和信息化厅
区司法局	社区矫正和安置帮教工作成效获“全省突出单位”称号	湖南省司法厅
区司法局桂花司法所	全国模范司法所	司法部
仙庾镇仙庾岭村	中国美丽休闲乡村	农业农村部
	湖南省美丽乡村建设“特色精品乡村”	中共湖南省委农村工作领导小组

续表 9

单位	获奖名称	授予部门
仙庾镇仙庾岭村	最美潇湘文化阵地	湖南省文化和旅游厅
	株洲市“先进基层妇联组织”	株洲市妇女联合会
仙庾镇徐家塘村	“省级美丽乡村示范村”	中共湖南省委农村工作领导小组
仙庾镇樟霞村	湖南省第二届“十佳”村规民约（居民公约）	湖南省文明办 湖南省民政厅
	湖南省第二批优秀村规民约（居民公约）	湖南省文明办 湖南省民政厅
	省级乡村治理示范村	湖南省农业农村厅
	湖南省特色精品乡村	中共湖南省委农村工作领导小组
	株洲市“最美庭院”示范片区	市妇联、市农业农村局
仙庾镇蝶屏村	株洲市先进基层党组织	中共株洲市委
仙庾镇兴塘村	株洲市美丽乡村	中共株洲市委农村工作领导小组办公室
月塘街道	株洲市第七次全国人口普查先进单位	株洲市人民政府第七次全国人口普查领导小组
	株洲市先进民兵党组织	中国共产党株洲军分区委员会
	株洲市五星级基层武装部	株洲军分区
	株洲市信访工作“三无”单位创建活动先进单位	株洲市信访工作联席会议办公室
桂花街道	株洲市禁毒工作先进集体	株洲市禁毒委员会办公室
	株洲市创建全国文明城市工作先进单位	株洲市创建文明城市工作领导小组
桂花街道 荷叶塘农贸市场	湖南省文明集市	湖南省精神文明建设指导委员会
宋家桥街道	株洲市信访工作“三无”单位创建活动先进单位	株洲市信访工作联席会议办公室
宋家桥街道 月桂社区	湖南省文明社区	湖南省精神文明建设指导委员会
宋家桥街道 宋家桥村	湖南省文明村镇	湖南省精神文明建设指导委员会
茨菇塘街道	2021 年度湖南省应急能力建设达标街道	湖南省应急管理厅

续表 9

单位	获奖名称	授予部门
茨菇塘街道	株洲市创建全国文明城市工作突出贡献单位	株洲市创建文明城市工作领导小组
	全市示范离退休干部党支部	株洲市离退休干部工作委员会
茨菇塘街道幸福办	株洲市青年文明号	共青团株洲市委
金山街道	株洲市第七次全国人口普查先进单位	株洲市人民政府第七次全国人口普查领导小组

附　录

重要文件选录

中共株洲市荷塘区委员会
株洲市荷塘区人民政府
印发《关于〈新时代公民道德建设实施纲要〉的贯彻落实意见》《关于〈新时代爱国主义教育实施纲要〉的贯彻落实意见》通知

株荷发〔2021〕15 号

仙庾镇党委和人民政府、各街道党工委和办事处，区直机关各部门（单位）、各人民团体，企事业单位：

现将《关于〈新时代公民道德建设实施纲要〉的贯彻落实意见》《关于〈新时代爱国主义教育实施纲要〉的贯彻落实意见》印发给你们，请结合实际认真贯彻落实。

中共株洲市荷塘区委员会
株洲市荷塘区人民政府
2021 年 7 月 22 日

关于《新时代公民道德建设实施纲要》的贯彻落实意见

为深入贯彻落实中共中央、国务院《新时代公民道德建设实施纲要》，中共湖南省委、湖南省人民政府《关于贯彻落实〈新时代公民道德建设实施纲要〉的实施意见》和中共株洲市委、株洲市人民政府《关于〈新时代公民道德建设实施纲要〉的贯彻落实意见》精神，进一步加强公民道德建设，提升全社会道德水平，结合我区实际，制定如下贯彻落实意见。

一、提高政治站位，把握加强新时代公民道德建设的重大意义和总体要求

1. 深化思想认识。加强新时代公民道德建设，是全面建设社会主义现代化强国的战略任务，是满足人民对美好生活向往的迫切需要，是建设新时代全域化更高水平文明城市的必然要求。全区各级各部门各单位要切实抓好《新时代公民道德建设实施纲要》的贯彻落实，围绕“三高四新”战略，为加快荷塘高质量发展、建设现代化新荷塘汇聚强大道德力量和深厚道德滋养。

2. 把握总体要求。新时代公民道德建设必须以习近平新时代中国特色社会主义思想为指导，认真贯彻党的十九大和十九届二中、三中、四中、五中全会精神，深入落实习近平总书记考察湖南重要讲话精神，聚力培养担当民族复兴大任的时代新人，坚持马克思主义道德观、社会主义道德观，坚持以社会主义核心价值观为引领，坚持在继承传统中创新发展，坚持提升道德认知与推动道德实践相结合，坚持发挥社会主义法治的促进和保障作用，坚持积极倡导与有效治理并举。

3. 明确目标任务。推进新时代公民道德建设，努力培育与更高水平全国文明城市相匹配的市民道德素质，提升社会文明程度，让习近平新时代中国特色社会主义思想更加深入人心，让社会主义核心价值观成为社会价值准则和公民价值规范，让中华传统美德在传承中焕发新的生机，让法治体系更加健全，让广大干部群众始终保持昂扬向上、奋发有为的精神状态。

二、聚焦重点任务，深化公民道德建设内涵

4. 筑牢理想信念之基。坚持不懈用习近平新时代中国特色社会主义思想武装党员、教育群众，引导干部群众增强“四个意识”、坚定“四个自信”、做到“两个维护”。全面落实意识形态工作责任制，推动意识形态述职工作常态化，确保意识形态和文化领域绝对安全。推进“不忘初心牢记使命”主题教育常态化，严格落实“三会一课”制度，全面推行支部主题党日，严格和规范党内政治生活，不断增强党的生机活力。（牵头单位：区委组织部；责任单位：区委宣传部等，仙庾镇、各街道）

5. 培育和践行社会主义核心价值观。持续深化社会主义核心价值观宣传教育，聚焦增进认知认同、树立鲜明导向、强化示范带动，选树一批践行社会主义核心价值观典型，打造一批社会主义核心价值观建设示范点，推广一批社会主义核心价值观教育案例，引导全区人民把社会主义核心价值观作为明德修身、立德树人的根本遵循。注重贯穿结合融入，把社会主义核心价值观要求融入行业规范、村规民约、礼仪制度，使之成为日用而不觉的道德规范和行为准则。（牵头单位：区委宣传部；责任单位：区发展改革局、区文旅体局、区农业农村局等，仙庾镇、各街道）

6. 传承中华传统美德。加强对荷塘文化资源的研究梳理，深入挖掘红色文化、忠孝文化、工业文化当中所蕴含的丰厚道德资源，弘扬和传承开拓创新、艰苦奋斗、自强不息的传统美德。坚持把红色文化宣传教育与传承中华优秀传统文化相结合，持续开展“走红色之路、做红色传人”红色研学旅行活动，挖掘打造一批教学场地，充分彰显辖区内红色资源的时代价值和永恒魅力，使传统美德与现代文化、现实生活相融相通，成为全区人民精神生活、道德实践的鲜明标识。（牵头单位：区委宣传部；责任单位：区文旅体局、区档案馆、区文联等，仙庾镇、各街道）

7. 弘扬民族精神和时代精神。加强党史、新中国史、改革开放史、社会主义发展史教育，充分利用“学习强国”“道德讲堂”“红色讲堂”等学习平台，发挥好区委党校和中小学思想品德课作用，倡导一切有利于团结统一、爱好和平、勤劳勇敢、自强不息的思想和观念，构筑共同精神家园。充分挖掘全区推进高质量发展生动实践中涌现的英雄模范、蕴含的时代精神，赓续精神谱系，走好新时代长征路。（牵头单位：区委宣传部；责任单位：区委组织部、区委党校、区档案馆、区教育局等，仙庾镇、各街道）

三、强化教育引导，营造公民道德建设浓厚氛围

8. 广泛开展立德树人教育。加强对德育工作的领导，把中小学德育工作纳入教育事业发展规划，将思想品德作为学生的核心素养纳入学业质量评价标准。加强中国特色社会主义宣传教育和中国梦主题教育，利用重要仪式和重大节庆日等契机，开展爱国主义、民族团结等主题教育，举办丰富多彩的党、团、队主题活动，形成爱祖国、爱学习、爱劳动教育的有效形式和长效机制。丰富道德教育手段，广泛开展“文明校园创建”“六礼三仪”“垃圾不落地”等主题教育活动，组织学生到爱国主义教育基地、科普活动场所、红色景区景点等校外活动场所定期开展主题实践，引导青少年增强文化自信，扣好人生第一粒扣子。全面加强教师队伍建设，培育良好师德师风，引导教师争做“四有”好老师。（牵头单位：区教育局；责任单位：区委宣传部、区文旅体局、团区委等，仙庾镇、各街道）

9. 培育良好家教家风。深化拓展“文明家庭”“五好家庭”“最美家庭”等系列活动，推动形成社会主义家庭文明新风尚。以“家家幸福安康工程”为统领，建立健全家庭教育工作联席会议制度，构建覆盖城乡的家庭教育指导服务体系，不断推进“父母成长计划”，持续开展“家书传情”活动。在机关开展树廉洁家风主题活动，持续开展好家风好家训宣传巡讲活动，引导广大家庭重言传身教，共建良好家风文化氛围。（牵头单位：区妇联；责任单位：区纪委、区委宣传部、区教育局等，仙庾镇、各街道）

10. 发挥先进典型示范引领作用。广泛开展道德模范、身边好人、新时代好少年等先进典型学习实践活动。充分运用媒体宣传、社会宣传、基层宣讲、文艺创作等方式，宣传先进人物的典型事迹和时代精神，扩大典型宣传的影响力和覆盖面，营造崇尚先进、学习先进、争当先进的良好氛围，树立德者有得、好人好报的价值导向。坚持以正确的舆论引导人，区融媒体中心要开设弘扬社会主义道德的专题专栏，及时释疑道德领域热点问题、曝光违反社会公序良俗现象，引导市民明大德、守公德、严私德。着力推动新时代文明实践中心（所、站）同区融媒体中心、“学习强国”学习平台联通，打通宣传群众、教育群众、关心群众、服务群众的“最后一公里”；制作一批善行义举榜，设计一批公益广告，利用建筑围挡、墙体灯箱等户外媒介广泛刊播，全方位、多角度宣传先进典型，营造崇尚德行善举的浓厚氛围。（牵头单位：区委宣传部；责任单位：区委组织部、区教育局、区住房城乡建设局、区文旅体局、区城管局、区总工会、团区委等，仙庾镇、各街道）

11. 强化文艺精品创作。坚持以人民为中心的创作导向，紧扣中国共产党成立100周年及荷塘经济社会发展等重要内容，讲好荷塘故事，传播荷塘声音。持续做好“雅韵三湘”“欢乐潇湘·欢乐株洲”“送戏下乡”“戏曲进校园”等公益演出，用文艺的力量温暖人、鼓舞人、启迪人。实施文艺人才培养工程，加强文艺工作者“德”的修炼，“艺”的锻造，推动文艺工作者坚守正道、弘扬正气。（牵头单位：区文旅体局；责任单位：区委宣传部、区文联等，仙庾镇、各街道）

12. 聚焦重点群体教育引导。督促党员干部弘扬密切联系群众的优良作风，践行忠诚老实、公道正派、艰苦奋斗、清正廉洁的品格，在道德建设中发挥表率作用。健全全社会关心帮助支持青少年成长发展的机制，完善家庭、学校、政府、社会相结合的思想道德教育体系，帮助青少年打牢道德根基。鼓励文化文艺名家、知名学者、企业家等各领域社会公众人物承担社会责任，树立道德榜样。做好产

业工人、两新组织从业人员等群体的人文关怀和教育引导，特别是要引导传媒、网络和相关行业从业人员加强道德修养，自觉弘扬正能量。（牵头单位：区委组织部；责任单位：区委宣传部、区委统战部、区教育局、区文旅体局、区总工会、团区委、区妇联、区工商联等，仙庾镇、各街道）

四、打造平台载体，广泛开展公民道德实践活动

13. 扎实推进移风易俗。弘扬时代新风，引导人们自觉遵守社会交往、公共场所中的文明规范。围绕实施乡村振兴战略，组织开展美丽乡村、最美庭院评选创建活动，持续深化文明节俭操办婚丧喜庆事宜。发挥党员干部带头作用，通过村规民约、道德评议会、红白理事会等组织，积极倡导文明节俭治丧、节地生态安葬、绿色低碳祭扫，弘扬现代殡葬新风尚。持续开展生态文明建设示范区创建活动，开展绿色出行、垃圾分类、拒食野生动物、全民健身等行动。鼓励人们投身美丽荷塘建设，守护荷塘的蓝天、碧水、青山、净土。深入开展爱国卫生运动，扎实推进健康知识普及行动，倡导简约适度、绿色低碳、文明健康的生活方式。（牵头单位：区委宣传部；责任单位：区教育局、区交通运输局、区民政局、区自然资源局、生态环境荷塘分局、区农业农村局、区卫生健康局、区市场监管局等，仙庾镇、各街道）

14. 深化群众性精神文明创建活动。以“双十”行动为抓手，广泛开展文明村镇、文明单位、文明校园、文明家庭等群众性精神文明创建活动。文明城市创建要坚持以人民为中心，以问题为导向，着力扬优势、补短板、强弱项，促进全面创建、全域创建、全民创建、常态创建。文明村镇创建要以乡风民风、人居环境、文化生活建设为重点，大力推进“治垃圾、治厕所、治污水、治村容村貌、改陋习”工程。文明单位创建要突出涵养职业操守、培育职业精神、树立行业新风，引导从业者精益求精、追求卓越，为社会提供优质产品和服务。文明家庭创建要聚焦涵育家庭美德，弘扬优良家风。文明校园创建要聚焦立德树人，培养德智体美劳全面发展的社会主义建设者和接班人。（牵头单位：区委宣传部；责任单位：区农业农村局、区教育局、区妇联等，仙庾镇、各街道）

15. 深入开展“雷锋家乡学雷锋”志愿服务。将志愿服务作为新时代文明实践中心建设的重要内容，开展我为群众办实事之“雷锋家乡学雷锋志愿服务看荷塘”主题活动，围绕亲情、成长、健康、丰收、诚信、服务六个主题，广泛开展敬老救孤、恤病助残、生态保护等志愿服务活动。用好志愿服务综合性微信公众号——“幸福荷塘V联盟”，完善时长记录、积分兑换、激励褒奖等机制。开展“荷塘好人”评选，举办道德模范及身边好人事迹宣传交流会，大力弘扬雷锋精神和奉献、友爱、互助、进步的志愿服务精神。（牵头单位：区委宣传部；责任单位：区民政局、生态环境荷塘分局、区文旅体局、区总工会、团区委、区妇联、区残联等，仙庾镇、各街道）

16. 强化礼仪礼节教化。规范开展升国旗、奏唱国歌、入党入团入队等仪式，大力普及适应现代文明要求的社交礼仪规范，加强对文艺观演、体育观赛等的文明引导。在重要节庆日，组织开展“我们的节日”“中国农民丰收节”等丰富多彩的群众性主题实践活动。落实中国公民旅游文明素质行动计划，出入境管理机构、海关、旅行社等要引导居民在境外旅游、求学、经商、探亲中遵守当地法律法规、尊重文化习俗，展现中华美德，维护国家荣誉利益。（牵头单位：区委宣传部；责任单位：区教育局、公安荷塘分局、区农业农村局、区文旅体局等，仙庾镇、各街道）

17. 持续推进诚信建设。建立荷塘区社会信用体系建设工作联席会议制度，做好荷塘区社会信用信息平台数据归集工作，逐步实现行政许可、行政处罚等信用信息“双公示”。建立“红黑名单”发布制度，让守信者一路畅通，让失信者寸步难行。围绕“3·15”消费者权益日、“6·14”信用记录关爱日、食品安全宣传周、质量月、安全生产月等节点开展诚信教育宣传活动，推进诚信示范街区、诚信示范店创建工作，挖掘宣传一批荷塘区的诚信人物、企业、群体。（牵头单位：区发展改革局；责任单位：区委宣传部、区人民法院、区民政局、区商务粮食局、区应急管理局、区市场监管局、区城管局、区卫生健康局、生态环境荷塘分局、区农业农村局等，仙庾镇、各街道）

五、推进“清朗工程”，加强网络公民道德建设

18. 建设健康网络内容。做强网络正面宣传，把主题宣传、成就宣传、典型宣传全面覆盖到网上。建设网络正能量传播体系，做大做强“在荷塘”微信公众号、“荷塘青春志”抖音号、荷塘区政府门户、红网荷塘频道、新华号、人民号（一微一网一端一频两号）传播矩阵，生产制作一批格调高雅、内容健康的网络作品。积极开展网上舆论引导，及时批驳网上错误思想言论，让正确道德取向成为网络空间主流。（牵头单位：区委宣传部；责任单位：区委网信办、区融媒体中心等，仙庾镇、各街道）

19. 丰富网络道德实践。大力实施“中国好网民”工程，引导网民遵德守法、文明互动、理性表达。巩固壮大网络文明传播志愿者队伍，积极开展网络文明传播活动，鼓励制作传播优质网络内容。开展形式多样的“互联网+公益”“互联网+慈善”“直播带货”“公益助农”活动，培养“人人公益、随手公益、指尖公益”新风尚。（牵头单位：区委宣传部；责任单位：区教育局、区民政局、区农业农村局、团区委等，仙庾镇、各街道）

20. 净化网络道德环境。大力推进“清朗工程”，持续开展“净网”“剑网”“清源”等专项行动，加强互联网领域执法，深入清理有害信息、处置违法违规账号、查办典型案例，确保网络可管可控。深入开展网络治理专项行动，加大对网上突出问题的整治力度，清理网络欺诈、造谣、诽谤、谩骂、歧视、色情、低俗等内容，严厉打击网络暴力、人肉搜索、操纵账号等违法活动，使网络空间更加清朗。（牵头单位：区委网信办；责任单位：区委政法委、区委宣传部、区科工信局、公安荷塘分局等，仙庾镇、各街道）

六、强化法治保障，完善公民道德建设法律制度

21. 强化法律法规保障。弘扬宪法精神，着力推进依法治区，广泛开展法治宣传教育，强化基层党组织开展法治宣传教育职责，深入推动领导干部带头尊法学法守法用法，增强全民法治观念，积极营造讲法治、重德治的良好环境。强化法治教育与道德教育结合融入，把法治教育结合融入文明城市、文明村镇、文明单位、文明家庭、文明校园创建活动中，发挥好法治对道德建设的保障和促进作用。切实加强中小学法治副校长机制建设，推进法治进校园，普法守法从青少年抓起。（牵头单位：区人大监察司法委；责任单位：区人民法院、区人民检察院、区委宣传部、区教育局、区司法局等，仙庾镇、各街道）

22. 彰显公共政策价值导向。在涉及就业、就学、住房、医疗、收入分配、社会保障等重大民生问题上，充分体现维护社会公平正义的要求。坚持严格执法，加大关系群众切身利益重点领域的执法力度，以法治的力量维护道德、凝聚人心。加强对公共政策的道德风险和道德效果评估，及时纠正与社会主义道德相背离的突出问题，促进公共政策与

道德建设良性互动。（牵头单位：区司法局；责任单位：区政府办公室、区直各有关执法单位等；仙庾镇、各街道）

23. 发挥社会规范引导约束作用。按照社会主义核心价值观的基本要求，健全行业规章、团体章程等各行各业规章制度，修订完善市民公约、村规民约、学生日常行为规范等行为准则，用制度规范净化社会风气，有效治理陈规陋习。发挥道德建设在规制社会行为、化解社会冲突、平衡利益关系、完善公共服务、保障和改善民生等日常管理活动中的导向作用，推动各项社会规范落地见效，共建共享与新时代相匹配的社会文明。（牵头单位：区民政局；责任单位：区委宣传部、区委政法委、区教育局、区市场监管局、区农业农村局等；仙庾镇、各街道）

24. 深化道德领域突出问题治理。运用经济、法律、技术、行政、舆论监督等各种手段，有力惩治失德败德、突破道德底线的行为。加大对涉黑涉恶、涉黄涉赌、食品药品安全、环境保护、社会保障、医疗卫生、网络暴力、制假售假等群众反映强烈的重点领域执法力度。依法依规严肃惩戒污蔑诋毁英雄、伤害民族感情的恶劣言行和损害国家尊严、出卖国家利益的媚外分子。（牵头单位：区委政法委；责任单位：区人民法院、区人民检察院、区委宣传部、公安荷塘分局、区司法局、区退役军人局、区市场监管局、区卫生健康局等，仙庾镇、各街道）

七、加强组织领导，构建公民道德建设齐抓共管格局

25. 加强组织领导。全区各级各部门各单位要将公民道德建设纳入重要议事日程谋划推进。区文明委和区委宣传部要切实履行指导、协调、组织职能，抓好工作任务落实。区纪委监委和组织、网信、教育、卫生健康、交通运输、民政、文旅体等部门，要紧密结合工作职能，积极履行公民道德建设责任，形成齐抓共管的格局。要抓好关键少数，广大党员干部要在公民道德建设中发挥模范表率作用，特别是领导干部必须带头践行社会主义核心价值观，继承和发扬党的优良传统和作风，形成良好的道德文化。

26. 强化宣传发动。工会、共青团、妇联、残联、关工委和文联、科协等人民团体，要发挥各自优势，组织动员所联系群众积极参与公民道德建设。发挥民主党派、工商联、社会公众人物和广大爱心人士的作用，发挥行业协会、社会团体、基金会等各种社会组织的作用，共同参与公民道德建设，在全区形成“人人支持、人人参与”良好社会道德风尚。

27. 打造特色品牌。全区各级各部门各单位要充分整合资源，打造一批活动品牌，建成覆盖全域的活动阵地，培育更多叫得响、立得住、传得开的先进典型。同时，要创新方法手段，加强对公民道德建设的经验总结推广，增强公民道德建设活动的针对性有效性和吸引力感染力。

28. 压实工作责任。牵头单位和责任部门严格对照分工，将公民道德建设推进的重点任务、存在的突出问题制定责任清单，明确责任单位，确定完成时限，抓好整改落实。同时，把公民道德建设纳入意识形态工作考核，纳入政治建设考察等重要内容，纳入文明城市、文明村镇、文明单位、文明校园等创建指标，确保推进公民道德建设的高压态势。

关于《新时代爱国主义教育实施纲要》的贯彻落实意见

为进一步加强新时代爱国主义教育，根据中共中央、国务院《新时代爱国主义教育实施纲要》，中共湖南省委、湖南省人民政府《关于贯彻落实〈新时代爱国主义教育实施纲要〉的实施意见》和中共

株洲市委、株洲市人民政府《关于〈新时代爱国主义教育实施纲要〉的贯彻落实意见》精神，结合我区实际，制定如下贯彻落实意见。

一、把握总体要求

1. 指导思想。高举中国特色社会主义伟大旗帜，认真贯彻党的十九大和十九届二中、三中、四中、五中全会精神，坚持以马克思列宁主义、毛泽东思想、邓小平理论、“三个代表”重要思想、科学发展观、习近平新时代中国特色社会主义思想为指导，深入落实习近平总书记考察湖南重要讲话精神，增强“四个意识”，坚定“四个自信”，做到“两个维护”，着眼培养担当民族复兴大任的时代新人，始终高扬爱国主义旗帜，着力培养爱国之情、砥砺强国之志、实践报国之行，为实现中华民族伟大复兴的中国梦提供共同精神支柱和强大精神动力，为我区贯彻落实“三高四新”战略，加快荷塘高质量发展、建设现代化新荷塘提供坚强的思想保证和强大进取合力。

2. 基本原则。坚持把实现中华民族伟大复兴的中国梦作为鲜明主题。坚持爱国爱党、爱社会主义相统一，坚持祖国的命运与党的命运、社会主义的命运密不可分。坚持以维护祖国统一和民族团结为着力点，筑牢国家统一、民族团结、社会稳定的铜墙铁壁。坚持以立为本、重在建设，推动爱国主义教育融入贯穿国民教育和精神文明建设全过程。坚持面向全区人民、聚焦青少年，组织好各级各类教育。

3. 主要内容。坚持用习近平新时代中国特色社会主义思想武装党员、教育人民，以实际行动爱国报国。深入开展中国特色社会主义和中国梦教育，引导全区人民争做新时代的奋斗者、追梦人。深入开展国情省情市情区情教育和形势政策教育，引导全区人民在进行伟大斗争中更好地弘扬爱国主义精神。大力弘扬民族精神和时代精神，培育和践行社会主义核心价值观，培养担当民族复兴大任的时代新人。广泛开展党史、新中国史、改革开放史、社会主义发展史教育，引导全区人民传承红色基因、继续伟大斗争。传承和弘扬中华优秀传统文化，引导全区人民树立和坚持正确的历史观、民族观、国家观、文化观。强化祖国统一和民族团结进步教育，引导全区人民为实现民族伟大复兴、推进祖国和平统一而共同奋斗。加强国家安全教育和国防教育，引导全区人民科学辨识风险、有效应对风险。

二、明确重点任务

4. 全面融入课堂教学和实践活动。加大爱国主义教育在普通中小学、中职学校教学内容比重，开展好“上六堂好课育时代新人”文明实践活动，推出一批有特色、有亮点的精品思政课；创新爱国主义教育形式，用好《株洲红色教育读本》等辅助教材，推行“六礼三仪”和升国旗奏唱国歌等仪式教育，推广“光影铸魂”电影爱国主义教育课；建强教师队伍，推树一批思想政治课名师和教学团队。持续深化文明校园创建活动，鼓励学校通过设置阅报栏、校风校训标语牌、板报画廊以及班级悬挂国旗、挂贴名人名言等形式，生动形象地开展爱国主义宣传。着力丰富课外实践活动，开展“新时代好少年”、争戴红领巾奖章、优秀团员等宣传推介活动，开展“红色故事”进校园活动，将爱国主义内容融入党日、团日、主题班（团、队）会等活动之中；持续开展好“走红色之路、做红色传人”红色研学旅行活动，挖掘打造一批荷塘区教学场地，组织学生参观爱国主义教育基地、革命历史类遗址、科普教育基地等。（牵头单位：区教育局；责任单位：区委宣传部、区文旅体局、区档案馆、团区委、区妇联等，仙庾镇、各街道）

5. 坚持党员干部示范带头。开展好党史学习教育，引导党员干部做爱国主义精神最坚定的弘扬者和实践者。区委党校要发挥干部教育培训主渠道作用，将党史、新中国史、改革开放史、社会主义发展史作为重要培训内容，教育引导学员学好宪法、国旗法、国徽法、国歌法等。领导干部要定期上思想政治理论课或做形势政策报告，引导青少年树立国家意识、增进爱国情感。党员干部要多种形式学习领会习近平总书记关于弘扬新时代爱国主义精神的重要论述，积极投身到践行“三高四新”战略，加快荷塘高质量发展、建设现代化新荷塘的征程中去。（牵头单位：区委组织部；责任单位：区委宣传部、区委党校等，仙庾镇、各街道）

6. 激发社会各界人士爱国热情。在广大党外知识分子中深入开展“与党同心，知识报国”品牌创建活动。开展“我身边的典型”先进事迹报告会、民主党派基层组织“五有三好”创建活动等，深化各民主党派、无党派人士“不忘合作初心、继续携手前进”主题教育。针对宗教界人士和信教群众，深入开展宗教活动场所“五进五好”活动。积极开展“我新故我行”品牌创建活动，引导新的社会阶层人士投身创新创业、有序开展社会服务、维护社会稳定。加强民营经济人士思想政治建设，引导民营经济人士做爱国敬业、守法经营、创新创业、回报社会的典范。深入推进“创业中华”“亲情中华”“侨爱心工程”“追梦中华”等品牌活动，引导在荷塘的港澳同胞、台湾同胞和海外侨胞自觉维护国家统一和民族团结。（牵头单位：区委统战部；责任单位：区工商联、区科协、区侨联等，仙庾镇、各街道）

7. 建好用好爱国主义教育平台。按照属地原则，加强教育基地精细化管理，进一步完善落实免费开放政策和保障机制，积极组织申报国家级、省级爱国主义教育基地和国防教育基地，支持市烈士纪念园申报国家级爱国主义教育基地。加强各级各类爱国主义教育平台的基础设施及环境风貌建设，按照有址可寻、有物可看、有史可讲原则，打造主题突出、导向鲜明、内涵丰富的陈列和教育活动。依托军地资源，打造一批国防教育示范校、少年军校。（牵头单位：区委宣传部、区人武部；责任单位：区教育局、区财政局、区文旅体局、区退役军人局、区档案馆等，仙庾镇、各街道）

8. 注重运用仪式礼仪。认真贯彻执行国旗法、国徽法、国歌法，规范国旗升挂、国徽使用、国歌奏唱仪式。广泛开展“同升国旗、同唱国歌”活动，将升国旗、奏唱国歌作为重大庆祝活动、纪念活动以及大型文体活动第一议程。各级党政机关、民主党派、人民团体、大型企事业单位、城市社区、乡镇村、学校、宗教场所、民主党派、爱国主义教育基地、公共文化体育设施等，要按照相关规定组织升国旗仪式并悬挂国旗。倡导重大节庆时期在主要道路、桥梁、灯杆等显著位置悬挂国旗，鼓励市民在家门前适当位置悬挂国旗。认真组织宪法宣誓仪式、入党入团入队仪式、成人仪式，倡导公开宣誓、重温誓词，增强国家意识和集体观念。（牵头单位：区委宣传部；责任单位：区人民法院、区委组织部、区委统战部、区教育局、区城管局、区机关事务中心、团区委等，仙庾镇、各街道）

9. 组织开展重大纪念活动。充分挖掘重大纪念日、重大历史事件蕴含的爱国主义教育资源，组织开展系列庆祝纪念活动和群众性主题教育，引导人们铭记历史、开创未来。围绕中国共产党成立100周年开展系列主题活动，激发爱党爱国热情，凝聚奋进力量。打造国庆节“爱国活动周”，广泛开展“我和我的祖国”系列主题活动。在清明节、“七一”党的生日、“八一”建军节、烈士纪念日等重要节点，组织开展向烈士敬献花篮、祭扫烈士墓等多种形式的纪念活动。（牵头单位：区委宣传部；

责任单位：区委组织部、区教育局、区民政局、区文旅体局、区退役军人局，仙庾镇、各街道）

10. 发挥传统和现代节日的涵育功能。在春节、元宵、清明、端午、七夕、中秋、重阳等传统节日，组织开展丰富多彩的“我们的节日”活动，让广大市民在活动参与中厚植爱国情怀。结合元旦、“三五”学雷锋日、“三八”国际妇女节、“五一”国际劳动节、“五四”青年节、“六一”国际儿童节、中国农民丰收节等，开展以劳动创造幸福、致敬志愿者等为主题的宣传教育活动。以国家公共文化服务体系示范区建设提升共享水平，举办好“乡村大舞台”等群众性文化活动，拓展新时代文明实践志愿服务活动，进一步激发广大市民爱党、爱国、爱家乡的热情。（牵头单位：区委宣传部；责任单位：区教育局、区农业农村局、区文旅体局等，仙庾镇、各街道）

11. 发挥各类媒体宣传引导作用。协调中央、省、市媒体聚焦爱国主义主题，报道我区相关工作，采取多种形式创作接地气、有生气、聚人气的爱国主义宣传报道和节目作品。加快推进区融媒体中心建设，推出一批新闻报道、言论评论和融媒体产品，主动传播爱国声音。做好重大主题社会宣传，制作刊播爱国主义优秀公益广告，张贴悬挂展示标语口号、宣传挂图，生动讲好爱国故事。坚持正确舆论导向，对虚无历史、消解主流价值的错误思想言论，及时进行批驳和辨析引导。（牵头单位：区委宣传部；责任单位：区委网信办、区融媒体中心等，仙庾镇、各街道）

12. 发挥先进典型示范引领作用。广泛开展时代楷模、道德模范、身边好人等先进典型选树和学习宣传，用榜样的力量激发全区人民见贤思齐、向上向善。做好先进模范人物的关怀帮扶工作，落实相关待遇和礼遇，在全社会大力营造崇尚英雄、学习英雄、捍卫英雄、关爱英雄的浓厚氛围。（牵头单位：区委宣传部；责任单位：区人武部、区总工会、团区委、区妇联等，仙庾镇、各街道）

13. 发挥文艺精品涵养熏陶作用。把爱国主义作为常写常新的主题，紧扣全面建成小康社会、巩固脱贫攻坚成果、中国共产党成立100周年等重要节点，聚焦荷塘经济社会发展等重大内容，推出更多文艺精品，用文艺的力量温暖人、鼓舞人、启迪人。持续做好“雅韵三湘”“送戏曲进万家”“送书画进万家”“戏曲进校园”等公益演出，组织开展“爱国歌曲大家唱”和爱国主义教育电影展映进社区、进校园、进村镇、进企业活动，不断提升人们的文化修养和道德水平。（牵头单位：区文旅体局；责任单位：仙庾镇、各街道）

14. 发挥互联网最大增量作用。加强爱国主义网络内容建设，策划推出爱国主义题材宣传图说、H5、VR、音视频、微电影等新媒体作品，让爱国主义教育生动形象、入脑入心。办好“在荷塘”微信公众号、“荷塘青春志”抖音号，打造爱国主义教育网络主阵地。强化网络综合治理，坚决管住网络阵地，决不能让损害国家荣誉、否定中华优秀传统文化的错误言论在网上恣意传播。（牵头单位：区委宣传部；责任单位：区委网信办、区融媒体中心等，仙庾镇、各街道）

三、强化保障措施

15. 加强组织领导。全区各级各部门各单位要把爱国主义教育摆上重要日程，纳入意识形态工作责任制，因地制宜做出安排部署，抓好各项任务落实。要进一步健全党委统一领导、党政齐抓共管、宣传部门统筹协调、有关部门各负其责的工作格局，建立爱国主义教育联席会议制度，加强工作指导和沟通协调，及时研究解决爱国主义教育工作中的重要事项和存在问题。

16. 注重法治保障。要把爱国主义精神融入制度建设，体现到市民公约、村规民约、学生日常行为规范、行业规范、团体章程等的制定完善中。要规范市民在英雄烈士纪念设施、爱国主义教育基地等场所内的行为。要严格执法司法，推进依法治理，对损害国家荣誉、不尊重国歌国旗国徽等国家象征与标志、侵害英雄烈士姓名肖像名誉、破坏污损爱国主义教育场所设施，宣扬美化侵略战争和侵略行为等，依法进行严肃处理。

17. 务求工作实效。要坚持目标导向、问题导向、系统推进，各牵头单位要认真研究，对照爱国主义教育中存在的突出问题列出责任清单，明确时间表、任务图、责任人，推动爱国主义教育落细落实。要强化督查考核，把推进爱国主义教育情况纳入意识形态工作考核，纳入政治建设考察、政治巡察等重要内容，纳入文明城市、文明村镇、文明单位、文明校园等创建指标，确保爱国主义教育有力推进。要力戒形式主义官僚主义，务实节俭开展教育、组织活动，及时总结推广具有鲜明时代特征和荷塘特色的成功实践和宝贵经验。

株洲市荷塘区人民政府
关于印发《荷塘区低收入家庭救助帮扶措施试点工作实施方案》的通知

株荷政发〔2021〕7 号

仙庾镇人民政府、各街道办事处，各有关区直部门：

《荷塘区低收入家庭救助帮扶措施试点工作实施方案》已经区人民政府同意，现印发给你们，请认真组织实施。

株洲市荷塘区人民政府

2021 年 11 月 19 日

荷塘区低收入家庭救助帮扶措施试点工作实施方案

为深入贯彻落实党中央国务院、省、市关于改革完善社会救助制度的决策部署，深入推进社会救助改革创新，健全完善分层分类、城乡统筹的中国特色社会救助体系，根据《湖南省民政厅办公室关于开展社会救助改革创新试点示范工作的通知》（湘民办函〔2021〕3 号）文件要求，株洲市荷塘区作为试点示范单位，结合实际，特制定本方案。

一、指导思想

以习近平新时代中国特色社会主义思想为指导，全面贯彻党的十九大和十九届二中、三中、四中、五中全会精神，聚焦特殊群体，稳固拓展民生举措，强化对困难群众基础性、兜底性保障，提升服务质量和水平，更好服务乡村振兴战略，不断增强低收入群体的获得感、幸福感、安全感。

二、总体目标

坚持以人民为中心的发展思想，服务“三高四新”战略，注重政府兜底保障与社会帮扶相结合、“造血”帮扶与“输血”救助相结合、物质帮扶与精神关爱相结合，整合资源、因户施策，全面落实低收入家庭精准帮扶措施，完善支出型贫困家庭救助措施，巩固脱贫成果，确保如期实现全面小康。

三、基本原则

1. 科学帮扶。坚持托底线、救急难、可持续，与其他社会保障措施相衔接，社会救助水平与经济社会发展水平相适应。

2. 精准帮扶。坚持因户施策、因致贫原因施策、因贫困类型施策，做到帮扶对象精准、资金使用精准、因户派人精准、措施到户精准、帮扶成效精准。

3. 有效帮扶。坚持政府救助、城乡帮困、低收入自救和社会力量帮扶并举，构建多方力量、多种举措有机结合的帮扶体系。

四、帮扶范围

1. 具有荷塘区户籍的低保家庭、特困供养人群，以及人均收入低于最低生活保障线 1.5 倍的低收入家庭。

2. 因病、因残、因学、因灾或突发事故出现返贫的支出型贫困家庭。

五、工作措施

（一）完善基本生活救助

1. 完善低收入家庭认定机制。从低收入家庭认定、排查等方面入手，健全低保户、边缘户保障制度，确保绝不落下一个困难群众。完善低收入家庭认定机制。将因病因灾等支出型贫困家庭，且人均收入低于最低生活保障线 1.5 倍的困难家庭列入低收入家庭。明确镇、街道负责辖区内低收入家庭的核实、申报、审批职责，对每户低收入家庭基本情况、帮扶落实情况、帮扶成效进行分类和动态管理。对于特殊个案的认定，建立联席会议制度。由民政、卫健、教育、残联、医保和相关镇、街道召开联席会议对模糊不清的个别案例逐户研究认定，从认定机制上应保尽保。（责任单位：区民政局、各镇、街道）

2. 因病致贫家庭的帮扶。以减轻大病低收入家庭医疗经济负担为重点，建立大病医疗救助帮扶机制，进一步完善“医保+医疗救助+临时救助+慈善救助+社会力量帮扶”五位一体的低收入家庭医疗保障体系。全面落实帮扶对象家庭医生签约服务政策。加强医疗救助与基本医疗保险、补充医疗保险、商业健康保险以及其他社会救助制度的衔接。低收入家庭、因病致病家庭成员因大病发生的医疗费用，在按基本医疗保险、大病保险等政策规定和申请医疗救助后，个人负担超过家庭承受能力的，由区医保局按照参保地医疗救助政策规定及时给予救助。救助后，个人负担超过家庭承受能力的，可向区民政局提出临时救助申请。临时救助后，其家庭负担仍有困难的，由区民政局及时将相关信息转介至荷塘区慈善会等慈善机构和社会团体，再由后者按照章程规定给予慈善救助。（责任单位：区医保局、区卫生健康局、区民政局、荷塘区慈善会、各镇、街道）

3. 因残致贫家庭的帮扶。健全和落实困难残疾人生活补贴和重度残疾人护理补贴制度，适时提高“两项补贴”标准，帮助解决残疾人特殊生活困难和长期照料困难。加强残疾人教育培训和就业服务，扶持自主创业。逐年逐步推进低收入对象中重度残疾人家庭无障碍设施改造。推行低收入家庭残疾人意外人身伤害保险全覆盖。（责任单位：区残联、区民政局、各镇、街道）

4. 低收入家庭中的未成年人帮扶。与低收入家庭中的未成年人建立“一人一档”，结合学校教师、社会组织、志愿者的力量，给予其文化学习、课余辅导、生活关怀、心理疏导、成长陪伴、拓展实践等方面的帮扶，鼓励低收入家庭中的学龄子女在老师、志愿者的引导下参与志愿服务，培养感恩精神和助人意识。以低收入家庭生育健康指导、疾病防治为重点，推行儿童保健服务。组织医疗机构与低收入家庭中的未成年人建立结对帮扶机制，为其提供健康咨询、健康体检等服务。（责任单位：区教育局、区卫生健康局、各镇、街道）

5. 低收入家庭中的老年人帮扶。通过采取政府购买居家养老服务的方式，为低收入家庭的老年人提供居家养老、日间照料、生活护理、精神慰藉等服务。其中以“三无”、高龄、独居、孤寡、特困和生活难以自理的老人为重点对象，分成A、B、C三类。A、B、C三类老人每月分别享受400元、300元、200元的服务补贴。按照自愿改造的原则，采取政府补贴等方式对低收入家庭中的高龄、失能、残疾老年人家庭，以及60岁以上失能、65岁以上半失能和80岁以上空巢低收入老年人家庭进行适老化改造。（责任单位：区民政局、各镇、街道）

6. 失独家庭帮扶。为低收入家庭中的失独家庭免费提供家庭医生签约服务。失独家庭一方或双方因失能、失智导致生活不能自理，或70周岁以上的，如果本人有意愿，可优先安排养老机构予以接收和照料，费用自理。（责任单位：区卫生健康局、区民政局、各镇、街道）

（二）健全专项社会救助

1. 住房困难帮扶。扎实推进低收入家庭住房保障工作，农村低收入家庭住房困难以危房改造为重点，城镇低收入家庭符合条件的优先实施公租房保障，妥善解决低收入家庭的住房困难。对低收入家庭危房情况开展全面摸排，建立档案，实行“一户一档”，研究明确低收入家庭危房改造目标任务、政策措施、监管要求，加大低收入家庭住房困难补助力度。（责任单位：区住房城乡建设局、各镇、街道）

2. 教育帮扶。将低收入家庭中的未成年人纳入助学金、生活补助的资助范围。落实幼儿园、中小学和高中困难学生减免学费政策。加大残疾学生、孤儿和事实无人抚养儿童的资助力度。落实义务教育阶段免学杂费、教科书费、住宿费，补助生活费、学习用品费、交通费等“三免三补”政策。对因身心障碍等原因不能入学接受义务教育的未成年人，实施送教上门。（责任单位：区教育局、各镇、街道）

3. 就业帮扶。建立低收入家庭成员求职信息库，为有劳动能力的低收入家庭成员提供免费的政策咨询、职业指导、职业介绍，优先安排公益性岗位，并加强跟踪服务。深入开展就业帮扶活动，为登记失业的低收入家庭推荐不少于3次岗位信息、提供1次职业指导、提供1次免费技能培训信息。对有创业意愿及创业条件的低收入家庭成员及时开展创业培训，落实税费臧免、资金补贴、创业担保贷款等政策。常住地社区公共就业服务平台要积极为低收入家庭成员提供就业信息。（责任单位：区人力资源社会保障局、各镇、街道）

4. 产业帮扶。组织各类培训主体针对低收入家庭开展职业技能培训和创业培训，确保有培训意愿的低收入家庭能免费参加培训获取就业创业技能。结合河长制度、农村保洁和垃圾清运、农村道路维护、治安防控等工作，为低收入家庭提供更对的社会公益性岗位。在直接帮扶、委托帮扶和股份合作等帮扶模式的基础上，创新帮扶模式，强化资产收益帮扶，切实保障低收入家庭长久收益。（责任单位：区农业农村局、区人力资源社会保障局、各镇、街道）

5. 精神障碍康复帮扶。推进三和社会工作服务中心、颐宁园养护院等专业服务机构关于精神障碍社区康复服务项目的建设，优先为低收入家庭中的康复期精神障碍人士提供生活自理能力训练、职业技能训练、心理辅导、精神慰藉、康复教育、社交技能等康复服务。（责任单位：区民政局、各镇、

街道）

6. 精神关爱帮扶。丰富低收入家庭精神文化，通过社工、志愿者提供的精神慰藉服务，帮助低收入家庭成员提振生活、学习和工作的信心，使其拥有健康阳光的心态、积极的生活态度，提高低收入家庭的幸福指数。（责任单位：区民政局、各镇、街道）

（三）完善急难社会救助

1. 急难型救助。逐步取消户籍地、居住地申请限制，由急难地直接实施救助。用足用好镇、街道临时救助备用金制度，增强救助时效性。低收入家庭因意外事件（火灾、交通事故等突发性意外）、突发重大疾病、以及民政部门认定的其他突发性特殊困难，导致基本生活暂时出现严重困难、需要立即采取教助措施的，或者因教育、医疗等生活必需开支突然增加超出家庭承受能力，导致基本生活一定时期内出现严重困难的，适时给予临时性、应急性、一次性生活救助。（责任单位：区民政局、各镇、街道）

2. 慈善救助。坚持扩大救助面，力争应救尽救的原则，将慈善救助作为临时救助的补充和完善。低收入家庭成员因大病或其他意外事故，导致医疗支出费用数额巨大，家庭无法正常生活的；因遭受火灾、水灾等自然灾害，造成家庭成员伤残或房屋等基本生活设施严重毁坏，且其自身又没有恢复能力的；因家庭特别困难或其他特殊原因，造成子女辍学和上学困难的，在专项救助和临时救助后，仍然家庭生活困难的，给予慈善救助。（责任单位：区民政局、区慈善事务服务中心、各镇、街道）

六、强化保障措施

（一）加强组织领导、落实责任。各级各部门要高度重视，加强领导，建立政府领导、民政部门牵头、有关部门协同、社会力量参与的社会救助工作协调机制，定期或不定期召开组织协调会议，研究制定政策，部署相关工作，对工作中发现的问题，及时分析、协调，提出解决方案。区民政局要发挥牵头协调作用，区教育局、区财政局、区人力资源社会保障局、区住房城乡建设局、区农业农村局、区卫生健康局、区医保局、区残联等相关部门要按照各自职责做好相关工作。各镇、街道要认真抓好相关工作的具体落实。（区民政局等 10 个相关部门和单位按职责分工负责）

（二）加大资金投入。认真贯彻落实省“两办”印发《关于改革完善社会救助制度的实施意见》文件精神，各级政府要优化财政支出结构、科学合理编制困难群众生活保障资金预算，增加资金有效供给，提升资金使用效益。落实社会救助和保障标准与物价上涨挂钩联动机制，防止物价波动影响困难群众基本生活。（区财政局、区民政局负责）

（三）加强经济状况核查核对。加快各部门信息系统的深度对接，尽快实现低收入家庭经济状况核对与相关部门信息系统数据实时共享，及时互通变化情况，确保低收入家庭对象识别精准、救助精准。（区民政局牵头、各相关单位负责）

（四）加强宣传引导。全面梳理社会救助保障政策，通过各种宣传形式，让保障政策走进千家万户，深入人心。大力宣传先进经验、创新做法、特色亮点，发挥典型示范作用。积极开展优秀社会组织、爱心人士、志愿者宣传活动，引导社会力量积极参与救助帮扶。（区民政局负责）

中共株洲市荷塘区委办公室
株洲市荷塘区人民政府办公室
关于印发《荷塘区2021年省、市“民生100”工程实施方案》的通知

株荷办发〔2021〕26号

仙庾镇党委和人民政府、各街道党工委和办事处，区直机关各单位、各人民团体，市直驻区各分支机构：

《荷塘区2021年省、市“民生100”工程实施方案》已经区委、区政府同意，现印发给你们，请结合实际，认真贯彻落实。

中共株洲市荷塘区委办公室
株洲市荷塘区人民政府办公室
2021年6月16日

荷塘区2021年省、市“民生100”工程实施方案

为确保2021年省、市“民生100”工程各项指标任务的全面完成，结合我区实际，制定如下实施方案。

一、考核指标

2021年全区“民生100”工程共12大类62个指标项目，含省下达的18个省重点民生实事项目（见附件）。

二、责任体系

区直相关部门、仙庾镇、各街道为责任主体，承担工作责任。

（一）区政府工作责任

负责全区“民生100”工程的组织实施工作。

（二）区直责任单位（含市直驻区分支机构）及工作责任

1. 区直主要责任单位（部分单位同时为相关责任单位）：区委宣传部、区法院、区妇联、团区委、区总工会、区残联、区侨联、区教育局、区科工信局、区民政局、区司法局、区财政局、区人力资源社会保障局、区住房城乡建设局、区交通运输局、区农业农村局、区文旅体局、区卫生健康局、区退役军人局、区城管局、区自然资源局、区市场监管局、区政府金融办、区医保局、区行政审批局、公安荷塘分局、生态环境荷塘分局、荷塘交警大队、荷塘消防救援大队。

2. 区直相关责任单位：区委办公室、区委政法委、区委编办、区政府办公室、区发展改革局、仙庾镇、各街道。

3. 工作责任：建立领导责任制，主要领导亲自抓，分管领导具体抓，并组建工作班子，确定专人负责。建立工作责任制，制定工作方案，明确工作职责，及时报送报表。建立协调机制，及时协调处理工作中的矛盾和问题。建立督查机制，定期调度工作情况，督促工作目标任务的完成。建立健全民生实事项目后续管理长效机制，做到建管并重。

三、指标体系

区为民办实事考核办公室（设在区人力资源和社会保障局）根据株洲市《2021年“民生100”工程项目指标任务分解表》，将任务分解落实到有考

核任务的单位。29个区直主要责任单位完成指标任务的数据由区统计局评估认定，区为民办实事考核办公室组织核验。

四、考核体系

（一）**考核机构：**由区为民办实事考核办公室统一组织考核。

（二）**考核对象：**29个区直主要责任单位。

（三）**考核方法：**按照“民生100”工程项目指标明确的考核内容与计分办法进行考核（具体考核内容与计分办法另行印发）。

五、考核结果运用

“民生100”工程项目指标纳入2021年区绩效评估指标体系。若被市为民办实事考核办在《株洲市“民生100”工程工作简报》上通报进度偏慢，每次每项扣0.05分。

六、工作要求

（一）**要精心组织实施。**各主要责任单位要强化宗旨意识，按照市委、市政府的决策部署，把办好民生实事列入本单位的重点工作，加强组织领导，层层压实责任；要建立健全工作责任制，制定工作方案，主要领导亲自抓，分管领导具体抓，并组建工作班子，确定专人负责；各相关责任单位要根据本单位职能，配合牵头责任单位抓好工作落实。

（二）**要精准高效实施。**按照精细化管理的要求，务实推进“民生100”工程项目。区为民办实事考核办、区统计局要根据《2021年“民生100”工程项目验收标准》（株考发〔2021〕5号）文件制定精细化的项目实施和验收标准，实现项目可度量、可督导、可操作。区统计局要依法对民生实事项目统计数据进行评估认定，确保真实可靠、客观公正。各项目责任单位要严格质量监管和安全管理，完善质量管理体系，落实工程质量责任制，加强过程监控，把好原材料、施工标准等关口，打造精品工程。

（三）**要加强调度考核。**区为民办实事考核办、区统计局要加强工作督导，对“民生100”工程进展情况实行“一月一自查、一季一调度”。各责任单位要如实填写项目进展、资金投入等情况，进一步建立健全规范的督促检查制度，坚持按月调度情况，加强培训和指导，及时研究解决项目实施中的重点、难点问题。各相关督查考核部门要进一步转变工作作风、改进工作方法，深入基层一线，不定期跟踪督查，对进度滞后的指标任务及时督办，督促工作目标任务完成。

（四）**要健全工作机制。**区财政局要强化资金保障，优先保障民生实事项目资金，加强对资金的计划、统筹和监管，通过落实配套资金、鼓励社会融资等方式广泛筹集建设资金。各责任单位要通力合作，依据有关政策法规，简化“民生100”工程项目审批手续，提供优质服务；要建立协调机制，及时协调处理项目实施中的矛盾和问题；要健全长效管理机制，全面提升管养水平和质量，做到“建管用”一体化；要加大宣传力度，扩大“民生100”工程的影响，引导群众关心实事、支持实事，发挥好民生实事工程的综合效益。

附：荷塘区2021年省、市“民生100”工程项目指标任务分解表

荷塘区2021年省、市“民生100”工程项目指标任务分解表

附表1

序号		指标项目	工作目标	市考核认定单位	区牵头领导	主要责任单位	相关责任单位
一、就业增收工程	1	▲新增城镇就业	8800人	市人力资源社会保障局	刘必林	区人力资源社会保障局	区财政局 仙庾镇、各街道
	2	高校未就业高校毕业生就业服务率	100%服务	市人力资源社会保障局			
	3	实现“零就业家庭”动态援助	100%援助	市人力资源社会保障局			
	4	新增农村劳动力转移就业	240人	市人力资源社会保障局			
	5	▲完成政府补贴性职业技能培训	3000人次（其中农村转移就业者500人次）	市人力资源社会保障局			
	6	残疾人专业技能培训	60人	市残联	刘定光	区残联	
二、社会保障工程	7	新增企业养老保险参保人数	2700人	市人力资源社会保障局	刘必林	区人力资源社会保障局	
	8	实现军转干部安置率100%	100%	市退役军人事务局	黄团结	区退役军人局	
	9	▲困难残疾人生活补贴和重度残疾人护理补贴提标	100元/月	市民政局	刘定光	区民政局	区财政局
	10	▲提高城乡居民低保标准和救助水平	城市低保、救助不低于600、470元/月；农村低保、救助不低于7200元/年、282元/月				区财政局
	11	探索推行“长者餐厅”	2家				
	12	老年人居家适老化改造	40家				
	13	新增社会化运营社区日间照料中心	4家	市民政局	刘定光	区民政局	

续附表 1

序号		指标项目	工作目标	市考核认定单位	区牵头领导	主要责任单位	相关责任单位
二、社会保障工程	14	持续开展殡葬改革	机关事业单位党员干部火化率 100%，完成殡葬基础设施建设任务，开展试点	市民政局 市行政审批局	刘定光 易海平	区民政局 区行政审批局	
三、素质提升工程	15	▲增加公办幼儿园学位	1400 个	市教育局	罗　曼	区教育局	区委编办 区财政局
	16	农村免费放映公益电影	332 场	市委宣传部	田　灿	区委宣传部	
	17	推广“门前三小”经验	10 个	市文旅广体局	罗　曼	区文旅体局	区委宣传部 区财政局 区城管局 区农业农村局 区教育局
四、全民健康工程	18	▲实施疾控中心标准化建设工程	1 家	市卫健委	罗　曼	区卫生健康局	
	19	▲推进中医药服务基层全覆盖	6 个	市卫健委		区卫生健康局	
	20	▲完成孕产妇免费产前筛查	2300 人	市卫健委		区卫生健康局	区财政局
	21	▲完成农村适龄妇女和城镇低保适龄妇女“两癌”免费检查	2500 人	市妇联 市卫健委		区妇联 区卫生健康局	区财政局
	22	提高城乡居民高血压、糖尿病门诊用药保障水平	支付比例 70%以上，享受待遇 1700 人次以上	市医保局		区医保局	
	23	扩大特殊病种门诊享受	全年待遇支付不低于 100 万元，人数 600 人以上	市医保局		区医保局	
五、安居宜居工程	24	既有住宅加装电梯	50 台	市住建局	向前进	区住房城乡建设局	
	25	▲城镇老旧小区改造	9 个	市住建局	向前进	区住房城乡建设局	区发展改革局 区财政局 区自然资源局 区科工信局

续附表 1

序号		指标项目	工作目标	市考核认定单位	区牵头领导	主要责任单位	相关责任单位
五、安居宜居工程	26	新增住房公积金建制人数	1300 人	市住房公积金管理中心	刘新华	区财政局	
	27	5G 基站建设	44 个	市工信局	陈柏文	区科工信局	
	28	▲提升农村通信网络	2 个光纤工程	市工信局		区科工信局	
	29	解决不动产登记历史遗留办证问题	368 户	市自然资源规划局	向前进	区自然资源局	
六、优质服务工程	30	免减缓交诉讼费	110 件，40 万	市中级人民法院	刘新华	区法院	
七、人文关怀工程	31	农村大龄青年“鹊桥”工程	建立一个数据库、一支乡村红娘队伍、一条红娘热线、2 场相亲活动	市妇联	罗　曼	区妇联	区农业农村局
	32	“芙蓉情缘”单身职工联谊活动、青春恋爱季活动	200 人	市总工会 团市委		区总工会 团区委	
	33	关心关爱老归侨、侨眷	慰问 3 人、体检 1 人	市侨联	王顺安	区侨联	
八、环境提质工程	34	拆除违法建设	5.6 万平方米	市城管局	刘必林	区城管局	仙庾镇、各街道
	35	继续推进城市“微亮化”建设	11 条社区小街小巷照明提质；2 个景观照明提质	市城管局		区城管局	区发展改革局 区财政局 区住房城乡建设局
	36	推进、建设城区微公园（小游园）	13 个	市城管局		区城管局	区发展改革局 区财政局 区住房城乡建设局
	37	推进城市生活垃圾分类	桂花、金山等 2 个街道	市城管局 市机关事务局	刘必林	区城管局	区财政局 金山街道 桂花街道

续附表 1

序号		指标项目	工作目标	市考核认定单位	区牵头领导	主要责任单位	相关责任单位
八、环境提质工程	38	农村生活污水处理	2 个村	市生态环境局	陈柏文	生态环境荷塘分局	
	39	▲改新建农村户用厕所和农村公用厕所	1400 个户厕、1 座公厕	市农业农村局	刘定光	区农业农村局	区财政局 仙庾镇、各涉农街道
九、乡村惠民工程	40	扶持农机专业合作组织	1 家	市农业农村局	刘定光	区农业农村局	区财政局
	41	新建、维修、改造农村机耕道	10 公里	市农业农村局			区财政局 仙庾镇、各涉农街道
	42	土地托管服务	66.67 公顷	市供销社			区财政局 仙庾镇、各涉农街道
	43	惠民综合服务中心（社）建设	3 个	市供销社			区财政局
	44	农村饮水安全工程维修养护工程	1 个	市水利局			
十、交通畅行工程	45	拉通南塘路、白云路等“断头路”	白云路、JC19 路共 2 条	市住建局	向前进	区住房城乡建设局	区财政局
	46	打通新华桥、先锋路等交通堵点	火车站东广场综合交通枢纽工程等 3 个	市住建局			区交通运输局
	47	▲建设农村公路安防设施	2 公里	市交通运输局	刘定光	区交通运输局	
	48	▲农村公路（乡乡通三级路、旅游路、资源路、产业路）提质改造	18 公里	市交通运输局		区交通运输局	区发展改革局 区财政局 区自然资源局
	49	新建智能自助洗车便民点	1 个	株洲日报社 市城管局	刘必林	区城管局	区发展改革局 区财政局 区自然资源局
十一、公共安全工程	50	▲实施乡村“雪亮工程”	300 个	市公安局	黄团结	公安荷塘分局	区委政法委 区财政局
	51	食品监督抽检达到 1234 批次/千人	1234 批次	市市场监管局	陈柏文	区市场监管局	区财政局 区农业农村局

续附表 1

序号		指标项目	工作目标	市考核认定单位	区牵头领导	主要责任单位	相关责任单位
十一、公共安全工程	52	提高电梯责任险覆盖率	2170 台完成投保	市政府金融办	刘新华	区政府金融办	区市场监管局 区住房城乡建设局
	53	建立智慧消防全服务平台	27 家消防重点单位接入系统	市消防支队	刘定光	荷塘消防救援大队	
	54	打通生命通道工程	完成 236 个单位和住宅消防通道标线；完成 70%老旧小区无物业管理消防治理；规范 500 个小区停车位	市消防支队			区住房城乡建设局 区城管局
十二、帮扶解困工程	55	巩固脱贫成果	221 名边缘易致贫人口不出现一例致贫	市扶贫办	刘定光	区农业农村局	区发展改革局 区人力资源社会保障局 区民政局 区医保局
	56	资助家庭经济困难学生 6 万人，不让一名学生因贫失学	500 人	市教育局	罗　曼	区教育局	区财政局
	57	帮扶救助困难职工	300 人	市总工会		区总工会	
	58	职工医疗互助	6000 人	市总工会			
	59	▲办理法律援助案件	210 件	市司法局	黄团结	区司法局	
	60	道路交通事故救助	4 次	市交警支队		荷塘交警大队	区财政局
	61	▲实施困难残疾人家庭无障碍改造	20 户	市残联	刘定光	区残联	
	62	▲残疾儿童康复救助	50 名	市残联			

说明：▲为省重点民生实事项目

中共株洲市荷塘区委办公室
株洲市荷塘区人民政府办公室
关于印发《荷塘区改革完善社会救助制度21条措施》的通知

株荷办发〔2021〕38号

仙庾镇党委和人民政府，各街道党工委和办事处，区直机关各部门（单位）、有关人民团体：

《荷塘区改革完善社会救助制度21条措施》已经区委、区政府同意，现印发给你们，请认真组织实施。

中共株洲市荷塘区委办公室
株洲市荷塘区人民政府办公室
2021年11月30日

荷塘区改革完善社会救助制度21条措施

为贯彻落实《中共湖南省委办公厅湖南省人民政府办公厅印发〈关于改革完善社会救助制度的实施意见〉的通知》（湘办发〔2020〕25号），深入推进社会救助制度改革创新，建立健全分层分类的社会救助体系，切实兜住兜牢基本民生保障底线，坚持以人民为中心，坚持问题导向，坚持尽力而为、量力而行，坚持统筹兼顾，按照保基本、兜底线、救急难、可持续发展的总体思路，结合我区实际，现就改革完善我区社会救助制度制定如下政策措施。

一、健全社会救助体系

1. 构建综合救助格局。加快构建政府主导、社会参与、制度健全、政策衔接、兜底有力的综合救助格局。建立健全以基本生活救助、专项社会救助、急难社会救助为主体，社会力量参与为补充，分层分类的社会救助制度体系，推进救助对象精准、救助政策衔接、救助资源统筹、救助信息共享、救助效率提升，逐步实现精准救助、高效救助、温暖救助、智慧救助。到2023年底，基本实现社会救助体系健全完备，体制机制高效顺畅，服务管理便民惠民，城乡困难群众都能得到及时救助。到2035年，实现全区社会救助发展改革成果更多更公平惠及困难群众，民生兜底保障安全网更加密实牢靠。（责任单位：区委办公室、区政府办公室、区民政局、区教育局、区人力资源社会保障局、区住房城乡建设局、区卫生健康局、区应急局、区医保局、区残联、各镇（街道）等相关单位）

2. 打造多层次救助体系。完善低保、特困和低收入家庭认定办法。对符合低保条件的家庭纳入最低生活保障范围。对符合特困供养条件的城乡老年人、残疾人、未成年人纳入特困人员救助供养范围。同时，根据实际需要，给予相应的医疗、住房、教育、就业等专项社会救助。对不符合低保、特困供养条件的低收入家庭和刚性支出较大导致基本生活困难的家庭，根据实际需要给予相应的专项社会救助或其他必要救助帮扶。对遭遇突发事件、意外伤害、重大疾病、重大突发公共事件等导致家庭或个人陷入困境的，给予急难社会救助。对遭遇自然灾害的，给予受灾人员救助。（责任单位：区民政局、区教育局、区人力资源社会保障局、区住房城乡建设局、区卫生健康局、区应急局、区医保局、各镇

〈街道〉）

3. 推进城乡统筹发展。加快推进城乡救助服务均等化，及时为符合条件的农业转移人口提供相应救助帮扶，逐步放宽对持有居住证人员申请社会救助业务的办理。加强社会救助与乡村振兴政策有效衔接，进一步落实兜底保障措施，对因重残、重病、就学、就业等增加刚性支出的农村低保对象和特困供养人员，适当提高救助标准水平，或适当给予临时救助。（责任单位：区民政局、区农业农村局）

二、夯实基本生活救助

4. 完善基本生活救助制度。全面落实巩固拓展脱贫攻坚兜底保障成果同乡村振兴有效衔接，完善低保对象、特困人员认定办法，确保符合条件的困难群众都能及时纳入基本生活救助范围。对低收入家庭中的重度残疾人、重病患者等人员，经本人或其近亲属申请，符合条件的，参照“单人户”纳入低保；智力、精神残疾人可扩大至三级。将特困救助供养覆盖的未成年人年龄从16周岁延长至18周岁。实施特困供养设施（敬老院）提质升级行动，加大护理型床位建设力度，提高集中供养能力，全面落实分散供养特困人员照料服务责任。（责任单位：区民政局、区医保局、区残联）

5. 完善救助标准调整机制。制定低保标准动态调整机制，综合考虑居民人均消费支出或人均可支配收入等因素，并结合财力状况、物价上涨等因素确定当年我区低保标准。特困人员基本生活标准按照不低于当地低保标准的1.3倍确定，全护理、半护理、全自理照料护理费标准参照株洲市上年度最低工资标准1.3倍的1/3、1/6、1/10比例确定。（责任单位：区民政局、区财政局）

三、健全专项社会救助

6. 健全医疗救助制度。及时将符合条件的困难人员纳入医疗救助范围，全面落实低保对象、特困人员、孤儿、事实无人抚养儿童、重度残疾人等重点救助对象参保资助政策，并纳入基本医疗保险和大病保险制度覆盖范围。完善疾病应急救助，在突发疫情等紧急情况时，医疗机构应先救治、后收费，确保困难患者不因费用问题影响就医。加强医疗救助与基本医疗保险、补充医疗保险、商业健康保险以及其他社会救助制度的衔接。（责任单位：区医保局、区卫生健康局）

7. 健全教育救助制度。将低保、特困供养人员、孤儿、事实无人抚养儿童、残疾学生及贫困残疾人员子女等困难学生全部纳入助学金、生活补助的资助范围，并按规定享受最高档次资助。落实幼儿园和中小学特困学生免学费政策。加大残疾学生、孤儿和事实无人抚养儿童的资助力度。落实义务教育阶段免学杂费、教科书费、住宿费，补助生活费、学习用品费、交通费等“三免三补”政策，对因身心障碍等原因不能入学接受义务教育的适龄残疾未成年人，实施送教上门。（责任单位：区教育局）

8. 健全住房救助制度。对符合规定标准的住房困难的低保家庭、分散供养的特困人员等实施住房救助，对居住在C、D级危房中的农村低保户、分散供养特困人员等农村住房救助对象优先实施危房改造，对城镇低保户、孤儿等存在住房困难的城镇住房救助对象优先实施公租房保障，对困难残疾人户实施住房托底保障。扎实推进低收入家庭住房保障工作，对农村低收入家庭住房困难的以危房改造为重点，对城镇低收入家庭符合条件的优先实施公租房保障，加大低收入家庭住房困难补助力度，妥善解决低收入家庭的住房困难。（责任单位：区住房城乡建设局）

9. 健全就业救助制度。为有劳动能力的社会救助对象优先提供职业指导、介绍等服务，优先安排公益性岗位，按规定落实税费减免、创业担保贷款、社会保险补贴、公益性岗位补贴等政策，确保零就业家庭实现动态“清零”。对已就业的低保家庭，在核算家庭收入时扣减必要的就业成本，在其家庭成员人均收入超过当地低保标准后给予一年的渐退期。（责任单位：区人力资源社会保障局、区民政局）

10. 健全受灾人员救助制度。修订出台全区自然灾害应急救助预案，调整应急响应启动标准和救助标准。做好应急救助、过渡期生活救助、旱灾（洪涝灾害）临时生活困难救助、冬春临时生活困难救助和因灾倒损民房恢复重建等工作。（责任单位：区应急局）

11. 发展其他救助帮扶。加强法律援助，依法为符合条件的社会救助对象提供法律援助服务。积极开展司法救助，帮助受到侵害但无法获得有效赔偿的生活困难当事人摆脱困境，为涉刑事案件家庭提供救助帮扶、心理疏导、关系调适等服务。对安置帮教对象、社区矫正对象等特殊人群中的困难对象给予救助。减免低保对象、特困人员基本殡葬服务费用。加强残疾儿童康复救助、重度残疾人照护以及孤儿、事实无人抚养儿童保障工作。（责任单位：区委政法委、区司法局、区人民法院、公安荷塘分局、区民政局、区残联等相关单位）

四、完善急难社会救助

12. 强化急难社会救助功能。加强急难型救助，逐步取消户籍地、居住地申请限制，由急难发生地直接实施救助。用足用好镇（街道）临时救助备用金制度，全面落实“先行救助”“分级审批”等政策规定，采取“跟进救助”“一次审批、分阶段救助”等方式，增强救助时效性。将困难群众急难救助纳入突发公共事件相关应急预案，明确应急期社会救助政策措施和紧急救助程序。重大突发公共事件发生时，适时启动紧急救助程序，适当提高受影响地区城乡低保、特困人员救助保障标准水平，或适当给予临时救助。及时启动价格补贴联动机制，发放临时生活补贴，切实保障好困难群体的基本生活。加强和改进生活无着流浪乞讨人员的救助管理，强化属地责任和部门监管责任，公安、城管加强街面巡查和转介处置。民政部门对属于救助对象的求助人员，应当及时提供救助。发挥区困难群众基本生活保障工作协调机制作用，及时化解困难群众遭遇的各类急难愁盼问题，最大限度防止冲击社会道德和心理底线的情况发生。（责任单位：区民政局、区医保局、区城管局、公安荷塘分局、区应急局、各镇〈街道〉等相关单位）

五、深化“放管服”改革

13. 健全主动发现机制。将走访、发现需要救助的困难群众列为村（社区）重要工作内容。承担或承接社会救助工作的国家公职人员及相关组织等在工作中发现困难群众基本生活难以为继的，应当及时报告有关部门。区人民政府建立统一的救助热线平台，接听受理困难群众求助，交办到相关救助部门办理。（责任单位：区民政局、区教育局、区人力资源社会保障局、区住房城乡建设局、区卫生健康局、区应急局、区医保局、区残联）

14. 全面推行“一门受理、协同办理”。依托各级便民服务中心设立的综合服务窗口，统一受理基本生活、教育、医疗、住房、就业、灾害等社会救助申请，根据申请人实际情况，提出综合救助意见，并按照职责分工及时办理或转请区级相关职能部门办理。建立社会救助转办、督办制度，及时办理或跟踪、反馈办理结果，确保困难群众求助有门、受助及时。（责任单位：区民政局、区行政审批局）

15. 创新社会救助方式。优化审核审批方式，实现最低生活保障审批由“评议为主、计算为辅”向“计算为主、评议为辅”转变，救助金额确定由

“分档定额救助”向“精准差额救助”转变。推动全区“党建引领社会救助”、社会救助审核确认权限下放、村（社区）社会救助服务站点建设、低收入家庭救助帮扶、社会救助服务方式创新和社会救助“网上办”“掌上办”等事项工作改革创新。推行“资金+物资+服务”救助方式，加大政府购买服务力度，积极为特殊困难群体开展访视照料、心理疏导、康复服务等专业化服务。（责任单位：区民政局）

16. 加强社会救助信息化建设。重点聚焦低保边缘人口、易返贫致贫人口、突发困难家庭或人员，以及其他原因导致刚性支出较大或收入大幅缩减可能出现基本生活困难的家庭或人员等重点对象人群，按照家庭人均收入高于当地低保标准、但低于低保标准 1.5 倍，且财产状况符合当地相关规定的要求，建立低收入家庭人口台账和数据库。为分层分类精准救助提供依据和支撑。（责任单位：区民政局）

17. 积极引导社会力量参与。落实政府购买社会救助服务政策，购买社会救助服务所需经费从已有社会救助工作经费或困难群众救助补助资金等社会救助专项经费中统筹安排，购买服务资金不得超过当年困难群众救助资金总量的 2%。发挥基层社工站作用，引入社会工作专业力量，协助开展社会救助对象排查、入户调查、政策宣传、绩效评价等工作。加强救助类社会组织扶持培育，引导社会工作专业力量参与。社会救助相关服务机构应当积极开发设置社会工作专业岗位，配备社会工作专业人才。鼓励社会工作服务机构和社会工作者协助社会救助部门开展家庭经济状况调查评估、建档访视、需求分析等事务；为社会救助对象提供人文关怀、心理疏导、资源链接、能力提升、社会融入等救助服务。发展慈善救助，促进志愿服务发展。建立政府救助、慈善救助和志愿服务衔接机制，使慈善和志愿服务资源成为社会救助的重要补充。积极发挥志愿服务在汇聚社会资源、帮扶困难群体、保护弱势群体、传递社会关爱等方面作用，支持引导新时代文明实践中心、志愿服务组织、社会爱心人士开展相应的志愿服务和爱心活动。落实社会力量参与社会救助的税收优惠、费用减免等政策。（责任单位：区民政局、区财政局）

六、强化保障措施

18. 加强组织领导。充分发挥区困难群众基本生活保障工作领导小组的作用，完善党委领导、政府负责、民政牵头、部门协同、社会参与的工作机制，定期研究社会救助工作。健全完善区困难群众基本生活保障工作协调机制，定期研究解决困难群众基本生活保障工作中存在的突出困难和问题以及困难群众遇到的急难个案。各镇（街道）要切实履行申请、审核主体责任，村（社区）党组织和基层党员干部要协助做好主动发现、入户调查、对象公示等工作。（责任单位：区民政局、区教育局、区人力资源社会保障局、区住房城乡建设局、区卫生健康局、区应急局、区医保局、区残联、各镇〈街道〉等相关单位）

19. 压实部门责任。民政部门承担社会救助体系建设牵头统筹职责，负责基本生活救助；教育、人力资源社会保障、住房城乡建设、卫生健康、应急管理、医疗保障、残联等部门根据职责分工，分别负责相关专项社会救助；财政部门根据困难群众基本生活保障需要和物价变动等情况，做好各项社会救助资金保障；其他部门按照职责要求协同做好相关工作。（责任单位：区民政局、区财政局、区教育局、区人力资源社会保障局、区住房城乡建设局、区卫生健康局、区应急局、区医保局、区残联等相关单位）

20. 充实基层力量。区困难群众基本生活保障工作领导小组要规范和完善社会救助统计制度，加强社会救助法规政策宣传。区委和区政府要实施基层社会救助能力提升工程，根据社会救助对象数量、人员结构等因素，设置救助机构、配备足够的工作人员。强化镇（街道）社会救助责任，落实救助机构设置和力量配备等相关保障条件，明确相应机构承担社会救助工作，并配备必要工作人员。村级设立民生协理员，困难群众较多的村（社区）建立社会救助服务站（点），明确专人负责。切实保障基层工作经费，社会救助工作经费纳入各级财政预算，保障基层救助工作人员必要的工作场所、交通、通信费用以及薪资待遇。加强业务培训，不断提高社会救助经办服务能力和水平。（责任单位：区民政局、区财政局、各镇〈街道〉）

21. 加强监督检查。强化监督问责，对挤占、挪用、截留和滞留资金等问题，及时纠正并依法依规追究有关责任人的责任。健全“双随机、一公开”监督机制，加强社会救助事中事后监管。加大对骗取社会救助行为查处力度，依法依规追回骗取的社会救助金并追究相应责任人责任。建立容错纠错机制，对在社会救助工作中因非主观故意出现失误或偏差，依法依规减轻或免予问责。健全绩效评估机制，将社会救助重点工作统筹纳入区绩效评估，按有关规定对表现突出的单位、社会组织和个人进行通报表扬，对推进不力的，依纪依法依规问责追责。（责任单位：区纪委、区民政局）

统计资料

2021年荷塘区主要综合经济指标完成情况表

附表2

指标名称	计量单位	完成经济指标	同比增减（±%）
1. 地区生产总值（GDP）（季度）	亿元	271.0	8.2
#第一产业	亿元	5.4	4.7
第二产业	亿元	140.9	8.8
第三产业	亿元	124.8	7.6
2. 城乡居民可支配收入（元）（季度）	元	55301	7.4
3. 固定资产投资	亿元	244.3	7.6
#工业投资	亿元	161.0	17.6
4. ▲规模以上工业增加值	亿元	68.1	8.2
5. ▲规模以下工业增加值（季度）	—	—	9.7
6. ▲社会消费品零售总额	亿元	91.3	14.3
7. ▲建筑业总产值（季度）	亿元	82.1	15.7
8. ▲商品房销售面积（万平方米）	万平方米	50.0	-3.6
9. ▲房地产业工资总额（季度）	—	—	9.8
10. ▲农林牧渔总产值（季度）	亿元	7.7	4.7
11. 高新技术产业增加值（季度）	亿元	80.1	10.5
12. ▲其他营利性服务业营业收入（季度）	—	—	—
多式联运和运输代理业	—	—	28.3
装卸搬运和仓储业	—	—	3.7
互联网、软件和信息技术服务业	—	—	117.6
租赁和商务服务业	—	—	23.9
科学研究和技术服务业	—	—	18.0
居民服务、修理和其他服务业	—	—	21.9
文化、体育和娱乐业	—	—	19.2
13. ▲8个行业劳动工资（季度）	个	—	16.8
科学研究与技术服务业工资	亿元	—	8.5
文化、体育和娱乐业工资	亿元	—	9.8

续附表 2

指标名称	计量单位	完成经济指标	同比增减（±%）
水利、环境和公共设施管理业工资	亿元	—	5.9
教育工资	亿元	—	9.5
卫生和社会工作工资	亿元	8.1	-4.5
公共管理、社会保障和社会组织工资	亿元	7.0	-11.6
租赁和商务服务业	亿元	4.8	0.5
居民服务、修理和其他服务业	亿元	3.7	-12.2
14. 一般公共预算总收入	亿元	20.2	-11.6
#税收收入	亿美元	—	—
15. 地方收入	万美元	2.0	14.3
#地方税收收入	亿元	92.4	23.3
16. 一般公共预算支出	个	87	—
17. 进出口总额	万元	128703	17.2
18. 实际利用外资	万美元	0	—
19. 实际利用内资	亿元	119.0	28.9
20. 新增“四上”企业数	个	68	—

县（市）区主要经济指标一览表（一）

附表 3

县（市）区名称	生产总值（GDP）	第一产业增加值	第二产业增加值
	同比增减（%）	同比增减（%）	同比增减（%）
荷塘区	8.2	4.7	8.8
芦淞区	7.6	7.7	8.1
石峰区	6.9	2.0	6.0
天元区	8.3	6.9	9.6
云龙区	7.8	7.2	14.6
渌口区	8.4	10.3	9.9
攸　县	6.9	8.1	4.6
茶陵县	9.1	12.8	11.0
炎陵县	8.8	8.2	9.3
醴陵市	9.7	9.8	10.9

县（市）区主要经济指标一览表（二）

附表 4

县（市）区名称	第三产业增加值同比增减（%）	建筑业增加值同比增减（%）	规模工业增加值同比增减（%）
荷塘区	7.6	15.7	8.2
芦淞区	7.1	14.0	12.2
石峰区	8.9	3.2	4.6
天元区	7.4	12.0	11.2
云龙区	4.4	13.5	18.3
渌口区	6.0	10.5	17.6
攸　县	8.2	18.1	11.9
茶陵县	6.5	15.5	16.3
炎陵县	8.5	15.9	12.5
醴陵市	8.1	17.6	14.3

县（市）区主要经济指标一览表（三）

附表 5

县（市）区名称	高新技术产业增加值同比增减（%）	固定资产投资同比增减（%）
荷塘区	10.5	7.6
芦淞区	24.3	7.7
石峰区	17.5	1.4
天元区	16.1	4.5
云龙区	28.8	10.0
城区合计	18.1	—
渌口区	34.5	5.7
攸　县	26.7	-3.0
茶陵县	19.0	7.1
炎陵县	28.4	8.9
醴陵市	32.1	-6.1
县域合计	30.4	—

县（市）区主要经济指标一览表（四）

附表 6

县（市）区名称	社会消费品零售总额	
	绝对额（亿元）	同比增减（%）
荷塘区	91.3	14.3
芦淞区	233.1	12.5
石峰区	67.0	12.6
天元区	184.3	14.5
云龙区	15.4	12.8
渌口区	59.4	18.1
攸　县	171.3	15.2
茶陵县	101.5	14.3
炎陵县	37.8	18.8
醴陵市	285.9	14.4
芦淞区	233.1	12.5

县（市）区主要经济指标一览表（五）

附表 7

县（市）区名称	实际利用外资	
	绝对额（万美元）	增速（%）
荷塘区	0	0.0
芦淞区	50	16.7
石峰区	0	0.0
天元区	805	38.3
云龙区	0	0.0
渌口区	4	4.0
攸　县	0	0.0
茶陵县	0	0.0
炎陵县	0	0.0
醴陵市	14	4.6

县（市）区主要经济指标一览表（六）

附表 8

县（市）区名称	实际利用内资	
	绝对额（万元）	增速（%）
荷塘区	1190183.3	28.9
芦淞区	1308387.0	29.6
石峰区	1025000.0	31.7
天元区	1442997.7	29.7
云龙区	489432.1	30.1
渌口区	554405.1	29.2
攸　县	1075240.0	28.0
茶陵县	542027.1	30.8
炎陵县	459221.8	28.3
醴陵市	1101414.6	28.9

县（市）区主要经济指标一览表（七）

附表 9

县（市）区名称	进出口总额	
	绝对额（万元）	增速（%）
荷塘区	128703	17.2
芦淞区	114641	28.5
石峰区	23119	5.3
天元区	1145168	-0.3
株洲经开区	49042	79.8
渌口区	11227	-68.6
攸　县	17510	25.6
茶陵县	7249	33.5
炎陵县	48910	28.5
醴陵市	395517	23.9
保税物流中心	358452	110.7
其　他	5	—
全市合计	2299545	16.2

县（市）区主要经济指标一览表（八）

附表 10

县（市）区名称	城乡居民人均可支配收入	
	绝对额（元）	增速（%）
荷塘区	55301	7.4
芦淞区	58307	7.7
石峰区	55870	7.3
天元区	63781	7.5
云龙区	45689	7.6
渌口区	29417	9.2
攸　县	40625	8.4
茶陵县	26767	9.5
炎陵县	22050	9.8
醴陵市	41959	8.6

县（市）区主要经济指标一览表（九）

附表 11

县（市）区名称	城镇居民人均可支配收入	
	绝对额（元）	增速（%）
荷塘区	55301	7.4
芦淞区	58307	7.7
石峰区	55870	7.3
天元区	63781	7.5
云龙区	45689	7.6
渌口区	41841	7.6
攸　县	46957	7.3
茶陵县	40669	7.4
炎陵县	34817	7.5
醴陵市	48445	7.7

县（市）区主要经济指标一览表（十）

附表 12

县（市）区名称	农村居民人均可支配收入	
	绝对额（元）	增速（%）
荷塘区	—	—
芦淞区	—	—
石峰区	—	—
天元区	—	—
云龙区	—	—
渌口区	24329	10.4
攸　县	33365	10.2
茶陵县	12847	11.4
炎陵县	11907	11.3
醴陵市	33886	10.1

县（市）区主要经济指标一览表（十一）

附表 13

县（市）区名称	城乡居民人均消费支出	
	绝对额（元）	增速（%）
荷塘区	37853	6.2
芦淞区	36752	6.0
石峰区	37893	6.3
天元区	41096	6.1
云龙区	28149	5.9
渌口区	21424	11.4
攸　县	25137	9.6
茶陵县	18236	9.4
炎陵县	15834	9.9
醴陵市	27055	8.8

县（市）区主要经济指标一览表（十二）

附表 14

县（市）区名称	金融存贷款（本外币）	
	绝对额（亿元）	增速（%）
一、金融机构存款余额		
全　市	3798.1	6.9
城区合计	2340.2	5.4
渌 口 区	208.9	5.6
攸　县	352.0	4.7
茶 陵 县	308.7	14.9
炎 陵 县	106.7	9.1
醴 陵 市	476.4	10.5
二、金融机构贷款余额		
全　市	2879.2	13.9
城区合计	1907.0	14.0
渌 口 区	144.5	11.9
攸　县	198.9	11.6
茶 陵 县	188.6	20.5
炎 陵 县	84.8	14.1
醴 陵 市	355.5	12.5

县（市）区主要经济指标一览表（十三）

附表 15

县（市）区名称	地方收入	
	绝对额（万元）	增速（%）
荷塘区	40563	-14.9
芦淞区	36581	-23.5
石峰区	61291	-2.9
天元区	477889	-10.2
云龙区	111295	-4.4
城区合计	727619	-9.9
渌口区	100489	11.1

续附表 15

县（市）区名称	地方收入	
	绝对额（万元）	增速（%）
攸 县	124199	-12.3
茶陵县	89536	10.4
炎陵县	38334	10.2
醴陵市	304941	1.4
县域合计	657499	1.4

县（市）区主要经济指标一览表（十四）

附表 16

县（市）区名称	地方税收收入	
	绝对额（万元）	增速（%）
荷塘区	32457	-11.8
芦淞区	29279	-14.5
石峰区	52459	13.5
天元区	404222	0.9
云龙区	89056	1.3
城区合计	607473	0.3
渌口区	70064	15.7
攸 县	74925	9.1
茶陵县	67168	14.1
炎陵县	24931	21.9
醴陵市	194990	15.8
县域合计	432078	14.6

县（市）区主要经济指标一览表（十五）

附表 17

县（市）区名称	一般公共预算支出	
	绝对额（万元）	增速（%）
荷塘区	184103	-8.7
芦淞区	129093	-19.2

续附表 17

县（市）区名称	一般公共预算支出	
	绝对额（万元）	增速（%）
石峰区	191109	9.4
天元区	547248	2.6
云龙区	138645	23.6
城区合计	1190198	0.7
渌口区	336493	8.4
攸　县	509313	2.8
茶陵县	446353	-1.9
炎陵县	202050	7.8
醴陵市	823240	6.2
县域合计	2317449	4.2

县（市）区主要经济指标（十六）

附表 18

县（市）区名称	“四上”单位数	
	在库“四上”单位总数（个）	其中，新增“四上”单位（个）
荷塘区	444	68
芦淞区	458	52
石峰区	377	53
天元区	749	106
云龙区	112	22
城区合计	2140	301
渌口区	300	44
攸　县	610	71
茶陵县	363	39
炎陵县	222	25
醴陵市	1042	101
县域合计	2537	280

索　引

说明：

1.本索引采用分析索引方法，按索引词首字汉语拼音顺序排列（阿拉伯数字开头的索引词转成对应汉字再按拼音序列排列）。首字母音序相同者，按第二音序排列，依次类推。

2.类目、分目作索引词用加粗黑体字标明。

3.索引词后的阿拉伯数字表示内容所在页码，拉丁字母 a、b 表示左右栏。

4.特载、大事记、人物、荣誉、附录、综述、概况未作索引。

F

G

H

J

K

L

M

N

P

Q

R